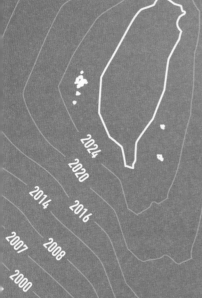

2024
2020
2014
2016
2007
2008
2000

台灣國家
的進化與正常化

第二版

◎陳隆志 著

台灣新世紀文教基金會
新世紀智庫叢書⑮

獻給

榮耀珍惜民主自由價值

實踐人權法治

對台灣國家正常化

關懷、支持、努力打拚、

犧牲奮鬥的每一個人

目 錄

新世紀智庫叢書總序 .... *vii*

第二版序言 .... *xi*

推薦序 .... *xxv*

第壹編　國家進化論

第壹章　引言—回顧與前瞻 *1*

第貳章　台灣的地理與歷史脈絡 *19*

　第一節　台灣的地理戰略環境 *19*

　第二節　台灣自古不是中國的一部分 *21*

　第三節　台灣原住民是台灣最早的主人 *21*

　第四節　荷蘭、西班牙、鄭氏王朝、清帝國等
　　　　　外來政權統治時期（1624～1895） *24*

　第五節　日本殖民統治時期（1895～1945） *27*

　第六節　第二次世界大戰後，影響近代台灣的
　　　　　重要事件（1945～2024） *27*

第參章　台灣國家法律地位的不同觀點 *65*

　第一節　台灣是中國一部分的論調 *67*

　第二節　自《舊金山對日和約》後台灣的地位一直未定 *74*

　第三節　台灣屬於美國 *75*

第四節 台灣已經達成事實上的獨立，但還不是法律上
的獨立 *77*

第五節 由未定到已定：台灣由被軍事占領地已經進化
為一個國家 *78*

第肆章 台灣國家進化論 *81*

第一節 當代國際法領土變遷歸屬的原則 *81*

第二節 國家的概念、構成要件與國家承認 *83*

第三節 台灣根據國際法進化為國家的四個階段 *89*

第四節 台灣人民的有效自決 *96*

第貳編 台灣國家的正常化

第伍章 台灣為什麼還不是一個正常化的國家 *103*

第一節 錯亂與虛假的「中華民國」招牌 *104*

第二節 造成國家認同的混淆 *109*

第三節 中華民國在國際社會上早已失去存在性、
合法性與正當性 *110*

第四節 台灣不等於是中華民國 *114*

第陸章 國家正常化的困難與挑戰 *121*

第一節 「一個中國原則」與「一個中國政策」不同 *121*

第二節 「一個中國原則」對台灣國內的壓迫威脅 *130*

第三節 台灣人民是解決錯亂招牌的關鍵 *160*

第柒章　台灣未來可能的發展 *163*

　第一節　台灣未來可能發展的幾種建議 *164*

　第二節　台灣成為中國的一部分 *174*

　第三節　台灣成為一個正常化國家 *185*

第捌章　台灣如何成為一個正常化國家 *189*

　第一節　為台灣全面正名 *189*

　第二節　制定台灣憲法 *190*

　第三節　以台灣之名加入聯合國及其體系下國際組織

　　　　　作為會員國 *196*

　第四節　培養正常化國家國民的意識、涵養與氣度 *204*

第參編　國際法、現實國際政治與台灣

第玖章　解決台灣未來的政策考慮與國際法大原則 *217*

　第一節　亞太和平穩定的新世界秩序 *219*

　第二節　人民自決的大原則 *223*

　第三節　民主、自由與人權的普世價值 *225*

　第四節　法治的世界秩序 *228*

　第五節　經濟、社會與文化的國際合作 *231*

　第六節　國際法原則與有效權力的考慮互動 *235*

第拾章　西方寄望中國和平演變美夢的破滅 *239*

　第一節　韜光養晦的國家戰略 *240*

　第二節　港版《國安法》通過摧毀「一國兩制」招牌 *241*

第三節 中國銳實力的國際滲透與擴張................................*246*

第四節 偉大復興中國夢隱藏的野心................................*251*

第拾壹章 台美中關係的變化與轉折................................*255*

第一節 冷戰時期：聯中制蘇的戰略思維

（1949～1991）................................*255*

第二節 後冷戰時期：擴大交往的合作關係

（1991～2017）................................*261*

第三節 後疫情時代：互別苗頭的競爭關係

（2017～2024）................................*268*

第四節 美國對台灣戰略由模糊逐漸走向清晰................................*273*

第肆編 台灣是世界的台灣，不是中國的一部分

第拾貳章 在國際強權互動中台灣的角色................................*277*

第一節 俄羅斯侵略烏克蘭，民主聯盟圍堵中國態勢

逐漸形成................................*278*

第二節 台灣是全球民主自由同盟對抗專制獨裁政權

的最前線................................*280*

第三節 台灣是人類經濟發展、科技文明進步的結晶................................*282*

第四節 台灣是阻絕中國霸權擴張的戰略要角................................*285*

第拾參章 中國以認知戰要瓦解台灣的對抗意志................................*291*

第一節 疑美論背後的陰謀................................*292*

第二節 有堅強的防禦實力才能避免戰爭................................*295*

第三節　「融合促統」是併吞台灣的工具.............................297

第四節　高度的警覺與明智勇敢的選擇.............................298

第拾肆章　台灣的將來由台灣人民以公民投票來決定........301

第一節　公民投票是民主國家主權在民的落實.................302

第二節　建立健全的公民投票制度.................................310

第三節　台灣前途公投的必要性與迫切性.....................316

第四節　設立台灣前途公投特別委員會.........................321

第五節　台灣前途公投的國內面.................................334

第六節　台灣前途公投的國際面 338

第七節　台灣前途公投選擇的命題.................................341

第八節　結論：台灣前途由台灣人民共同決定.................343

第拾伍章　鴻展大洋精神，建設正常化的台灣國...............347

第一節　台灣人民的價值選擇 349

第二節　自助、人助、天助.................................352

第三節　堅持堅持、再堅持，直到成功.......................356

第四節　發揚大洋精神，建立正常化的台灣國.................357

附錄

陳教授隆志博士著作目錄 361

參考書目...375

新世紀智庫叢書總序

　　「新世紀智庫叢書」是由財團法人台灣新世紀文教基金會所企劃發行的系列叢書。台灣新世紀文教基金會於 1997 年 9 月創立，是一個超然、超黨派的政策研究推展的智庫（Think Tank），以從事文化教育活動，促進國家建設發展，研究推動公共政策為宗旨。

　　新世紀（二十一世紀）是經濟全球化的世紀。這股無法阻擋的潮流，為人類世界，也為台灣帶來嚴峻的挑戰與無窮發展的機會。

　　海洋國家台灣是不是能夠適存於二十一世紀？二十一世紀的台灣是不是能夠更民主自由，更尊重人權，更繁榮安全？台灣人民是不是能夠以光明正大、尊嚴十足的姿態立足世界、永續發展？

　　台灣為世界列國大家庭的一員，台灣應該是二十一世紀地球村的一個重要國家。經過最近半世紀多來的進化、進步與蛻變，咱應該嚴肅認真探討台灣在整個國際社會中應該扮演的角色。

　　台灣位在大海洋與大陸地交會的線上，是歐亞大陸與太平洋匯合的重心。地理上的獨特性，為台灣在整個人類文明演進的過程提供一個得天獨厚的地位。如何以台灣為本，發揮台灣在地理上的優越條件，光大現代海洋文化，實在值得我們用心思考，集合所能集合的人力物力，使台灣這個美麗的海洋國家在二十一世紀引領出該有的貢獻。

　　由於過去國際政治的阻礙，台灣地理上先天的優點沒有得到應有的發揮。如何發掘台灣地理上的優點，發揮這個優點，以島

為點，以海為面，在太平洋社區暢通發展，在世界舞台大大作為發揮，正是新世紀我們應該做、所能做的。因此，我衷心希望經由台灣新世紀文教基金會的創設運作，能就此略盡棉薄之力。

台灣的二千三百萬人民優秀勤勉，是台灣能好好迎接二十一世紀的大資產與動力。如何集結優秀人民的智慧，使台灣的政治、經濟、社會與文化制度能脫胎換骨，使台灣的政治能從過去與現在的曖昧混沌，進入適合台灣人民要求願望的明確清新，正是新世紀為我們提供的一個契機。如何使政治目標、政府體制、政府機構的實際運作，能符合台灣這個土地上人民的要求，進而為全民提供充滿生機與希望的新時代，將是一大考驗。國家政治目標的明確清新，將為台灣經濟的發展、社會的發展、教育的發展、人民期待的發展，提供一個符合新世紀要求的新期待。

台灣面臨新的世紀，但目前國家定位還未十分明確。建立在這種還不十分明確基礎上的民主自由、總統選舉、政治發展、經濟發展、社會發展、文化發展等等多元化的發展，也只是流沙上的建築，實際與幻想只是一線之隔。為台灣尋求一個永固的基礎，以永續發展，從而建立完善美好的政治體制、經濟體制、社會體制、教育體制與文化體制，應該是台灣人民共同的願望與期待。

經過二十多年的本土化、民主化，總統由人民直選，以及和平的政黨輪替，「人權立國」的願景，為二千三百萬台灣人民帶來新的希望與無限的期待。但是，自從 2008 年第二次政黨輪替，中國國民黨政權再度執政後，政治體制與政府施政上產生的各種亂象，成為台灣民主深化的逆流。2014 年三一八太陽花運動的奮起抵抗，成功動員串聯台灣公民社會的力量，遏阻台灣走上被中國併吞的不歸路。影響所及，促成 2016 年台灣本土政黨重新取得政權，完成第三次政黨輪替，民主持續深化鞏固。台灣人民

雖然用民主選舉的方式，向全世界展現台灣作為一個民主自由、主權獨立國家的自尊與自信，但是外來中國侵略併吞的威脅卻愈來愈凶惡。觀察 2018 年 11 月舉行的地方選舉，顯見中國對台灣的威脅已經從過去的軍事威嚇、政治打壓、經濟淘空擴大蔓延到干預選舉與侵蝕台灣的民主。面對當前國家安全的威脅、民主體制被破壞的危機，充分顯示一個超然性智庫永續存在發展的重要性。就今後台灣對內、對外的各項重要政策，以超越特定黨派的超然立場加以研究探討，以台灣全民的共同利益為指標，由台灣放眼世界，由世界看台灣，把握全部與局部問題的密切互動關聯性。同時，由長程、中程及短程規劃工作活動，分優先緩急，對於重要政策的研究推展發揮建設性的貢獻。新世紀智庫叢書系列的企畫發行，正是這個鉅大工事很重要的一部分。

　　新世紀智庫叢書的發行，以台灣為根本，以世界為舞台，由很多角度與層面，探討有關台灣國家發展建設的各項國內、國際問題。希望透過新世紀智庫叢書系列的企畫發行，能夠發生拋磚引玉的作用，引起呼應共鳴，持續為咱母親台灣更美好光明的新世紀共同打拚。

財團法人台灣新世紀文教基金會
董事長　陳隆志博士

第二版　序言

從事學術研究是隆志畢生的志趣，而撰寫與出版著作傳達理念則是最能夠發揮在台灣與美國所學的才能與知識的所在。作為一位台南出身的知識份子，如何發揮良知、良性與良能，善盡職責，幫助國家社會整體的發展，是該有的表現。因此，1964 年隆志在耶魯大學（Yale University）完成法學博士學位（Doctor of the Science of Law, J.S.D.），選擇留在耶魯法學院（Yale Law School）擔任研究員，跟美國社會科學泰斗的恩師拉斯威爾（Harold D. Lasswell）教授合作，從國際法的角度，思考台灣的國際法律地位與聯合國席次等問題，再深入探討台灣該如何獨立建國及研究永續生存發展之道。這個決定應該會比拿博士學位回台灣，等待蔣介石政權關愛的眼神，換來個人官位享受榮華富貴，更有意義與挑戰性。

1967 年隆志與拉斯威爾教授合著第一本學術性的著作問世──*Formosa, China and the United Nations: Formosa in the World Community*（《台灣、中國與聯合國：世界共同體中的台灣》），向國際社會傳達台灣人民真正的心聲。我們提出的主張，強調聯合國「中國代表權問題」的癥結不是中國，而是台灣。聯合國應採取「一台一中」的政策，促成台灣人民的自決，由台灣人民代表台灣，所謂的「中國在聯合國代表權問題」自然迎刃而解。

1970 年代是海外台灣獨立建國運動風起雲湧的時代，1969年，隆志以滿腔的熱血與勇氣，加入「全美台灣獨立聯盟」（United Formosans in America for Independence, UFAI）。為了喚起台灣人民共鳴共勉為台灣的前途打拚，乃以 *Formosa, China and the United*

Nations: Formosa in the World Community 為基礎,日以繼夜趕工完成《台灣的獨立與建國》一書。《台灣的獨立與建國》於 1971 年 1 月 1 日發表,該書指明台灣人是無國家、無政府之民,強調台灣不是中國的一部分,台灣的將來應由台灣人民決定。為了建設台灣成為我們這一代與未來子子孫孫的樂土,要認清蔣氏父子政權壓迫統治的本質,破除權力漸移坐等台灣自然獨立的心理,以人性尊嚴為建國的依歸,鴻展大洋精神,創造台灣共和國。

1970 年 1 月 1 日世界性的「台灣獨立聯盟」(World United Formosans for Independence, WUFI)成立。1972 年,隆志在聯盟的刊物《台獨月刊》第 1 期,發表〈台灣人民的自由與獨立〉,強調:

> 「台灣人民自己決定自己前途的權利,不是中國的內政問題。此一根本權利不容談判,不能也不應在『中國統一』的虛偽公式下,或做為華府與北京言歡和好的代價,或在其他任何形式下,被妥協或出賣。
>
> 台灣人民堅決要維護他們自己的生存與自由。世界不能要求,當然更不能期待,台灣人民會像籠中的雞鴨,任人當作財產,從一個外來主人轉到另一個外來主人。為拓創我們自己的將來,我們台灣人民將使用一切必要手段與盡一切必要的犧牲。
>
> 當我們達到建立一個獨立台灣國的目標,我們一定積極獻力於世界和平、正義和人權。做為西太平洋一個真正獨立的緩衝國家,台灣國將與所有承認與尊重台灣領土完整與主權獨立的國家(包括中華人民共和國在內),建立維持友好的關係。」

五十一年前發表的文章,充分表達個人堅定追求台灣獨立自主的心境,雖然因此得罪當道成為海外黑名單,三十三年無法回到台灣,但是並沒有減損為台灣打拚的決心。海外黑名單解除

後，1993 年 5 月隆志應母校台灣大學代理校長郭光雄教授的邀請，於台大法學院國際會議廳發表一系列有關台灣入聯、國際人權保護與台灣憲法文化發展的演講。1994 年春季，再回到台灣，擔任母校法律系客座講座教授。受到故鄉親友的鼓勵，乃於 1997 年回來創設台灣第一家民間智庫——台灣新世紀文教基金會，以促進國家正常化為目標，一直到現在已經成立二十六年。

　　基金會積極運作的時期，正是台灣從二十世紀走向二十一世紀的前後，我們以穩健踏實的步伐，盡我們能力所及且能做到的事，跟隨台灣社會持續成長。同時，隆志也在美國紐約法學院（New York Law School）繼續擔任教授，為了兼顧兩邊的工作，安排每年 9 月至 12 月（正是聯合國大會每年在紐約開議期間），回到學校教書。雖然往返台美兩地奔波不免勞苦，但樂此不疲。

　　在紐約法學院於 2016 年正式退休前後，隆志全心全力投入專書撰寫的工作。2015 年起陸續在國際知名的牛津大學出版社（Oxford University Press）發表兩本英文著作：（1）*An Introduction to Contemporary International Law: A Policy-Oriented Perspective*（3rd Edition, 2015）；（2）*The U.S.-Taiwan-China Relationship in International Law and Policy*（2016）。值得一提的是，第一本發表的 *An Introduction to Contemporary International Law: A Policy-Oriented Perspective* 經過牛津大學出版社嚴格機密的審查程序，被認定為「新港政策科學派」的研究鉅作。其中，在第二章「國家」單元，提出「台灣國家進化論」（The Evolution of Taiwan Statehood），將台灣的國際法律地位與《聯合國憲章》及兩大國際人權公約連結適用，形成「人民有效自決」（effective self-determination）的理論，被認為是非常精闢的創見。於是，在牛津大學出版社的支持鼓勵下，將「國家進化論」擴大發揮成冊，才有 2016 年 *The U.S.-Taiwan-China Relationship in International Law and Policy* 的問

世（漢譯本《美國、台灣、中國的關係：國際法與政策觀點》於2018年由台灣新世紀文教基金會出版）。

　　2019年隆志出版《台灣國家的進化與正常化》，以台灣人民為主要閱讀對象，除了以淺白易懂的文字介紹「國家進化論」的論述之外，再加上「國家正常化」理念的推廣，希望能達到拋磚引玉的功效，建設台灣成為世界第一流現代化進步的國家。《台灣國家的進化與正常化》主要在探討三項重要課題：第一、台灣的國際法律地位問題，其討論牽涉到台灣是不是一個國家？本書以「台灣國家進化論」的完整論述，反駁中國一再主張「台灣自古以來是中國不可分的一部分」之謬論。然後，進一步闡述台灣民主化之路是有效人民自決落實的過程。自1987年解除戒嚴之後，台灣先後實現國會全面改選、總統直選、政黨輪替。這種人民表現集體意志，共同實踐「有效自決」的成就，彰顯台灣由被軍事占領地、《舊金山對日和約》日本放棄後國際法律地位未定的台灣，進化為國際社會一個主權獨立國家的事實現狀。

　　第二、針對國家正常化的問題，假使台灣是一個主權獨立的國家，是不是一個正常化的國家？假使台灣不是一個正常化的國家，需要如何努力，才能成為一個正常化的國家？實際上，台灣國家正常化之路，可說是台灣民主化之路的延續。台灣雖然已經進化為一個主權獨立的國家，但還不是一個正常化的國家。台灣要成為一個正常化的國家，需要喚起台灣人民的熱情，展現台灣人民爭取作為自己政治命運主宰的意志與力量，制定以台灣為主體、切合人民需要的《台灣憲法》，國家正名憲法化，同時，以台灣國家的名義身分加入聯合國及其體系內功能性國際組織為會員國，落實轉型正義，以及培養正常化國家國民的意識、涵養與氣度。

　　第三、在現實國際權力政治、國際局勢變化無常的情形下，台灣能在國際社會扮演什麼角色？台灣人民應該如何打拚努

力？自助、人助、天助，自己國家自己救，才能達成台灣國家正常化的大目標。以「國際法、現實國際政治與台灣」為主題，指出在國際強權互動、面臨中國持續不斷的併吞威脅下，台灣有一個非常重要的角色——維護國家主權並鞏固台灣是一個民主自由人權的國家，除了堅強的國防與心防以外，台灣人民群策群力的台灣前途公投，則是向全世界明確表達台灣人民堅守國家主權、維護自主獨立的集體意志，是一個最和平、最民主、且不可忽視的防衛武器。

自 1971 年出版《台灣的獨立與建國》與 1972 年發表〈台灣人民的自由與獨立〉一文直到今日，前後歷經冷戰、後冷戰再到後疫情時代的國際局勢，五十多年後重新回顧上述兩份著作的內容，不但歷久彌新，而且切合當前發展的實際需要。確確實實，近來中國國力的崛起，霸權擴張、挑戰依法而治的國際秩序，意圖以武力改變現狀的行徑，對台灣海峽的和平與印太區域穩定帶來極大的威脅，引起以美國為首的民主同盟國家的警覺。

《台灣國家的進化與正常化》第一版發表後，美中雙邊關係持續惡化，一連串的貿易對抗、金融圍堵與科技封鎖，2020 年 COVID-19 病毒全球擴散的摧殘緊接而來，迫使全球供應鏈重組。2022 年 2 月，俄羅斯無視國際社會的警告對烏克蘭發動侵略戰爭，國際社會關注烏克蘭戰場發展的同時，也注意到中國以前所未有的程度增強對台軍事威脅、戰狼外交與政治壓迫的力道。國際及區域的政經複雜多變的情勢，帶動台灣命運的翻轉。今日的台灣，已經是世界的台灣，台灣的戰略地位與國際能見度，已不可同日而語。

在此要補充說明，速成不是隆志撰文出書的風格。1989 年耶魯大學出版社（Yale University Press）出版 *An Introduction to Contemporary International Law: A Policy-Oriented Perspective*，

2000 年第二版出版發行，再經過十五年，2015 年第三版改由牛
津大學出版社出版發行。此外，早於 1980 年隆志有幸與兩位學
術巨擘——世界國際法大師 Myres S. McDougal 教授與美國社會
科學泰斗 Harold D. Lasswell 教授合作撰寫——*Human Rights and
World Public Order: The Basic Policies of an International Law of
Human Dignity*，由耶魯大學出版社出版發行。英國牛津大學出
版社認為這本國際人權法是經典之作，超越時空且不受任何政治
或歷史時代思想的侷限，因此決定重新出版本書。該書初版於
1980 年發行之後，隨著時間的流逝，國際整體環境產生很大的
變化。為了幫助讀者瞭解「新港政策科學派」的研究方法在國際
人權領域運用的重要性，本書「新版」完整保留「原版」的內容
與風貌，而且增加了由隆志所撰寫的一長篇引言，闡述原版發表
後，國際人權法三十八年來的重要發展與動向。2018 年完成本
書增訂的新引言，隔（2019）年牛津大學出版社完成新版印刷，
發行全世界，也是等待將近四十年之久。相信兩位合著已在天的
偉大恩師也會感到欣慰。

　　這次《台灣國家的進化與正常化》第二版的發表，打破了過
去著作發表的慣例，與第一版發表的時間相隔僅有四年。最主要
的原因，莫過於台灣當前所面對的種種內外挑戰，需要全體台灣
人民同心協力克服。中共對台灣日益升高的軍事威脅、經濟施壓
以及操作錯假資訊，毫不掩飾介入 2024 年 1 月 13 日台灣總統、
副總統與立法委員的選舉，凸顯接任蔡英文總統的人選非常重
要。2024 年的大選不但是一場民主自由與專制獨裁的制度之
爭，更是決定當代台灣人以及後世子孫孫命運的生死戰。

　　國家興亡匹夫有責，每一個選民必須承擔作為公民的責任，
發揮政治智慧與道德良知，善用手中關鍵的一票，慎重選擇一位
有政治智慧、歷練完整、真正有擔當的總統候選人。對內能凝聚

全民向心力，帶領全體台灣人民走出康莊大道的政治領袖，對外爭取國際社會的支持，並基於民主自由的普世價值，與國際新供應鏈體系的國家攜手合作。如此一來，才能確保我們與未來的子孫在台灣安居樂業，繼續享有民主自由、人權法治、經濟繁榮與社會安全的生活環境與方式。在此關鍵的時刻，《台灣國家的進化與正常化》第二版的出版意義確實重大深遠。

2019 年《台灣國家的進化與正常化》第一版發表後，國內外局勢有極大的轉變，其中包括台灣完成第三次政黨輪替，代表台灣人民自決作出民主與進步價值的選擇，緊接著 COVID-19 疫情全球大爆發，全球防疫作戰凸顯台灣的韌性國力，2022 年烏俄戰爭爆發使得台海安全受到關注，這些全新的發展內容都納入《台灣國家的進化與正常化》第二版，第壹編【國家進化論】單元之中。

第參編是【國際法、現實國際政治與台灣】單元，除了第玖章「解決台灣未來的政策考慮與國際法大原則」維持不變外，新增第拾章「西方寄望中國和平演變美夢的破滅」與第拾壹章「台美中關係的變化與轉折」兩個章節。首先，第拾章「西方寄望中國和平演變美夢的破滅」，中國推動改革開放政策，帶動整體國力大幅提升，不但成為世界最大的生產工廠，也是經濟成長最快的國家。中國經濟快速發展，以「和平崛起」作為推動大國外交、擴大影響力的手段，但是光看中國經濟成長的一面，並不能掩飾中國武力增強，透過「銳實力」進行國際滲透與擴張，提出「一帶一路」國際戰略，追求偉大復興的中國夢的所作所為，對台灣與亞太區域安全、甚至世界和平帶來的直接與間接的威脅。從最近美、日、英、澳與歐盟等主要國家，強烈表態關注中國霸權擴張與台海緊張局勢的表現來看，他們不但將北京當作是國際法與國際秩序的威脅破壞者，也將維持台海和平穩定的現狀，視為共同的外交政策。

其次，關於第拾壹章「台美中關係的變化與轉折」的探討，冷戰時期美國打「中國牌」意圖拉攏中國、孤立蘇聯。後冷戰時期，以美國為首的西方國家推動「擴大交往」戰略，積極協助中國融入國際體系，尤其是以開發中國家的身分加入世貿組織（WTO），幫助中國發展經濟之後，就會促使其推動政治民主化，成為維繫世界和平的重要成員。但是，他們萬萬沒有想到，中國將經濟發展的成果工具化，對內用來延續腐敗官僚體系的生命，繼續專制獨裁、欺壓人權與自由，而對外則成為軍事強權，以武力擴張的方式，威嚇周邊國家，破壞區域的和平穩定。台灣是印太地緣政治的關鍵樞紐、全世界半導體晶片供應鏈的核心，也是全球民主自由同盟對抗專制獨裁政權擴張的最前線，台灣的走向牽動國際政局的演變。面對中國霸權的崛起，公然一再強調要以非和平方式解決台灣問題，最新的發展就是在美國主導下，串連英國、澳洲、印度、日本以及韓國等國組成民主同盟，推動雙邊與多邊的安全、經濟與高科技合作，圍堵中國共產專制獨裁政權的擴張，嚇阻中共侵略併吞台灣。

第肆編是新增的【台灣是世界的台灣，不是中國的一部分】單元，包括第拾貳章「在國際強權互動中台灣的角色」與第拾參章「中國以認知戰要瓦解台灣的對抗意志」兩個章節。在國際強權互動中台灣的角色探討，國際社會關注台灣政府與人民群策群力的表現，無論是在印太戰略、地緣政治、國際經濟的運作與全球半導體、資通訊產業發展與全球供應鏈等面向來看，台灣是最穩定可靠、最有效率以及最值得信任的合作伙伴。不但如此，台灣落實民主自由、人權保護的傑出表現，也獲得國際民主陣營國家的支持，認清台灣問題不是中國的內政問題，台海安全更是全世界關切的重要問題。確確實實，台灣有事就是世界有事，我們必須把握當前國際重視台灣安全與關切台海和平的大潮流，持續

深化台美正常化的關係，與眾多民主同盟國家在國防安全與經濟科技有更好的串連合作。

　　面對中國持續加大軍事壓迫台灣的力道，我們的政府要提升整體國防軍備的素質與力量。面對中國以認知戰要瓦解台灣對抗意志的手段，台灣人民則要強化自我防衛的意志，合力提升經濟競爭力、社會安全網絡與鞏固民主自由的體制。如此，才能夠有效反制中共發動、操縱的認知戰，破解「疑美論」、「疑台論」等等錯誤、虛假資訊分化台灣內部的團結，加強台灣與國際的連結，提升台灣抵抗中國威脅的意志與決心。

　　今（2023）年 10 月 7 日，巴勒斯坦激進組織「哈瑪斯」（Hamas）發動無差別屠殺與綁架以色列人民的攻擊行動，以色列隨即回擊，雙方傷亡慘重，引起中東地區的動盪與不安。這場突如其來的攻擊事件，除了讓我們清楚認識到「和平」並不是天上掉下來的禮物——假使沒有居安思危，沒有務實面對國安威脅，作好備戰的準備，即使戰力再堅強或擁有銅牆鐵壁的防禦能力，最終也難逃被外部敵人突襲攻破，付出慘痛的代價。從美國國家安全戰略的角度來看，將超越中國、遏阻俄羅斯，同時爭取與盟友攜手合作，共同克服國際民主聯盟所面對的挑戰，視為當前最重要的課題。為此，自 2018 年以來，美國聯手西方民主國家，從四面八方圍堵與孤立以中、俄為首的極權專制國家的態勢愈來愈明顯，除了提供烏克蘭必要的援助，對抗俄羅斯的入侵，同時又在一次又一次重要的國際會議，提出中國霸權擴張對印太與台海地區和平穩定的威脅，現在又發生以色列與哈瑪斯的衝突，勢必牽動未來整個世界局勢的發展。最近，因應以哈戰爭的新發展，美國拜登總統乃於 2023 年 10 月 20 日發表全國電視演說，緊急宣布將向國會提出緊急預算申請，提供以色列、烏克蘭與台灣必要的軍事援助，代表美國對加薩走廊（Gaza Strip）、台海與烏克蘭

安全穩定的重視，並展現捍衛《聯合國憲章》的民主自由與法治人權等普世價值的堅定意志與決心。

　　民主、自由與人權是人類的普世價值，而創造一個民主自由、尊重人權的國際環境，則是維持世界秩序的重要任務。我們必須認清一件事實，中國霸權擴張是對民主台灣的最大威脅，也是影響亞太區域穩定與全球秩序的最大變數。台灣有追求和平的決心，如何維持台海穩定與和平的現狀？最具體且負責任的作法就是，提升自我嚇阻防衛能力，強化經濟韌性與確保生產供應鏈的安全；同時，也要積極與全世界民主國家建立夥伴關係，促成國際民主社群選擇與台灣站在一起，合力集體對抗來自中國的併吞威脅，是共同的價值觀，也符合共同的利益。

　　台灣存在著內外不同的安全威脅，隨著 2024 年 1 月台灣總統與立法委員二合一選舉日期的逼近，中國介入選舉的動作不但愈來愈大，也愈來愈明顯。中國是當前唯一的外來威脅，除了虎視眈眈想要以武力併吞台灣之外，也對台灣發動銀彈攻勢，透過地下賭盤、非法金流介入選舉，或利用經濟利誘、經濟脅迫的方式對台商施壓，達到以經促統、以民逼官、以商逼政的目標。同時，以促進交流的名義，邀請台灣的民間團體與民眾到中國參訪以收買人心。對台發動認知作戰，是中國不戰而勝、併吞台灣的新手段，他們利用與台灣民調公司進行合作的機會，操作民調發布，一方面製造台海兵凶戰危的氣氛，另一方面鎖定台灣內部的政策進行討論，提出似是而非的說法，利用錯假資訊的散播，操弄輿論帶動風向，達到分化台灣與國際盟友的合作默契，進而製造台灣內部混亂與對立。

　　對此，台灣朝野政黨的合作顯得格外重要，以色列遭遇哈瑪斯攻擊之後，國內朝野各界不急於追究政治責任，立刻攜手籌組戰鬥聯合政府共赴國難的表現值得我們學習。面對極權專制中共

政權的併吞威脅，假使在朝與在野的政黨都能拋棄政治私利，秉持以台灣大局為重、以台灣利益為先的政治立場，釐清明確的敵我意識，屆時無論是執政黨的政治治理或在野黨的問政監督將不再是政治惡鬥，這種政黨之間相輔相成的競爭模式，對於促進台灣的永續生存發展有真大的幫助。

　　台海的和平穩定攸關台灣的生存與發展。台灣與中國應該根據平等互惠的原則，進行雙邊尊嚴對等的對話與合作，既可維持台海的永久和平，又符合雙邊人民生存發展的利益。中國領導人表面上口口聲聲說願意盡最大的努力，爭取兩岸的和平，一方面強調謀求兩岸和平統一，另一方面，絕不承諾放棄使用武力，這樣的論調無助於增進台海兩邊人民的互相信任。既然台灣政府與人民都承認中華人民共和國是一個國家，泱泱宏大的中國也應該要承認台灣是一個主權獨立國家的現狀事實，實在沒有必要對台灣兵戎相向或文攻武嚇，特別是處心積慮介入台灣大選，對台商施加壓力，想要影響台灣人民投票的自由意志，支持他們屬意的候選人。

　　中國是不是願意展現大國的氣度，從放棄以武力犯台的意圖，接受台灣是一個主權獨立國家，與中國互不隸屬的事實開始，並將雙邊良性互動交流的前提，設定在對民主、自由的堅持，對人權法治的尊重與對台海和平的嚮往。這不但需要出於誠意與對等，也要以實際的作為表達善意，才能取得台灣人民的信任，進一步擴大深化與中國的合作交流，共同在台灣海峽兩邊籌建民主自由的政治環境、保障人權的社會環境與自由市場的經濟環境。根本改善台灣與中國的關係，從傳統軍事對抗、政治對立的泥沼，走向經貿合作、文化交流與互利發展的新階段。

　　台灣不希望成為中國的敵人，期待有一日台灣與中國能夠在平等互惠、互相尊重彼此主權的前提下，自由開放、民主多元與經濟繁榮的台灣，可以與中國進行良性互動，台灣的民主發展經

驗可以做為中國推動民主改革的借鏡。台灣人民今日享有民主自由，也樂意見到中國人民，未來可以享受民主自由的普世價值與幸福。如此，可以為台海兩邊帶來真正的和平與雙贏互利的好結果，台灣人民與中國人民可以積極參與國際事務攜手合作，共同追求人性尊嚴與人類安全的最高目標，為促進國際社會繁榮交流互動、為世界共同體的和平永續生存發展作出貢獻，相信這是台海兩邊大多數人民的衷心願景。

但是，我們不可以忽略眼前迫切的挑戰，也是眾所關切的就是明（2024）年1月13日舉行的台灣總統、副總統與立法委員的合併選舉。我們不能忘記，自1624年荷蘭人統治台灣以來，不同的外來政權雖然相繼在此地留下他們的足跡，但是我們的祖先們在這塊島嶼上辛勤耕耘，付出血汗、犧牲打拼，一代傳一代，篳路藍縷，以啟山林，克服種種的困難與挑戰，乃有今日主權獨立、民主多元、自由開放與經濟富裕的台灣。這樣的成果得來不易，值得大家珍惜與維護。

四百年後的今日，台灣處於歷史性的關鍵時刻，我們是否能夠依循我們祖先們的腳步，開創民主光明的台灣？明年的總統大選，是一場決定民主台灣是不是能夠續存的聖戰，最終的結果將決定台灣國家的前途與後代子子孫孫的發展，也會對未來台美中三邊關係帶來深遠的影響。

爭取命運的自主是我們共同的信心與決心。我們要以無所不包、無所不容的精神促成台灣人民的大團結；以能忍能動、能屈能伸的精神破除悲觀的宿命感；用以島為點、以海為面的遼闊視野，消除島國傳統的狹隘；以征服海洋、開發海洋、利用海洋的精神，建設充滿生機活力、民主自由、尊重人權與繁榮幸福的國家。

大洋精神是台灣人追求國家正常化的精神武器。建設台灣國家的正常化，需要具備氣質、性格、智慧、勇氣、信心與毅力。

民主台灣一定要贏，贏的關鍵就是選對人。我們要激發大洋精神、鴻展大洋精神，選出一位誠實有操守、有完整的政治歷練、有改革魄力、有擔當遠見、有能力保衛台灣主權與國家尊嚴、對抗中國外交打壓與武力併吞的威脅、又能夠堅持民主、自由與人權的普世價值，才能使台灣永續生存發展，代代不息，積極參與國際事務，促成人性尊嚴與人類安全的進步與發展。

　　本書第二版能夠順利完成，首先要感謝陳隆豐博士，無論他有多忙，總是排除萬難抽出時間，針對本書的論述說理提出寶貴的意見。同時，真感謝廖福特研究員，在印刷前夕，協助關鍵性的校閱，且接受邀請撰寫推薦序。其他應邀撰寫推薦序的學者專家，包括高英茂次長、張文貞教授與楊斯棓醫師，他們在百忙中特別撥冗完成，在此一併致上最深的感謝之意。

　　台灣新世紀文教基金會董事們無所求的付出與支持，為本書的出版增添無窮的能量，蘇芳誼副執行長與陳雪琴主任，兩位基金會長期的得力助手協助，功不可沒。尤其在定稿的最後階段，他們與隆志分居太平洋兩岸，在真多晨昏顛倒、日以繼夜的日子裡，有了他們對本書的整理、編排、校對，乃能如期出版發行，衷心感謝他們的付出與協助。

　　牽手千壽是台灣國家正常化路途中永遠的志工伙伴，有她的疼心與協助，使個人無後顧之憂；兒孫們的愛心關懷，加添個人能量，得以全心全力投入台灣國家正常化運動，對建設台灣早一日成為世界第一流現代進步的正常化國家信心滿滿。

　　最後，謹以本書獻給我所熱愛的故鄉台灣，榮耀珍惜民主自由、實踐人權法治，對台灣國家正常化，犧牲奮鬥的前輩，以及關懷、支持、努力、共同打拚的每一個人。台灣加油，天佑台灣！

推薦序

結合真摯感情及豐富學理之巨作

◎廖福特／台灣國際法學會理事長、中央研究院法律學研究所研究員

　　非常榮幸地可以在陳教授大作出版前閱讀本書，身為學術界後輩，實在沒有資格寫推薦序，只能略為表達作為讀者之感受，以供各位參考。

　　這是一本充滿真摯感情的著作。每一本書籍的靈魂核心就是作者本人，本書的核心主題是台灣國家的進化與正常化，而陳教授長年關注台灣主權，已成為其一生懸命之畢生職志。早在五十多年前的 1967 年陳教授即已出版《台灣、中國與聯合國：世界共同體中的台灣》，並在 1971 年出版《台灣的獨立與建國》，這兩本書是陳教授建構台灣主權及國際地位之重要著作。然而更重要的是，陳教授不是在出版書籍之後即忘卻書中關心的主題，而是長期持續關注台灣主權，不停累進思考及論述。即使陳教授有多年時間被列為黑名單，身心備受折磨，被迫不能回到他所珍愛的美麗島台灣，他依然堅持對於台灣主權之堅持。即使台灣逐步民主化之後，陳教授依舊持續思索如何建立完善的民主國家。即使台灣歷經政黨輪替之後，陳教授依然期盼將台灣建構為尊重人權與繁榮幸福的國家。多年來陳教授對於台灣的感情總是真摯且濃郁，如同陳教授總是在演講及文章最後敬頌天佑台灣！而在本書出版之時，陳教授亦提醒台灣人民 2024 年選舉對於台灣主權之重要性。於此請容許我引述陳教授在本書序言中的一段話：

　　爭取命運的自主是我們共同的信心與決心。

　　我們要以無所不包、無所不容的精神促成台灣人民的

　　大團結；

　　以能忍能動、能屈能伸的精神破除悲觀的宿命感；

　　用以島為點、以海為面的遼闊視野，消除島國傳統的

　　狹隘；

　　以征服海洋、開發海洋、利用海洋的精神，建設充滿

　　生機活力、民主自由、尊重人權與繁榮幸福的國家。

　　這段話呈現陳教授之信念，亦是陳教授追尋之目標。就是因為對於台灣的豐富真摯感情，才能成就本書之精彩內容。

　　這也是一本充滿豐富學理的著作。本書充滿豐富學理的基礎當然是來自於陳教授之專業學術背景及歷程，陳教授在台灣大學、西北大學、耶魯大學等名校求學，在耶魯法學院擔任研究員，在 New York Law School 擔任教授，歷經完整的求學、研究及教學經歷。陳教授著作等身，且有許多國際知名之著作，是近代台灣學術人才之翹首，亦是後輩之典範。而陳教授多年來的學術精髓即呈現在本書中，本書共四篇，分別論證國家進化論、台灣國家正常化、國際法及國際政治與台灣、台灣是世界的台灣，其中包含豐富的歷史、國際法、國際政治之討論及分析，結構完整且分析精闢，充分展現陳教授之專業學術背景及歷程，由單一作者作如此完整深入之研究及剖析，也只有陳教授才能完成。本書所提之國家進化論、國家正常化、台灣的將來由台灣人民以公民投票決定等重要論述，應是吾人應該深刻理解之重要內涵。

　　這本富涵感性及理性之大作，值得精讀！

國際政治與台灣國家正常化的互動發展：
學術理論與政治現實的交叉分析

◎高英茂／美國布朗Brown大學榮譽教授、台灣民主基金會資深研究員

首先，對陳隆志教授即將出版的新書《台灣國家的進化與正常化》（第二版），台灣的學術界及政治界以及關心台灣安全與生存的國際人士，一定都會感到非常興奮及敬佩。

近兩年前，俄羅斯的普丁（Putin）總統發動了攻打烏克蘭的殘酷侵略戰爭。今年十月，因哈馬斯（Hamas）恐怖攻擊以色列（Israel）邊境無辜音樂會，引爆了至為殘酷的以哈戰爭。當前，全世界的眼光正集焦在中國對台灣海峽的政治統戰及軍事威脅，可能將台灣變成全球危機的第三熱點。台灣地區的戰爭危機不僅是台灣本身的挑戰也變成了全球安全與和平的熱議題。因此，陳教授的新書擴大深入分解台灣國家的正常化與整個印太地區安全保障的密切連帶關係，在時機上，具有重大意義。陳教授新書的新警惕與及新貢獻，令人敬佩。

近半世紀來，一般社會科學界學者及政府決策階層官員，對陳教授有關台灣國家的進化及正常化與國際政治及國際法的交叉互動，都該有廣泛的了解及認知；但是，對陳教授一生努力建立的超人學術基礎的深度及高度，恐非人人周知。

在此特別值得一提者，在過去半世紀的學術生涯中，陳教授出版了多至難以置信二十四冊的學術專書（英文版八冊、漢文版十六冊）。陳教授在學術期刊所發表的專論及研究論文，更是不勝細數。更值得重視者，陳教授的專書及論文，大部分都由世界級出版社，如牛津大學出版社（Oxford University Press）、耶魯大學出版社（Yale University Press）以及台灣在地的前衛等出版社出

版。其中不少著作已被學術界公認為近代的學術經典佳作。近二十五年來，陳教授更不遺餘力，在台灣設立了「台灣新世紀文教基金會」，親自主持並主編《新世紀智庫論壇》（季刊）、「新世紀智庫叢書」及「台灣聯合國研究書庫」。陳隆志教授超人的精力、智力及為台灣學術奉獻的精神，不得不令人肅然起敬。陳博士絕對是一位名副其實的典範「博學之士」。

從社會科學方法論角度看，陳教授的新書《台灣國家的進化與正常化》展現了一個極為重要的研究方法論特質：在社會科學「多種學術領域交叉研究方法」（Multi-Disciplinary Approach）的基礎上，將國際法及國際政治理論架構與台灣國家進化及正常化的實務互相整合，進行「理論」與「實務」的雙邊交叉互動的研究。陳教授收集了不少相關的理論及實務的資料，做到了至為嚴謹的交叉分析。陳教授的新書，可說是一部充分整合「理論」與「實務」的良好「台灣案例研究」（Case Study），值得學界及政界的重視及參考。

憶及早年，陳隆志教授在台大學生時代的恩師彭明敏教授，他曾在 1964 年冒生命的危險發表了「台灣人民自救運動宣言」，大膽挑戰蔣介石政權的專制統治及其國家主權的定位。有趣的是，陳隆志教授的分析架構與國家願景，與先師彭明敏教授的思維方向及願景，頗有異曲同工之妙。但很明顯，今天陳隆志教授已將早期彭明敏教授的思維及願景向前推進到二十一世紀不同的國際政治及台灣國內民主化的新境界及新架構。

今天，台灣所面臨的大挑戰，除了陳教授在新書中已充分探討的國家正常化核心的議題外，當前快速升高來自中國的政治統戰及軍事威脅，已構成對台灣的和平與安全更嚴重更緊迫的生存威脅。陳教授在新書第四編的章節裡，雖已提出慎重的警訊，但可惜卻未進入充分深入探討台灣應有的具體安全戰略的設計及

推動。

近年來，在習近平主導下，中國已走上挑戰西方主導下的國際秩序；在美國的領導下，西方民主國家也開始嚴肅重視中國新霸權的全球挑戰。當此新國際政治態勢崛起的時刻，陳教授「台灣是世界的台灣」的新戰略思維至為重要。台灣如何能扮演──正面國際政治角色，將長期的混亂分歧的國家安全戰略，從「戰略模糊」引導走向「戰略清晰」（Strategic Clarity）；如何將「善意求和」引導走向「有效嚇阻」（Effective Deterrence），已變成台灣當前最急迫的使命。我們殷切期待，陳教授如有計劃準備在近年中出版此新書的擴大增修第三版，我們當然希望陳教授能將台灣及國際盟友的共同安全戰略的設計及推動戰略細節，增列為最高順位的研討課題。

在此，再次感謝陳隆志教授半世紀來，對台灣國家主權正常化的非凡努力與奉獻。

四百年的追尋與台灣人的志業

◎張文貞／國立台灣大學法律學院特聘教授、美國耶魯大學法學博士

1624 年，荷屬東印度公司在台灣南部登陸，於台南安平開始殖民統治；2024 年，台灣舉行自 1996 年開始總統由人民直選後的第八次總統大選。這長達四百年的時間，見證了台灣這塊土地上的人民，從完全無法決定自身及共同體的命運，到能基於現代國際法秩序並以自由民主憲政的規範，來主張其作為民主國家的地位，更以普世人權的價值，積極參與國際社會，追求全球的和平與福祉。

整整四百年，跨越無數世代的艱辛與奮鬥，原住民族、新移民、漢人，認同自由民主憲政秩序與普世人權規範所建立的新興民主國家，成為國際社會在全球經濟、安全及福祉所不可或缺的一部分。

這一段驚奇旅程，其背後的國際法及憲法的法理論述，正是陳隆志教授《台灣國家的進化與正常化》這本書及其二版的核心內容，也是陳教授作為國際法學泰斗，以畢生所學，對台灣國家地位的法理論述的重要貢獻。

陳教授 1964 年於美國耶魯大學取得法學博士，隨後就與他的指導教授 Harold Lasswell 合著《台灣、中國與聯合國：世界共同體中的台灣》（*Formosa, China and the United Nations: Formosa in the World Community*）；並且與他當時的同事 Michael Reisman 教授一起，在耶魯大學法學院期刊（*Yale Law Journal*），發表以「誰擁有台灣？探求台灣的國際地位」（Who Owns Taiwan: A Search for International Title）為題的法學鴻文；陸續有多篇重量級的國際法學論述。陳教授在當年就有的這些法學成就，我們

這些後輩迄今仍無法超越，想來只覺汗顏。

2016 年，陳教授從紐約法學院（New York Law School）教職退休。退休後的他，不但沒有一絲懈怠，反而更積極投入英文學術專書寫作，先後在國際知名的牛津大學出版社（Oxford University Press）出版《當代國際法引論—政策導向的闡述》（*An Introduction to Contemporary International Law: A Policy-Oriented Perspective*），以及《美國、台灣、中國的關係：國際法與政策觀點》（*The U.S.-Taiwan-China Relationship in International Law and Policy*），將他在台灣國家地位的法理論述的方法論—政策導向的論述，或者我們也稱為「跨國規範化歷程」（Transnational Legal Process），更完整予以論述及解析，同時也將台灣在二十一世紀所面臨的全新國際情勢的挑戰，進行更深入與精闢的剖析。

從 1964 年到 2024 年，陳教授一甲子的學術生涯，不管是對當代國際法的發展、對台灣的國家地位的建構，都做出了莫大的貢獻，我們這些後代也難以望其項背。

台灣民主化之後，陳老師從黑名單解禁、終於能自由回到家鄉。1994 年，陳老師回到台大法律系開設第一門的國際法課程，我何其有幸成為那一班的學生，得以親炙陳老師的講學風采；1997 年，我到美國耶魯大學就讀，陳老師親切招待，殷殷期許。雖然我並沒有選擇國際法專攻，但在學習憲法的過程中，卻更深刻體會台灣的自由民主憲政發展，對普世人權的採納與深化，在陳老師所論述的台灣國家地位的進化過程中，所具有不可取代的重要性。

這也是《台灣國家的進化與正常化》這本書的最重要關鍵。作為國際法學泰斗的陳老師，透過國際法的法理論述，讓我們所有身在台灣的人，看到我們可以如何透過自身的努力，來強化我們所處的台灣的國際地位，捍衛我們自身的安全及全球的和平。這當然是一本我們所有人都該讀的書，我也會推薦我所有的學生來閱讀。

陳隆志博士就是我心中的Vanguard戰艦！

◎《要有一個人》、《人生路引》作者楊斯棓醫師

2023 年 11 月 26 日亞太自由婦女協會（創辦人為前無任所大使楊黃美幸）邀請我擔任 keynote speaker 在其年會上進行專題演講，題目我選定：「要有一個人」。前一年的主講者是曹興誠先生，題目是：「自由的土地、勇者的家鄉」。

我演講後，現場繼續舉辦「亞太學生領袖獎」頒獎典禮。「亞太學生領袖獎」鼓勵熱心公共事務，供就讀國內各大學或研究所學生（18～35 歲）申請，無論著墨在民主人權、性別平等、國家主權、社會進步等各議題都歡迎。若評選為「社會參與傑出獎」，每人獲頒新台幣五萬元獎學金；若評選為「社會參與獎」，每人獲頒新台幣三萬元。

當天「社會參與傑出獎」的致詞代表鄭佩純小姐是輔大社會企業碩士學程三年級學生，她是一位白化症患者，自信內斂，談吐不俗，而「社會參與獎」的致詞代表劉千萍小姐是台大國發所學生，她是「越鹿混血兒」。越：越南媽媽；鹿：鹿港爸爸，夾雜越南語、鹿港腔台語與華語的致詞，落落大方，眾人引頸。

我不禁回想起二十年前，在台上經手陳隆志博士頒贈獎狀跟獎金的我。

陳博士是麻豆人，1954 年台南一中第一名畢業保送台灣大學法律系，1958 年台灣大學法律系第一名畢業。1960 年 8 月到美國留學，四年內先後得到西北大學的法學碩士 （1961）及耶魯大學的法學碩士（1962）與法學博士（1964）。

台大頭名畢業不稀罕，稀罕的是建立長年回饋社會的機制

我發現幾位台大（或台大前身）第一名畢業的前輩都成立了

基金會，設定章程辦法，擇優發放獎學金以鼓勵後學。醫界有杜聰明，法界有陳隆志。

　　2003 年，我參加陳博士創辦的台灣新世紀文教基金會舉辦的徵文活動，以「如何凝結『台灣加入聯合國』的國內共識」一文獲獎，獎金八千元，我戲稱這可說是「陳隆志獎學金」。

　　我已屆中年，若還在強調自己當年得了「陳隆志獎學金」，也未免白頭宮女話當年。我真正想講的，是因之而起的故事。

　　三年前，先覺出版社幫我出版《人生路引》一書，出書之際，我就決定捐出所有版稅給各基金會以回饋社會，第一筆就是捐給陳隆志博士的台灣新世紀文教基金會。

　　該捐多少錢呢？對我是一道課題。

　　當年我領了八千塊獎金，回捐八千，顯得小氣；捐一萬，好像添了些銀行利息而已，格局不大。

　　我設想，如果用「巴菲特投資績效」當標準，八千塊的雪球，從 2004 年累算到 2019 年底，經過了十五個完整年度，會滾到多大？（當時我以 20.1%計算）

　　於是，我捐了十六萬兩千八百元給基金會。

陳博士得知後非常高興，請秘書雪琴姐跟我約定半小時的電話會議（迄今我們維持一年一度的聯繫頻率），我因此在臉書上寫了一篇：《跟 85 歲的陳隆志博士學時間管理》，迴響不少。

我告知陳博士，我的捐款有幾個目的：

第一、我用行動告訴陳博士，他當年努力辦活動，是有意義的。這個活動啟蒙了我，讓我茁壯，讓我明白自己可能可以為社會做什麼事。

第二、我用行動告訴所有台灣新世紀文教基金會的獎學金得獎者：施比受更有福。領獎的當下，代表有幸受恩，但十年、二十年、三十年後，是不是也要把回饋社會視為理所當然？

第三、我用行動告訴各式獎學金的得獎者：得過一個獎，不該只是一個多年後拿來磕牙的話題，而是把這個獎，當作是上帝對我們的託付，我們必須持續用行動證明我們值得這個獎！

陳博士聽了，感動不已，久久不語。

電話中，我們聊到前駐日大使許世楷博士，我跟陳博士說，2010 年 4 月 3 日，我曾受寶島聯播網董事長賴靜嫻之邀，與許博士同台演講。陳博士笑著說：「你知道他是我的『大細仙』（連襟）嗎？」

我說我知道。陳博士夫人為盧千壽，許博士夫人為盧千惠，她們是姊妹。

「你知影我丈人是誰否？」

陳博士接著笑問：「你知影我丈人是誰否？」這可難倒我了。

今年（2023 年 11 月 18 日）我專程赴日聽許博士與基進黨台南市少壯議員李宗霖演講。赴日前，我翻看許博士過往為台灣努力的資料，也查找當年陳博士問我的問題。

林獻堂先生（1881～1956）有一位秘書叫甘得中（1883～

1964），甘得中曾經替林獻堂（操持台語）、梁啟超（操持粵語）翻譯。

甘得中育有七個子女，三個女兒分別是甘寶釵、甘翠釵、甘珍釵，甘寶釵與張秀哲（張月澄，1905～1982）結婚，育有張超英（1933～2007）。

甘翠釵與盧慶雲（1909.9.29～1989.11.15）結婚，盧慶雲的三女為盧千惠（1936～），即許世楷博士（1934～）的牽手。

盧千惠的名字來由，得從兩個傷心的故事說起，由於盧慶雲的長女跟次女小時後不幸因白喉過世，所以盧慶雲先生為三女祈禱：「上帝啊！請賜給這個孩子千個恩惠與眷顧，讓她平安長大吧！」因是取名「千惠」。

1936 年出生於台中的盧千惠，於 1955 年赴日留學。後來被國民黨列入黑名單，有家歸不得。

睽違多時，1992 年才回到故鄉台中。

2004 年，許博士任駐日大使。

任大使前，他們夫婦就曾多次向日本政府提出請求，希望台灣赴日免簽證，由於顧慮中國的反應，日本政府遲未答應。任大使後，他更積極的向日本各黨派政治家請託，希冀成功促成。

2005 年，許大使的努力，有了初步成果。當年愛知博覽會期間（3 月 25 日到 9 月 25 日），日方同意台灣人赴日免簽證。這扇門撞開，就不容易闔上了。就在博覽會結束前兩個月，「台灣觀光客永久免簽證待遇」立法通過！

六年同窗的兩位前輩，同為我的貴人

2022 年底，我從台中專程北上參加黃東昇博士的新書發表會，黃博士是促成我第三度巡迴美加巡迴演講的恩人，我本著謝恩之心出席盛會，提早一個小時到場，發現陳隆志博士的祝賀花

籃赫然在列，當天我才得知原來他們是台南一中六年同學。會後他們兩位老同學通電，黃博士很興奮的跟陳博士說認識我將近十年，陳博士沒有打斷老朋友的談興，默默的想著「我認識楊斯棓醫師二十年了」（陳博士後來轉述）。

今年與陳博士通電，得知他將《台灣國家的進化與正常化》一書改版，大動工程，增添數個章節（如：「西方寄望中國和平演變美夢的破滅」、「台美中關係的變化與轉折」、「中國以認知戰要瓦解台灣的對抗意志」），有些既有章節如「在國際強權互動中台灣的角色」則大幅改寫，治學嚴謹，可見一斑。

從陳博士撰述的參考書目，顯見其讀書之勤。台灣今年討論度最高的幾本書（如郝明義先生的《台灣的未來在海洋》、謝宇程先生的《我們如何守住台灣》，後者更是被前國科會主委朱敬一公開稱讚「是一本超級好、超級重要的書」），皆在陳博士參考書目之列。

1798 年，英法對峙的尼羅河之戰，雙方各有十三艘戰艦，英國名將納爾遜指揮的戰艦先鋒號（Vanguard）是英軍勝利的關鍵。柏格先生景仰納爾遜，因是把公司取做先鋒，以此自況，他帶領的先鋒集團，矢志要成為「引領新潮流的帶頭者。」

1996 年，台灣首度總統民選，李坤城先生幫民進黨總統參選人彭明敏教授寫了一首「心內一個小願望」（作曲以及演唱者是詹宏達先生），其中一段歌詞是：「心內一個小願望，快樂來出航。追求理想毋通放，航向國際和平港。」陳隆志博士就像那艘先鋒號，啟發我思考，鼓勵我行動，引領我前行！

延伸閱讀：
《勿忘臺灣落花夢》，作者張秀哲。
《宮前町九十番地》，張超英口述，陳柔縉執筆。
《黃東昇八五回顧：府城黃葉兩家故事》，作者黃東昇。

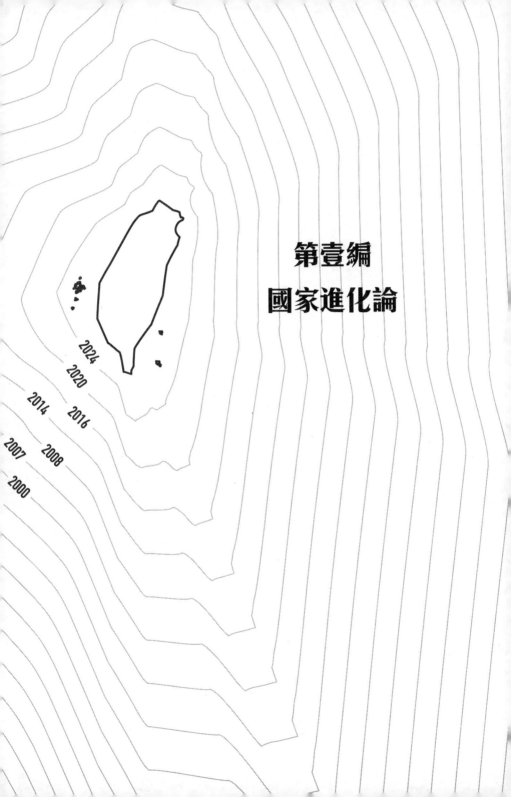

第壹編

國家進化論

2024
2020
2014 2016
2007 2008
2000

第壹章　引言－回顧與前瞻

　　回顧1991年，美國獨立節日，我應總召集人方菊雄教授的邀請，參加了一年一度盛大的美東台灣人夏令會，發表「島國台灣地位的進化與退化——舊金山和約四十年後」的主題演講。當年的夏令會在美國紐約州康乃爾大學（Cornell University）舉行，盛況空前，約有二千六百位台灣鄉親參加。

　　當時在康乃爾大學演講，我有一種真特別的感觸與心得。1967年，我與耶魯大學恩師美國社會科學泰斗，拉斯威爾（Harold D. Lasswell）教授合著的《台灣、中國與聯合國：世界共同體中的台灣》（*Formosa, China and the United Nations: Formosa in the World Community*）的英文書出版後，第一次應邀就台灣問題做英語的公開演講就是在康乃爾大學。自那次以後，請帖不斷而來，應邀就台灣問題以英語或台灣話到美國知名大學及其他各地演講巡迴。尤其擔負台灣獨立建國運動外交工作的期間（1970年前後幾年），一日二十四小時都感覺不夠用。1971年，我的漢文著作《台灣的獨立與建國》一書出版，先透過管道進入台灣島內，後在美國、日本、歐洲等地發行流傳。《台灣、中國與聯合國》及《台灣的獨立與建國》兩本書都成為蔣政權的禁書，作者被列入黑名單。當時，在蔣政權「職業學生」的監視、打小報告之下，台灣人身在美國也無法享受真正的言論自由。

　　由1971年《台灣的獨立與建國》一書到2019年發表的《台灣國家的進化與正常化》第一版發表，兩者的聯結橋樑正是1991年所發表的「島國台灣地位的進化與退化——舊金山和約四十年後」這篇演講。該演講全文於1991年7月6日發表，並於同年7月

23、24與25日，連續三日刊載於台灣的《自立晚報》。之後，再由公民投票雜誌社在台灣印刷發行為單行本。這篇演講反映了我個人研究寫作、發表台灣獨立建國理論的心路歷程，特別是對台灣國家進化論的啟發思考。

這篇演講的要旨是：《舊金山對日和約》（The San Francisco Peace Treaty with Japan，或稱為《舊金山和約》）於1951年締結、日本正式放棄對台灣的一切權益之後，台灣的國際法律地位長期被公認為「地位未定」。但是，和約後經過四十年國內外情勢的變遷，尤其台灣人在島內外共同的打拚奮鬥，台灣的國際法律地位已不再是「未定」──透過台灣的民主轉型、台灣人民的有效自決──自1990年代開始，台灣演變進化為一個國家。台灣雖然已進化為一個國家，但可惜，還不是一個正常化的國家。台灣國家正常化，必須靠台灣人民同心協力，堅持、堅持再堅持，持續不斷打拚、打拚再打拚。

本章以下的引言，簡短的回顧與前瞻，其內容與語氣就是以1991年夏康乃爾演講的內容與語氣為基礎為版本，與咱自己台灣人講話，對相關日期、年代加以清楚註明，以方便讀者瞭解掌握當時國內外的時空背景。

我第一次在康乃爾大學演講是在1968年，當時，台灣獨立建國運動也正在啟蒙的階段，風氣不像今日這樣開放。當時的島內是關在密閉不透氣的戒嚴統治下；當時的海外比當時台灣所謂的「白色恐怖」更加恐怖、更加黯淡──因為有真多中國國民黨「職業學生」在美國許多大學監視台灣人「打小報告」的特務活動。雖然如此，當時也有三百多位聽眾，包括台灣人、中國人、美國人及其他國際人士。在《舊金山和約》的四十週年（1991年），我們來探討台灣國際法律地位的進化與退化；當時講的是台灣的法律地位與將來。講來講去都是台灣地位的問題，真像這個和約

四十多年來都在原地踏腳步，沒進沒退。其實，那四十餘年來世事滄桑，世界在變，台灣也在變，台灣的國際法律地位充滿著進化與退化的複複雜雜。

講到台灣的國際法律地位，見仁見智。根據很多人的看法，台灣的地位過去未定，到今日還是未定。過去未定，是我1970年代的看法。但是《舊金山和約》四十年後的那個時陣，就實質的意義來加以探討，台灣的國際法律地位已定。經之營之，經過二次大戰後四十多年全體國內、外台灣人民的努力，台灣實質上已經演進為一個具有主權實體的國家——一個繁榮發展的島國，但還不是一個正常化的國家。這就是我當時所討論島國台灣地位的進化與退化。

《舊金山和約》與台灣的地位

講到台灣的國際法律地位，我們就聯想到《舊金山和約》。《舊金山和約》是二次大戰戰勝國與戰敗國日本，於1951年9月8日簽訂，1952年4月28日生效，1991年是四十週年。歷史不斷的演進，第二次世界大戰結束，沒有完全解決的問題一直需要解決。《舊金山和約》生效七十一年的今日，還需要討論台灣的地位，令人感慨無限。

台灣的地位是已定或者未定？台灣屬於什麼人？屬於什麼國家？為什麼《舊金山和約》今日在國內外受到特別的注意與重視？其對台灣地位的意義如何？

早期簡史

為解答這些問題，我們需要緊緊對台灣歷史作一個概略的回顧。當初咱的祖先為避免中國大陸上的戰亂，尋求一個屬於自己的家園，屬於自己子孫的樂土，不顧危險困難，觸犯中國統治者

的禁令，毅然決然背井離鄉，橫渡危險的黑水溝，有去無回，來到台灣。台灣就是咱祖先心目中的世外桃源。

來到台灣與當時的原住民族爭地盤，經過相當時日的調整，咱的祖先與當時原住民族和平相處，共同在這個島上生活生存。如此，展開了台灣人四百多年的近代歷史，並先後與西方東來的海權國家爭奪這個青翠島嶼的控制權、統治權。

葡萄牙是首先發見台灣的西方人。他們稱呼台灣為「福爾摩沙」（Ilha Formosa）──就是「美麗島」的意思。因此，台灣以Formosa揚名國際，在世界地圖上占有它特出的一角。Formosa並不是中國的領土。

隨著葡萄牙之後，荷蘭與西班牙於十七世紀分別來到台灣的南部與北部。雙方角逐的結果，西班牙被迫離開，台灣成了荷蘭的殖民地；在台灣南部設碉堡城牆，派官統治。

隨著明朝的滅亡，不接受大清帝國統治的鄭成功逃到台灣，「反清復明」，取代荷蘭人統治台灣。鄭氏的後代在半賣半送的情形下將台灣賣給清帝國。清帝國將台灣看作化外蠻夷之地，根本沒有將台灣當作他們的領土。當時，台灣「三年一小反，五年一大反」，以反抗滿清有名無實的外來統治。所以，「甲午戰爭」戰敗後，滿清將台灣奉送日本，作為和平的交換條件之一。台灣繼續做「國際孤兒」，由一個殖民勢力轉移到另一個殖民帝國手中。當時反對日本占領台灣的士紳、將領與人民，成立了亞洲第一個民主共和國。台灣民主國雖然曇花一現，沒有起很大的作用，但在台灣歷史留下真重要的一頁。

1895年，日本開始在台灣五十年的殖民統治。其間，國際政治充滿著殖民強權的霸氣，台灣人也不斷反抗日本外來的殖民壓迫統治。

二次世界大戰末期，台灣的將來是同盟國在開羅及波茨坦會

議的重要議題之一。日本戰敗無條件投降後，依照太平洋區聯軍統帥麥克阿瑟（Douglas MacArthur）的命令，台灣地區由中國政府代表美國、中國、英國、蘇聯及其他盟國接受日本的投降。

　　在中國軍事占領當局的新殖民統治的搜刮壓迫下，台灣人群情憤怒，忍無可忍，演變成全島性的二二八大革命。不幸，在中國國民黨占領軍殘酷的暴行下，台灣約兩萬名領導菁英盡被屠殺，橫屍街頭巷尾。台灣人頓然覺醒，台灣人一定要有自己的國家、政府，才能生存發展，才能真正享受自由權利。所以倖存的志士乃潛伏島內或轉往海外，以從事台灣獨立建國的運動。

　　不久，中華人民共和國於1949年10月成立，蔣介石被中國人民踢出中國大陸。以蔣介石為中心的中國國民黨統治集團逃亡到台灣，將一個統治中國大陸的政府架構及官員強強壓罩在台灣人身上，使台灣長期陷入外來曖昧混沌的流亡統治、神話統治、麻騙統治、分化統治、特務統治與剝削統治。就國際法來講，此時的台灣仍然是日本的領土。

　　當時，流亡台灣的蔣氏集團，其政治生命指日可數，美國發表對華白皮書，等於宣告蔣政權的死亡。但是蔣介石真好老命，1950年6月一個意外的大事發生──韓戰爆發，中共介入韓戰，與以美國為首的聯合國軍隊在韓國大會戰。因此，美國不得不重估其對遠東的政策與對華政策。為抵制中共與蘇聯勢力的伸張，圍堵政策成了美國的外交政策，由遠東的白令海峽到北歐的波羅的海的全面圍堵。台灣成為美國自由世界圍堵政策的一環，而蔣氏集團也成了美國對抗中共抵制中共的一支牌。美國杜魯門（Harry S. Truman）總統宣佈台灣海峽為中立地帶，不容中共武力侵台擴張。同時，也讓蔣氏流亡集團獲得喘氣的機會──沒想到這一個喘氣，一喘就是四十年以上。

《舊金山對日和約》

由於韓戰爆發，冷戰熱戰交加，東亞局勢惡化緊張，美國及其他盟國認為須立即結束與日本在國際法上交戰敵對的關係。所以，於1951年夏秋在舊金山召開對日和會，中華人民共和國及中華民國都沒有被邀請參加。因為，蔣政權雖在聯合國內並不具真正代表中國的資格，而以美國為首的國際勢力拒絕承認中華人民共和國是中國的合法政府。

在9月8日簽訂的《舊金山和約》中，日本正式放棄對台灣、澎湖的一切權利及領土要求。台灣由日本脫離，但並未併入中國或其他任何一國。因為日本的放棄並沒有提到受益國家，所以台灣的真正歸屬懸而未決。這就是台灣地位未定論的由來。（在翌年，1952年，蔣政權與日本所簽訂的《台北和約》，雙方重申日本在《舊金山和約》第2條放棄台灣、澎湖的一切權利及領土的要求，但並無明定台灣的歸屬。）

參加《舊金山和約》的各國代表曾就台灣的歸屬問題有相當的討論。他們共同的認識是，台灣的國際法律地位暫時懸而未定，其地位將來應於適當時機，依照《聯合國憲章》「人民自決」與「不使用武力」的大原則去解決。

聯合國中國代表權問題

一直，台灣未定地位，清清楚楚。但是，自1950年代到1970年代初，台灣地位問題與中國在聯合國的代表權問題絞纏牽連作伙。一年過一年，以蘇聯為首，阿爾巴尼亞為提案國，以中華人民共和國取代中國國民黨政權出席聯合國的提案被提出；也每年被以美國為首的集團以絕對多數所壓倒。中華人民共和國為進入聯合國前前後後努力了二十多年，動用了很多人力、物力，運用了智慧與技巧。同時，美國與蔣政權為了阻擋中華人民共和國

進入聯合國，也運用了真大的人力、物力、智慧與技巧。

　　台灣人的台灣本來很早就應該會成為聯合國一員。但是蔣氏政權靠著美國的支持撐腰，以代表中國自居。在國際上用著曖昧的立場，占著中國席位。對台灣則厲行高壓統治，以神話維持其政權，在台灣遂行其外來高壓戒嚴統治。蔣政權在台灣，靠台灣，但卻不願意代表台灣；統治台灣的人民，但卻以「中國」法統養飼「萬年國代」，幾十年不改選的立法委員、監察委員。在國際上由於蔣政權的不具代表性，既不代表台灣也不代表中國，就把台灣的大好前途，阻礙了很多年。

　　1960年代是反殖民新興國家相繼建國的時代。假使，當時的蔣政權有為台灣人民真正的福祉著想，而不是為一小撮統治集團的既得利益，以台灣的名義參加聯合國，就不會使台灣陷入今日在國際上孤立，到處碰壁的地步。以當時大小新興獨立國家加入聯合國的潮流，美國的影響力，台灣以一個主權國家參加國際社會是順理成章的代誌。既不需要任何劇烈的革命，也不會遇到中華人民共和國的強烈反對。因為當時中華人民共和國是自顧不暇，只要能進入聯合國，就已經很慶幸了。很多今日大家所考慮擔心的問題早早都應該不成問題。但是蔣政權偏偏一昧固執，以「漢賊不兩立」，貪圖小集團的既得利益，斷送台灣人民的命脈。

　　有鑑於此，在中華人民共和國未進入聯合國以前，台獨及海外的台灣人有志，共同的努力就是要如何使台灣的歸屬與中國代表權問題分開，並提出「一個台灣，一個中國」的主張，以徹底解決中國代表權問題。在「一台一中」的方案下，台灣成為聯合國的一個會員國，中國在聯合國的席位則由統治中國大陸的中華人民共和國代表。這樣，可以解決所有的困境，對國際社會、聯合國、中國人民與台灣人民都是一個最理想、最符合《聯合國憲章》最和平的解決方案。

當時，有遠見的國際政治家，排除自己個人私利、偏見與狹窄的國家利益，洞察一個獨立的台灣正是解決國際難題的根本方法。這也就是為什麼一直是蔣氏集團最好的友國沙烏地阿拉伯駐聯合國代表，巴魯迪（Jamil Baroody），在接見我，詳細研究咱們所提的政策意見書之後，當中國代表權問題緊急的關頭，在聯合國大會正式提出「一中一台」的方案，俾使中華人民共和國加入聯合國以後，台灣也能繼續以台灣的身分參加。他強調台灣是一個主權國家，並引證美國的獨立史以為台灣獨立的前例，並以台獨運動領導志士與美國的開國者相媲美。依他的意思，當年為大英帝國所聲討的美國開國者在二十世紀都成了英國人民讚美的英雄。言下之意，今日的台灣獨立的運動者，明日台灣的建國者，有朝一日也可能變作中國人民讚美的英雄；因為就長久的眼光看來，他們為台灣開創了一個美好的前途，同時也為中國建立一個善鄰，互相提攜的兄弟之邦。

真可惜的是，蔣氏集團未能及時把握契機，接受沙烏地阿拉伯友善的建議，致使大勢隨著失去，被踢出聯合國，也同時斷送了台灣加入聯合國的國際外交命脈，危害台灣的地位。

台灣地位的進化

一個領土的國際法律地位未定，國際法上最理想最明顯的解決方法就是適用「人民自決」的原則：在國際公正的監督下，以「公民投票」方式，表達確認人民的自由意志與共同的選擇。因為，領土地位的變更不是一個土地財產的移轉；領土的歸屬根本牽涉到所有住民的生命、自由、福祉與前途。可惜，由於蔣介石父子一直的私心與反對，這一個理想的方法未能運用在台灣。

但是，「天無絕人之路」。此路不通可找別條路。我們台灣人民為掌握咱共同的命運，開拓咱共同的將來，為咱自己與子子

孫孫，當然可以群策群力，打開實際上的生路，無什麼人能夠阻擋咱。

在國內外所有台灣人民的共同努力下，國內海外互相激勵，團結合作，一點一滴匯成台灣地位進化的大力量。經過半世紀的慘澹經營，在日日的蛻變中，慢慢有形的、無形的脫胎換骨，台灣實際上成了一個主權實體，獨立的國家。這就是我所要強調台灣地位的進化。

中華人民共和國進入聯合國後至今，台灣並沒有失去存在，反而繼續生存繁榮發展。當年我們指出，1970年代是台灣獨立建國的年代。確確實實，自1970年以來，不但海外獨立運動落地生根，日日成長發展為連翹樹、甘薯藤，島內快速多面的大進步，使台灣更具有一個國家的形態與規模，唯一所欠缺的，是統治當局沒有對外宣佈台灣是一個有別於中國的國家。

不管以傳統的國際法與當代的國際法來講，台灣實際上是一個具有主權的獨立國家。台灣有自己的領土，有二千三百萬的人民，有統治的領土與人民的政府，台灣的主權在民，不受任何一個國家的控制管轄。台灣有自己的軍隊國防，自己的國際外交，自己的政治、經濟、社會與文化體制，當然也有自己的前途，這不是一個國家，什麼才是國家。

台灣人民在這幾十年中，由於教育的普及，知識水準的提高，人民意識的高漲，民主的訴求，國際的接觸，貿易的往來，經濟的高速發展使台灣曾經擁有世界數一數二的外匯存底。今日台灣人民在政治的訴求不是昔日的溫飽而已；台灣人要求有真正幸福的民主國家。台灣人民的進步使島國台灣的獨立地位更紮實、更堅固。

台灣在政治的束縛下，仍能變成一個經濟強國，是人類歷史的一個奇蹟。台灣經濟能有今日的成長，應歸功於台灣有優秀的

人民，勤勉的人民，以及真靈巧精明的生意人、企業家。台灣的
經濟愈發展，人民對任何獨裁神話統治愈不能容忍。台灣在第二
次世界大戰中沒有像日本受戰火的洗禮，原子彈的轟炸。台灣人
與日本人比較並不遜色，有的所在比日本人更好。台灣的天然資
源比日本豐富，在經濟發展到今日，為什麼日本遠在台灣之前，
是世界經濟強國，聰明又精巧的台灣人民不禁要問「為什麼？」
深深加以思索探討，最根本的是日本人有自己的國家，自己的政
府。而台灣一切是模糊不清──台灣人真像有國家又真像沒有國
家；真像有政府，又真像沒有政府。在經濟發展，國際貿易往來
上，台灣人民發現到國家政府的重要。到國外做生意，沒有自己
國家的保護，一切要靠自己的機警與運氣。經濟的發展不能遠超
政治的發展。落後的政治無法確保高度發展的經濟。有一個名實
合一的國家，環保與經濟發展取得均衡，經濟才能長久健全發展
繁榮。台灣應是名實合一真正國家的要求共識，為海洋國家台灣
的地位又推進一大步。台灣不但要做一個經濟國，也要做一個政
治國。

　　1980年代末期，台灣政治史上有劃時代的大發展。解除戒
嚴、黨禁、報禁、言論自由開放。愈辯愈使台灣人民加深瞭解，
台灣獨立是一個真正愛護台灣，保全台灣的運動。教授、學生輸
人不輸陣，積極參加民主化的陣營。

　　尤其，民主進步黨（簡稱民進黨）的成立，帶來深深的歷史
意義與多元的實質內容。民進黨的成立發展是台灣人政治意識經
過近半世紀努力的結晶。民進黨的存在打破中國國民黨一黨專制
統治的體制，同時也為台灣政治的發展提供另外一個嶄新的選
擇。

　　在民進黨成立之後，全民政治上的要求期待更高，所有過去
中國國民黨統治的政治神話不攻自破。「法統」的藉口成了萬年

代表揩油的理由，戡亂戒嚴更明顯是控制人民的手段。國家體制的重新確定、憲政結構的重新制定、政府政策的改變、人民代表的組成與產生，在民進黨成立後，有反對政黨的競爭對抗下，有意無意有形無形的匯集成全民的要求。

　　總而言之，六、七十年來，在獨立、自決運動的衝擊刺激下，國內本身的變化，內外交流配合呼應，台灣真像龍蝦脫殼長大，一層一層，慢慢一步一步，進化成一個有主權在民實體的獨立國家。

台灣地位的退化

　　台灣獨立建國的路途是向前進。但是，不可忽視，在進化的過程中，也有拆後腳的退化反動力量。

　　美國法律編纂協會，在《美國外交關係法》一冊中，討論到台灣是不是一個國家？很多的國際法專家都認為台灣已具有所有國家的條件，當然是一個獨立的國家。但是，有些專家認為，因為統治台灣的政府，不認台灣是一個國家，所以台灣是不是一個國家，也就沒有定論。這真像一個伙計永遠不想當頭家，別人也沒有辦法把他當作頭家看待。

　　中國國民黨政權以中國的正式法統自居，而不認同台灣；這是阻礙台灣進化的一個退化力量。過去，蔣介石堅持「寧為玉碎，不為瓦全」、「漢賊不兩立」，拒絕了所有國際朋友的好意，不要以台灣的名義繼續留在聯合國，以致中華人民共和國進入聯合國後，台灣變成國際孤兒。中國國民黨政權的曖昧觀念與政策，使中華民國的外交部變成斷交部。台灣在國際社會上漸漸被孤立。

　　台灣的中國國民黨政府不願意明白主張台灣是一個有別於中國的國家政策，不但遲遲不改，反而變成今日台灣政局動亂的

根本原因，為台灣帶來另一次大危機。與中國的關係本來是可以單單純純的鄰居友邦，竟然糾纏不清，什麼「一國兩制」、「一國兩府」、「邦聯」、「聯邦」、「自治區」、「高度自治區」、「港澳模式」、「兩德模式」等等，越講越糊塗，連帶的台灣人民也被它帶拖歪歪轉。本來已漸漸明確的台灣主權獨立國家的地位，反而變成所謂「獨統之爭」，或是比「獨統之爭」更曖昧更危險的境地。

「獨統之爭」是私心的政客要把台灣人帶向另一個命運的說法。統治台灣，靠台灣生活而又不認同台灣的政治人，為把持自己與集團的既得利益，混水摸魚，當然不希望台灣地位的明確化、明朗化。台灣地位的含糊更有利於他們永遠不向台灣人民負責的把持政治。故意製造強調「省籍情結」、「分而治之」的殖民統治術，被這些不認同台灣全民利益與台灣國家前途的政治人用來擺佈台灣人，阻礙台灣國家地位的前途。私心政治人在有意無意中挾中國以自重，恐嚇台灣人民，鎮壓台灣人民；更有隨時將台灣出賣，向中國求取富貴權勢的可能。這種投靠出賣心理，在近年形成一股力量，是台灣民主化與台灣獨立建國危險的阻力與暗流。

中國國民黨的統治使政治目標體制含糊籠統；為達愚民統治的政策，中國國民黨透過報禁完全控制了影響大眾至深至鉅的電視與無線電廣播，使台灣社會被中國國民黨統治神話、教條所污染。中國國民黨處心積慮，以他們腐化人心的價值，經長年的日浸月蝕，台灣社會傳統的、好的美德被破壞，民心、民性已被暫時作客的中國國民黨統治文化吞蝕。台灣文化得不到應有的發展與照顧。如此的惡性循環，使台灣地位也連帶得不到名正言順的發展與確立。本來應該充滿活力生機的國家社會竟然充滿痛苦悲觀與無奈感。有些人就以為台灣被中共併吞統一是時間早晚的問

題，這種苦酒滿杯的心理，真不利於海洋島國台灣。

參加聯合國

　　台灣的國際法律地位，現在正是向前更進化與向後退化的十字路口。長期以來台灣都在危機中渡過。如何在重要關鍵的時刻，打開生路，擴大國際活動的空間，使台灣成為名義與實質合一的正常化國家？這是大家需要共同努力的大課題。

　　要做的代誌當然很多，不過，有一件特別優先的項目。這就是我們一再強調，以台灣國家的身分申請加入聯合國及其體系下功能性國際組織為會員國。這是當前能夠做、也應該做的重要運動。

　　有人馬上會問：台灣申請加入聯合國，擁有安理會否決權的中國一定會反對。如此，申請有何用處？何必庸人自擾、自亂腳步、自找麻煩？

　　簡單的回答是：中國反對讓它去反對。但是，咱們要盡其在我，採取主動，積極堅持。

　　加入聯合國的努力，是向全世界人類強調台灣已經是一個獨立的主權國家。台灣參加聯合國對整個國際社會、聯合國組織都有好處，對台灣有好處，對中國也有好處。台灣加入聯合國之後，可以名正言順。由於政治的明朗化、進步化，連帶使台灣的經濟更進一步，人民生活更好。中國解除了一項政治上的負擔，不必強調武力軍備，可進而提高人民生活水準，同時也免背負侵略台灣的帝國霸權的罪惡與後果。台灣進入聯合國後，在經濟上能配合聯合國以「台灣經濟」援助其他開發中的國家，同時對聯合國費用也能有相當的貢獻。

　　話雖然這麼說，中國一定會強詞奪理，說這個代誌是中國的內政問題。台灣申請加入聯合國是不是中國內政問題？當然不

是。任何國際關心的問題，尤其在國際組織上討論的入會問題，當然是國際問題。更何況台灣地位是《舊金山和約》應該明確規定，而沒有規定的國際問題，任何牽涉國際條約解釋適用的問題，當然是國際問題。

中國另外一個反對的大理由就是強調主張「台灣是中國歷史上神聖固有的領土」。固有的領土應該追溯到歷史的那一階段？那一年代？是一個非常紛爭的問題。是荷蘭殖民的時代？日本殖民統治台灣的時代？以固有的「神聖領土」的藉口要併吞一個國家、一個人民，根本違反現代的國際法，是今日的國際社會所無法容忍的。1990年伊拉克的海珊（Saddam Hussein）政權侵略科威特就是活生生的教訓。

1990年8月，伊拉克以科威特為伊拉克的固有神聖領土的霸道主張，以強大的軍力，閃電式攻占科威特，宣佈科威特為版圖的一部分並為伊拉克的一省。真是「敢的拿去吃」，以為「拿過手就是自己的」。伊拉克此種霸道行為引起國際公憤。很多國家在美國主導、聯合國授權下，組成聯軍，大大「修理」伊拉克這個侵略者。伊拉克神聖固有領土的主張，不但沒有併吞到科威特，作夢也沒有想到反而受到嚴厲的制裁處罰，把自己的國家帶到瘡痍滿目的大災難。伊拉克的國家領導者海珊的無視國際政治的現況潮流與國際法律秩序的狂妄橫行，為國際社會所無法容忍。今後，任何以神聖領土口號意圖併吞他國的行為，都會同樣被視為一種侵略行為，而不為國際社會所接受。

台灣不是自古到今都是在中國的統治下，也不是一直是中國的版圖。中國任何藉口台灣是神聖固有領土，而意圖併吞台灣是侵略行為，將會使中國遭受到國際社會嚴厲的反彈，台灣人民強烈的反抗。中國要侵略台灣所需付出的代價任何人都很難預估。作為一個對中國人民有責任的中國共產黨領導者，對此當三思而

不行。三思而不行，不是三思而後行。中華人民共和國自建國以來，一再對台灣發出解放統一的口號，卻從未放棄武力攻打台灣的政策。換句話講，中國一直明暗強調武力攻打台灣。但七十四年已過去了，中國內部在變化（尤其2018年春天美中貿易戰開打以後），台灣內部在變化，國際政治也在變化。中國不是不想要攻打台灣，而是自己心知肚明，能以武力取得台灣實在是個未知數。尊重台灣的獨立存在，對中國來講才是上上策。對一胎化的共產中國，它的人民能承受失去獨子的悲痛嗎？

更何況一個領土的歸屬不再是一塊土地的轉移而已，領土上人民的意旨與意願成了一個絕對需要尊重與考慮的因素。在強調人性尊嚴、保護人權的今日，任何無視人民意願的決定根本不可能達成；即使強而達成，有關國家需要付出難以估計的代價，承擔後果。

想當年，中華人民共和國要進入聯合國遇到聯合國絕大部分會員國的反對拒絕。但中華人民共和國並未灰心，一直持續，一直努力，經過二十多年，終於取代蔣介石政權代表出席聯合國。台灣申請加入聯合國是一個不容易的運動，但是中華人民共和國是一個最好的例子。當年阻擋中華人民共和國入會的美國，在聯合國的影響力正是如日中天，但最後中華人民共和國還是進入聯合國。今日，中國在聯合國的影響力比當年美國的絕對優勢差很多。只要盡其在我，持之以恆，繼續努力，一試再試，再再試，海洋島國台灣遲早一定會進入聯合國。然後，持續打拚直到成功。

如何推動「參加聯合國」的運動？德不孤，必有鄰。台灣政府與人民要積極主動，以台灣是一個民主自由、尊重人權、愛好和平的國家之身分與氣度，申請加入聯合國為新會員國。同時，要積極喚起全體人類的良心良知，呼籲與我們台灣有密切關係——外交、民主人權、經濟貿易、科技文化等等——的國家（不

分大小國)之支持合作,為促成一個更美好的聯合國、一個尊重
人性尊嚴與人類安全的世界共同體,同心協力,打拚再打拚。起
初一定會有很多阻力。咱們心裡要有長期的準備。應走的路很
長,但總需要踏出第一步。

有人講台灣加入聯合國的時機已過,今日何須操勞。也有人
認為目前不是適當時機,應該靜候。

什麼時候才是適當時機?今日就是!一千里的路要自第一
步開始。不是今日,等待何時?

展望海洋國家台灣

台灣是屬於台灣人民的,台灣的前途必定要由台灣人民來決
定。由於長久以來,政策的曖昧造成觀念的混亂。早期中國國民
黨流亡政權做官的人都有著逃難與做客的心情,根本對台灣沒有
歸屬感與認同感。這種做客的逃難心理也連帶影響台灣的人民,
不將台灣當作國家,而中華人民共和國又不是自己的國家,所以
無國家可愛。而中國國民黨政權又不值得愛。這種無國家可愛的
困境,造成現在台灣大大小小每一個人都要為自己找尋一條萬一
的生路,準備萬一情勢不對的時候隨時一走了之。很多人都在假
想,萬一中國送最後通牒給台灣,那時要怎麼樣?

破除這種心理的恐慌最好的政策,就是使大家瞭解台灣經多
年的進化,實際上已經是一個主權實體,一個國家,一個海洋島
國;母親台灣是我們的國家,我們要有信心,不可懷疑。所有的
台灣人應將鄉土的意識凝結成國家意識,將「生於斯,長於斯」
的鄉土感情轉化成對台灣國家的認同,將對鄉土的關懷與熱愛轉
化成為對母親台灣的關懷與熱愛。

好與壞,母親台灣是屬於台灣人民的國家。我們沒有理由離
開與放棄,更沒有逃離的必要。1990年代海外掀起返鄉運動,多

少在外的遊子，在離開二十年、三十年之後，正深深的感到祖國台灣的呼喚；許多人甘願放棄在外國所建立的基礎要回鄉貢獻。咱的祖國是台灣，不是中國。在外面的人都要回去，為什麼在裡面的人要出來？克服困難與危機，轉放棄為參與，化消極為積極才對。

　　咱大家無分國內國外，應共同培養對台灣的國家意識與愛國心，大家同心協力，將台灣建設為二十一世紀進步的海洋國家台灣。尊重人性尊嚴，充分保障人權，實行真正的民主法治憲政。全民參與，環保公義，同成分享，代代繁旺；自尊自信，平等互惠，合作協力，立足國際社會，貢獻人類世界。有這個疼惜母親台灣的心，大家就不會輕言放棄台灣，進而好好建設台灣。

　　在建設海洋國家台灣的過程，特別以我在1971年，《台灣的獨立與建國》一書中所提的「發揚大洋精神」與大家共同勉勵。現在援引該書的結言：「我們要以無所不包、無所不容的精神促成台灣人的大團結；以能忍能動、能屈能伸的精神破除悲觀的宿命感；用以島為點、以海為面的遠闊視界，消除島國傳統的狹隘；以征服海洋、開發海洋、利用海洋的精神建設充滿生機活力的富庶國家。爭取命運的自主是我們共同的決心。獨立需要氣質，建國需要性格。大洋精神是台灣人追求獨立與建國的精神武器。我們要激發大洋精神，弘揚大洋精神。」咱大家共同勉勵，鴻展大洋精神，建設二十一世紀的海洋國家台灣。

第貳章　台灣的地理與歷史脈絡

第一節　台灣的地理戰略環境

　　台灣位於西太平洋、歐亞大陸的東南方，是一個常年翠青的美麗島。島國台灣的四周有澎湖、龜山島、蘭嶼以及綠島等附屬島嶼圍繞。台灣的西邊隔著台灣海峽的是中國的福建省，北邊是東海，與日本的沖繩群島相望，東邊近鄰則是世界最遼闊的太平洋，南邊是巴士海峽與菲律賓群島。台灣本島的最北端是新北市的富貴角，最南端則是屏東縣的鵝鑾鼻，南北縱深有三百九十四公里，東西的寬度則有一百四十四公里，總土地面積為三萬五千九百八十多平方公里，與歐洲的荷蘭相當。台灣的土地面積雖然不算大，不過地表上的形貌卻是變化多端，既有高山、丘陵、台地、河流，也包括各有特色的海岸地形，北部是峽灣海岸、西部屬於砂質海岸、恆春半島是珊瑚礁海岸，以及東部的斷層海岸。

　　台灣的地理位置介於東經 120～122 度與北緯 21～25 度之間，是歐亞板塊與太平洋板塊的交接處，尤其是在一連串圍繞西太平洋火環的斷層之上；自古以來造成了島上壯麗的自然美景之外，台灣成為時有大小地震的地方。此外，海島台灣處於數大主要水道之間，包括東海、南海與菲律賓海。另外一主要水道，台灣海峽，將台灣與中國隔開。長久以來，台灣成為通往這地域的門戶，而且近四個半世紀以來，荷蘭、日本、中國與美國一些外國勢力利用台灣為立足據點，謀求控制這地區的經濟與軍事。

　　台灣先天上具備地緣戰略與地理條件的優勢，很早就受到注目成為東亞海上貿易路線上的明珠。在大航海時代，荷蘭注意到

台灣鄰近中國大陸與日本的先天優勢，首當其衝占領台灣積極進行開發，他們將台灣當作是推動東亞海上貿易的前進基地，也將台灣推向近代海上貿易的國際舞台。鄭氏王朝雖然將荷蘭帝國勢力逐出台灣，但是也延續荷蘭人利用台灣在海運交通樞紐的優勢，發展成為東亞海上貿易的霸主；另一方面，也利用台灣海峽天然屏障的保護，累積實力推動反清復明的大業。

清帝國消滅鄭氏王朝之後，無心經營台灣，僅是將台灣當作保衛中國東南沿海省分安全的門戶來經營。隨後，清帝國與日本為了爭奪朝鮮半島的控制權發生甲午戰爭，戰敗被迫簽訂《馬關條約》，無條件永久割讓台灣與澎湖列島給日本。對當時國力崛起的日本帝國而言，掌控台灣不但是控制台灣海峽串聯東北亞與東南亞國際航線的主導權，而且也是日本勢力向南延伸不可或缺的前進基地。

二次大戰之後，中國國民黨蔣介石政權的軍隊代表盟軍暫時接管台灣，1949 年 10 月中華人民共和國成立，中國國民黨政權被逐出中國大陸，台灣（包括澎湖群島等）成為中國國民黨蔣介石政權「反攻大陸」的復興基地。1950 年 6 月朝鮮半島韓戰爆發，凸顯台灣在地緣戰略上的重要地位，美國為了防堵共產紅色勢力向太平洋擴張，乃利用西太平洋一連串島嶼的地理分布，構築「第一島鏈」──這一條反共的政治與經濟防線，從最北的千島群島開始，往南依序到日本群島、琉球、台灣、菲律賓群島以及印尼群島為止。直到今日，台灣始終在其中占有舉足輕重的關鍵位置。

1990 年美蘇緊張對立的冷戰局勢終告結束，並未改變台灣在亞太地緣戰略的關鍵位置，尤其是中國經濟快速發展，國內生產總額超越日本成為世界第二大經濟體之後，中國積極推動武力的現代化以及擴大國際影響力，對外展現出「大國崛起」的態勢，為後冷戰時期的國際局勢帶來全新的樣貌。面對中國處心積慮想

要併吞台灣,從地緣戰略的思考途徑切入,更加凸顯台灣所處位置的重要。這不單是攸關中國對外航海運輸的通暢,也涉及東南四省海岸線的安全,更重要的是決定中國勢力要向東擴張突破「第一島鏈」的圍堵,成為西太平洋的區域霸權,進而改變由美國一手主導西太平洋戰略格局的關鍵。

第二節　台灣自古不是中國的一部分

中華人民共和國政府一直主張「台灣自古以來就是中國神聖不可分割的固有領土」。為了編織這個政治神話,實現併吞台灣的目標,他們竭盡所能從眾多歷史的文獻中尋找任何台灣與中國的關聯性,作為台灣自古即屬中國的理由。

清帝國之前的史書或歷史相關文獻對於台灣有什麼樣的記載?雖然「島夷」、「東鯷」、「蓬萊」、「瀛州」、「夷州」或「流求」等不同的地名在古代的史籍中曾經出現過,但是這些名稱是不是指台灣?到目前為止仍舊是「婆說婆有理,公說公有理」。在歷史資料欠缺的前提下,中華人民共和國政府自說自語堅持他們的主張,這種片面認定台灣自古屬於中國的論調,乃建立在政治神話的基礎上,不是真正的歷史事實。影響所及,只會帶來台灣與中國無謂的衝突對立,既不利於增進雙邊正常的互動交流,更無助於維持台灣海峽的和平穩定。

第三節　台灣原住民是台灣最早的主人

中國一再聲稱台灣「自古」以來是中國領土不可分割的一部分,我們必須檢視台灣的古代史——從考古學家與民族學家們根據歷史記載,結合考古學、語言學及遺傳學基因研究等資料——作為強而有力的論述印證台灣原住民是台灣最早的主人之事實,拆穿台灣是中國一部分的謊言。

　　考古學家從出土的遺址與器物研究發現，台灣最早住民所留下的製品包括陶器、動物遺骸、貝殼裝飾品與外觀近似斧頭的工具，雖然無法得知這些人定居在台灣的確切日期，但這些證據顯示，早在舊石器時代已有人類住在台灣。其中最為具體的史前遺址，以台東長濱鄉發現的「長濱文化」遺址為代表，出現的年代約五萬年到一萬五千年前。在淡水河口發現「大坌坑文化」的遺址，是新石器時代早期文化的代表，距今約七千年至四千七百年前。值得注意的是，上述兩項文化的內涵之間並沒有明顯的關聯或直接的發展關係，也就是說「大坌坑文化」應該不是由「長濱文化」發展起來的，極有可能是從海外移入台灣的新文化。

　　考古學家從散布台灣各地的史前遺址中，也發現距今約四千五百年至三千五百年間的新石器時代中期的史前文化，包括「牛罵頭文化」、「牛稠子文化」、「訊塘埔文化」、「繩紋紅陶文化」等。至於，新石器時代晚期，在台北盆地發現距今約三千五百年至二千年間的「芝山岩文化」、「圓山文化」、「營埔文化」與「卑南文化」等遺址。其中「圓山文化」具有外來移民文化的特質，而「營埔文化」則是由「牛罵頭文化」晚期逐漸發展而來，這個時期除了農作、狩獵與魚撈作為主要的生產活動之外，亦發展出小型聚落的社會型態。另外，又在新北市八里區發現「十三行文化」，距今約二千年到四百年前，遺址中可見大量的鑄鐵痕跡，農漁業也相當發達，可視為鐵器時代的代表。上述這些分布在台灣各地的文化遺址與內容，凸顯台灣先住民早已在這塊土地落地生根的證據。

　　在此要特別指出，考古學者與民族學者結合考古學、語言學與遺傳學進行研究的結果，推測「大坌坑文化」是最早南島語族人群在台灣具體生活的表現，這是台灣史前文化與「南島語族」（Austronesian Linguistic Family）祖先文化連結的主要論述基礎，並凸顯台灣原住民族（包括平埔族）屬於「南島語族」的一支。

　　基本上，根據南島語族的分布，學者專家推測早期台灣人的抵達時日。有三大南島語系遍布亞太地區：台灣南島語（Formosan）、馬來－玻里尼西亞語（Malayo-Polynesian）與大洋洲語（Oceanic）。有些研究者認為最早的南島語族出現在東南亞，然後再往東蔓延。根據語言學家的分析，最早說南島語言的人在公元前 2000 年以前住在台灣。戴恩（Isidore Dyen）博士在 1960 年提出研究報告指出，台灣最可能是南島語族的發源地，因為絕大多數的南島語系今日仍然能在台灣找到。語言學專家白樂思（Robert Blust）教授與研究考古學的貝爾伍德（Peter Bellwood）教授，提出一個模型考古學，設想台灣為前往東南亞與大洋洲途中的停止點，他們的「出自台灣」理論表明南島文化在台灣累積後才遷移到東南亞與大洋洲的島嶼上。南島語族可能已在台灣演變好後才逐漸擴散開來，開始發生的時期約在公元前 5000 年到 2500 年左右，經由菲律賓、印尼與馬來西亞列島再到新幾內亞（New Guinea）與美拉尼西亞（Melanesia），最後再到玻里尼西亞（Polynesia）及密克羅尼西亞（Micronesia）。1911 年貝爾伍德教授出版《南島語系傳播與語言的起源》（*The Austronesian Dispersal and the Origin of Languages*）專文之後，使得上述「出自台灣」的理論得以更新與強化。

　　除此之外，在國際南島語言研究學界表現傑出的李壬癸院士，由現今台灣南島語言的差異提到台灣人的祖先。他強調：「台灣原住民族的南島語言是台灣最珍貴的文化資產，具備以下兩大特色：（一）各種語言的分歧差異最大；（二）保存最多的古語特徵文化。這些特殊的語言現象只見於台灣，而不見於台灣以外的南島語言。一個地區的語言愈分歧，表示語言分化的年代愈久遠，也就是說，南島民族在台灣居留的年代縱深最長。」由此可知，台灣是南島語族的原居地（homeland），也是古南島語族的

擴散中心。另一位社會科學家戴蒙（Jared Diamond）則形容台灣有如一部至玻里尼西亞的「快速列車」，描述台灣傳播南島語言與文化所扮演的角色，等於「餽贈禮物給世界」。總而言之，早在大批漢人如潮水般湧進台灣之前，最多也不過四百年前，相形之下，這些具有多元文化性格的台灣南島民族，已經在此落地生根達八千年前，這個事實不容抹煞。

　　十七世紀大批來自中國大陸的漢人湧入台灣開墾後，台灣原住民為台灣早期主人的社會結構才出現變化，當時這些從中國大陸來台灣討生活的漢人大多為單身（羅漢腳），他們與台灣在地的原住民族頻繁接觸，異族通婚的現象非常普遍。台灣有一句流傳久遠的俗語——「有唐山公，無唐山嬤」，就是用來形容父系祖先來自中國大陸，而母系祖先是在地的平埔族原住民的情況，這代表今日居住在台灣絕大部分的人，與南島語族有血緣的關係。若再進一步參考血型專家、分子人類學家林媽利教授從現代遺傳科學的研究發現，近 85％的台灣人帶有原住民族血緣，確認今日台灣住民的大部分人或多或少與南島語族有血緣關係的事實，推翻「中國中原本位」主張者所宣稱台灣人是「炎黃子孫」的說法。

第四節　荷蘭、西班牙、鄭氏王朝、清帝國等外來政權統治時期（1624～1895）

　　十七世紀起，世界進入大航海的時代，當時歐洲各國興起海上冒險發展貿易商機，荷蘭人為了這個目的來到亞洲開拓東亞的市場，他們先在印尼建立總部，隨後為了在澎湖建立貿易據點與明朝發生衝突，最後於 1624 年在島上南海岸處，接近今日的台南作為行商聚居區，將這區域命名為大員（Tayouan）——依原住民語意謂外國人——此乃台灣這個名銜的起源。荷蘭隨後在

「一鯤鯓」（今安平港外）建立熱蘭遮（Zeelandia）城，又在「赤崁」（今台南市）築起普羅民遮（Provintia）城作為殖民南台灣據點的同時，也將台灣帶入以貿易為主的海洋文明體系。

在此期間，另一個歐洲殖民國家西班牙於 1626 年在台灣北部登陸，分別在雞籠（今基隆）興建聖薩爾瓦多（Santo Salvador）城，也在滬尾（今淡水）建立聖多明哥（Santo Domingo）城。荷、西兩大歐洲殖民帝國分據台灣南、北二個貿易據點，進行殖民與商業競爭。直到 1642 年西班牙勢力被逐出台灣，台灣成為荷蘭人的殖民地。

荷蘭一方面積極開發台灣內部的資源，不僅招募來自中國大陸的漢人從事土地開墾與農業發展，對外出口稻米與甘蔗等經濟作物；同時，尋找台灣土地上具備出口價值的商品（如鹿皮），進行商品貿易。另一方面，也將台灣視為國際海洋貿易的轉運站，利用東亞航海必經之路的優勢，獨占中國、台灣與日本的三角轉口貿易，取得龐大的貿易利潤。台灣逐漸成為當時明朝、日本、南洋與歐洲等地貨物的集散中心。

荷蘭殖民統治台灣的時間大約從 1624 年到 1662 年。1644年清兵入關，明朝正式走入歷史，明朝遺臣鄭成功退守金門與廈門，為了休養生息與長期對抗清帝國的需要，1661 年轉向澎湖與台灣出兵，並於 1662 年 2 月終結荷蘭在台長達三十八年的殖民統治。

鄭成功趕走荷蘭人之後，將台灣視為明朝反清復明的跳板，他首先將赤崁改為「東都」作為鄭氏王朝的首都，其次積極發展強有力的艦隊，控制中國東南沿海的制海權。1662 年 5 月鄭成功因病過世，其子鄭經於 1664 年建立獨立自主的「東寧王國」，成為台灣歷史上第一個漢人建立的獨立政權。在陳永華的全力輔助下，鄭經積極從事國際貿易，維持台灣自荷蘭殖民統治以來遠

東商品集散地的角色，也確保對外貿易的通暢與政治安定，抵抗來自清帝國的武力併吞。鄭經與陳永華相繼過世，「東寧王國」內部紛爭不斷加上朝政的腐敗，大大削弱與清帝國繼續對抗的實力。1683 年施琅率清軍攻取澎湖，鄭克塽（鄭成功之孫）見大勢已去而投降，鄭氏王朝短暫統治台灣二十二年終告落幕。

　　清帝國在鄭克塽投降之後，一開始既無意將台灣併入版圖，也無心指派官員治理台灣，雖然經過施琅力陳台灣重要的戰略地位，才改變心意將台灣併入版圖，但是採取的卻是消極的治台政策。清帝國以「台灣地方，自古未屬中國」的心態，對台灣維持表面上有名無實的統治關係，尤其是 1871 年琉球人漂流到南台灣，為台灣原住民殺害；日本出面向清帝國要求賠償，清帝國卻以台灣為化外之地、台灣原住民為化外之民，不屬清帝國管轄為由拒絕賠償，引發日本於 1874 年出兵征討台灣，砍殺台灣原住民作為報復，清帝國也從未過問，最後被迫以賠償日本軍費收場。

　　1887 年清帝國將台灣設為行省後不久，1894 年清帝國與日本因朝鮮問題而發生甲午戰爭，戰敗的清帝國與日本於隔年簽定《馬關條約》，將台灣與澎湖永久割讓給日本。當時，以丘逢甲為首的台灣仕紳集結向清帝國力爭要求收回承諾，結果無效，而為了自救轉而力挺台灣巡撫唐景崧擔任台灣民主國總統並發表《台灣民主國獨立宣言》。當時台灣仕紳所提出的主要訴求，並未強調台灣為主體的立場，而是爭取國際列強的同情支持來抗拒日本的占領。「台灣民主國」在風雨飄搖的情勢中成立，既沒有要脫離清帝國獨立的決心，也無抗日到底的堅定意志。顯然，台灣民主國空有尋求獨立的形式，最後還是曇花一現，根本無力扭轉台灣成為日本殖民地的命運。

　　回顧台灣近四百多年來的發展史，不同的外來政權曾經在這塊土地上留下他們的足跡，其中台灣與中國的歷史關係，僅是其

中的一個章節。

第五節　日本殖民統治時期（1895～1945）

　　1895 年日軍登上台灣陸地，台灣住民為捍衛自己鄉土，在全台各地展開武力抗爭，直到 1902 年，在第四任台灣總督兒玉源太郎手中有效壓制台灣各地的反抗勢力後，再透過軟硬兼施的手段，鞏固日本殖民統治的基礎。

　　在日本殖民統治下，台灣人被視為二等公民，遭受差別待遇及政治權利上的種種限制。為此，1920 年在日本東京的台灣留學生成立「新民會」，發行《台灣青年》月刊，為日後一連串的社會與政治運動注入能量。1921 年 7 月蔣渭水更結合青年學子與各地社會賢達成立「台灣文化協會」，推動文化啟蒙與傳達台灣民族主義的思想。同時，台灣人也發動「台灣議會設置請願運動」，透過有組織性的政治與社會運動，向日本國會遞交請願書，強調台灣人作為日皇的子民，應有日本憲法所賦予的權利，要求設立台灣議會，爭取有限度的自治立法權等政治主張，進行體制內的抗爭。

第六節　第二次世界大戰後，影響近代台灣的重要事件（1945～2024）

　　1945 年 8 月 6 日與 9 日，美國在日本的廣島與長崎投下兩顆原子彈，六天之後日本宣布無條件投降，第二次世界大戰正式宣告結束，連帶也終結日本對台灣半世紀的殖民統治。

一、中國國民黨政府代表盟軍受降軍事占領台灣（1945）

　　1945 年 9 月 2 日盟軍最高統帥麥克阿瑟將軍接受日本的投降，第二次世界大戰正式宣告結束。由於日本宣布投降時，台灣與澎湖並不屬於中國戰區，所以未納入向中國投降的區域。直到盟軍與日本完成受降儀式後，麥克阿瑟將軍乃下達第一號命令，

規定日本受降的區域包括：在中國（遼寧、吉林與黑龍江三省除外）、台灣（含澎湖群島）及越南北緯十六度以北的地區。同時，指派中國戰區最高統帥蔣介石代為接受上述區域內之日本所有海陸空軍等部隊的投降。

蔣介石指派何應欽為代表，於9月9日在中國南京舉行中國戰區的受降典禮，確認台灣（含澎湖）所有一切陸海空軍及輔助部隊向蔣介石投降。隨後，蔣介石另指派陳儀以「台灣行政長官」的身分，10月25日，在台北接受日本在台總督的投降與負責後續接收事宜。在此要特別指出，上述在台北所舉行的受降典禮，台上除了中華民國國旗之外，尚有美國、英國與蘇聯等三個同盟國的國旗，代表這是盟軍受降的行為，並不是所謂的中華民國「光復」台灣。另外，陳儀雖然在受降典禮上逕自宣布台灣與澎湖列入中華民國的版圖，但是，根據國際法對於領土轉移的規定，必須在戰後由戰勝國與戰敗國共同締結的和平條約來決定。因此，在同盟國與日本簽定和平條約之前，代表盟軍對台灣進行軍事占領的中國國民黨政府，片面將台灣列入中華民國版圖，並不具備法律上領土移轉的效力。

二、影響台灣社會深遠的二二八事件（1947）

第二次世界大戰結束後，台灣人對於「回歸祖國」一事充滿著幻想與期待。大多數人一開始樂觀，以為中國人對待同胞肯定不會比日本人壞，他們萬萬沒有想到代表盟軍接收台灣的「祖國」官員竟以征服者、統治者的心態，不但壟斷台灣的政治、經濟與社會等各項資源，而且作威作福、貪污、搜刮剝削等惡行無所不為，在真短的時間內，整個台灣陷入恐慌、失業、飢餓、物價膨脹等社會混亂與經濟凋零的困境中，為二二八的衝突事件埋下伏筆。

影響台灣社會深遠的二二八事件，導源於 1947 年 2 月 27

日專賣局中國官員為了取締私煙，在處理過程中不但打傷女販，又誤殺路人，引起人民群情激憤。次日，人民集結轉向行政長官公署請願抗議，要求政府出面處理，卻引來機槍掃射的報復，情勢一發不可收拾，台灣人反抗擴及全台的二二八抗暴事件因此發生。

　　為了維持社會的秩序，民意代表與地方仕紳迅速出面組成「二二八事件處理委員會」，與政府展開交涉與善後。行政長官公署虛與委蛇，表面上同意接受「二二八事件處理委員會」的意見，實際上卻急電在南京的國民政府請求派兵支援鎮壓。3 月 8 日國民政府的援軍在基隆上岸後，隨即展開血腥武力鎮壓、全台進入戒嚴狀態，並下令解散「二二八事件處理委員會」等團體。

　　二二八事件是近代台灣悲情歷史的開端，緊接著展開「清鄉行動」，有計畫地逮捕與槍殺台灣各行各業的領導菁英與知識分子，街頭巷尾遍地屍骨，後來，又推動威權戒嚴與白色恐怖的統治，恐怖肅殺的氣氛深烙人心。台灣人的性格從此遭受扭曲，為求自保不得不趨炎附勢向統治者叩頭，同時也對政治產生恐懼、灰心與失望。這一連串對台灣政治與社會發展所種下的陰影，成為台灣人無法擺脫的夢魘，真像一塊大石頭，重重壓在台灣人身上無法喘氣。

三、中國國民黨政府流亡台灣，實施軍事戒嚴統治（1949）

　　1949 年國共內戰的情勢對中國國民黨政權的統治極為不利，台灣省政府主席兼警備總司令陳誠頒布戒嚴令，宣告自 1949 年 5 月 20 日起在台灣本島與周邊附屬島嶼實施戒嚴。《台灣省戒嚴令》頒布之後，中國大陸的局勢急轉直下。

　　1945 年二次世界大戰結束後，台灣是盟軍軍事統治下的日本領土，蔣介石領導的中華民國軍隊代表盟軍軍事占領台灣，並

沒有取得台灣的主權。1949 年 10 月 1 日「中華人民共和國」於北京正式成立，對外宣稱是代表中國全國人民的唯一合法政府，控制中國大陸絕大部分的領土。反觀中國國民黨政權被逐出中國大陸，12 月自南京輾轉流亡遷抵二次世界大戰後由盟軍軍事占領的日本殖民地——台灣。

隨著中華民國領導者蔣介石流亡到台灣，中國國民黨政權開始軍事戒嚴威權統治，台灣被迫成為中華民國的「中央」政府所在地，台灣人民不但受到牽連無端捲入「國共內戰」的漩渦之中，而且為「反攻大陸」的神話付出慘痛的代價，連帶的基本自由與基本人權也受到波及，失去集會與結社的自由等等。

值得一提的，二次大戰結束初期，中國國民黨政府，違反軍事占領不是取得主權的國際法原則，擅自宣布擁有台灣的主權。隨著二二八事件的引爆，再加上隨後的軍事戒嚴統治，以英國與美國為主的同盟國家，質疑將台灣交由中國國民黨統治的適切性，而傾向於保留台灣與澎湖主權歸屬，留待未來由台灣人民來決定。這種沒有明訂台灣與澎湖主權歸屬的做法，在《舊金山和約》及《台北和約》的規定非常清楚明白。

四、日本與二次大戰戰勝國簽定《舊金山和約》（1951）

1951 年 9 月 8 日，日本與美國等交戰國簽署《舊金山和約》，該和約於 1952 年 4 月 28 日生效。《舊金山和約》是有關台灣主權在第二次世界大戰後的變動，最根本、最重要、也是最有權威性的國際條約。和約規定日本放棄對台灣與澎湖的主權及一切權利、主張，但並沒有定明日本放棄後台灣的歸屬國；中華民國與中華人民共和國都不是日本放棄台灣、澎湖的受益國。

參加舊金山對日和會的各國代表們的共識是：台灣的歸屬地位目前暫時未定，但應該在適當的時機，依《聯合國憲章》的「和

平解決爭端」與「人民自決」的原則來決定。要解決一個國際地位未定的領土問題，最理想而又被期待的方法就是適用《聯合國憲章》人民自決的原則，在聯合國主持下舉行公民投票，由台灣住民決定。可惜，當時在國際、國內實際政治條件的限制下，一直沒有為解決台灣未定的國際法律地位舉行任何的國際性公民投票。

五、日本與在台灣的中華民國政府簽定《台北和約》（1952）

1952 年 4 月 28 日《舊金山和約》生效。同日，台灣的中華民國政府以《舊金山和約》為骨幹，與日本政府簽訂《中日和約》（Treaty of Peace between the Republic of China and Japan，又稱《台北和約》）。基本上，《台北和約》第 2 條並沒有改變台灣的地位，仍然重申日本在《舊金山和約》第 2 條的內容，「放棄台灣、澎湖的一切權利及領土的要求」；同樣，也沒有規定台灣歸屬的國家。

日本既然已經簽署《舊金山和約》承諾放棄對台灣、澎湖的主權，在此之後，日本自然無權再處分台灣與澎湖的主權。無論日本於 1952 年與在台北的「中華民國」政府締結的《台北和約》，或是 1972 年與中華人民共和國締結的友好條約，都因為簽署的時間在《舊金山和約》之後，這些後續簽署的國際協議自不可能再對台灣、澎湖的主權及地位產生任何法律上的變動。

六、風起雲湧的海外自決、獨立建國運動（1960～1970）

1947 年的二二八事件是現代台灣獨立運動的開端。蔣介石的軍隊在台灣進行大屠殺，造成很多台灣人對所謂的「祖國」徹底失望；同時，也深刻體會到台灣唯有成為獨立於中國之外的一個主權國家，有自己的政府、人民、領土與外交的能力，台灣人才能得到永續的生存與發展，真正享有民主自由的生活。

二二八事件倖存的領導人物，有的人留在台灣繼續發展地下

組織，也有部分的人轉往海外從事獨立運動。1950 年代，海外台灣獨立運動以日本為根據地，以廖文毅為代表人物。1960 年代，一批又一批台灣留學生開始湧向日本、美國、加拿大與西歐各先進國家深造，成為海外獨立運動的生力軍。時序進入 1970年代，全世界各地區台灣獨立運動團體蓬勃發展，海外台灣獨立建國運動出現欣欣向榮的生機；尤其是海外獨立運動的發展重心移轉至美國之後，世界性結盟的「台灣獨立聯盟」（World United Formosans for Independence, WUFI）於 1970 年 1 月 1 日在紐約市成立，展現台灣人大團結的氣勢。

日本東京是海外台灣獨立運動最初發展的中心。1960 年 2月，台灣留學生於日本東京成立「台灣青年社」（1963 年改名為「台灣青年會」，1965 年再改為「台灣青年獨立聯盟」），發行《台灣青年》月刊，積極對外傳布台灣人民追求獨立建國的理念。同一時期，史明（本名：施朝輝）也在東京成立台灣獨立組織，1962年發表日文版的《台灣人四百年史》，並針對台灣內部推展台灣獨立運動的地下工作（台灣解除戒嚴之後，他返回台灣發展組織，繼續為追求台灣獨立的目標奮鬥，矢志不渝。）

除了日本以外，美國是海外獨立運動的另一個大舞台。1956年來自台灣的留學生在費城發起成立「台灣人的自由台灣」（Formosans' Free Formosa）組織，其中一位主要的成員盧主義以李天福（Li Thian-hok）為筆名，以台灣人的觀點在國際政治極具影響力的《外交事務》（*Foreign Affairs*）發表 The China Impasse: A Formosan View（〈中國死巷—台灣人的觀點〉）專文，向國際社會闡明台灣追求獨立的正當性。

1966 年 6 月「全美台灣獨立聯盟」（United Formosans in America for Independence, UFAI）在紐約正式成立。同年 11 月彭明敏教授與兩位學生魏廷朝、謝聰敏聯名在台灣發表《台灣人民

自救宣言》，在美國廣為流傳，激起台灣留學生普遍的共鳴。全美台灣獨立聯盟很快將《台灣人民自救宣言》翻譯為英文並刊登在美國《紐約時報》，吸引歐美國家開始關注台灣人的基本人權與渴望獨立自主的心聲。

　　除了日本與美國之外，在加拿大的台灣留學生也不落人後，1963 年創立「台灣住民自決聯盟」。隔（1964）年為了營救因提出《台灣人民自救宣言》而入獄的彭明敏師生，訴請加拿大政府與國際相關人權組織的支持，「台灣住民自決聯盟」正式更名為「台灣人權委員會」。另外，留學歐洲的台灣學生儘管人數不多，也積極響應在日本、美國與加拿大的台灣獨立組織，於 1967 年創立「歐洲台灣獨立聯盟」。

　　1970 年是海外台獨運動蓬勃發展的一年，在眾人的奔走努力下，包括美國的「全美台灣獨立聯盟」、日本的「日本青年獨立聯盟」、「歐洲台灣獨立聯盟」，以及加拿大的「台灣人權委員會」等四個在海外推動台獨運動的組織，再結合台灣地下的「台灣自由聯盟」，最後於 1970 年 1 月 1 日正式合併成為世界性的「台灣獨立聯盟」。1987 年台灣解除戒嚴後，正式更名為「台灣獨立建國聯盟」。

　　在蔣家威權戒嚴統治下，世界性台灣獨立聯盟的成立代表全體台灣人，向世界表達台灣人追求自決、獨立的願望與要求。值得強調的是世界性的「台灣獨立聯盟」成立之後，隔日（1 月 2 日）傳出彭明敏教授衝破蔣政權的特務鐵網，成功脫出台灣，安全抵達瑞典的消息，大大鼓舞海外台灣獨立運動陣營的士氣。同（1970）年 4 月 24 日發生黃文雄與鄭自才槍擊在美國訪問的蔣經國未遂的壯烈事件（又稱「四二四刺蔣事件」），凸顯台灣人既不接受蔣家政權的少數統治，更反對蔣家父死子繼的接班設計。「四二四刺蔣事件」對海外獨立建國運動的影響毀譽參半：雖然聯盟因此出現路線之爭而陷入發展的瓶頸，但是不可否認，該事

件的發生，不僅震驚了全世界，使蔣家流亡集團喪魂落魄，也振奮台灣人，為爭取台灣獨立的偉大運動掀起高潮。

　　海外風起雲湧的自決運動，政治實務的操作固然重要，但是也不能沒有台灣獨立建國的論證說理。1967 年，美國耶魯大學拉斯威爾教授與陳隆志博士合著發表 *Formosa, China and the United Nations: Formosa in the World Community*（《台灣、中國與聯合國：世界共同體中的台灣》）一書，除了提出「一中一台」、台灣人民自決的方案，合理解決所謂的「聯合國中國代表權問題」，特別強調中國不是問題，台灣才是真正問題的癥結所在。該書從國際法學理的面向切入，基於當時台灣未定的國際法律地位，駁斥台灣主權屬於中國的主張，並向國際人士闡明台灣人民獨立建國的正當性與合法性。1971 年 1 月 1 日陳隆志個人發表《台灣的獨立與建國》，該書以台灣人為對象，提出台灣獨立建國的目標，乃是以人性尊嚴為基礎，也勾勒出台灣國所需採取的政策步驟、必須注意的面向，以及獨立自主台灣國的美好遠景。此外，陳隆志有關台灣的專論也獲得美國及世界極具影響力的 *New York Times*（《紐約時報》）與 *Washington Post*（《華盛頓郵報》）刊登：Formosa for the Formosans（〈台灣人的台灣〉），《紐約時報》，1970 年 11 月 16 日；Solution for Taiwan: Hold A Plebiscite（〈解決台灣問題：舉行公民投票〉），《華盛頓郵報》，1971 年 5 月 23 日；以及 The Nation of Taiwan（〈台灣國〉），《華盛頓郵報》，1993 年 12 月 24 日。

七、聯合國大會通過第 2758 號決議（1971）

　　中華民國是聯合國 1945 年成立時的創始會員國，也是聯合國安全理事會的常任理事國。但是，當 1949 年蔣介石領導的中國國民黨政權敗逃至台灣成為流亡政權，中華人民共和國繼承中華民國統治中國大陸之後，也就開啟聯合國內中國席位的爭奪

戰。

聯合國大會針對中華人民共和國的代表要求取代中國國民黨蔣介石集團代表所占據、在聯合國內中國席位的問題，聯合國大會第五屆（1950 年）開議後，中國代表權問題從安全理事會移交至大會處理；中華民國在聯合國內的席位由中華人民共和國取代的提案每年一再被提出。為此，聯合國通過加拿大的提案成立「特別委員會」，針對中國代表權的問題進行討論，最後向大會提出報告，建議在韓戰結束之前，「擱置」中國代表權的問題，也得到聯合國大會的追認。特別是時序進入 1951 年，國際社會又陷入東西冷戰、韓戰爆發，金馬一帶加上北京出兵攻擊諸小島，美國乃決議出兵保衛台灣。引起台灣海峽雙邊緊張對立的情勢下，聯合國中國代表權的問題並未在聯合國中得到特別的關注。直到聯合國大會第十五屆（1960 年）召開後，聯合國的情勢才開始出現變化。當時國際社會雖然有很高的期望，希望能與聯合國中國代表權的問題一併解決台灣國際法律地位的議題，但是，此一議題並沒有同時被決定而受到擱置。

1960 年聯合國第十五屆大會召開後，聯合國大會進行中國代表權問題的表決時，支持蔣介石政權與北京政權的票數愈來愈接近。隨著與北京正式建交的國家愈來愈多，再加上許多非洲由殖民地走向獨立的新會員國陸續加入聯合國，支持「中國代表權審議延期擱置案」的國家愈來愈少，美國意識到採取「擱置處理」的方式，已無法繼續阻絕北京政府加入聯合國。因此，隔（1961）年聯合國第十六屆開議後，美國協同澳大利亞、日本、哥倫比亞與義大利等五國共同提出「指定中國代表權問題為重要決議事項」案。此案也就是設定聯合國處理任何有關中國代表權爭執的議案，應視為「重要問題」（important question），必須獲得三分之二多數贊成的門檻，成為日後美國用來阻擋中華人民共和國進

入聯合國的法律工具。只要支持北京政權進入聯合國的國家,提出「恢復中華人民共和國合法權利」案,以美國為首支持蔣介石政權的國家則以「重要問題」案與之對抗。1970 年以前,美國採取「重要問題」案的策略無往不利,成為中華民國在聯合國繼續保有席位的重要保障。

此外,1967 與 1968 年,以義大利、比利時為首的五個國家提案主張設立「研究委員會」探討如何使中華人民共和國入會,且又不至於妨礙中華民國在聯合國的會籍。上述做法引起蔣介石的反彈,加上投票支持的國家僅有全體會員國的四分之一,連續兩年的提案都無法過關,1969 年起就未再提出。

1969 年起美國與中華人民共和國、蘇聯與中華人民共和國關係陸續出現變化,美國尼克森(Richard Nixon)總統為了拉攏中華人民共和國以抵制蘇聯,開始思考接納北京政權的可能性。隨著美國改打「中國牌」,對中國的外交政策也出現轉向,改善與北京政權雙邊關係的呼聲日益高漲。

1971 年聯合國大會的情況出現重大變化,針對聯合國中國代表權的問題,數個方案都被併案討論:一個是支持中華人民共和國進入聯合國,排除蔣介石政權的方案;另一個則是美國所提出「兩個中國」案(或稱「雙重代表」案)——即接受北京政權加入聯合國,但是繼續保留中華民國的席次。另外,依陳隆志博士所提的建言,由沙烏地阿拉伯駐聯合國大使巴魯迪所提出的「一中一台」案——即中華人民共和國取得中國代表權,台灣則以台灣的名義身分留在聯合國,同時在聯合國監督下舉行公民投票,以決定台灣的未來。對蔣介石政權而言,維持「中華民國」的法統,堅持僵硬的「漢賊不兩立」意識形態,比台灣的國家利益與台灣人民的福祉更為重要。因此,「兩個中國」案或「一中一台」案並未受到採納。

經過二十二年的糾纏，1971 年 10 月 25 日聯合國大會就阿爾巴尼亞等國的提案進行投票，以三分之二的多數通過「容共排蔣」的第 2758 號決議，其全文如下：

「大會

記取《聯合國憲章》的原則，

考慮到恢復中華人民共和國的合法權利，對維護《聯合國憲章》與對聯合國必須謹守憲章的原則都是重要的，

承認中華人民共和國政府的代表是中國駐聯合國的唯一合法代表，以及中華人民共和國是安全理事會五個常任理事國之一。

決定恢復中華人民共和國的所有權利，承認其政府的代表是中國駐聯合國的唯一合法代表，並立刻將蔣介石的代表從其在聯合國與所有附屬組織非法占有的席位逐出。」

聯合國大會第 2758 號決議文的主要內容，承認「中華人民共和國」的代表是中國在聯合國及其相關組織唯一合法的代表並「驅逐」「蔣介石的代表」。1971 年聯合國局勢出現逆轉，在大勢已去尚未投票之前，蔣介石政權的代表就退出大會會場。隨之而來，中華民國在聯合國體系的相關國際組織的會員國籍陸續由中華人民共和國所取代，中華民國在國際上失去合法性與正當性，被排除在聯合國體系之外。中華民國雖不代表台灣與台灣人民，但連帶使台灣成為國際孤兒，台灣與世界各國的正式雙邊外交關係也愈來愈少。

事實上，聯合國大會第 2758 號決議所解決的是聯合國內中國代表權問題，而不是台灣的主權問題。在此要特別強調，早在聯合國大會通過第 2758 號決議之前，沙烏地阿拉伯駐聯合國代

表巴魯迪所提出 L.638 決議草案主張「一中一台」，至於台灣的
會籍則留待日後由台灣人民公民投票決定的主張，更佐證 2758
號決議並未涉及台灣主權的歸屬及台灣未來聯合國會員的身分。

　　由此可見，聯合國大會第 2758 號決議，既沒有決定台灣是
中華人民共和國的一部分，也沒有授權中華人民共和國在聯合國
代表台灣及台灣人民。不過，中國卻一再誤用 2758 號決議，刻
意誤導國際社會接受台灣是中國一部分的說法。

八、美、中正式建交，美國制定《台灣關係法》（1979）

　　1970 年代，美蘇兩強陷入冷戰對峙的緊張關係，美國尼克
森總統為了圍堵蘇聯共產黨勢力的擴張，修正美國的東亞政策，
推動「聯中制蘇」的外交策略。美國積極向中華人民共和國釋出
善意，尋求雙邊關係的正常化，促成美國總統訪問中國，雙方於
1972 年 2 月 21 日簽署《上海公報》（Shanghai Communique）。
該份公報雖然重申美、中關係的正常化，既符合美、中兩國人民
的利益，也有助於緩和亞洲與世界的緊張情勢，但是雙方對台灣
問題的立場與態度仍然存在著爭議。

　　中國在《上海公報》表達「台灣問題是阻礙中美兩國關係正
常化的關鍵問題；中華人民共和國政府是中國的唯一合法政府；
台灣是中國的一個省，早已歸還祖國；解放台灣是中國內政，別
國無權干涉；全部美國武裝力量和軍事設施必須從台灣撤走。中
國政府堅決反對任何旨在製造『一中一台』，『一個中國、兩個政
府』、『兩個中國』、『台灣獨立』和鼓吹『台灣地位未定』的活動」。
反觀，美國的聲明則是「認知」（acknowledge），而不是承認
（recognize），中國的立場——台灣海峽兩邊的所有中國人都認
為中國只有一個，台灣是中國的一部分。美國政府對此一立場，
不提出異議，但關心由中國人自己解決台灣問題的立場。

1973 年 2 月起，美、中關係的發展進入一個新階段，雙方互派代表分別在華盛頓與北京設立「聯絡辦事處」，極力發展半官方的關係，美國負責相關業務的官員頻繁造訪中國，使美、中關係的正常化進入白熱化的階段。1977 年新上任的卡特（Jimmy Carter）總統，除了延續尼克森前總統對中國關係正常化的外交路線，也投入龐大的資源與心力經營對中國的關係。在此同時，台灣則被視為美中關係正常化的絆腳石。

1978 年 12 月 15 日美中發布《美中建交公報》(Normalization Communique）），雙方對外宣布建立正式外交關係，自 1979 年 1 月 1 日起生效。美國在《美中建交公報》中，承認（recognize）中華人民共和國是中國的唯一合法政府，並「認知」（acknowledge）中國的立場——即中國只有一個，台灣是中國的一部分。

1982 年 8 月 17 日美國與中國簽署《八一七公報》（The 1982 Communique），美國雷根（Ronald Reagan）政府在公報中同意隨著台灣海峽局勢的緩和，在質與量逐漸減少對台灣軍售，也重申《美中建交公報》承認（recognize）中華人民共和國是中國唯一的合法政府的立場，並「認知」（acknowledge）中國只有一個，台灣是中國一部分的立場。

回顧這一段美中關係正常化的發展過程，從簽定《上海公報》開始、分別到《美中建交公報》與《八一七公報》的簽定，美國雖然同意落實美、中兩國政府簽署上述三個公報的內容，但是也表達遵守與台灣維持文化、商務與其他非官方的互動關係的承諾。其中最重要者，莫過於美國在三大公報中清楚揭示「一個中國政策」的內涵——即「世界只有一個中國」以及「中華人民共和國是中國唯一的合法代表」，其影響力延續至今。至於，中國強力捍衛的「一個中國原則」——即「台灣是中國的一部分」的

主張，美國始終只加以「認知」（acknowledge），而從未「承認」（recognize）台灣的主權屬於中國。「認知」與「承認」有所不同，「認知」表示我們知道你們的主張，但是並沒有加以「承認」、接受的意思。由此可見，美國的「一個中國政策」可以「一個中國，但不是現在」（One China, but Not Now）作為詮釋。

　　美國與中國於 1979 年 1 月 1 日正式建立外交關係，美國友台的國會議員為了降低美國與中國建交對台灣的衝擊，並避免影響台灣與美國實質關係的延續，乃於同年 4 月 10 日通過《台灣關係法》（Taiwan Relations Act），經總統簽署後生效。

　　《台灣關係法》是美國非常特殊的法律，是約束美國行政與立法部門處理對台事務的國內法，作為規範美國與台灣雙方「非外交關係」的法律基礎，也是美國對台政策的主軸。其內容包括：

　　（1）授權美國政府維持及促進美國人民與台灣人民之間，廣泛、密切及友好的經濟、社會與文化等方面的互動與交流。

　　（2）表明協助西太平洋的和平、安全與穩定，符合美國的利益，也是國際社會關切的事項。

　　（3）表達美國決定與中國建立正式邦交關係，是基於一項期望，也就是台灣的前途必須以和平方式決定。

　　（4）強調任何企圖以非和平的方式，決定台灣的未來，包括使用經濟抵制及禁運的手段，決定台灣的未來，將被視為對西太平洋地區和平與安全的威脅，為美國所嚴重關切。

　　（5）美國政府有義務提供台灣防禦性武器，確保台灣足夠的自衛能力。

　　（6）維持美國的能力抵抗任何訴諸武力、或使用其他高壓的脅迫手段，危及台灣人民安全或社會經濟制度的行動。

　　（7）申明維護與促進所有台灣人民的人權是美國的目標。

　　美國與中國的建交，雖然對台灣社會與人民帶來真大的衝

擊，但是過去四十四年以來，美國始終採取「一個中國，但不是現在」的政策，並以《台灣關係法》及美中三大公報為一個中國政策的基石。

　　《台灣關係法》可視為美國對台政策的主軸，自 1979 年生效以來，美國實質上將台灣當作一個國家來看待，在「非外交關係」的基礎上，維持美、台雙方的商業、文化及其他關係；同時，美國也關切台灣的國家安全，提供必要的防衛性武器，維持台灣自我防衛的能力。這不但對於台美雙邊關係的深化，台海的和平穩定，台灣經濟與社會的發展，有重大的貢獻，而且促進台灣政治的民主化與本土化。無可否認，在台灣演進成為一個與中國互不隸屬的實質主權國家的過程當中，《台灣關係法》扮演重要的角色，認定台灣與台灣人民為主體，而不是「中華民國」。至於台灣是不是中國的一部分，有待將來以和平方法，由台灣人民做最後的決定，這正是美國《台灣關係法》的根本精神所在。

九、黨外運動、美麗島事件發生（1979）與民主進步黨成立（1986），海外台灣人公共事務會成立（1982）

　　1970 年代初期，蔣介石政權面臨前所未有的內外挑戰，中華人民共和國取代中華民國成為聯合國內中國的唯一合法代表，中華民國的國際地位一落千丈。隨後，又遭受全球能源危機的衝擊，使得台灣的經濟發展陷入衰退的困境。在此同時，蔣經國以蔣介石接班人的姿態完成權力的繼承，為了營造民主開明的形象，滿足人民政治改革的期待，且在攘外必先安內的策略下，透過體制的調整，一方面大力推動「本土化」，拔擢中國國民黨內台籍的政治人物（所謂的「崔台青」），給予發揮長才的舞台；另一方面，推動增額中央民意代表與地方民意代表的選舉，以成為強化內部統治的正當性，彌補對外代表性不足的權宜手段。

　　在中國國民黨獨裁統治之下,「黨外」所指的是不接受中國國民黨收編,基於反中國國民黨意識而結合在一起從事反對運動的異議人士。當時雖然仍處於戒嚴時期,但是在體制內進行的公職選舉期間,執政當局對公開發表的批判言論採取較為寬容的立場,對政治性活動的管制也比平常更為鬆散。因此,黨外人士乃利用每一次難得的「民主假期」,積極進行串聯結合,以「黨外」之名號召更多相同理念的候選人投入選舉,透過成立後援會的方式進行組織動員,擴大反對運動的力量。同時,竭盡所能透過一場又一場的政見發表會,向人民傳達民主自由與保護人權的進步理念,並要求執政黨解除威權戒嚴統治、降低國防軍備的預算、開放黨禁與報禁、早日進行國會全面改選,成功吸引更多支持者的認同,「黨外」民主運動蓬勃發展的生機由此開始。

　　1978 年底,由於美國與中國發表將於 1979 年 1 月 1 日建立正式外交關係的聯合公報,蔣經國依據《動員戡亂時期臨時條款》的規定,發布緊急命令終止增額立法委員與國民大會代表的選舉活動。選舉活動雖然因此而暫停,但是黨外人士反而進一步集結整合,尤其是同(1979)年 8 月黨外色彩相當濃厚的「美麗島雜誌社」正式成立,隨著各地分部的紛紛成立,雜誌的訂閱戶數與發行量快速增加,反中國國民黨的黨外勢力更加壯大。以美麗島雜誌社為核心的黨外人士為了慶祝世界人權日,於 1979 年 12 月 10 日當天,在高雄市發起一場以爭取民主化、要求政治改革與終止戒嚴為訴求的大遊行與演講活動,由於事先並未得到執政當局的批准,而被視為一場非法集會,當局刻意安排暗樁在其中挑起警民衝突,然後動用軍特警的力量以叛亂為名進行鎮壓,導致「美麗島事件」的發生。這場台灣自二二八事件發生後規模最大的警民衝突事件發生後,執政當局不但透過御用的媒體與學者撰文譴責美麗島事件的叛亂分子,同時大肆逮捕,企圖將黨外異

議人士一網打盡，對台灣政治造成很大的衝擊與影響。

　　「美麗島事件」是台灣人爭取自由與民主最具關鍵的事件，中國國民黨威權政府對黨外異議人士的打壓與抹黑，不但沒有降低民主鬥士們的信心，而且更激起台灣人追求人身安全與民主自由人權的決心。1986 年 9 月 28 日在黨外勢力的推波助瀾下，台灣第一個本土性政黨「民主進步黨」終於誕生。民主進步黨的成立所代表的是台灣人民對於民主、自由與法治的渴望，以具體的行動展現無畏的意志與勇氣，衝擊中國國民黨的專制威權體制。隔（1987）年蔣經國不得不宣布解除戒嚴統治，將原本就是人民的基本權利交回台灣人民手中。

　　風起雲湧的海外自決、獨立運動在世界性的「台灣獨立聯盟」於 1970 年 1 月 1 日成立之後，進入全新的階段。雖然「四二四刺蔣事件」發生，對海外的獨立運動帶來衝擊，但是隨著台灣內部要求推動政治改革、爭取民主、自由與保護基本人權的呼聲愈來愈大，海外關心台灣人事務的人士順勢成立一個促進國際關注台灣議題、向美國及國際人士宣達台灣人願望的組織。於是，以蔡同榮、彭明敏、王桂榮、陳唐山為首，再整合眾多海外台灣人重要社團的負責人、學者專家與企業家之力，於 1982 年 1 月在加州洛杉磯共同成立「台灣人公共事務會」（Formosan Association for Public Affairs, FAPA）。

　　台灣人公共事務會的成立，可視為海外台灣獨立運動的新階段，由過去體制外的革命路線轉向鎖定美國國會進行國會外交的溫和路線，其工作重心是透過美國國會爭取國際瞭解支持並改善台美關係，同時，配合台灣內部的民主力量，促進台灣的自由、民主與基本人權。台灣人公共事務會草創之初，最具體的成就是台灣移民美國配額的爭取，避免因為美、中建立正式外交關係，而將美國提供給台灣每年兩萬名的移民配額，移轉給中國，或者

是台灣與中國共同分享兩萬名的額度。其次,台灣人公共事務會
也結合海內外支持台灣民主運動的力量,一方面進行政治人權的
國會運作,影響或聲援台灣內部的人權事件,包括:美國國會舉
辦「台灣人權聽證會」,對美麗島事件的受難者進行政治救援與
爭取公開審判等。另一方面,也透過美國國會之力,迫使獨裁專
制的中國國民黨政權解除長達三十八年的戒嚴令、推動台灣國會
全面改選與廢除海外黑名單。

　　台灣人公共事務會成立四十一年來,在美國利用草根的力
量,推動與台灣相關的議題,成效卓著。不僅促請美國國會成立
「台灣民主委員會」、提出台灣加入世界衛生組織、聯合國等國
際組織的決議案,近來甚至通過包括《國防授權法》、《台灣旅行
法》等對台灣友善的法案,背後更可見到台灣人公共事務會奔走
穿梭協調溝通的身影,促使台灣與美國雙邊關係更為紮實穩固。

十、台灣解除非法戒嚴,民主轉型的開始(1987)

　　在黨外人士宣布組建民主進步黨之後,蔣經國並未對這種挑
戰中國國民黨政府的行動作出鎮壓的決定,反而在中國國民黨中
常會以「時代在變,環境在變,潮流也在變」的談話作出回應。
不久之後,蔣經國接受《華盛頓郵報》(Washington Post)發行
人格蘭姆(Katharine Graham)女士的專訪,透露「我們會在制
訂《國家安全法》之後,解除戒嚴、開放組黨」的信息。最後,
蔣經國終於決定隔(1987)年 7 月 15 日零時起解除長達三十八
年的戒嚴令,結束威權統治的黑暗期,緊接著又陸續開放報禁與
黨禁,將原本就是人民的基本權利交回台灣人民手中,讓台灣走
上民主自由的道路。

　　台灣在解除戒嚴以後,長期受威權戒嚴統治所積壓的社會力
瞬間傾巢而出,人民不但積極參與推動國會全面改選、總統直選

與廢除海外黑名單的運動，而且響應非核家園的進步目標，支持提升農民、勞工、婦女與原住民權益等社會運動。這些努力不但為台灣民主政治的轉型增添能量，而且迫使執政當局體認到武力並不是取得政權的唯一保證，必須快速具體回應人民對民主的要求。依靠武力無助於維護政權，欲維持政權的正當性，必須對民主的要求做出快速的回應，甚至不讓反對黨獨享民主改革的功勳，放下身段與反對黨競爭民主改革的成績。

顯然，台灣人民追求民主、自由與人權的普世價值前仆後繼，不斷犧牲、不斷挑戰，凸顯專制獨裁的統治者既無合法性，也無正當性，最後不得不妥協，這是台灣民主化成功的重要原因。

十一、海外黑名單的解除（1990），台灣新世紀文教基金會的成立（1997）

1990 年代台灣的民主化與本土化，為台灣帶來很大的變化，迫使中國國民黨政權解禁長期用來壓迫「海外異議分子」的黑名單，長年在海外為爭取台灣獨立自主、民主自由人權的鬥士們鮭魚返鄉，陸續回到久別的故鄉台灣。

作者本人於 1960 年到美國留學；1993 年 5 月，應母校台灣大學的邀請，才首度回到台灣，在法律系等三單位合辦的「台灣前途關鍵系列」演講。受到真多同學、朋友、鄉親們的歡迎，當時他們異口同聲表達希望我留下來跟大家作伙打拚。離開台灣三十三年，對故鄉真多代誌的瞭解非常生疏，但是提供自己在國外的工作經驗與學識，希望對國家社會有所貢獻，正是過去受台灣所栽培的知識分子不可迴避的責任。經過一段時間的觀察與思考，為對當時正在民主化的台灣作出有意義的貢獻，決意創辦一個以台灣為根本，以世界為舞台、超然的民間智庫，一方面針對國家層面的種種重要發展，向政府的決策者、立法者與執法者提

出建言；另一方面，透過大眾化的教育工作，傳播台灣國家正常化發展的理念。因此，經過一番時間的籌備，加上眾多親友、熱心人士的贊助支持，募足設立的基金，乃於 1997 年 9 月正式登記設立媒體所稱「台灣第一個民間智庫」——財團法人陳隆志文教基金會。基金會的名稱初期計畫用「台灣」的名稱，但是當時政府不准使用「台灣」兩字作為全國性財團法人及社團法人的名稱。直到首次政黨輪替之後，2001 年「財團法人陳隆志文教基金會」才正式正名為「財團法人台灣新世紀文教基金會」。

十二、台灣政治民主化與本土化的過程（1988～2008）

1988 年 1 月蔣經國過世，李登輝繼任為總統，開啟台灣的民主化與本土化的序幕，中華民國逐漸台灣化。1990 年代，戒嚴令正式解除之後，台灣社會推動改革的腳步並未因此而稍有停歇，反而更加持續向前邁進，特別是民主化與台灣化運動。台灣人民在體制外發動要求民主化的群眾運動，勇敢衝撞昔日牢不可破的政治禁忌，主要訴求在於立即全面改選「萬年國會」，對執政的中國國民黨政權帶來改革的壓力。在台灣社會對民主改革步伐停頓感到焦躁的背景下，隨著中國國民黨政府來台的國民大會代表們不但沒有退位的打算，甚至還通過自肥條款，乃成為引爆台灣史上最大規模學生運動的導火線。

1990 年 3 月間，台灣各大專院校的學生抗議萬年國代濫權玩弄憲法，圖謀私利自肥，紛紛走出校園發動「野百合學運」，齊聚在中正紀念堂廣場（今已改為「自由廣場」）靜坐示威。野百合學運就像是一面照妖鏡，照出台灣社會、經濟、政治與文化不正常發展的病徵，來自於中國國民黨違反民主憲政原理，沒有正當性的非法統治。在台灣社會各界的支持配合下，學生們決議提出「解散國民大會」、「廢除《動員戡亂時期臨時條款》」、「召

開國是會議」與「政經改革時間表」四項訴求之後，李登輝總統接納學生代表的意見，讓這場「三月學運」得以圓滿落幕。

　　「野百合學運」對台灣民主化的過程有推波助瀾的效果，在學生們終止抗爭活動之後，中國國民黨政權不得不迅速回應，提出國會全面改選、釋放政治犯、廢除《懲治叛亂條例》、修正《刑法第 100 條》、解除海外黑名單、甚至直接民選總統等一系列政治民主化與本土化的改革。

　　二十世紀的最後十年，是台灣走向「本土化民主轉型」的階段。在李登輝總統公布《憲法增修條文》與宣布終止「動員戡亂時期」之後，台灣走向國會全面改選的道路，台灣民主化進程的「第一次」依序完成：1991 年 12 月 31 日國民大會代表全面改選開始；1992 年 12 月 19 日第一次立法委員全面改選；1994 年 12 月 3 日舉行台北、高雄兩直轄市第一次市長民選；1996 年 3 月 23 日台灣人民第一次直選總統；2000 年 3 月 18 日第二次直選總統，長期執政的中國國民黨在總統大選失利，台灣出現第一次政黨輪替、政權和平轉移，第一位民主進步黨總統候選人陳水扁當選，終結中國國民黨政權長達五十五年的一黨專制統治；2004 年 3 月 20 日，台灣本土政權第一次連任成功。

　　台灣人民經由一連串民主程序定期更新民意的過程，具體實踐了《聯合國憲章》、《公民與政治權利國際公約》與《經濟、社會與文化權利國際公約》所宣示的「人民自決」原則。台灣人民透過有效的人民自決，決定台灣的政治地位以及發展獨特的經濟、社會與文化制度，也逐漸將戒嚴的威權統治轉化為民主自由的體制及重視人性尊嚴、尊重基本人權、人權立國的生活方式。這種人民共同實踐「有效自決」的成就，彰顯台灣演變進化為一個主權國家的事實。

十三、台灣主權獨立與民主自由的現狀面臨考驗（2008～2016）

　　美國知名政治學者杭亭頓（Samuel Huntington）教授長期觀察新興民主國家的發展。他認為公民透過民主選舉的方式選擇統治者是民主政治的精髓，新興民主國家至少必須經歷兩次以上的政黨輪替，而且政權輪替必須是成功與和平的，才稱得上具備「民主鞏固」的基本要件。

　　表面上看來，1996 年起台灣人民用選票選出自己的總統，2000 年完成首次的政黨輪替，八年後完成政黨再輪替，似乎符合杭亭頓所提的「雙流轉檢定」的標準，具備民主鞏固的基本要件。但是，民主改革如同逆水行舟，民主改革若未能持續推進，一旦反民主的保守勢力反撲，有可能出現民主倒退的後果。

　　2008 年第二次政黨輪替，給予馬英九與其領導的中國國民黨，完全掌握行政與立法的執政優勢。台灣政局在馬英九「完全執政、完全負責」的口號中，進入「政黨第二次輪替」的新階段，台灣人民原本寄望政權再輪替，可提升人民的福祉。沒想到中國國民黨復辟，重新得到政權的後果，竟然是黨國體制威權的陰影重現，對台灣民主化與自由化的發展帶來阻礙。

　　《世界人權宣言》第 21 條宣示：「人民意志應為政府權力之基礎」。民主政治是民意政治，政府決策的制定權，不是統治者的特權，而必須按照人民的意思推動政務，確保人民的利益。馬氏政府掌握權力的傲慢，表現在外的是不按照民主政治的原則，用獨裁統治的手段治理台灣，以黨領政的決策風格與過程，既不透明，又跳脫國會監督的機制，人民根本無法瞭解政府的所作所為，於是種種我行我素、毀憲亂政濫權、破壞政黨政治的不當行為，使台灣人民引以為傲的自由化、民主化與人權保障等民主基

業，不但未能持續深化與鞏固，還出現嚴重倒退的現象，甚至連「台灣、中國，一邊一國」的現狀也岌岌可危。

馬氏政府將中國視為台灣經濟的救星，積極推動大三通、鼓勵台商投資中國，在民意反彈之下，仍一意孤行要與中國簽定《海峽兩岸經濟合作架構協議》（ECFA）等協議，將兩岸談判國共化，台海兩岸關係國內化，既無視於台灣資金的嚴重外流、技術與人才被淘空以及產業空洞化，也忽略台灣經濟被邊緣化的危機，完全沒有任何風險預防。馬氏政府犧牲台灣經濟的自主性，交換中國所提供短暫的政經利益，一旦台灣掉入中國所設的陷阱，台灣勢必淪為中國的附庸，不但台灣人民的自由人權處處受制於中國，連台灣得來不易的民主也會被中國所干擾操縱。

此外，馬氏政府採取兩岸位階高於外交位階的傾中政策，以不存在的「九二共識」作為「一個中國原則」的代名詞，用來混淆欺瞞台灣人民。表面上，台灣與中國雙邊關係不再緊張對立，實質上馬氏政府對牽涉台灣主權、國格的事項，處處對中國讓步自我矮化、傷害台灣主權國格，例如：不敢對中國官員自稱「總統」；2009 年起，接受中國的安排，得到所謂「有意義參與」聯合國專門機構的機會，在世界衛生大會（WHA）以 Chinese Taipei 之名作觀察員；2013 年以同樣方式，出席國際民航組織（ICAO），名稱則被矮化為「中國的台北民航局」（Chinese Taipei Civil Aeronautics Administration）、連身分也被限定為專家或官員「來賓」（Guest），根本不准發言。馬氏政府沾沾自喜有意義參與 WHA 與 ICAO，但是，實際上，台灣的國際地位並沒有任何提升，反而是一步一步陷入被中國兼併統治的泥淖而無法自拔。

2012 年 1 月的總統選舉，在中國積極助陣與動用國家機器輔選的優勢下，馬英九連任成功。不再有連任壓力的馬英九，自言要戴上鋼盔拚改革，以追求個人所謂大中國的「歷史定位」，

蠻橫要以不透明的決策風格，意圖透過國會強勢通過黑箱《海峽兩岸服務貿易協議》、《海峽兩岸貨品貿易協議》，一面倒，倒向中國，完全不在意台灣經濟愈來愈壞、外交休克、國家主權明顯被削弱，對台灣得來不易的民主基業，帶給台灣社會前所未有的衝擊。

馬氏政府「獨斷獨行」的做法，剝奪台灣人民決定自己將來的權利，引起台灣人民的憤怒與反彈。天佑台灣！2014 年以青年學子為主體發動的「三一八太陽花運動」，掀起了台灣史上前所未有的公民反抗運動，平時分散各地的社運公民團體藉此機會進行串聯，成為一股開創新政治、終結舊政治的浪潮。「三一八太陽花運動」雖然僅持續二十三天，但是在圓滿落幕之後，徹底改變台灣社會的政治氣氛與環境。影響所及，真多人為此參與公民運動，積極投入公共事務與關心政治的發展，經由 2014 年底的九合一地方性選舉與 2016 年 1 月 16 日的總統、國會的合併選舉，終結中國國民黨從地方到中央超過半世紀的優勢統治地位。

十四、第三次政黨輪替與2018年九合一選舉（2016～2018）

蔡英文及其領導的民主進步黨在大多數選民的支持下，贏得2016 年的總統與立法委員選舉的雙重勝利，除了促成 1996 年台灣直選總統以來，第三次的政黨輪替與國會首次的政黨輪替，還得到完整執政的優勢。在此要特別強調，這兩次大選所展現的新民意，代表台灣人民唾棄馬氏政府向中國全面傾斜的兩岸政策，也拆穿了國、共聯手編織虛幻的「九二共識」，想要橫柴入灶綁架台灣人民、併吞台灣的騙局。同時，也凸顯以蔡英文為首的進步改革力量堅持台灣的未來一定要由台灣人民來決定的路線，已成為台灣國家社會重要的共識與不變的堅持。

從蔡英文總統候選人發表當選感言、到發表就職演說以及後

續諸多重要的發言內容，一再強調維持台海安全及兩岸關係和平穩定的重要性，而拒絕「九二共識」與「一國兩制」，更是其中關鍵之所在。蔡英文政府執政以來，表明不接受虛假的「九二共識」，北京則以「未完成的考卷」為由，對蔡總統「聽其言，觀其行」施壓，要求台灣必須接受「九二共識」作為雙邊互動的政治基礎。

中國一直無法得到滿意的答案，不僅惱羞成怒採取「以經促統、以商逼政、以民逼官」統戰手段進行「窮台政策」，從大幅度縮減中國觀光客來台開始著手，隨後中斷對台灣農產品的採購，刻意阻擾台海雙邊協商溝通機制的正常運作，對蔡英文政府施加壓力。另外，馬氏政府八年執政期間對中國大開方便之門，中國趁勢利用台灣自由民主開放環境的機會，毫無忌諱進行組織滲透及統戰宣傳。這些平常潛伏在社會各個角落的中國代理人與「中國白蟻」，利用選舉競爭、百家爭鳴的敏感時刻，發動蛀蝕台灣民主基業的攻勢，其中最為具體的表現就是 2018 年 11 月 24 日舉行的九合一選舉。他們利用台灣的民主來顛覆民主的手段，以言論自由、新聞自由為名，製造不實的謠言，也在網路上利用社交軟體即時傳遞資訊的特性，煽動與控制社會輿論，扭曲公共議題的理性討論。同時，紅色中國支持的媒體配合進行政治操作，散播未經查核的假新聞，製造台灣社會更多的矛盾、對立與衝突。

2018 年藍綠勢力經過九合一選舉的考驗，地方政治版圖重新洗牌，對蔡英文總統堅定拒絕接受「九二共識」的立場帶來挑戰。九合一選舉的結果，並不代表台灣選民對於「九二共識」的認同，但是在野黨勝選的縣市首長們卻擁「新民意」自重，高分貝支持「九二共識」，迫不及待向北京表態要設立「九二共識兩岸工作小組」──他們利用掌握多數縣市執政形成「地方包圍中

央」的壓力，意圖強迫中央政府就範，接受「中央跟著地方走」的政策，作為未來處理台海雙邊關係的準則。

2019 年 1 月 2 日習近平在「告台灣同胞書」四十週年紀念的談話中，表示堅持推動兩岸雙方在一個中國原則的基礎上，達成「海峽兩岸同屬一個中國，共同努力謀求國家統一」的九二共識，並堅持一國兩制與推動祖國統一的基本方針。顯然，習近平確立「九二共識」的定義就是「一個中國」與「一國兩制」，根本沒有所謂「一中各表」的空間。

情勢在繼續演變之中，緊接而來的是 2020 年台灣的總統與立法委員合併選舉。有一點須要強調堅持的，台灣千萬不可在有增無減的政治高壓下屈服，失去作為一個主權獨立國家的信心，更不可為了貪圖中國賞賜的經濟紅利，對「九二共識」存有任何幻想，甘願自我矮化為中國的附庸地區。如此，不但不會換來台海的真正和平與經濟利多，而且會使台灣成為中國的籠中鳥，抹殺台灣人自由自在的未來以及台灣是一個獨立自主的國家。

十五、民主自由法治價值的選擇（2020）

1997 年香港回歸中國之前，中共政權一再對香港人民以及國際社會拍胸脯保證，承諾「一國兩制、高度自治、港人治港、保證香港五十年不變」。隨著時間的消逝，中國的承諾言猶在耳，香港的自由民主快速流逝，連帶也影響人權法治的迅速倒退。

2019 年 2 月香港政府召開記者會宣布修訂《逃犯條例》，引發爭議與香港社會的強烈反彈。由於《逃犯條例》涉及香港在「一國兩制」下獨立司法管轄地位的存續，加上香港民眾並不信任中國的司法制度，修訂《逃犯條例》消息一傳出，迫使平常不關心香港政治發展的香港市民，紛紛走向街頭表達反對的立場。在香港民主派人士的號召下，一波又一波「反送中」示威運動在香港

街頭上演，吸引全世界各大主要媒體的爭相報導，最終迫使香港特首林鄭月娥於同年 9 月宣布正式撤回《逃犯條例》修訂。

因為《逃犯條例》的修訂，引發香港自 1997 年以來，規模最大、最激烈、且持續超過半年以上的「反送中運動」，在國際媒體輿論的支持下，世界各國關心香港民主發展的力量蜂擁而至，帶給香港政府極大的壓力，沒想到北京中央政府以更強勢的警力鎮壓，回應香港民主示威者的訴求。顯然，自由、平等與公義，這些都是人與生俱來的權利，但是在中共極權專制的體制下，不用說香港的基本人權一再被剝奪與打壓，甚至連香港人民殷切期盼的「雙普選」的民主選舉，跟隨香港融入中國的速度不斷加快，變得愈來愈遙不可及。

從香港的政治發展來看，自由與民主似乎在失去的時候，才令人感到特別可貴，而基本人權只有在民主法治的社會中，才有成長茁壯的空間。不可否認，北京中央政府強勢鎮壓香港示威抗議者的畫面，透過媒體與網際網路不斷向全世界放送，國際社會愈來愈注意到，在台灣與香港同樣面對中國霸權的威脅，兩者存在「脣亡齒寒」的關係。進一步來說，當前台灣與香港眼前所遭遇的挑戰，就像是二次大戰之前，捷克、奧地利面對來自納粹德國的併吞威脅。野心勃勃的希特勒先撕毀《凡爾賽和約》，成功吞併奧地利的下一步，就是占領捷克；而在習近平公開撕毀「中英聯合聲明」，徹底顛覆「五十年不變」的承諾，使「一國兩制」下香港保有高度自治成為「明日黃花」之後，接下來民主台灣就變成「中共進攻自由世界」的下一個目標。但是台灣人民對於所謂「一國兩制」有所覺醒，沒有人要相信中國這個包藏禍心的話術。

這個因香港情勢惡化所衍生「脣亡齒寒」的危機意識，一方面提升台灣人對於香港局勢發展的關注度，同時也對中國輕諾寡

信的本質，建立了警戒心。影響所及，一方面提醒台灣人要認清中國對台灣的國安威脅不斷上升的事實，對中國發動併吞台灣的戰爭預作準備。另一方面，也對 2020 年台灣總統選舉發揮外溢效果，成功催出台灣人民的投票意願。最終，代表民主進步黨的正副總統候選人蔡英文與賴清德以破紀錄得票數八百一十七萬多票獲勝連任，除了是史上得最高票的總統，並以二百六十五萬多張票的差距，壓倒性大勝對手。

台灣之所以能夠持續深化與落實主權在民，最大的關鍵在於台灣、中國，一邊一國，台灣是一個與中國互不隸屬的主權國家。2020 年台灣總統選舉的結果，除了代表台灣人民對民主與自由理念的堅持打拚，作出民主與進步的選擇之外，同時也確認蔡英文總統與其執政團隊所堅持推動的民主自由理念、落實人權法治的努力成果，與國際社會的主流價值相符合。這是台灣爭取全世界愛好民主自由陣營的支持，進而願意團結攜手合作，共同抵抗中國專制極權政權擴張的關鍵。

十六、全球防疫作戰凸顯台灣的韌性國力（2019～2023）

2019 年 12 月初，中國湖北省武漢市爆發嚴重特殊傳染性肺炎，在報喜不報憂的官僚主義作祟下，地方官員以謊言隱瞞真相，導致病毒大規模擴散，最後引爆一場全球性的「武漢肺炎」（以下簡稱 COVID-19）疫情大爆發，共有超過六百九十萬人以上死亡，對全人類的健康與生命安全帶來前所未有的衝擊。

事後進行調查種種跡象顯示，COVID-19 疫情極可能來自中國，中國政府為了政治維穩與經濟發展的目的，壓制疫情的提報，失去黃金時間迅速處理的契機，等到紙包不住火，疫情不斷惡化向外大量擴散，才承認境內出現人傳人的疫情。2020 年 1 月 23 日，中國無預警宣布封鎖武漢等周邊城市，開始控管住民

與公共交通的自由出入，但為時已晚。中國封城的數量愈來愈多，代表疫情擴散與影響的範圍也愈來愈大，確診病例與死亡人數同步上升，很多國家為了防堵中國疫情滲透，陸續對來自中國的航班或中國旅客採取嚴格入境管制的措施，與中國崛起偉大復興的宣傳口號，出現諷刺的對比。

　　大規模的人流移動是經濟全球化的發展特色，也是帶動COVID-19 疫情全球蔓延的推手。假使日本、韓國在中國疫情出現失控的第一時間，就採取霹靂手段將病毒隔離在外，應該可以遏阻第一波病毒的入侵攻擊。可惜，為了外交與經濟利益的考量，他們並沒有這樣做，等到發現 COVID-19 疫情兵臨城下時，立即限制中國旅客入境或暫時斷航，一切都來不及了。位處中東的伊朗與歐洲的義大利，也是因為輕忽 COVID-19 疫情大量擴散的嚴重性，放任中國遊客自由出入而淪為疫情重災區，即使遠在太平洋彼岸的美國，最終還是無法避免 COVID-19 跨洲大爆發的命運。

　　事實勝於雄辯，COVID-19 疫情的全球蔓延，就像是一面照妖鏡，讓我們見識到中國是一個「打人喊救人」、「作賊喊抓賊」不負責任的國家。中國是 COVID-19 疫情全球蔓延的始作俑者，卻矢口否認此次肺炎病毒來自中國，還辯稱中國人民深受COVID-19 所害，為了世界人民的健康，他們付出了巨大的犧牲，國際社會應該向中國人民致謝才對。顯然，中國不承認自己犯錯，又想要扭曲事實，這種以政治掛帥對抗疫情危機的處理方式，根本無視中國人民暴露在病毒威脅的風險，也將全人類的健康與生命安全拋在腦後。

　　世界衛生組織（WHO）是聯合國體系內專責於處理國際公共衛生事務的專門機構。這次 COVID-19 疫情快速在全球蔓延的危機，與中國關係良好的幹事長譚德塞（Tedros Adhanom

Ghebreyesus）自甘墮落淪為中國擦脂抹粉的化妝師，他運用「行政優勢」處處配合中國錯失防疫先機，脫離不了關係。疫情擴散之初，台灣最早向國際衛生條例（IHR）聯繫窗口，提出人傳人疫情的警示，沒想到 WHO 漠視台灣的專業意見在先，而譚德塞配合中國延遲疫情通報處理在後，等到北京政府無預警下達武漢封城的命令，引起國際社會一片譁然之後，WHO 才火速將 COVID-19 疫情擴散提升為「國際公共衛生緊急事件」。這次大災難凸顯北京政權的蠻橫無理，也讓西方國家見識到 WHO 幹事長利用職權竭盡所能為中國護航的事實。顯然，中國長期滲透、收買聯合國體系內國際組織的決策者，在這個時刻發揮影響力，顯然已達到功效。

　　COVID-19 疫情全球蔓延，對全人類的安全帶來空前的威脅，也讓國際社會注意到台灣，以及台灣存在的重要價值。由於台灣長期被阻擋在 WHO 的大門之外，無法取得來自國際防疫體系共享即時防疫資訊的奧援。儘管如此，台灣仍憑藉一己之力，成為全世界少數成功抗疫的國家之一，其中主要的關鍵就是台灣記取 2003 年對抗 SARS 失敗的經驗與教訓，並體會到「病毒沒有假期」與「防疫抗疫人人有責」的重要性。基於防疫視同作戰的原則，台灣的防疫準備工作二十年來未曾鬆懈，不但建立卓越的醫療衛生體系，栽培真多優秀打拚的基層醫護人員，而且發展出中央、地方協調與疫情通報的機制。因此，當大多數國家受到 COVID-19 肆虐無力招架之時，台灣政府、醫療產品相關業者與人民早已建立長期抗疫的心理準備。台灣強調專業領導劍及履及成立疫情指揮中心，展開超前部署，再透過籌組口罩、防護衣等重要醫療物資國家隊的合作模式，成功凝聚全民共同體的集體利益。隨後，行政院提出「口罩實名制」政策進行國內口罩數量的調節，網路上立刻有人發起「我 OK，你先領」禮讓口罩的全民

運動，鼓勵大家不要囤積口罩，將有限的口罩禮讓給有真正需要的第一線醫療人員與其他需要經常出入醫療院所的病患，進一步強化台灣內部命運共同體的國家認同。台灣防疫體系緊密相聯環環相扣，使得台灣的防疫成就讓全世界刮目相看。

疾病無國界，傳染病無國界，台灣體認到成為全球防疫網破口的無奈，強調全球所有政府與人民必須通力合作，建立一個完整全球防禦網絡的重要。因此，台灣內部口罩供應無虞之下，對外提出「人人要健康，台灣能幫忙」防疫外交的政策。不但大方分享成功防疫的經驗，也對美歐日等世界其他受到武漢肺炎疫情肆虐，嚴重缺乏防疫物資的國家雪中送炭。同時，積極參與國際疫苗的合作研發，最新的發展就是台灣高端疫苗生物製劑股份有限公司（MVC）與 WHO 所屬的 COVID-19 技術近用聯盟（C-TAP）、藥品專利聯盟（MPP）合作，提供高端 COVID-19 疫苗技術授權，提供各國製造商取得技術製造疫苗，協助經濟弱勢的國家順利抗疫。這種發展除了代表台灣國產疫苗走上國際的成就值得肯定之外，也是台灣確切落實「人人要健康，台灣能幫忙」的理念，與所有聯合國會員國共同努力促進國際交流的醫療水準、防疫能力及衛生條件，促進人類獲得更高水準的健康與醫療照護的具體表現。

由上面種種正面影響與貢獻的作為，我們看到台灣人民發揮獨力奮鬥的韌性國力，展現民主體制的活力與國民的良善與恢弘氣度。在政府的主導下，進行跨部門的合作，整合民間精密科技的製造能力，讓全世界看到台灣存在的價值。

十七、俄羅斯侵略烏克蘭與台海安全（2022～2023）

2022 年 2 月俄羅斯無預警發動侵略烏克蘭的戰爭，主戰場在東歐，雖然直接衝擊歐洲區域的和平與穩定，但是烏克蘭與台

灣的處境類似，國際社會關注烏克蘭戰局發展的同時，自然也聯想到與烏克蘭同樣面臨強鄰大國威脅的台灣。中國不斷拉高軍事恫嚇的壓力，台灣海峽會不會成為下一個發生戰爭的地方？深受國際社會與媒體的高度關注。

事實上，早在 1991 年蘇聯尚未解體之前，除了俄羅斯之外，還有十四個加盟共和國，烏克蘭是其中之一。蘇聯解體之後，烏克蘭與其他加盟共和國相繼走向獨立，但是與俄羅斯之間仍存在著錯綜複雜的領土爭議、種族糾葛與政治恩怨問題無法解決。

烏克蘭是一個多族群的國家，烏克蘭裔是最大的族群，在大多數行政區內掌握人口數過半的優勢。俄羅斯裔是第二大族群，主要聚集在烏東、烏南鄰近俄羅斯的地區。1991 年 12 月烏克蘭舉行獨立公投，雖然有超過 90％以上的支持者同意脫離蘇聯獨立，但是仍受到族群矛盾與國家認同分歧的牽絆，使得烏克蘭的對外政策，始終在向左（歐盟與美國）或向右（俄羅斯）之間擺盪。

克拉夫朱克（Leonid Kravchuk）是烏克蘭獨立後的第一任總統，對外採取親歐盟的政策路線，積極推動以強化烏克蘭共同體意識為目的的語言、宗教與歷史文化政策，引發內部非烏克蘭裔族群的不安，「支持」與「反對」烏克蘭化的兩股勢力僵持不下。隨後接任的庫奇瑪（Leonid Kuchma）總統，對外採取與俄羅斯及歐盟等距的政策。2004 年立場親俄羅斯的亞努科維奇（Viktor Yanukovych）雖然在總統選舉中勝出，但是因為發生投票舞弊事件而爆發「橘色革命」（Orange Revolution），大批烏克蘭人站上街頭抗議亞努科維奇勝選的結果，最後經烏克蘭最高法院判決選舉結果無效，必須重新舉行總統選舉。2004 年 12 月烏克蘭舉行第二輪總統重新選舉，立場偏歐盟的反對黨領袖尤申科（Viktor Yushchenko）得到多數選民的支持，他就任總統後，於 2009 年宣布要求俄羅斯於《塞凡堡租約》2017 年到期後必須全面撤離

塞凡堡（Sevastopol），引起俄羅斯的強烈反彈。由於克里米亞半島南邊的「塞凡堡」是蘇聯前黑海艦隊的重要基地，烏克蘭獨立後，同意與俄羅斯簽訂《塞凡堡租約》供俄羅斯海軍使用。2010年亞努科維奇捲土重來當選總統，烏克蘭的外交立場轉向俄羅斯靠攏，並將《塞凡堡租約》期限延長至 2042 年。2013 年末，由於亞努科維奇總統拒絕與歐盟簽署《政治與自由貿易協定》，引起國內大多數親西方支持者的憤怒，在全國各地號召推動「廣場革命」，點燃反政府示威活動的烈火。數個月後，在國會親歐派主導下通過總統彈劾案，政治立場一面倒向俄羅斯的亞努科維奇總統被迫下台，雖然重創烏克蘭親俄集團的勢力，但是也引發烏東地區親俄支持者的不滿與騷動。2014 年波洛申科（Petro Poroshenko）就任總統，烏東的問題開始浮上檯面，為了牽制波洛申科一面倒向西方的政策，在俄羅斯的鼓動下，烏南的克里米亞與烏東的頓內茨克（Donetsk）與盧甘斯克（Lugansk）等地親俄勢力發動武裝叛變，與俄羅斯內外呼應，使得烏克蘭腹背受敵。

　　克里米亞半島是俄羅斯艦隊從亞速海（See of Azov）經過黑海通往大西洋航道上的重要關卡，也是穩固地中海、巴爾幹半島與中東地區勢力的戰略要地。近三百年來，克里米亞與烏克蘭一直是俄羅斯帝國統治的勢力範圍，蘇聯瓦解之後，俄羅斯對於克里米亞被納為烏克蘭領土，一直耿耿於懷。克里米亞是烏克蘭境內的自治共和國，境內以俄羅斯裔住民佔多數，政治認同大多偏向於俄羅斯。俄羅斯普丁（Vladimir Putin）總統對克里米亞半島覬覦已久，2014 年 2 月，他以俄羅斯後裔的安全與福祉需要被保護為理由，派兵進入克里米亞，然後又主導推動克里米亞加入俄羅斯聯邦的公民投票。2014 年 3 月 16 日克里米亞 83％的選民參與投票，獲得高達 97％的選民支持，克里米亞宣布獨立，隨後加入俄羅斯聯邦。俄羅斯以迅雷不及掩耳的速度將黑手伸向被

國際承諾為烏克蘭領土的克里米亞，對烏克蘭所帶來的衝擊，不只是失去戰略要地而已，西方主要國家對俄羅斯併吞克里米亞的行為雖然大為震驚，但卻只是雷聲大雨點小，沒有作出任何明確的反制措施，以致於烏克蘭境內親俄的勢力趁機坐大。同年 5 月，烏東地區的頓內茨克與盧甘斯克兩大工業重鎮的親俄分離主義者，想要依循克里米亞模式與俄羅斯統一。美國與歐盟國家見事態嚴重，乃聯手採取反制手段，力挺烏克蘭波洛申科總統動用武力鎮壓烏東武裝叛亂分子。歐美國家堅定反對的態度，暫時遏阻俄羅斯總統普丁擴張的野心，沒有立即將頓內茨克與盧甘斯克兩地區併入版圖。

在俄羅斯力挺烏東親俄勢力，導致烏克蘭內戰大小衝突始終不斷。為了避免流血衝突擴大升溫，在德國、法國與白俄羅斯出面講和下，促使烏克蘭與俄羅斯分別於 2014 年 9 月與 2015 年 2 月共同簽署《明斯克協議》（Minsk Agreement）與《新明斯克協議》（Minsk II）和平停火計畫。由於烏、俄雙方對於頓內茨克與盧甘斯克地區併入俄羅斯的問題未能達成共識，以致於烏東地區緊張情勢沒有緩和的跡象。2019 年 4 月 21 日，喜劇演員出身的澤倫斯基（Volodymyr Zelensky）擊敗現任總統波洛申科成功當選總統，他嘗試透過外交手段解決與烏東親俄勢力的紛爭，但是仍無法遏止俄羅斯侵略的野心。2022 年 2 月 21 日俄羅斯片面宣布承認烏東的「頓內茨克共和國」與「盧甘斯克共和國」為獨立國家，然後再以「維持和平」的名義，派兵進入「頓巴斯」（Donbas）地區。2 月 24 日普丁發表全國電視演說指出，無法漠視烏克蘭外交一直倒向西方對俄羅斯國家安全帶來的威脅，乃授權俄羅斯軍隊向烏克蘭本土進行「特別軍事行動」（Special military operation），以達成烏克蘭「去軍事化」與「去納粹化」的目的。

俄羅斯無視歐美國家先前的警告與國際法的規範，執意揮兵

入侵烏克蘭,是第二次世界大戰以來歐洲最大規模的戰爭,也是1989 年冷戰結束後,影響歐洲最為深遠的事件。這場烏克蘭戰爭打破歐洲長期穩定的和平狀態,上千萬的烏克蘭人民為此逃離家園的結果,促使西方國家驚覺到這不是 2014 年俄羅斯併吞克里米亞事件的延伸,而是暴露極權國家擴張侵略他國的本質,國際社會強烈譴責俄羅斯發動戰爭的惡行,但為時已晚。

在此我們要特別指出,在國際媒體時時刻刻關注烏克蘭戰場進展的同時,「今日烏克蘭,明日台灣」的課題,一再出現在國際主要媒體版面深入討論。國際媒體會做如此的聯想,顯然來自於烏克蘭與台灣兩國的處境有部分相似之處,例如:台灣與烏克蘭內部存在族群與國家認同分歧的危機,加上台灣與烏克蘭同樣長期面對極權國家的武力威脅。

俄羅斯揮兵入侵烏克蘭的戰爭會持續多久?最終的結果會如何?雖然到目前為止烏克蘭在總統的領導下,軍民英勇奮戰,已經奪回大部分被侵佔的領土,而戰爭何時結束也還未知,但是,可以肯定的是這場戰爭激化台灣社會對中國肆意發動侵台戰爭的危機意識,連帶也使得美歐日等國際強權加強關注未來中國是否發動跨海戰爭破壞台海和平的可能。眾所周知,中國是全世界唯一對台灣有敵意,想要併吞台灣的國家,近來中國軍機艦擾台的次數愈來愈多,中國會不會攻打台灣?可能在什麼時候發動攻擊?會以什麼形式出兵?而歐美國家又將如何因應?成為最近國內外媒體熱議的焦點。2021 年 5 月 1 日世界知名的《經濟學人》(*The Economist*)雜誌,曾以台灣是「全世界目前最危險的地方」(The most dangerous place on Earth)為封面主題,指出中國積極擴張軍備、加速國防武力的現代化,並試圖在南海擴建島礁進行戰略佈局,挑戰由美國一手建立的台海安全秩序,使得台海發生戰爭的機率大大提升。美國根據《台灣關係法》有義務

協助維持西太平洋之和平、安全與穩定，必須向台灣提供防禦性的武器，確保台灣有足夠的自衛能力，凸顯維持台海的和平穩定是美國法定的責任也是義務。再從地緣政治的角度來看，台灣是第一島鏈的中心，也是全球高科技產業生產供應鏈不可欠缺的一環，必須遏阻共產勢力侵佔到永不沈沒的「航空母艦」──台灣。維持台海穩定的現狀與世界整體的發展息息相關，以美國為首的西方國家與日本、澳洲等國，體認到台海一旦發生戰爭將具毀滅性，所以竭盡所能加強發展印太同盟與夥伴關係，建立更靈活、彈性的共同防禦策略，嚇阻中國對外侵略的野心，避免爆發衝突、影響台海的和平穩定。

十八、台灣四百年的關鍵選擇（2024）

台灣歷史最早是原住民族的南島文化發展而來。十七世紀的大航海時代，歐洲殖民帝國爭相來到亞洲開拓市場，1624 年代表荷蘭勢力的東印度公司在台灣南部登陸，隨後於台南安平建立「熱蘭遮城」進行殖民統治。在此時期，荷蘭積極發展貿易，利用台灣先天的地理優勢，作為與明朝、日本、南洋與歐洲進行貿易的中繼站或轉運地，促使台灣進入以國際貿易為主的海洋文明體系，成為全球貿易的重鎮。

台灣從 1624 年至今，這一段四百年的發展史，不同的外來政權相繼在這裡留下他們的足跡。如前所述，在荷蘭之後，鄭氏王朝與清帝國接連統治台灣，清帝國於 1895 年將台灣與澎湖永久割讓給日本，台灣接受日本五十年的殖民統治。1945 年，日本戰敗投降，台灣成為盟國的軍事占領地，1951 年日本與美國等交戰國簽署《舊金山和約》，日本放棄對台灣與澎湖的主權及一切權利、主張，但並沒有定明日本放棄後台灣的歸屬，台灣的國際法律地位未定。日本放棄後的台灣，其主權屬於台灣人民，

隨著時間的經過，國內外情勢的演變，歷經民主化與本土化的轉型階段，台灣達成有效的人民自決，決定自己的政治地位，發展獨特的經濟、社會與文化制度，演進為一個主權獨立的國家。實際上，中華人民共和國自 1949 年建國七十四年來，從來沒有對台灣行使有效的控制、統治或管轄，但是口口聲聲說台灣是中國領土不可分割的一部分。中國歪曲事實對台灣領土的主張，不是中國的內政問題，而是國際關切的問題。

　　1624 年，在大航海時代，台灣位於東亞航線的中心點，是各方勢力競逐的目標。四百年來我們的祖先們在這塊土地上辛勤耕耘，付出血汗、犧牲打拚，一代傳一代，篳路藍縷、以啟山林，克服種種的困難與挑戰，乃有今日主權獨立、民主自由、經濟富裕、社會多元開放的台灣，這樣的成果得來不易，值得大家珍惜與肯定。2024 年，國際局勢發生根本性的轉變，美國對中國政策由擴大交往轉向戰略競爭，美中對抗的態勢愈來愈明確。反觀，台灣在世界上的表現有目共睹，除了是民主自由同盟對抗專制獨裁政權的最前線，也是人類經濟發展、半導體晶片製造的核心，以及阻絕中國霸權擴張的戰略要角，在地緣戰略的思考脈絡下，台灣的重要性一再被凸顯，促使國際社會不但關注台海的和平穩定，也反對中國一再提升對台灣國家安全的威脅。在這個台灣有事就是世界有事的國際局勢下，我們應該把握當前有利的時機，積極主張台灣人民自決的權利，凸顯台灣是一個主權國家與中國互不隸屬的事實現狀，並追求一個與台灣經濟實力、民主化程度與政治外交實力相符合的國際地位。

　　四百年後的今日，台灣已是世界的台灣，在此歷史性的關鍵時刻，台灣人民是否能夠依循祖先們的腳步，開創民主台灣光明的未來？確確實實，2024 年 1 月 13 日的總統選舉，是一場決定台灣的國家前途與後代子子孫孫生存發展的聖戰，這不但攸關本

土政權的延續，也將影響未來台美中三邊關係的發展。

　　中國為了達成「併吞台灣」的目標，採取兩手策略並用、軟硬兼施的統戰手段，早已不是秘密。他們一方面利用軍事威脅，製造戰爭恐怖的氣氛，意圖迫使台灣人接受中國的政治勒索。另一方面，利用台灣民主自由多元開放的體制，進行別有用心的政治操作，除了積極在台灣社會物色中國代理人與在地的協力者進行合作，侵門踏戶滲透在台灣社會各角落，製造社會的矛盾、對立與衝突；同時，以中資入股的方式，掌控台灣部分的報紙、電視、廣播，或收買特定網路媒體、公關公司與政治名嘴等，配合北京散播錯假資訊，誤導社會輿論，污名化轉型正義，指責政府不接受「九二共識」是導致中國 ECFA 讓利的主因，而強化國防更是挑釁中國製造台海緊張的禍源，種種敵我不分的言論，大大傷害台灣的民主發展，這些都是中國慣用的手法。中國企圖利用台灣的民主來顛覆台灣，考驗著我們對民主、自由與人權的信念與堅持，特別是這次中國勢力介入的台灣大選，出現向上提升的「光明正義」與向下沉淪的「黑暗邪惡」兩股勢力的對抗，衝擊影響的範圍之大，前所未見。

　　明（2024）年 1 月 13 日民主台灣一定要贏，贏的關鍵就是選對人。在此關鍵的時刻，期待真正疼惜台灣、認同台灣的各界有志之士，不分老幼與性別，輸人不輸陣，大家作伙勇敢站出來，集結成為一股不可抵擋的正面大力量。我們這一代台灣人及時團結奮鬥是我們自己與子子孫孫幸福的保證，利用手中神聖的一票對邪惡中國進行正面反擊，我們有必勝必成的能力、信心與決心，創造台灣的永續生存發展，生生不息。

第參章　台灣國家法律地位的不同觀點

台灣是不是一個國家？自《舊金山對日和約》於 1951 年締結、1952 年生效以來，這個看似簡單的問題引起了國際法學者與其他評論家激烈的辯論。「國家」一詞是指一個領土組織實體，在國際法上享有特殊的地位與特權。自民族國家體系在十七世紀崛起，國家在國際法與全球決策過程中扮演了主導的角色。直到今日，國家仍然是國際事務的基本政治單位，以及國際法律秩序的主要參與者。一個國家的住民對領土擁有主權，有權作出有關領土的決定。除了在有限的情況下，這些決定免受外部的挑戰。建立自己的國家是世界許多人民的夢，在歷史上，無數的男男女女為建立自己的國家奮戰死亡。在二十世紀中期，由於殖民帝國的解體與前殖民地解放、轉變為獨立國家，國家數目大增；聯合國的會員國，從原來 1945 年的五十一國增加到現在的一百九十三國。

如上所述，台灣的社會與政治歷史並不簡單。儘管來自各方充滿激情的爭論，對於台灣法律地位的國際共識，尚未出現。對於台灣人來說，這個僵局的後果有重大的意義。國家地位是加入真多重要國際組織（包括聯合國）的先決條件。就現況而言，台灣被阻擋有意義參與這些組織，二千三百萬人民被剝奪在世界舞台平等參與、有效主張我們權益的機會。更令人困擾的是，有些政府，例如中華人民共和國，利用台灣的困境，施加各種威脅，求取地緣戰略的利益。對國家地位問題沒有正面堅定的解答時，台灣有日益被邊緣化的危險——在一個相互依存關係與經濟繁榮密切連結一起的國際社會，這是真恐怖的結果。要之，台灣是

一個國家，在國際法上要穩健站得住。

　　有關台灣地位的爭論，引起了很多不同的觀點，涵蓋全方面可能的結果。其中一個極端的觀點，認為台灣是中國的一部分，所謂「叛亂的一省」。這種觀點，要求台灣與中國統一，以調合所謂法律與政治現實。另外一個極端觀點則認為自第二次世界大戰結束以來，台灣確確實實是一個充分完整的國家。此觀點要求尊重台灣不可受干擾治理其國事。在此兩極之間，存在許多其他的立場，展示不同程度的細微差別。

　　以下的四個觀點，代表對台灣國家地位最普遍的意見。第一觀點，持續在極端的一端，認為依據國際法台灣是中國的一部分。第二個觀點占據了中間的立場，主張台灣的國際法律地位未定，而自《舊金山對日和約》1951 年締結、1952 年生效以來一直未定。第三個觀點，認為台灣從各方面來看是一個國家，但是，受國際權力地緣政治的限制無法充分被如此認定。換句話說，台灣享有事實上（de facto）的獨立，但沒有法律上（de jure）的獨立。第四個也是最後一個觀點，是由作者提出，認為台灣已經符合當代國際法國家的要件，即使欠缺充足的正式承認。正如第二觀點支持者的觀察，台灣的法律地位，在《舊金山對日和約》締結後懸而未決。但是，國際法不是靜止不動的，學者、評論家及決策者必須根據變動的世界環境條件及當代國際法的相關原則，隨時重新評估所得的結論。過去在 1951 年是真實確切的，今天未必是真實確切的，不可緊抱著過時的事實或觀點。進一步來講，《聯合國憲章》——一般公認的「世界憲法」——的制定者堅信，人民應該享有公開自由、在世界社會眾目睽睽之下決定自己的命運。這就是人民自決的原則。隱含在這個原則的是，人民集體的地位會隨著時間的推移發展進化。關於台灣國家地位的任何辯論，假使不包括引用人民自決的原則，確確實實會呈現一個

非常不完整的局面。

　　不可忘記，台灣是二千三百萬人民的國家，台灣人民為台灣的政體轉型奮鬥數十年。這個民主化與台灣化、本土化的事實，不應在關鍵的分析中被忽視；人民自決的原則必須得到應有的尊重、重視。反對台灣是一個國家的人負有舉證的責任：證明為什麼要剝奪台灣人民共同命運的最高決定權；同時，也要說明這種結果是不是符合當代國際法的原則。反對台灣是一個國家的人，必須舉證說明，繼續將台灣當作一個化石、凍結在同樣的窘境達半世紀以上，是不是合乎正義？合乎國際法？

　　下面數節將說明對台灣國際法律地位問題多種的立場。筆者自己的立場觀點，認為多年來透過人民有效自決的實踐，台灣現在已進化為一個國家。

第一節　台灣是中國一部分的論調

　　中華人民共和國主張，台灣「自古以來」就是中國的一部分，而且國際法今日支持這一說法。大體而言，這種觀點的支持者譴責《馬關條約》在 1895 年將台灣永久割讓給日本，他們也尋求歷史文獻的支持解釋，如《開羅宣言》、《波茨坦宣言》、與聯合國大會第 2758 號決議。中國領導人指出，杜魯門政府最初的願望是讓台灣海峽事件順其自然發展，並以此為證據，美國已承認中國對台灣的主張。他們認為杜魯門在韓戰爆發時，將台灣海峽中立化的決定是一種背信行為，背叛美國在第二次世界大戰期間的承諾。

　　1943 年的《開羅宣言》宣稱「所有日本從中國，例如滿州、台灣及澎湖群島，竊取的領土，應歸還中國」。1945 年，《波茨坦宣言》第 8 條重申了上述的想法。中華民國是當時控制中國大陸的政府，二次大戰結束，在麥克阿瑟將軍的指揮下，熱切

接受了日本投降後在海外的領土。因此，支持者辯稱台灣屬於中華民國，而中華民國繼續是台灣的合法政府。事實上，中華民國政府在中國內戰被中國共產黨打敗，失去了整個中國，乃於 1949 年，中國內戰末期，流亡而且占據當時在國際法上仍屬日本的領土──台灣、澎湖。（除非另有特別指明，台灣包括澎湖。）

　　中華人民共和國（簡稱中國或共產中國）對這個說法，進一步加以編造，堅持台灣是中國不可分割的一部分。因此，當共產中國從中華民國手中奪取對中國大陸的統治時，就同時取得了台灣。作為中華民國的繼承國，中國認為已經取得對台灣的所有權利與要求。中國指出聯合國大會第 2758 號決議，把蔣介石的代表逐出聯合國，而指名中華人民共和國政府是中國在聯合國唯一的合法代表，就是對此立場的國際共識的證據。在此，要特別指出，該聯大決議並沒有提到台灣，並不是要解決台灣的國際法律地位問題，而是聯合國中國代表權問題。中國於 1993 年與 2000 年發表兩份白皮書，概述其對台灣地位的立場。第一白皮書，題為「台灣問題與中國的統一」，提出一系列對美國政府的控告，回溯到杜魯門政府。據該白皮書，中國內戰時，美國支持中國國民黨，反對中國共產黨，採取「孤立與圍堵中國」的政策。白皮書又稱，1979 年美中建交後，美國政府已經破壞建交第二公報，一方面與中國建立外交關係，另一方面通過《台灣關係法》，干涉中國內政。白皮書進一步指控，美國雷根政府繼續出售防禦性武器給台灣，違反了美中第三公報的條約義務。該中國白皮書呼籲以「一國兩制」的模式解決台灣海峽兩岸的紛爭，將台灣與中國合併。白皮書的結論強調中國對有關台灣一些問題的立場，包括台灣的外交關係、台灣參與國際組織、以及繼續出售武器給台灣。七年後，中國國務院台灣事務辦公室與新聞辦公室發布了題為「一個中國原則與台灣問題」的白皮書，重申第一白皮書的前

提，催促台灣仿傚香港與澳門，作為中國的一部分。第二份白皮書，再依據歷史上的主張，呼籲在一個中國的旗幟下，中國人民團結的願望。白皮書警告，台灣問題不能「無限期拖延」。中國的論調，被台灣斷然拒絕。在陳水扁總統第二任時，行政院陸委會於 2006 年政策立場文件中，以回應當時總統候選人馬英九的言詞，該政策立場文件在開頭的第一句就稱：「中華民國是一個主權獨立的國家」。

即使在台灣，還有少數人堅持台灣是中國叛離的一省，因為台灣未曾發布正式的獨立宣言。這種觀點的支持者認為，中華民國是中國政府的一個分支，中華民國是一個流亡政府在治理台灣。沒有台灣獨立的官方聲明以及沒有正式拒絕放棄中華民國體制（今天中華民國只存在於名稱），被解釋為承認台灣是中國的一部分。這一立場的支持者認為，台灣所得到的頂多是國際的「政府承認」，而不是國際的「國家承認」。

具有影響力的教授克洛福（James Crawford），曾任國際法院法官，對這個問題在其大作《國際法下國家的成立》有詳細的討論。就國際法下國家的成立這個主題，克洛福被認為是當代最傑出的學者之一。除了概述《蒙特維多國家權利義務公約》（Montevideo Convention on the Rights and Duties of States）所承認國際習慣法的國家要件（人民、領土、政府及與其他國家來往的權能）之外，克洛福教授增加「第五要件」：相關領土的政府必須明明白白宣稱自己是一個主權國家。克洛福首先考慮日本在《舊金山對日和約》放棄台灣可能產生的影響、效果。就此，克洛福推斷台灣在那時候不是一個國家。因此，克洛福繼續說，台灣的領土地位存在三種可能的結論。第一，克洛福很快就否定台灣已於 1949 年回歸中國，由於中國宣布廢除《馬關條約》或者將行政管理權移給中華民國的結果。克洛福拒絕這個論點是正確

的。根據國際習慣法與當代國際法原則，當時台灣的法律地位仍然是一個日本領土，直到日本在 1952 年生效的《舊金山對日和約》放棄對台灣、澎湖的一切權益。

第二，克洛福的結論是台灣不但沒有在任何時候建立國家，而且在某種程度上多少是中國的一部分。基於第二次世界大戰後日本放棄台灣時，周圍的國際環境情況，克洛福得到這個結論。他相當重視《開羅宣言》與《波茨坦宣言》所表達的意圖。此外，他強調，台灣是由一個被承認的中國政府（中華民國）所占領。克洛福認為，《舊金山對日和約》的後果，是台灣的主權回歸中國，不論受益者是中華人民共和國或中華民國政府。克洛福承認「這種模式的領土轉移可能是獨一無二的」，但接著辯稱這種模式比替代的方案——日本放棄的結果，台灣成為《舊金山對日和約》的四十八個盟軍締約國共有的領土——較有可能。

克洛福解釋的根本缺陷是忽視了日本放棄台灣澎湖、沒有指明受益國之後，台灣的國際法律地位未定的事實。克洛福承認這是一個可能的解釋，而且承認這就是在《舊金山對日條約》締結後，英國與美國及其他許多國家都採取的立場，但他沒有提供任何反駁，為什麼台灣的地位不是未定。他含含糊糊拒絕這個地位未定的觀點，武斷地說，圍繞日本放棄的情況產生了台灣歸還中國的效果。

第三，克洛福引用他所主張國家構成的「第五要件」，認為「台灣不是一個國家，因為它仍然沒有明明白白宣稱台灣與中國分離，也沒有被承認為一個有別於中國的國家」。在作成他的結論時，克洛福特別提到李登輝總統 1999 年接受採訪時，指出台灣與中國是一種特殊國與國的關係。但是，克洛福明顯忽略陳水扁總統在 2002 年更具挑戰性的「台灣、中國，一邊一國」聲明。意義更重要的是，陳總統於 2007 年——克洛福教授大作的第二

版出版發行後的一年——以台灣之名向聯合國申請加入為會員國。陳總統加入聯合國會員國的申請等於是在國際大舞台上的「獨立宣言」，是一個千真萬確的聲明——台灣是一個獨立國家。

羅貝德（Brad R. Roth）教授，由國家承認的觀點，批評克洛福的立場。因為，根據被認為國際習慣法的《蒙特維多國家權利與義務公約》，當一個政治實體具備人民、領土、政府及與外國交往的權能四個條件，就是一個客觀存在的國家，就是一個國家，不因承認國的多少而受到影響。這個國家「客觀」成立的「宣示說」，克洛福本人也接受，沒有否認。

無論如何，對「台灣是中國的一部分」的講法能夠強而有力加以反駁。至少有四個理由：

第一，歷史表明，中國從來沒有對台灣行使長時期的有效控制。如本書第一、二章所述，台灣的原住民到達台灣早中國漢人數千年。十七世紀初期，台灣落在荷蘭與西班牙的殖民統治，隨後在十七世紀後期，由國姓爺（鄭成功）領導的流亡者到來。清帝國在名義上，聲稱自 1683 年台灣就屬清帝國，但有名無實，並沒有有效控制、治理過台灣。一直等到 1887 年，清帝國才將台灣設為一個行省。但是，八（1895）年後，清帝國透過《馬關條約》將台灣永久割讓給日本。台灣成為日本的殖民地——日本的領土——達五十年之久。第二次世界大戰結束後，蔣介石的中國國民黨軍在麥克阿瑟將軍的指令下，代表同盟國軍事占領台灣。1949 年，中國國民黨在中國內戰被中國共產黨打敗後，逃亡台灣，成為失去中國領土的流亡政府。就事實而言，台灣與現代中國的政治關聯幾乎沒有，與當代中國共產政府的歷史聯結，顯然並不存在。但是，有一件事特別值得毛澤東主席崇拜者回憶。1936年 7 月 16 日，美國名記者斯諾（Edgar Snow）在延安訪問毛澤東。毛先生說：「當我們收回中國的失地，達成獨立以後，如果

朝鮮人民希望掙脫日本帝國主義者的枷鎖，我們將熱烈支援他們爭取獨立的戰鬥。這一點同樣適用於台灣。」（參閱李筱峰，〈中共以前是贊成台獨的〉，《自由時報》，2015 年 5 月 6 日；Edgar Snow，*Red Star Over China*《紅星照耀中國》，1937 年。）

　　第二，《開羅宣言》與《波茨坦宣言》，儘管其結論具有挑撥性，根本沒有國際法的權威性。上述兩個戰時聲明表示美國、英國與中華民國，在戰爭結束後有關處理日本領土的初步意圖。值得注意是，日本並沒有參加這些討論。就《契約法》與《條約法》而言，該兩項聲明起草當時，並無法產生領土移轉的效力。進而言之，同盟國與日本以後所締結的《舊金山對日和約》有效推翻、凌駕之前的任何戰時聲明。正如上面的章節所指出，日本在《舊金山對日和約》放棄其對台灣（福爾摩沙）與澎湖群島（澎湖）的權利、主張與所有權益。日本與中華民國之間《台北和約》採用類似的公式。這兩個條約很明顯，並沒有指明日本放棄後，對台灣所有權的受益國，中華民國（或任何國家）都不能夠主張自己是被指定的受益國（事實上，中華民國政府一再要求被指名為《台北和約》的受益國，但日本都加以拒絕。）該條約就是沒有這樣的規定。此外，如上所述，在 1951 年《舊金山對日和約》及 1952 年《台北和約》締結之前所宣布的戰時宣言《開羅宣言》與《波茨坦宣言》，都不足以賦予中華民國可自作主張。對於政策的通盤考慮，筆者在《當代國際法引論：政策導向的觀點》一書曾加以闡述：

　　　和平條約普遍被認為是「敵對狀態」終結後，戰勝國與戰敗國共同期望的權威性表達。一般而言，為了勝利所做的軍事上權宜性與必要性考量，支配在敵對狀態下所表達的期望宣言。其他相關的政策考量很容易被遺漏或者只獲得些許的注意。在戰時緊急狀態下所為的片面承諾，充其量也只能為將來的秩序提供一個

不確定的基礎。遲早它們很可能將會破壞公共秩序。…
此說明在一般國際法下，「和平條約」的重要權威性；
其主要功能是，明明白白確定當事國的共同期望，特
別是與戰敗國有關的任何領土變更。為了避免事後的
爭執歧異，對領土條款的擬定特別仔細周延；不能使
用不確定的文字來規定有關領域移轉的事項。

第三，中華人民共和國在中國內戰取得勝利後，並沒有從中
華民國繼承台灣。在第二次世界大戰結束後，麥克阿瑟將軍指派
蔣介石作為代表同盟國的受委託人，代為占領台灣，但並沒有將
該島的主權給予中華民國。甚至當中國國民黨在中國內戰戰敗流
亡台灣避難時，他們在法律上也不能主張台灣是他們的──該權
利屬於同盟國。中華人民共和國自 1949 年成立至今已經七十四
年，從來沒有一日一時一刻統治過台灣。

第四，聯合國大會第 2758 號決議承認中華人民共和國是中
國唯一的合法政府，但並沒有承認台灣是中國不可分割的一部
分。聯合國大會第 2758 號決議，將蔣介石代表驅逐出聯合國，
否認中華民國在大會與安全理事會的席次，及在聯合國代表中國
人民的利益之權利。聯合國大會第 2758 號決議完全沒有提及台
灣，既沒有提及中華民國政府或中華人民共和國政府是否適格代
表台灣的利益問題，同時，更沒有聲明指出聯合國驅逐中華民國
之後，台灣的主權轉移給中華人民共和國。要之，該決議所解決
的是聯合國中國代表權問題，而不是台灣主權歸屬的問題。

2007 年，台灣政府以台灣的名義，而不是中華民國的名義，
向聯合國提出新會員國入會的申請。當時，聯合國秘書長潘基文
退回申請書，而沒有依規定轉送給安全理事會審議，並援引第
2758 號決議作為他決定的依據。他援引中國的說法，指出中華
人民共和國是中國在聯合國的唯一合法代表，而台灣是中國不可

分割的一部分。為此，美國與日本提出抗議並反對潘基文的說法，強調聯合國大會第 2758 號決議的內容僅限於處理中國在聯合國的代表權問題，與台灣完全無關。之後，潘基文就不再援引聯大第 2758 號決議支持中國對台灣的領土主張。

第二節　自《舊金山對日和約》後台灣的地位一直未定

第二個觀點認為台灣的地位仍然未定。這可能是下列一個或多個原因帶來的說法：台灣仍在中華民國流亡政權的軍事占領下；美國是第二次世界大戰戰勝日本的主要戰勝國，擁有台灣的主權；或者，台灣人民擁有台灣的主權，但台灣還不是一個國家。

第二個觀點的支持者中有「嚴格遵守派」，他們認為領土的移轉只能在最正式的儀式下透過莊嚴簽署和平條約去實現。這種論述的推理是這樣的。1895 年清帝國政府簽訂《馬關條約》，將台灣「完全的主權」「永久」割讓給日本，這個現狀一直繼續到第二次世界大戰才結束。《舊金山對日和約》使問題複雜化。因為該條約並未指明日本放棄後有關台灣所有的權利、所有權及權益請求的歸屬國；中華民國或中華人民共和國都不是日本投降放棄台灣的受益國。就這一點，英國政府有紀錄指出：「根據 1952 年 4 月『生效』的和平條約，日本正式放棄對福爾摩沙與澎湖群島所有權及權益請求，但是這些權利、權益並沒有轉讓給中國——中華人民共和國或中國國民黨當局。因此，依據英國政府的看法，台灣與澎湖群島是法律上的主權未確定或未決定的領土」。

根據和約的準備文件及會議紀錄，舊金山和平會議參與國家之間有一個共識，亦即台灣法律地位雖然暫時未定，但將在以後解決。具體地說，將遵照《聯合國憲章》所規定，以和平解決爭端及人民自決的原則進行。儘管公民投票將是一個理想的決定方法，但是隨後幾十年台灣內部與外部條件阻止了公民投票的舉

行。第二種觀點的支持者注意到這種情況，乃堅持台灣的法律地位仍然未定。

在林林總總國家之中，美國與日本對台灣問題就是採取這個正式的立場。他們都堅持「一個中國政策」。例如，美國承認中華人民共和國是中國唯一的合法政府，但對於中華人民共和國宣稱擁有台灣的主權，美國則遵從《舊金山對日和約》的規定——就是日本放棄對台灣所有的權利、所有權、及利益請求，但並沒有指定受益國家。也就是說，自 1952 年《舊金山對日和約》生效以來，台灣的國際法律地位一直未定。美日的一個中國政策與中國的「一個中國原則」不同，不可將兩者混淆。

中國的「一個中國原則」認為世界上只有一個中國，而台灣是中國的一部分——反之，美國與日本的一個中國政策「承認」（recognize）接受中華人民共和國是中國唯一的合法政府，但僅僅「認知」（acknowledge）其對台灣的領土主張要求，而從來沒有表示同意。

為了論證，假定第二觀點是正確的，台灣的地位仍然未定，那麼，誰最適合於主張對台灣的主權？

對此，許多台灣人民所持的立場是，主權屬於台灣人民。支持者認知《舊金山對日和約》締結後，台灣的地位未定，而堅持必須由台灣人民解決這個問題。理想的情況就是他們的意願能夠表達，且在國際監督下透過公民投票決定台灣要繼續存在作為一個正常化的獨立國家。無論要採取何種方法，台灣人民應該是自己國家未來的最終決定者。這就是人民自決的真諦。

第三節　台灣屬於美國

另外還有一個觀點認為，美國是在遠東主要的戰勝國，擁有台灣的剩餘主權。這一觀點成為「林控告美國」（Lin v. United

States）的理論基礎，該訴訟於 2000 年向美國聯邦法院提出。原告是台灣的住民，曾數次向美國在台協會申請美國護照，但是被拒絕，而且不准再提出美國護照的申請。在他們的訴訟，原告辯稱，他們與台灣所有的住民都是美國的國民，選擇這個理論的人士認為中華民國政府在台灣一直是，而且繼續是一個流亡政府，非法剝奪侵占台灣人民的權益。如此，台灣的法律地位被解釋為美國軍事管理下的未合併領土。這個觀點的論調如下：

首先，根據 1895 年的《馬關條約》，台灣成為日本領土，該條約於第一次中日戰爭清帝國政府被打敗一年後簽訂。1945 年，美國戰勝日本。美國是主要的戰勝國及占領國，有權力處置日本戰敗後地位未定的領土，而且任命代理的下屬占領國。因此，蔣介石的中華民國政府代表同盟國接受日本的投降，進一步軍事占領與治理台灣。戰爭結束後透過《舊金山對日和約》，促成日本放棄對台灣所有的權利、所有權、及權益請求。另一方面，美國作為主要的占領國，從來沒有正式放棄對台灣的權益主張。因此，他們堅稱美國保留了對台灣的剩餘主權。台灣仍然是軍事管理下美國沒有正式合併的領土。

由此可見，台灣的國際法律地位老早應該由同盟國，尤其聯合國，協商解決。但是，一系列不幸事件的發生干預，阻止同盟國解決台灣問題。其中包括台灣在 1945 年被軍事占領，加上中華民國政府逃難到台灣成為流亡政府與之後擅自將占領變為所有，以及隨後韓戰的爆發。在此期間，有些戰時盟國很快轉變為敵國，而敵國又成為友國。這種敵友轉變的新關係，破壞了和平解決《舊金山對日和約》所未解決的問題之必要條件。簡言之，台灣被視為第二次世界大戰「未解決」的一個問題。

上述的論點，與美國在第二次世界大戰後一連串行動的過程正好相反。雖然在理論上美國作為戰勝日本的主要國家，可能對

台灣擁有殘餘的主權，但是美國從來沒有行使此權利。相反地，二次大戰後美國的行動表示有意放棄對台灣權益的請求。例如，1954 年美國批准與中華民國簽定共同防禦條約時，美國參議院一個委員會的報告中宣稱，「這個條約的規定不得解釋為影響或改變其所適用的領土之法律地位或主權」。這是當時杜勒斯（John Foster Dulles）國務卿及其他人所持的觀點。這種言詞支持台灣的國家地位仍然未定，而美國並不認為，自己就是日本放棄對台灣權益後的受益國。此外，1979 年的《台灣關係法》指出，「每當美國法律提及或涉及外國、民族、國家、政府或類似的實體，這些條款應包括台灣在內，而這些法律也應適用於台灣」。雖然，這不是主要戰勝國放棄其權利正式的聲明，就適用美國法律而言，這一規定等於承認台灣是一個國家，至少實際上是如此。

第四節　台灣已經達成事實上的獨立，但還不是法律上的獨立

　　第四觀點更進一步認為台灣事實上已經是一個主權國家，但由於國際承認不足，只擁有實際上的地位，而不是法律上的地位。日本在《舊金山對日和約》割讓其對台灣的權利、所有權、及權益請求權，但沒有指定受益的國家。雖然中華民國在 1945 年合法代表同盟國軍事占領台灣，其占領並不構成主權的取得。因此，有些人就稱台灣為一個「新生的國家」。新生國家論認為台灣與中國之間早期的歷史聯繫微不足道。相反地，依他們的描述，台灣是第二次世界大戰後出生的一個新國家，並不是繼承中華民國或中華人民共和國而來。這個觀點強調台灣在 1949 年與 1990 年之間成功成為一個獨立的政治實體的重要性。同時，他們認為台灣已經滿足《蒙特維多國家權利義務公約》（人民、領土、政府、及有能力開展外交關係）所述國家的要件。

　　這個觀點受到許多西方國家學者的歡迎。這個觀點的不同形態收集在亨克茨（Jean-Marie Henckaerts）所編輯的一本佳作《在新世界秩序的台灣國際地位》。該書收錄了 1995 年於布魯塞爾大學聯合國中心所舉行的「台灣國際法律地位會議」參加者（包括筆者）所發表的論文。根據第四觀點支持者的觀察，台灣政府今天自立、自足、自力更生，而且對其領土行使完全的控制權。就各種條件來講，台灣確是一個事實上的國家。但是，中國無所不用其極打壓，致使台灣非常困難與外國建立外交關係。中國在政治上要孤立台灣的行動包括威脅、抵制與台灣建立外交關係的國家。同時，中國也施加壓力阻止台灣加入以國家地位為要件的國際組織，例如聯合國，甚至還有非以國家為要件的國際組織，例如世界貿易組織。儘管有這些障礙阻力，一些評論家建議，台灣應該放棄中華民國的過時名稱，繼續追求法律上的國家地位以及加強推動以台灣之名義申請加入聯合國為會員國的運動。

第五節　　由未定到已定：台灣由被軍事占領地已經進化為一個國家

　　筆者提出第五個觀點。這個觀點接受在《舊金山對日和約》締結後，台灣的地位未定之前提。但是，與上述的觀點有所不同。依個人的看法，國際法律地位不是一個靜止不動的概念；經過幾十年的演變，台灣的法律地位已由未定進化為已定，這就是台灣國家進化論。這個論說接受 1952 年《舊金山對日和約》生效之後，台灣既不屬於中華民國、也不屬於中華人民共和國的前提。自 1952 年到 1987 年，台灣人民在中華民國不合法、沒有正當性的軍事占領下受苦受難，這個非法的軍事占領，建立在長期持續不斷的戒嚴威權壓迫統治之上。1987 年，戒嚴解除。隨後不久，蔣經國於 1988 年 1 月去世。副總統李登輝繼任為總統，他是台

灣人擔任台灣總統職位的第一人。就在這個關鍵時刻，台灣人民開啟政治、經濟、社會與文化的轉型。這種進化演變的重要事件包括：政府承認動員戡亂時期已經終結、選舉立法院的新立法委員、廢除國民大會、民主的總統選舉由台灣人民直選、通過對人權新的保護措施、以及許多行政權力的成功轉讓。後威權統治的台灣已成為亞太地區的民主典範。國家進化論認為，這種轉型落實了國際法的人民有效自決，促使台灣成為一個現代的國家。為了詳細闡述這一進化發展，以下第四章將探討當代國際法領土變遷的理論與實際、國家的概念、構成要件與國家承認、台灣進化為國家的四個階段，以及台灣人民的有效自決。

第肆章　台灣國家進化論

　　如前章所述，台灣的國際法律地位，在二次大戰後因《舊金山和約》留尾，造成「台灣地位未定」。歷經國際、國內時空的演變以及台灣人民數十年的打拚奮鬥，依據《聯合國憲章》「人民自決」的根本原則，落實了「人民有效自決」，台灣由被軍事占領地進化為一個國家。為闡明《聯合國憲章》人民自決的原則，公民與政治權利及經濟、社會與文化權利兩大國際人權公約（通稱「兩大國際人權公約」），在它們的第 1 條第 1 項，明確宣示：「所有人民都有自決權利，他們憑這種權利自由決定他們的政治地位，並自由謀求他們的經濟、社會和文化的發展」。台灣人民有效自決，促使台灣進化為一個主權獨立的國家，這是《聯合國憲章》及國際人權兩大公約的具體適用、落實。台灣人民自決的權利與台灣 1990 年代以來持續發展的民主轉型密切結合。探討二次大戰後台灣的國際地位，假使忽略了人民自決的根本原則，就無法確切掌握台灣演變進化為國家的進程。

　　為闡述台灣國家進化論，以下分為四節：第一，當代國際法領土變遷歸屬的原則；第二，國家的概念、構成要件與國家承認；第三，台灣根據國際法進化為國家的四個階段；以及，第四，人民的有效自決。

第一節　當代國際法領土變遷歸屬的原則

　　當代國際法探討有關台灣領土的變遷有三大根本原則：時空的原則、不使用武力解決爭端的原則、以及人民自決的原則。

　　第一，時空的原則，認為國際法的適用必須顧及時空的情

勢。也就是說，特定的情勢事件必須適用該事件發生時的法律，大清帝國割讓台灣給日本，就要適用 1895 年當時適用存在有效的國際法。第二次世界大戰後，當代國際法的重要根源是《聯合國憲章》，就不再適用於 1895 年將台灣永久割讓給日本的《馬關條約》之效力。在第二次世界大戰以後發生的爭端就要適用當代的國際法原則。

第二，建立在《聯合國憲章》的國際法，其前提是不使用武力解決爭端。在過去的歷史，國際法對國家之間使用武力限制很少。一個國家可以合法征服及占有別人的領土，發動戰爭對外國的領土主張主權。反之，《聯合國憲章》明白禁止這種行為，憲章徹底改變過去的理念與行動，嚴格禁止在國際關係上使用武力的鬥爭或武力的威脅，而必須和平解決爭端。

第三，領土的控制，根本上關係到領土住民的權利與福祉。因此，有關領土的決定，必須尊重住民的意願，這是人民自決的原則。正如《聯合國憲章》明確規定，尊重住民的意願是領土轉移最重要的指導原則。國際法院法官迪拉德（Hardy Dillard）曾簡明有力陳述：「人民決定領土的命運，不是領土決定人民的命運」。人民自決是二十世紀後半新興國家擴增的主要推動力。自決也是在我們的世界，對自由整體要求重要的一部分。它有關人類的形成群體，與這些群體認同的需求，以盡力追求促成所珍惜的價值。人民自決的概念，在第一次世界大戰後，因威爾遜（Woodrow Wilson）總統的倡導，結晶具體化。他在 1917 年宣稱：「沒有和平能夠持續，或者應該持續下去，當各國不承認或接受政府的權力來自被統治者同意的原則；無論在何處都沒有權利將人民當作財產，由一個主權國轉交另一個主權國」。《聯合國憲章》提升人民自決的理念，讚揚建立在人性尊嚴與人權概念的普世吸引力。聯合國的一個主要宗旨，根據憲章第 1 條第 2 款，

是「發展國際間以尊重各國平等權利與人民自決原則為根據的友好關係，並採取其他適當辦法，以增強普遍和平」。如上所述，《公民與政治權利國際公約》及《經濟、社會與文化權利國際公約》都賦予人民自決顯著的地位。兩公約以相同的字句在其第 1 條第 1 項宣稱：「所有人民都有自決權利，他們憑這種權利自由決定他們的政治地位，並自由謀求他們的經濟、社會和文化的發展」。

　　「人民的意志」（闡明在《世界人權宣言》第 21 條第 3 項）是國際法判斷一個政府是不是具有合法性、正當性的標準。這是程序問題，而不是結果。人民選擇的結果是獨立或其他安排，還是其次；最重要的是所做的選擇是不是表達相關人民真正、自由的選擇。假使人民自由的選擇得到落實，就達到自決政策的目標。綜觀聯合國所有的實例，自決問題與下列三個因素特別有關：相關領土人民建立一個可持久生存發展的前景；現階段自管、自理進展的程度；贊同或拒絕自決的行使對區域與世界和平、權威性政府程序的運作與人權、以及區域性與全球性價值程序的影響。在這個相互依存的世界，最為重要的是，直接受影響的人民能夠在政治、經濟等持續生存發展的合理前景。決定的標準應是：同意或拒絕一個群體自決的要求，是不是會促成人性尊嚴與人類安全的價值目標──尤其要考慮到整體性對直接相關人民及社區的影響。也就是說，人民自決應從相互牽連決定的背景角度來看待。基本的問題是，獨立或統一是否會更有效促進對直接關係人民的安全，以及權力與其他價值的同成分享。

第二節　國家的概念、構成要件與國家承認

　　自從民族國家制度在十七世紀興起以來，國家（State, Country），又稱民族國家（nation-state），一直在國際法與全球性

決策過程中扮演主要的角色。由於國家獨一無二控制領土基礎，在世界舞台上一直是具有相當支配性的參與成員。

　　依一般用法，「國家」指的是一個根據領域所組織的共同體，在國際法上，擁有高度的有效權力與權威。國家一詞不同於人類學上所使用的「民族」（nation）。國家具有最高程度的決策自由，傳統上以「獨立」（independence）與「主權」（sovereignty）來表達。與國家相對的是其他較次要的實體，包括被保護國（protectorates）、委任統治地（mandated territories）、託管地（trust territories）、非自治領土（non-self governing territories）與屬國（associate states）等，它們既缺乏獨立性，同時也沒有主權。而聯邦國家的組成份子，一般稱為邦或州（states），當然不同於國家。

　　那麼，區別國家與非國家實體的標準為何？換言之，我們如何辨認國家？1933 年《蒙特維多國家權利與義務公約》（以下簡稱《蒙特維多公約》）規定：「國家作為國際法人，應具備下列條件：（a）固定的居民（a permanent population），（b）一定界限的領土（a defined territory），（c）政府（government），及（d）與他國交往的能力（capacity to enter into relations with other states）。」自 1933 年締結以來，《蒙特維多公約》已經成為有拘束力的國際習慣法——人口、領土、政府、及與他國交往的能力這四個國家構成要件，是傳統國際法的標準，也是當代國際法的準則。固定的人口，再加上一定界限的領土，意指一個相當穩定的地域性共同體。但是國家的疆域未必都能全然界定清楚，或者沒有糾紛。國際法對於政府的形式並沒有作特別的要求，但一定會要求政府必須有權威，有效力，並且有能力與他國進行國際關係。

　　國家形成的原因是，當初在封建制度衰敗而動亂不安的時

代，為了要給個人提供更好的保護與安全。從那時起，價值（安全、權力、財富、尊敬、識慧等等）的形成與分享便在國家的架構內獲得實現與具體化。由於國家代表的是累積價值資產的象徵與實體，個人會透過對於所處國度的強烈認同，以追求上述價值。

我們這個時代的特色是國族主義（Nationalism）。然而，它的另一個特色是全球性的相互依存（global interdependence）。雖然在既有理念與機制下，國家繼續掌有全球各地人民的首要效忠，但是跨國界合作在功能上的必要性已顯得日益迫切。傳統上國家所扮演的角色，不能再視為理所當然，而有必要依當前的需求、期待與情況來作評估。此刻，我們必須調整國家的角色，以配合全球相互依存所衍生的功能性需要。

在當今的世界舞台上，有各種大小不同的國家，超強、大國、中型國家、小國與迷你國。它們在各方面都迥然不同，諸如人口、面積、資源、科技、國防能力、制度與所追求的公共秩序體系等。在名義上、法律上，不論大小國都是平等的，但就有效權力而言，國與國之間有現實的差距。

二次大戰結束以來，由於殖民帝國的瓦解與殖民地人民根據人民自決的原則，得到解放，漸次獨立建國，因此國家的數目急速暴增。這個發展可以從聯合國會員國由 1945 年的五十一國，增加到現在的一百九十三國，明顯地看出來。

人民自決原則的適用已導致許多新興國家的出現。然而，一個領域實體到底何時才能成為正式的國家，亦即，成為國際社會的正式成員？是不是當一個領域實體滿足一般所公認的條件時，就自動成為國家？例如，有一群人，控制一塊已明確界定或可以界定的領土，有政府以及有能力與其他國家互動，並能承擔國際責任。果真如此，到底要由誰來決定某個領域實體是否合乎這些傳統的國家資格條件？又由誰來審核這些決定？不然，又必

須符合什麼其他要件？一個新政治實體的產生，是因為自決及有效控制的結果，或是因為現存其他國家的「承認」？這些都是有關國際法上「承認」的問題。

國際法上承認的議題，不論在理論上與實務上，都相當混淆。「承認」這個用詞本身帶有多義性，同時指事實與法律上的效果。到底事實承認（de facto recognition）與法律承認（de jure recognition）有無不同？本質上帶有多義性與模糊性的承認，僅是一種儀式，或者具有相當的重要性？到底人權、政府權威來自人民的觀念及自決對於承認的過程應該有何影響？

最困擾國際與國內決策者的承認問題，主要出現在下列的情形：新國家的出現、經由憲法體制外的手段所產生的政府變動或掌握有效權力、使用武力造成領土變動以及內戰中的對抗（交戰或叛變）。

在此，我們主要關心的問題是新國家出現的情況，也就是國家承認的問題。國家承認是指，某個國家做出權威性決策去表達它願意接納另一個領域共同體為國家，以及接受該共同體完全參與全球性權威決策過程，以追求各種目標。至於對某個政府的承認，我們會在國家承認的有關問題附帶證明。

國際法學家大致上有相當的共識，承認一個國家資格（statehood）的起碼要件是人民、領土、政府以及與其他國家交往的能力。但是，他們對於將這些條件應用到具體案例的方式，卻有不同的看法。我們可以在有關國家承認的學說，看出他們之間的基本差異。國際法學界有許多文章在探討國家承認的性質是宣示說（Declaratory Theory）或是構成說（Constitutive Theory）。根據宣示說，承認只是宣示國家資格條件在「客觀上」存在，而且當條件滿足，承認本身便自動生效，不必其他國家的承認。相反的，構成說主張，國家資格條件的客觀存在本身並不足以授予

一個新領域實體正式的國家資格，唯有其他既存國家的正式承認，才能使一個新的實體成為國際社會的正式國家成員。為減少爭論，《蒙特維多公約》第 3 條就一個國家的存在與承認之關係作下列明確的規定：「國家在政治上的存在並不依靠於他國的承認。甚至尚未得到承認的國家亦有權捍衛本國的領土完整與獨立，為本國的保存與繁榮作出安排…」。這一個規定就是國家宣示說的立場，為國際法學界主流的觀點，因為比較著重客觀的條件。

在實踐上，承認的實際狀況大概是介於這兩種理論之間。宣示說在探究事實存在的客觀判斷上，以及在決定某個領域實體是否具備所有必須的條件上，免不了主觀評價的要素。在這些國家資格的條件當中，最具挑戰性的是，去判斷某個政府是否有能力與其他國家進行負責的互動。在作這個決定時，主觀的考慮自然無法避免。相對的，構成說的適用也不能在真空中運作，而不去考慮相關的法律原則、以及人民、領土與政府運作的實際情況。尤其，需要多少既存國家及何種國家的承認（承認國的量與質），一個具備國家四要件的政治實體才能被認為是一個國家，更是一大難題，一直沒有定論。

與國家承認密切相關的是政府承認的概念。當政府出現憲法體制外的變化，但是沒有影響既有國家法律地位的同一性時，則政府承認的問題就變得尖銳。如果政府是依據正常的憲政程序而改變，則他國多半是以諸如祝賀訊息的通告方式，自動與默示地表達承認。然而，如果政府的變動是因為憲法體制外的手段（例如，革命、軍事政變）而產生，權威與承認問題就特別重要：請求承認的政府是否應該被承認為是它所聲稱代表的國家之政府？其他國家（政府）是否有義務承認這個政府？在什麼情況下？這種承認是否意味著贊同被承認的政府及其行為？或者，承

認只是單純的認知被承認的政府在系爭國家中掌握有效控制而已？上述的問題，雖然與國家承認的宣示說與構成說之爭議有些類似，但並不相同。

實際上，錯綜複雜的承認行為所造成的重要性與影響，並不適合使用純理論簡單地加以說明。儘管有多少老生常談，最終還是務實主義才行得通。借用奧利佛・霍姆斯法官（Justice Oliver Wendell Holmes, Jr.）的話，國際法的「承認」是生活的經驗而不只是純邏輯。

承認的理論與實務之所以混淆不清，主要可以歸諸於承認所具有的高度分散、分權的決策與自由政治考慮裁量的本質。無論是國家承認或政府承認，宣示說或構成說，事實上的承認或法律上的承認，承認國國家利益的政治考慮常常凌駕法律考慮。而且，承認是個別國家的片面行動，而非集體行動，國際法專家為了要減少這方面的混淆，曾經提出各種不同的建議：取消承認的制度；將「政治因素」排除於承認的決策之外；界定承認的責任；禁止過早承認；區分法律與事實承認，或者乾脆去掉此種區分；區別承認與建立外交關係；將承認問題限定在國家承認的情形，並以願意建立外交關係的觀點來處理政府更迭的問題；以集體承認取代個別國家的承認；在國際權威場域內，將問題集中於某個實體的「代表」問題，取代國家與政府承認的問題等等。

就國家承認來講，我個人贊成以集體承認取代個別國家的承認。這一個集體承認不必另外制定新國際法，而是運用新會員國加入聯合國的既存制度。《聯合國憲章》第 4 條規定：「一、凡其他愛好和平之國家，接受本憲章所載之義務，經本組織認為確能並願意履行該項義務者，得為聯合國會員國。二、准許上述國家為聯合國會員國，將由大會經安全理事會之推荐以決議行之。」當聯合國大會肯定接納一個新國家申請為新會員國時，可講是一

種非常慎重的「集體承認」，也可以說是一種促成「國家正常化」的制度。申請國一旦成為聯合國的新會員國，可在國際場域與其他眾多會員國互動，不必再經過雙邊個別的談判。假使聯合國沒有接納，也不會失去國家的資格，科索沃（Kosovo）就是一個例子。

第三節　台灣根據國際法進化為國家的四個階段

　　台灣進化為國家可分為四個不同的發展階段。自 1895 年到 1945 年，台灣是日本統治的殖民地，因為清帝國根據《馬關條約》將台灣的領土永久割讓給日本。在第二階段，1945 年至 1952 年，根據盟軍遠東總司令麥克阿瑟將軍的授權，蔣介石的中華民國軍隊代表盟國進行軍事占領台灣。1952 年《舊金山對日和約》與《台北和約》生效以後，台灣的法律地位仍然未定。第三階段是最長的，時間從 1952 年到 1987 年。中華民國在中國內戰慘敗之後，繼續非法軍事占領台灣。中華民國領導人逃往台灣，建立流亡政府，而自稱是代表全中國的政府。在三十八年的期間，蔣介石與他的兒子蔣經國，利用戒嚴法維持他們獨裁威權的統治，系統性與全面性剝奪與侵犯台灣人民的人權。台灣人民的聲音雖被鎮壓消失，但是台灣的國際法律地位依然未定。

　　自 1988 年到現在是台灣進化的第四個階段。1987 年台灣解除戒嚴，蔣經國於 1988 年 1 月去世之後，在地出生的台灣人李登輝繼任為總統，激起全國引人注目振奮的轉型，開啟民主化與台灣化的過程。在此期間，台灣人民第一次投票公開直選總統，立法院不再代表中國大陸的人口而是代表台灣的新民意，權力和平轉移民進黨；而後，中國國民黨又再取得政權，以及台灣人民珍惜擁抱最重要的自由表達及民主參與。上述，台灣進化的第四個階段代表「人民有效自決」，是一個持續發展的過程。正是在這一時期，台灣的法律地位由未定蛻變進化為已定，一直到現在

及將來。

一、1895 年至 1945 年：台灣是日本的領土與殖民地

　　1895 年，清帝國與日本的代表簽署《馬關條約》。根據條約，清帝國將台灣的主權永久割讓給日本。依照當時的弱肉強食國際法，這是一個合法有效的轉讓；因此，台灣正式成為日本的領土。中國國民黨與中國共產黨都爭辯，台灣的所有權已於 1941 年回歸中國，因為，當中國對日本宣戰時已經宣布否認中、日兩國間既存條約之效力。但是，這種片面廢除有關條約的聲明，不能發生改變台灣法律地位的效力。一個長久穩固的傳統國際法是，領土轉讓條約的一方，不能單方片面聲明廢除、終止該條約。

二、自 1945 年到 1952 年：中華民國代表盟國從事軍事占領

　　第二次世界大戰後，台灣是盟國軍事占領下的日本領土。遵照盟軍總司令麥克阿瑟將軍的第一號命令，蔣介石與他的中華民國部隊在台灣接受日本的投降，並管理監督島上的軍事占領任務。這個時期，中華民國軍隊在台灣，並不等同於擁有台灣或台灣的主權。1949 年 10 月，中國共產黨在北京建立中華人民共和國（People's Republic of China, PRC）。蔣介石與其中華民國軍隊敗逃至台灣，並實施三十八年戒嚴威權統治。1949 年，就國際法而言，當時台灣仍然是日本的領土；因此，蔣介石的中國國民黨政府是一個流亡政府。當《舊金山對日和約》於 1952 年生效時，台灣的國際法律地位仍然未定。在 1952 年 4 月，中華民國政府與日本政府雙方簽署《台北和約》；日本雖然根據《舊金山對日和約》放棄台灣，但並沒有規定中華民國是受益國。因此，《台北和約》並沒有改變台灣的地位，台灣既不屬於中華民國，也不屬於中華人民共和國。當時，中華民國與中華人民共和國都

援引《開羅宣言》與《波茨坦宣言》，堅持台灣是中國的一部分。但是，根據國際法，戰爭結束要確定領土割讓與轉移的事宜，必須由戰勝國與戰敗國之間的和平條約加以規定。同時，條約凌駕取代任何戰時聲明或宣言。因此，《開羅宣言》與《波茨坦宣言》在國際法上並沒有任何法律效力，而由《舊金山對日和約》凌駕取代。正如上所述，和平條約，尤其有關領土變遷之事宜，享有高度的權威性，其效力超越戰時緊急狀況下的聲明，確是極為重要的理由。

三、自 1952 年到 1987 年：中華民國是流亡政權在台灣從事非法的軍事占領

1952 年，《舊金山對日和約》生效，中華民國政權繼續在台灣進行軍事占領。在這個時期，蔣介石政權遂行全盤性、系統性剝奪及侵犯台灣人民的基本自由與人權。對台灣繼續的占領，早已超越麥克阿瑟將軍當初指令中華民國政府代表盟國接受日本投降授權的範圍。中華民國統治台灣建立在永久性的戒嚴法，既不合法，又沒有正當性，根本沒有得到台灣人民的同意，厲行高壓統治。

聯合國早在 1950 年代就陷入台灣問題的糾結。當時，蔣介石的中華民國在聯合國有一個席位，中國代表權問題年年被提出聯合國大會。最後，在 1971 年 10 月，聯合國大會通過第 2758 號決議宣稱，中華人民共和國是中國在聯合國唯一的合法代表，而不是中華民國。大會在該決議並沒有表明台灣是不是中國的一部分。該決議破除中華民國代表全中國的神話，也促使台灣成為一個國際的孤兒。台灣既不能成為聯合國的一個會員國，也不能有意義參與聯合國體系下的任何國際組織。之前與中華民國建交的國家紛紛轉向到中華人民共和國。台灣人民愈來愈孤立，這個

趨勢在 1979 年 1 月美國與中華人民共和國建立外交關係之後，更為加速。

　　隨著國際孤立的加劇，中華民國政府對內的統治壓迫變本加厲，更為嚴苛。早前，蔣介石採取操縱控制選舉過程的手段，以中國大陸流亡台灣的中國國民黨黨員充占國民大會代表，同時，保證他與他兒子蔣經國做總統可以不受任期的限制。國民大會的重要任務就是選舉與罷免總統與副總統、以及修改憲法。台灣中央政府的其他部門（行政院、立法院、考試院、監察院與司法院）被大部分流亡台灣的中國國民黨非台灣人親信所占據，他們並沒有選舉的壓力。這些政府機構幾乎代表整個的中華民國流亡政府，全盤由中國大陸輸入台灣。

　　蔣氏父子知道他們是一個流亡台灣的政權，既沒有得到台灣人民的同意，也缺乏統治台灣的正當性、合法性。只有在必要時，為緩和緊張的政治情勢，蔣氏父子才會施予台灣人象徵性、形式上的民主小惠。在 1950 年代與 1960 年代，台灣人只能參與地方層級的選舉。至 1972 年底，政府提供「全國性」增額國會席次的選舉。實際上，這些增加的象徵性席位只占國民大會及立法院的一小部分，對政治的影響極為微小。只有在蔣氏父子需要民眾支持他們的政治方針、目的時，才會起用出身台灣本土的政治人物（亦即所謂的崔台青）。

　　中華民國戒嚴軍政府剝奪台灣人民的基本自由與人權，其中包括思想與表達的自由以及結社與集會的權利。雖然如此，台灣有志之士在國內與國外為爭取台灣人民的基本人權、奮鬥不懈。1979 年 12 月 10 日高雄事件發生之後，民主化的訴求極富緊急迫切性。在美國決策者以及台灣國內外行動家對中國國民黨政權施加顯著的巨大壓力，要求結束其專制獨裁的暴行，邁向長期夢寐以求的民主改革。隨著社會的景觀成熟有利於改革，對手的政

黨——民主進步黨，在 1986 年開始生根發展，迫使國民黨在隔年解除戒嚴。

四、自 1988 年到現在：台灣人民行使有效自決而進化為一個主權獨立的國家

台灣的民主「寧靜革命」自 1988 年蔣經國去世，李登輝繼任總統職位之後開始。在李登輝總統主政之下，台灣人民為追求更大的民主、自由、人權的目標努力打拚，從事大規模的抗議、公開演說、示威遊行、請願及其他以前蔣政權時危險禁忌的活動。1990 年 3 月爆發野百合學運，超過三十萬的大專院校學生遊行示威要求政府推動民主改革，包括廢除國民大會、召開全國國是會議、以及提出政治改革大綱的進程與時間表。李政府的反應不是加以鎮壓，而是加速改革。之後的歲月，帶來改選國民大會、釋放政治犯、廢除懲罰政治活動的法令、以及修改《刑法》，允准被列入黑名單的海外台灣人返鄉。1991 年，李總統宣布《動員戡亂時期臨時條款》的終止。在 1991 年與 1992 年之間，依據大法官會議的裁決解釋，全面進行國民大會的代表及立法委員的改選，其效果是除去了高齡老化的中國國民黨政權流亡台灣之前，由中國大陸人民所選出的國會代表（即一般通稱的老賊）。這些委員代表在國民黨政權流亡台灣之前，在中國大陸被選出，而流亡台灣之後沒有改選之憂（等於享受終身職），大言不慚宣稱他們是在台灣代表中國大陸的選區、選民。1996 年，台灣人民參加了第一次的總統直選。我們的國家台灣終於能夠脫離兩蔣的威權統治而邁向自由與民主的落實。

2000 年，台灣舉行了第二次總統直選，選出民進黨的陳水扁為總統。他的勝利及隨後權力的和平轉移，明顯標示中國國民黨一黨流亡統治台灣五十五年的結束。在他八年的執政，陳總統

強調台灣的國家地位，公開表示台灣與中國的關係是「台灣海峽兩岸，一邊一國」，並且倡導舉行台灣加入聯合國為會員國的全民公投。2007 年，陳總統正式以台灣之名，向聯合國提出加入聯合國為會員國的申請。這個作為默示的含意是，陳總統宣稱台灣是一個主權獨立、愛好和平的國家，具有履行《聯合國憲章》的宗旨與義務的能力及意願。這個舉動等於是台灣對國際社會的一個「獨立宣言」。

2008 年，台灣人民以選票支持代表中國國民黨的馬英九當選總統，促成第二次政黨輪替。2012 年台灣第五次的總統直選，蔡英文主席作為首位女性總統參選人，代表民主進步黨爭取選民支持，為造就兩性共治的成熟環境，注入新的能量。該次選舉的結果雖然無法改變中國國民黨馬英九政府的施政主權與政策方向，但是台灣人民再度透過政黨競爭與民主選舉的過程，展現集體的民主意志與力量。同時，台灣是一個有別於中華人民共和國，且互不隸屬的主權獨立國家的事實依然不變。

2016 年 1 月 16 日台灣人民再透過民主選舉的方式，向全世界展現台灣作為一個民主自由、主權獨立國家的自信與驕傲。民進黨總統候選人蔡英文博士在眾望所歸之下，以壓倒性的勝利當選台灣歷史上第一位女總統，完成台灣民主發展史上第三次的政黨輪替，而民進黨更在國會取得過半的席次，開創國會首次的政黨輪替，意義特別重大。2020 年蔡總統以破紀錄得票數八百一十七萬多票，繼續連任，再一次，台灣人民在民主自由之程序下，共同決定了台灣國家持續發展的政治地位與命運。

總之，要認識台灣的國家地位，就要將人民自決的原則適用於相關事實，就要好好瞭解台灣人民追求自決與民主的願望、持續不斷演變進化的過程。與過去的時代不同，當代國際法已不再將領土視為僅僅可供交易或征服的財產。相反的，在當今的世

界，人民很適切地被確認為國際法的個體中心。即使沒有美國式的獨立宣言，台灣也應該被承認為一個法律上的國家，因為台灣人民已經落實人民有效的自決。自 1996 年起，二十多年來，台灣人民經常定期舉行總統與立法委員（國會議員）的選舉，而透過我們共同集體的意志與行動，建立完全成熟的民主體制與實踐。

當一個領土的國際法律地位發生爭議時，由聯合國主導下舉行公民投票，是一個和平解決爭端的理想方法。但公民投票並不是實現人民自決的唯一途徑。受爭議領土的所有住民，透過集體的努力與國家建設，能夠表達他們要自決的強烈願望。隨著時間的推移，這種人民共同意志累積的表達能夠比一次性的投票或甚至宣布獨立更強大、更具說服力。這就是主權在民、人民自決的實踐。

就台灣的情形來看，毫無疑問，我們台灣人民已經行使我們的自決權，落實聯合國兩大人權公約人民自決的根本原則，自由決定我們的政治地位，並自由追求我們自己的經濟、社會與文化的發展。實質上，一個持續不斷的公民投票，不僅是一次性的批准，一直在進展中。通過人民有效自決的過程，台灣已經由一個國際法律地位未定的領土進化為一個獨立的國家。台灣的主權既不屬於中華民國、中華人民共和國，也不屬於美國，而是屬於所有台灣人民。這就是當代人民主權論的真諦。

一個領土的轉移不是一個財產的交易；領土轉移影響領土上全體住民的人權、福祉、甚至他們本身及其子孫後代的生存、永續發展。幾十年來，本著我們固有的主權，台灣人民日復一日共同努力打拚重新定義自己的政治地位，以及發展獨特的經濟、社會、與文化制度。上述政治、經濟與社會發展具有里程碑的重要意義。假使我們要圓滿解答台灣國家地位的問題，我們必須關注台灣顯著進步的民主轉型。人民民主意志的集體表現，正是今日

的台灣與以前蔣政權威權戒嚴統治不同的所在,也正是台灣與中國不同的所在。台灣是台灣,中國是中國;這兩個互不隸屬的國家,形成鮮明的對比。台灣是一個民主自由、尊重人權的國家,而中國是一個專制獨裁、蔑視人權的國家。台灣沒有必要仿照美國獨立宣言的方式,發布正式的獨立宣言。台灣是一個主權獨立、民主自由的國家,這個現實的存在必須被承認接受,以促進世界和平與人類安全。

第四節　台灣人民的有效自決

在第二次大戰後,台灣人民有效自決,由被軍事占領地進化為一個主權獨立的國家,是建立在適用《聯合國憲章》「人民自決」的大原則,這個大原則、自決權的內涵,由國際人權兩大公約作了權威性的詮釋。如上所述,《公民與政治權利國際公約》及《經濟、社會與文化權利國際公約》在它們最崇高、明顯的第 1 條第 1 項以相同的文字明白規定:「所有人民均享有自決權。根據此種權利,自由決定他們的政治地位,並自由謀求他們的經濟、社會與文化的發展」。

台灣人民的有效自決是國際兩大人權公約第 1 條第 1 項的適用。台灣人民整體在二次大戰後的經驗、政治、經濟、社會與文化的經歷發展過程,可以第 1 條第 1 項的規定加以驗證評估。本規定最關鍵的概念是「自由」。人民自決權是「自由」最重要的一環:自由不但是個人的自由,而且是一個領土共同體人民的集體自由。有了真正的自由,才有自決權可言。

由二次大戰於 1945 年結束到 2023 年,將屆七十八年,超過四分之三世紀。在這段漫長的年月日子裡,台灣人是不是享有自由決定我們自己的政治地位?是不是能夠自由發展我們的經濟、社會、與文化?經過如何的努力打拚、犧牲奮鬥才得到真正

的自由？什麼時候、在什麼環境之下？

　　政治、經濟、社會與文化發展演進的經驗在本書不同的所在會加以分析說明。在此要把握大趨勢、大環境來加以綜合性的探討說明。

　　首先，來討論政治自由。1895 年到 1945 年，台灣在日本殖民統治之下，被殖民統治人民的自由當然都受到限制。

　　二次大戰結束後，盟軍統帥麥克阿瑟授權蔣介石代表盟國軍事占領台灣（是軍事占領，不是取得主權）。起初台灣人對「祖國」的同胞來台灣接受日本投降的統治，抱著真大的期待或幻想；哪知中國國民黨占領當局的「新殖民」作風，遠比日本惡劣，占領當局腐敗、搜刮剝削、無所不至，演變成 1947 年二二八的悲慘事件，消滅了一個世代的台灣人領導精英，到今日還是台灣人之痛。倖存的志士或走入地下、或逃至國外，開始台灣人民自決、獨立建國的運動，以期建立台灣人自己的國家、自己的政府。

　　1949 年 10 月，中國共產黨打敗中國國民黨，蔣介石政權流亡到台灣──當時國際法上仍是日本的領土。蔣氏流亡集團將統治中國大陸的憲法架構與殘存的官兵與公務人員壓在台灣身上，在台灣宣布戒嚴，屬行壓迫恐怖統治。

　　1950 年韓戰爆發後，台灣成為自由世界反共的一個重要戰略要地。為促使敗戰的日本成為自由世界的一員，乃於 1951 年召開對日和會，締結《舊金山對日和約》──1951 年簽署，1952 年生效。要提醒大家，根據《舊金山和約》，日本放棄對台灣的主權及一切權利、主張，但沒有規定及指明日本放棄台灣、澎湖的歸屬國（受益國），致使台灣的國際法律地位「懸而未定」，懸在半空中，戰勝同盟國沒有盡到應盡的責任。因為，台灣是日本統治五十年的殖民地，二次大戰後在《聯合國憲章》之下屬於一個「非自治領土」（Non-self-governing Territory），應該與其他很

多殖民地人民一樣，在聯合國主持下，由台灣人民行使公民投票，促成台灣的人民自決。但是，二次大戰勝利的同盟國沒有盡此責任，聯合國也沒有盡對一個「非自治領土」的責任。所以，自 1952 年到 1987 年，台灣人民繼續在蔣介石中國國民黨流亡政權的戒嚴壓迫、白色恐怖的統治下，被剝奪了基本自由與人權，台灣人民的生命、自由、財產，朝不保夕。

在這三、四十年，繼續受中國國民黨流亡政權壓迫統治的台灣人，在海外有很多人從事台灣自決，獨立建國運動；在國內的人則走入地下，或公開奮鬥，爭取解除報禁、黨禁以及解除戒嚴，爭取言論自由、集會結社的自由等等。由黨外運動，美麗島事件，到民主進步黨的成立，前仆後繼、打拚、犧牲、奮鬥。這種一波接一波內外台灣人的打拚奮鬥，雖然遭受到挫折犧牲，但是為日後台灣的民主化與本土化準備累積了巨大的能量。所以，蔣經國於 1988 年 1 月過世，兩蔣的流亡政權結束，台灣人已經有所準備，迎接台灣民主化與本土化新機運的挑戰。當台灣人的總統李登輝就任總統之後，順應人民的要求，得到台灣人民的擁護，開啟了台灣民主化與本土化的政治轉型── 長期被軍事占領、被壓迫控制的台灣蛻變進化為一個自主的民主國家。

這個蛻變的動力是犧牲奮鬥得到的自由，蛻變的主體是台灣人民，蛻變的本質基本上是「質」的變化。台灣人民辛苦打拚奮鬥爭取的各種基本自由，促成台灣人民的有效自決，能夠自由決定我們台灣的「政治地位」── 一個自主自立、主權獨立、領土完整的國家。政治自由帶來經濟、社會與文化等等方面的自由，優秀勤勉的人民共同發展富於活力的自由經濟制度，民主、自由、尊重人權的國家社會，落實民主自由的普世價值，發展多元包容的文化，以台灣為主體性的國家意識與認同。

本土化（台灣化）的轉型，使台灣人民日常的生活不再寄望

於虛無飄渺、天方夜譚的中國，而是腳踏實地生根、生活在咱自己出生、成長發展的台灣這塊土地。本土化表示台灣人以台灣為生活的中心，以做台灣人為榮，以台灣為自己的家園國土來加以愛惜保護。台灣是台灣人「生於斯，死於斯」，值得珍惜愛護的鄉土、家國。

台灣人民的有效自決是台灣歷史性的里程碑，是一個持續發展的過程。經歷這一個過程，台灣人切身體認到一個民主自由人權的國家社會之可貴，以及做為一個民主自由國家一份子的真正意義與光榮。但是，我們要牢記，民主自由人權不能視為當然，而需要人民與政府運用智慧、膽識與機警，持續不斷努力，加以維護、強化。在人權立國的「普世台灣價值」之下，我們要順應現代文明世界的大潮流，實踐民主自由人權的深化與鞏固，維護民主自由人權、人性尊嚴與人類安全，為了我們這一代，更要為我們的後後代代的永續生存發展，生活在民主自由人權幸福的樂土。

台灣人民有效自決所創造的成果豐碩，可分幾方面加以說明。

一、民主自由的發展

本於主權在民的根本原則，台灣人民對決定台灣的前途，展現信心與決心。根據行政院陸委會 2022 年 10 月 19 日至 23 日的民意調查，針對政府強調台灣的未來及兩岸關係發展要由台灣二千三百萬人決定，台灣人民表達支持者達 85.0%（非常支持 50.8%，支持 34.2%）、不支持者 7.8%（不支持 4.7%，非常不支持 3.1%），不知道或無意見者為 7.1%。

自 1988 年李登輝繼任為總統，展開台灣民主化與本土化的政治轉型，1996 年開始總統直選之後直到現在，台灣一直被美

國自由之家（Freedom House）評為自由民主的國家。根據自由之家 2023 年 3 月 9 日公布的《2023 年世界自由度報告》，台灣是獲得九十四分的自由國家，亞洲僅次於日本，中國則繼續保持全球最嚴重侵害個人自由國家的壞名聲。同年 10 月 4 日，自由之家公布《2023 年網路自由度報告》，台灣獲得七十八分，被評為亞太地區第一名的自由國家，至於中國採取傳統的網路壓迫手段執行數位威權，起訴在社群媒體上表達異議的網友，以及封鎖政治與宗教言論相關的網站，網路自由度被評為全球最糟的等級，連續第九年墊底。民主自由人權的台灣國，與共產黨一黨專制的中國，截然不同。

二、經濟發展

　　台灣的總人口有二千三百五十萬人，領土面積有三萬五千多平方公里。根據美國中央情報局（CIA）網站 2023 年 11 月的統計資料顯示，台灣的土地面積世界排名第一百三十八位，總人口數第五十七位，土地雖小，國家整體的經濟力相當強，台灣實質國內生產總值（Real GDP）排名世界第二十四位，而每人平均國內生產總額（Real GDP per capita）則排名第三十四名。根據瑞士洛桑管理學院（IMD）公布《2022 年 IMD 世界數位競爭力調查評比》（IMD World Digital Competitiveness Ranking 2022），在全世界六十三個接受評比的國家中，台灣的數位競爭力排名第十一名。其中三大衡量指標，第一是對新科技學習能力「知識面向」（knowledge）的評估，台灣排名全球第十八位，在次指標「研發人力密度」項目評比，台灣獲得第一名。第二是對開發數位創新技術的「科技面向」（technology）評估，台灣排名第六，次指標「行動寬頻用戶普及率」與「資訊科技與媒體股票市場資本額占 GDP 的比率」項目，台灣排名世界第一。另外兩項次指標「研

發占總支出的百分比」與「高科技出口百分比」的評比，排名世界第三位。第三是對數位化轉型程度的「未來整備度」（future readiness）評估，台灣排名第八，而次項目「商業大數據應用與分析」排名第二，「公司敏捷度」則排名第三。

三、社會發展

隨著政治民主化與本土化的轉型，台灣的公民社會也一起蓬勃發展，帶來整個民主自由國家的活力。2013 年的「白衫軍運動」與 2014 年的「三一八太陽花運動」，是台灣公民社會發展的轉振點，為整個台灣社會帶來無限的生機與活力。台灣公民社會所展現出來的力量，對未來台海雙邊關係的發展，不管是經濟面或者是政治面，都帶來深遠的影響。相信公民社會這一股沛然莫之能禦的社會浪潮，勢必在未來促成台灣民主的深化、經濟的自由化與文化的多元化，扮演關鍵且不可忽視的地位。

四、文化發展

台灣落實政治轉型以來，發展出自由化、民主化與多元化的文化，鼓勵每一個人在不同的領域，發展自己與生俱來的聰明才智、能力與潛力，就自己的專長實力大大發揮。例如，依據世界羽球聯盟（BWF）所公布的排名資料，台灣羽球選手戴資穎自 2016 年香港公開賽奪冠後，女子單打世界排名登上第一位，一直到 2022 年 8 月 30 日為止，六度登上羽毛球世界球后的地位，累積登頂總週數達二百一十四週，在世界羽毛球女子職業單打項目築起一道高牆，締造「小戴障礙」。

在多元文化的自由發展下，台灣人的國家意識與認同漸漸台灣化。政治大學選舉研究中心長期針對「台灣人／中國人認同趨勢」進行研究，1992 年當時自認既是中國人也是台灣人的比例最高為 46.4%，其次是自認為中國人的比例為 25.5%，自認為是

台灣人的比率為 17.6%，無反應者為 10.5%。2023 年 6 月最新的調查結果顯示，台灣人認同的比率達到 62.8%已成為社會的主流，既是台灣人也是中國人的認同排名第二為 30.5%，排行第三是不表態者比例為 4.2%，排名第四是自認為中國人者僅有 2.5%。

台灣是一個移民的國家，觀察台灣歷史的發展特色，既有移民開墾的歷程，也有多元文化的匯集。無論是最早定居在台灣的原住民族，或是隨後來台灣開墾的漢人，也無論是 1949 年跟隨中國國民黨流亡逃難而來的中國大陸各省軍民，或是來自世界各地的外籍新住民。每一個來到台灣的個體透過不同文化的融合，都讓這塊土地充滿豐富的文化內涵與無限的發展可能。

2019 年起，教育部針對學校的教學、學生的教科書與升學考試的需要，提出「十二年國教的課綱」（又稱為「108 課綱」）。其中，歷史課綱的部分，除了導正過去獨尊中華文化為主流的思維，將中華文化納入多元文化之中，等同於東洋、西洋與其他多元文化；凸顯南島語系的歷史定位，完整呈現不同時期不同族群進入台灣所帶來的多元文化發展；強調台灣為海洋民族自由開放的本質，有別於大陸體系的封閉性格。更重要的是，鼓勵學生進行歷史議題的研究，本於歷史事實與證據，提出自己的觀點，從而建立以台灣為主體的國家認同。

總而言之，透過人民有效自決創立的台灣國，在民主政治的大環境下，促成經濟、社會、文化等的自由發展，建設民主自由、重視人權、繁榮幸福的國家，真是台灣人之福，相信也是人類之福。希望台灣的民主轉型、有效人民自決的成就經驗，能夠與處境類似的他國人民分享，促使人性尊嚴與人類安全的目標能夠逐漸擴大落實。

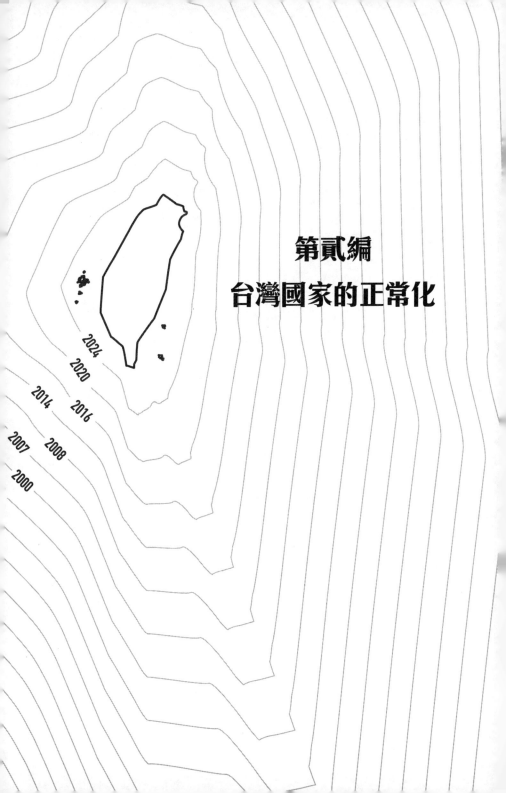

第貳編

台灣國家的正常化

第伍章　台灣為什麼還不是一個正常化的國家

根據 1933 年《蒙特維多國家權利與義務公約》，一個國家作為國際法人應具備四項實質要件，包括：永久性的人口、一定界限的領土、有效統治的政府以及與他國交往的權能，台灣具備上述做一個主權國家的四項要件。依照國際法，一個國家不分大小、強弱、貧富，也不受承認國或邦交國多寡的影響，在法律上都具有平等的國際人格，享有國家主權及獨立性。

因此，一個正常化國家有一個名正言順的國號與國旗，與其他國家在國際舞台平起平坐，不受其他國家的勢力所左右或限制；

一個正常化國家有一套合時、合宜與合乎人民真正需求的憲法體制，代表人民的共同意志，凸顯國家主權的尊嚴性；

一個正常化國家有國際人格，縱使是小國寡民，只要是愛好和平、願意接受與履行《聯合國憲章》的責任與義務的國家，都可以加入聯合國及其體系下的功能性國際組織，或其他非聯合國體系的國際組織成為會員國，在國際社會與其他國家正常的互動與交流；

一個正常化國家是建立在一個命運相同、榮辱與共、生死相依的基礎上，經過本土教育的滋養、在地文化的傳承，促進民主、自由與基本人權普世價值，形成完整的命運共同體。

第二次世界大戰結束，1952 年生效的《舊金山對日和約》決定台灣既不歸屬於中華民國、也不屬於中華人民共和國，台灣的國際法律地位一度「未定」。1952 年之後，台灣人民在中華民國政權不合法的軍事占領下受苦受難，長期忍受蔣氏父子威權戒

嚴的統治,直到 1987 年解除戒嚴,隨後 1988 年 1 月蔣經國過世,李登輝繼任為總統,才開啟台灣政治、經濟、社會與文化轉型的序幕。正如第四章所闡述,海內外台灣人齊力打拚,透過一步一腳印,廢除《動員戡亂時期臨時條款》、推動國會全面改選、人民直選總統等民主化與本土化的政治改革,實踐主權在民,並發展出獨特的政治、經濟、社會與文化制度,達成實質的有效自決,使得台灣的國際法律地位由「未定」進化為「已定」,成為一個主權獨立的國家。台灣雖然是一個實質的國家,但是因為仍沿用「中華民國」的國號、憲法與國家體制,身陷在「一個中國」的泥淖困境中進退不得。影響所及,不論是國際外交關係的拓展,國內政經、社會與文教等方面的發展,均出現真多不正常的現象,導致台灣仍不是一個正常化的國家。

要將台灣建設為國際社會名實合一的正常化國家,必須由正名開始,以「台灣」的名份參與國際組織及其他國際社會的活動,以「台灣」的自我命名定位,凝固台灣的國家認同。

第一節　錯亂與虛假的「中華民國」招牌

1895 年清帝國與日本簽定《馬關條約》將台灣與澎湖列島永久割讓給日本。1912 年中華民國成立之初,台灣在日本的殖民統治之下,是日本的領土,並不屬於中華民國。

1945 年 8 月,日本戰敗宣布投降,盟軍太平洋戰區統帥麥克阿瑟將軍指派蔣介石負責接收台灣,陳儀奉蔣介石之命來台灣接受日方代表的投降。陳儀代表盟軍軍事占領台灣後不久,即對外宣稱光復台灣與澎湖列島,且在未經台灣人民同意前,擅自片面宣告所有台灣住民「恢復」中華民國國籍。當時大多數台灣人對於「回歸祖國」充滿期待,熱情迎接來接收台灣的中華民國官員與軍隊,並未質疑陳儀野蠻接管、強行霸占台灣的合法性、正

當性。

　　台灣人民萬萬沒有想到，1949 年 10 月中國共產黨在北京建立中華人民共和國，以蔣介石為首的中國國民黨政權被逐出中國大陸，他們狼狽扛著「中華民國」的招牌逃亡來到當時還是日本領土的台灣，以流亡政府的姿態統治台灣，而自稱是代表全中國的政府。於是，台灣成為中國國民黨外來政權寄生的所在，懸掛虛假的「中華民國」招牌。

一、中華民國錯亂的招牌是亂源，對內、對外都名不正、言不順

　　1949 年 10 月中華人民共和國成立，繼承、取代中華民國原本立國的統治基礎，中華民國被掃入歷史的灰燼。中國國民黨流亡政權來到台灣之初，仍不願意承認失去中國大陸江山的事實，他們沉溺在虛幻的「中華民國法統」意識形態下，將《中華民國憲法》強加在台灣人民身上。《中華民國憲法》設計的對象是中國大陸與中國人民，台灣並不是中華民國「固有的領土」，台灣人民並沒有參與該憲法的制訂；《中華民國憲法》在台灣實施，無論是對象或是時空環境完全錯置，即使經過七次的修修補補，仍然出現「水土不合」的混亂困境。

　　蔣氏政權一手包辦組成中華民國流亡政府，對內自稱是中國的唯一合法政府統治台灣，對外則維持中華民國代表全中國的神話，尤其是利用當時聯合國仍接受中華民國代表的政治氣氛，靠美國在背後撐腰，狐假虎威在聯合國內假冒是中國的代表。面對中華人民共和國在聯合國內爭奪中國代表權的挑戰，蔣政權強硬採取「漢賊不兩立」的頑固策略，與中華人民共和國競相搶奪「中國唯一合法政府」的名份，將國共的鬥爭延伸到國際社會。1971 年聯合國大會通過第 2758 號決議是一個關鍵點，蔣介石的代表

被驅逐出聯合國，確立「賊立漢不立」的新態勢，中華民國無力可回天，代表全中國的政治神話也隨之破滅。隨著而來，中華民國喪失國際的合法性，聯合國體系下眾多功能性國際組織的席位與會籍，相繼被中華人民共和國所取代，國際活動空間接著受到壓縮。影響所及，外交部成為斷交部，「中華民國」自然而然成為一個走不出門的虛偽國家。

二、錯亂的招牌是台灣至今還不是一個正常化國家的主要原因

不可否認，我們的政府一再堅持使用「中華民國」為正式名號，明顯挑戰國際社會普遍接受中華民國已被中華人民共和國所取代的認知事實，是造成中華民國成為一個走不出門的國家之主因。假使在台灣的政府繼續迴避面對正名的問題，甚至加碼提出「中華民國」既可主張是中國，也可主張是台灣——例如，「中華民國在台灣」、「中華民國是台灣」、「中華民國台灣」——這種「一兼兩顧，摸蜊仔兼洗褲」的論述，不但是一廂情願自欺欺人，而且一直得不到好處，造成對台灣人民的傷害。

台灣是一個主權獨立的國家，使用專屬台灣人民獨特的名稱——台灣或台灣國——乃天經地義、理所當然。我們的政府一再對外宣稱自己是一個主權獨立的國家，但是參與國際各項活動使用的名稱卻非常雜亂，例如：以「中華台北」（Chinese Taipei）之名參加運動比賽、「中華台北（台灣）」（Republic of China on Taiwan）之名推動外交、或是以「台澎金馬關稅領域」（Separate Customs Territory of Taiwan, Penghu, Kinmen and Matsu (Chinese Taipei)）等特異的名稱出席世界貿易組織（WTO）。此外，政府的駐外機構與單位所使用的稱號，也分別冠上「中華民國」、「台北經濟文化代表處」、「台北商務觀光暨新聞辦事處」、「遠東商務

處」、「遠東貿易中心」、「遠東貿易公司」、「孫逸仙中心」、「自由中國中心」、「亞東關係協會」、「台灣商務中心」等不三不四、五花八門的稱呼。

除了官方組織之外，台灣民間社團組織參與國際活動時，也面臨同樣的問題。政府機關過去對於全國性人民團體的名稱，規定必須冠上「中國」、「中華民國」或「中華」等的代表名稱，如此一來，組織名稱的英文表示就必須標上 China 或 Chinese 的字樣。台灣（Taiwan）並不代表中國（China）是國際社會眾人皆知的代誌，我們一再使用 Chinese Taipei、Republic of China on Taiwan、Republic of China Taiwan、China (Taiwan) 等虛幻不實的名稱，不僅來自台灣的團體容易被混淆誤認為中華人民共和國的團體，也等於自願跳入「一個中國」的火圈中，默認台灣是中國的一部分。2019 年 3 月蔡英文總統出國訪問友邦時，出現一個很諷刺的畫面，就是我們的國家元首站在 China Airlines 旁邊的畫面在國際媒體及社群網訊廣為流傳。如此，怎麼能怪國際人士對「台灣」沒有真正的認識，誤認「台灣就是中國的一部分」？

「名不正」，則「言不順」。今日，在國際社會及國際媒體所指的「中國」乃是中華人民共和國（PRC），而非「中華民國」（ROC），這是一般公認的事實。國際社會不願意面對台灣不是中國一部分的事實，固然可歸咎於中國竭盡所能無所不用其極，在各種政府間或非政府國際組織、重要國際場合打壓、矮化台灣國家主權的政治現實，加上長期以來，台灣被排除在聯合國體系之外，造成眾多不明就裡的國際組織在處理台灣問題時，傾向於將台灣視為中國一部分的無奈後果。但是，實際上，我們政府冥頑不靈緊抱著「中華民國」這塊錯亂的神主牌不放，才是台灣國無法正常發展的根源。

面對台灣確確實實是一個國家存在於國際社會的事實，但還

是頑固不願意或不敢以這個獨特的國格想在國際上爭取發展的空間，最後只會弄巧成拙，既不能代表台灣，又無法代表中國。如此，台灣人民想要擺脫身陷在國家認同錯亂的泥淖，走出國際孤兒的夢魘，早日成為一個正常化的國家，真是難上加難！

三、正常化的國家應有名正言順的國號

參考近代世界各國獨立建國的眾多案例，「國號」的產生往往涉及歷史、地理與文化等種種理由，選擇與自己族群或土地相關且獨有的名稱。國家所代表的是價值累積、價值分享的象徵與實體，每一個國民透過對於所處國度的強烈認同，促成價值的形成與分享，而名正言順的「國號」則在其中發揮凝聚國家意識、促進國家認同、以及建立國家命運共同體的綜合作用。

主權國家是當代國際法秩序最重要的主體，只要具備國家成立的要件即享有國際人格，更改國號並沒有影響國家主體的連貫性。例如，1964 年非洲的「坦甘尼亞與尚吉巴聯合共和國」（United Republic of Tanganyika and Zanzibar），更名為「坦尚尼亞」（Tanzania）；1958 年 2 月 21 日埃及（Egypt）與敘利亞（Syria）兩國合併為阿拉伯聯合共和國（the Union of Syria and Egypt in the United Arab Republic），隨後兩國又分開，1971 年 9 月兩國又分別更名為埃及阿拉伯共和國（Arab Republic of Egypt）與敘利亞阿拉伯共和國（Syrian Arab Republic）；1991 年白俄羅斯由 Byelorussia 更名為 Belarus；1992 年 12 月 31 日起捷克斯洛伐克（Czechoslovakia）一分為二：捷克（Czech Republic）與斯洛伐克（Slovak Republic）；1997 年薩伊（Zaire）更改國號為「剛果民主共和國」（Democratic Republic of the Congo）。還有，1991 年脫離南斯拉夫獨立的前南斯拉夫馬其頓共和國（the Former Yugoslav Republic of Macedonia），2019 年再更改國號為「北馬

其頓共和國」（the Republic of Northern Macedonia）。這些國家都是聯合國的會員國，改變國號之後，對既有會員國的地位並沒有影響，由此可見，國號的更動並不會改變一個國家存在的事實。

國號名稱雖然不是國家成立的要件，但是一個正常化國家有名實合一的國號，則直接影響一個國家是否名正言順，一方面對外與其他國家平等互動交流，參與國際組織及其他國際社會的活動，另一方面則可凝聚內部的政治認同與國家主體意識。

第二節　造成國家認同的混淆

台灣是一個移民的社會。要建立一個民主祥和、永續發展的國家，必須從落實族群地位的平等化著手，培養相互尊重與包容，理解各族群因歷史記憶與生活背景不同所產生的差異。如此，才能在認同台灣命運共同體的基礎上，建立一個族群多元、共存共榮的發展環境。可惜，台灣的發展並不是按照這個模式來行。

中華民國政府流亡台灣，1946 年在中國大陸通過的《中華民國憲法》也渡海來到台灣，該部憲法是針對中國與中國人民所設計，而不是以台灣與台灣人民為對象。蔣介石流亡政權強將《中華民國憲法》架在沒有參與該憲法制定的台灣人民身上，不但時空環境錯亂，其合法性與正當性大有問題。台灣在演進成為一個國家的過程中，由於過去特殊的發展歷程，至今仍未產生一部真正自己的憲法，導致國家認同混淆，台灣是不是一個國家的爭論，至今仍然持續不斷。

台灣民主化與本土化的政治改革，雖然突破限制國人言行思想的藩籬，社會大眾享有閱視聽的自由、充分表達言論的空間，但是仍缺乏以台灣為主體中心思想的貫串支撐，加上中國國民黨過去的黨國體制並未經歷轉型正義的徹底洗滌，部分國人又在有

心人似是而非的史觀錯誤引導，繼續沿用失格的國家名稱或是模稜兩可的國家名稱，混淆國人的視聽，阻礙台灣國家的正常化發展。

第三節　中華民國在國際社會上早已失去存在性、合法性與正當性

中華民國在國際舞台失去存在性、合法性與正當性，可由以下兩個案例的探討，進一步得到確認：第一，1971 年聯合國大會針對中國代表權的決議，驅逐蔣介石的代表，以中華人民共和國取代中華民國；第二，美國制定《台灣關係法》，並不稱呼中華民國，而是以台灣與台灣人民為主體。

一、聯合國大會第 2758 號決議

中華民國是聯合國的創始會員國，同時也是安全理事會的常任理事國，當時統治中國的是蔣介石的「國民政府」。隨後，以毛澤東為首的中國共產黨在國共內戰勝利，1949 年 10 月 1 日在北京成立中華人民共和國，繼承中華民國在中國大陸的人民、領土及一切資源、權利。發生在中國大陸的國共內戰，並未隨著蔣介石及其殘兵敗將流亡到台灣而告終，中華民國與中華人民共和國兩者隔著台灣海峽，仍繼續在聯合國與眾多國際場合爭奪誰才是真正代表全中國的合法政府。

聯合國內中國代表權的問題，自 1950 年代起，每年都成為引起激烈爭辯且困擾聯合國大會的棘手問題。聯合國大會處理中國參加的問題，一開始僅就一般實質參加及特別針對中國加以討論參加的問題列入討論。1951 年至 1960 年期間，美國在聯合國內尚有極大的影響力，以程序問題阻擋、擱置將中國參加聯合國的問題列入議程討論。

在此要特別指出，1961 年聯合國大會首度針對中國參加問題進行實質的討論，當時有兩個提案被提出：（一）中國在聯合國的代表權問題；（二）恢復中華人民共和國的合法權利。聯合國大會針對上述兩個議案併案進行討論，蘇聯的提案指出「『只有中華人民共和國政府的代表才有資格占有中國在聯合國及其所有機關的席次』，建議『立即將非法占據中國席位的蔣介石的代表逐出聯合國所有的機關』，並『邀請中華人民共和國政府派遣代表參與聯合國及其所有機關的工作』」。在此同時，美國聯合日本、澳洲、義大利與哥倫比亞等五國提出另一個議案，就是要解決「中國代表權」問題，必須以「重要問題」來表決——也就是須以聯合國大會三分之二的多數表決通過。最後，以美國為代表所提出的議案為聯合國大會所接受。

1961 年之後，聯合國內中國代表權的問題，每年都被列入聯合國大會議程討論，而支持中華人民共和國進入聯合國的國家，年年都提出類似蘇聯於 1961 年聯合國大會所提的「容共排蔣」案；另一方，以美國為首及其他支持中華民國的國家則多以「重要問題」案進行對抗。等到 1970 年聯合國大會再度召開時，原先的「容共排蔣」案與「重要問題」案同樣被提出，結果情勢出現變化，對中華民國蔣介石政權愈來愈不利。支持中華人民共和國進入聯合國的提案，首度獲得過半的支持，若非處理中國代表權的問題屬於「重要問題」案必須符合三分之二多數通過的規定，蔣介石政權的席位早就不保。

1971 年，國際大環境出現變化，美國為尋求從越南戰場脫身，選擇聯合中華人民共和國來抵制蘇聯。同時，聯合國大會的情況也發生重大的變化，數個解決「中國代表權」問題的方案都被提出討論：第一案是由阿爾巴尼亞等國所提，支持中華人民共和國進入聯合國、排除蔣介石政權的方案。第二案則是由美國為

代表所提出的「兩個中國」（Two Chinas）案（或稱「雙重代表」案），主張讓中華人民共和國進入聯合國，但是要繼續保留中華民國的席次。第三案則是由沙烏地阿拉伯所提出的「一中一台」（One China, One Taiwan）案，主張由中華人民共和國取得中國代表權，包括安全理事會的席位，但是台灣應繼續以台灣的名義身分留在聯合國之內。同時，為落實人民自決的原則，尊重台灣人民的自由意願與選擇，應在聯合國主持下在台灣舉行公民投票決定台灣的將來。

1971 年 10 月 25 日，在情勢非常緊急的狀況下，聯合國大會首先就「中國代表權」是否為重要問題進行表決，結果重要問題被否決。緊接著再就阿爾巴尼亞等國的提案進行投票，最後以七十六票贊成、三十五票反對、十七票棄權的結果，以三分之二的多數通過第 2758 號決議，同意中華人民共和國進入聯合國，取代中華民國在聯合國及其體系下的相關國際組織的會籍，並「驅逐蔣介石代表」。（早在大勢已去尚未投票之前，蔣介石政權的代表就「自動退出」大會會場。）

顯然，聯合國大會第 2758 號決議——承認中華人民共和國政府為中國駐聯合國唯一合法代表與驅逐蔣介石的代表，打破中華民國代表中國的神話。其最大的意義在於凸顯挑戰、否認實際上沒有控制中國人民、領土與資源的蔣介石流亡政權在聯合國合法代表中國的權利，等於是剝奪有效控制中國人民、領土與資源的中華人民共和國參加聯合國的合法權利，既不具備正當性、也沒有合法性；同時，也拆穿中華民國蔣介石政權在聯合國冒充中國合法代表的騙局——既不是當時台灣一千四百萬台灣人民的代表，也不是中國大陸上八億中國人民的代表。中華民國自聯合國大會第 2758 號決議之後，明明確確，在國際上不再具有存在性、合法性與正當性。

二、美國制訂《台灣關係法》，並不稱呼中華民國，而是以台灣為名

《台灣關係法》的起源來自於 1978 年 12 月 16 日美國卡特總統向國際社會宣布，承認中華人民共和國並建立雙邊外交關係，自 1979 年 1 月 1 日起生效。在中國的堅持下，美國政府終止與中華民國的外交關係，也終止與中華民國的共同防禦條約。在美、中正式建交時，美國國會鑒於美、台關係的密切深厚，為避免美國與中國建立正式外交關係，影響台灣與美國雙邊實質關係的延續，尤其是台灣的安全，乃於 1979 年 4 月 10 日通過《台灣關係法》。

《台灣關係法》經由國會依立法程序表決通過，經卡特總統簽署公布後成為美國國內法，為美國行政、立法部門對台事務處理的指導原則，是一部非常特殊的美國立法——在實質上包含《美國與中華民國共同防禦條約》的功能。整體而言，《台灣關係法》是美國對台政策的主軸，共有十八條條文，其主要內容如下：

第一，對台重要政策的聲明：《台灣關係法》表明協助西太平洋的和平、安全與穩定，符合美國的國家利益，也是國際社會關切的事項，授權美國政府繼續維持美國人民與台灣人民之間有關經濟、社會與文化等方面的交流；申明維護與促進台灣人民的人權是美國的目標、責任。

第二，維護台灣的安全：台灣的前途必須以和平方式決定，提供台灣防禦性的武器，以保障台灣的安全與穩定；一旦台灣人民的安全或社會經濟制度遭受威脅、危及美國利益時，總統與國會將依憲法的程序採取適當的因應行動。

第三，有關法律的適用與國際協定：缺乏外交關係或承認，並不影響美國相關法律與條約對台灣的適用。《台灣關係法》特

別強調，本法任何條款不得被解釋為：美國贊成將台灣排除或驅除出任何國際金融機構或其他國際組織會籍。

第四，促成「美國在台協會」（American Institute in Taiwan, AIT）的設立：美國政府提供行政與技術支援，協助「美國在台協會」的建立運作，並作為與台灣政府所設立的「北美事務協調委員會（Coordination Council for North American Affairs, CCNAA）」（2019 年 5 月改為「台灣美國事務委員會」（Taiwan Council for U.S. Affairs, TCUSA））聯絡與協調的窗口。

第五，國會的監督：《台灣關係法》規定美國參議院與眾議院兩院的外交委員會及國會其他適當的委員會，不但要監督《台灣關係法》的落實執行，還要監督美國與台灣繼續維持關係的法律或技術事項。

綜上所述，美國在《台灣關係法》一再提及「台灣」、「台灣人民」、「台灣人的人權」等詞彙，而沒有提到「中華民國」。1979 年《台灣關係法》通過之後，美國政府就不再用「中華民國」稱呼台灣。2018 年 3 月經美國總統簽署通過的《台灣旅行法》（Taiwan Travel Act）也是如此，顯示美國將台灣當作一個國家來看待。台灣成為一個國家性的政治實體，全球皆知，台灣早就不應該使用「中華民國」，台灣早就應該成為這個土地的正式國號。

第四節　台灣不等於是中華民國

清帝國根據《馬關條約》將台灣與澎湖列島割讓給日本，中華民國創建之時，台灣是日本統治下的殖民地，是日本的領土，不屬於中華民國。對台灣而言，1949 年以後，中華民國是一個外來的流亡政權，表面上雖然存在且號稱有超過一百年的歷史，但是自 1949 年年底，國共內戰潰敗，中華民國被中華人民共和

國所繼承、取代,中華民國流亡寄生在台灣七十四年,失去了原本立國的領土、人民等等統治基礎,實質內容早已出現「質變」。中華民國早已不存在。

一、中華民國是欺壓台灣人的招牌工具

中國國民黨外來流亡政權以蔣氏父子為核心,公然以欺騙的手法寄生在台灣,以「中華民國」才是代表中國的唯一正統政府自居。他們作為統治者、壓迫者、剝削者,盡一切所能維持「中華民國」的名號,表面上在彰顯中華民國還存在的事實,實際上,則是在維護其流亡政權統治的利益,台灣人民無奈淪為被統治者、被壓迫者與被剝削者,沒有自己決定自己事務的權力。

蔣介石政權以延續「中華民國憲法法統」為藉口,將《中華民國憲法》強加在台灣人民身上,利用跟隨蔣政權逃亡來到台灣、任期早已屆滿的「國民大會代表」組成流亡的「國民大會」,選出無任期限制的流亡總統。加上無選民、無任期限制的流亡「立法委員」與「監察委員」構成的「立法院」與「監察院」、「考試院」組成「中華民國流亡政府」,缺乏統治台灣的正當性、合法性。

中國國民黨流亡政權是外來的統治集團,他們內心深怕居多數的台灣人反抗危及政權,所以厲行持續三十八年的戒嚴威權的統治,一方面以政治性的手段,高壓懷柔、軟硬兼施,強行灌輸中國的歷史、政治、道德與文化意識。最為具體的表現,就是抹殺台灣具有在地歷史、地理或人文意義的地名,改用真多中國大陸的地名,以發揚中華民族精神、宣傳三民主義,配合強制性的「國語」政策,使大中國文化與意識形態灌注人民生活之中,扭曲台灣本土語言的正常發展。另一方面,大力鼓吹推動大中國的黨化教育,刻意透過扭曲的歷史觀,控制台灣人的思想,接受台

灣是中國一部分的錯誤觀念。上述所作所為的「中國化」政客，以釜底抽薪的手段，從根本意識上切割台灣人與自己土生土長的土地、語言與文化的牽連。影響所及，不但使台灣人忘記自己是台灣人，抹殺台灣的主體價值，連帶阻礙台灣國家意識的凝聚與命運共同體的建立。

二、台灣才是一個實質的國家，中華民國早已名存實亡

中華民國於 1912 年成立，1949 年 10 月 1 日就被中國共產黨消滅推翻，蔣介石集團流亡來到台灣，利用中華民國名號繼續沿用至今。中華民國這個國號雖然對外宣稱建國一百年以上，但是除了國號名稱「始終如一」沒有改變之外，其他包括：人民、領土、政府與主權等國家成立的要件，都不是中國或中國人民，與原始中華民國完全不同。

歷史顯示，中華民國建國之後，繼承清帝國統轄的領土（包括外蒙古），但是並不包括當時仍為日本殖民地的台灣。1945 年以前，中華民國所統治的固有疆域，乃是所謂的「秋海棠」；1946 年 1 月外蒙古通過獨立公投，使得中華民國統治的領域由「秋海棠」變為「老母雞」。二次世界大戰結束之後，原為日本殖民地的台灣成為盟軍軍事占領下的領土，由蔣介石的政府代理盟軍暫管。1949 年 10 月中華民國被中國共產黨推翻後，中華民國國民政府轉而流亡寄生在台灣，占領的範圍僅有台灣本島、澎湖列島、金門與馬祖，既不是「秋海棠」、也不是「老母雞」。更何況居住在這些土地上的人民，既不是「秋海棠」、也不是「老母雞」的人民，足以證明中華民國原本作為一個國家的基本要件早已完全喪失。

根據 1951 年簽署、1952 年生效的《舊金山和約》，日本放棄對於台灣與澎湖的所有主權及一切權利、主張，但並沒有明定

日本放棄後台灣的歸屬國；1951 年當時的兩個中國——中華民國與中華人民共和國——都不是受益國。即使 1952 年中華民國與日本簽定《台北和約》時，日本仍遵照《舊金山和約》的規定，堅持僅能放棄對台灣的一切主權、權利與主張，而無法在《台北和約》承認台灣是中華民國或是中華人民共和國的領土。

1952 年到 1987 年，「中華民國」是沒有得到台灣人民同意的流亡政權，繼續在台灣從事非法、沒有正當性過期的軍事占領，直到 1987 年台灣解除長達三十八年的戒嚴令。1988 年蔣經國過世，在李登輝接任總統以後，正式開啟台灣政治的民主化與本土化的轉型序幕。正如第肆章的闡述，在這一段國家演進發展的過程，台灣人民胼手胝足，勤苦打拚，發展了獨特的政治、經濟、社會與文化制度，實踐《聯合國憲章》、《公民與政治權利國際公約》以及《經濟、社會與文化權利國際公約》第 1 條的「人民自決」原則，使台灣的國際法律地位由「未定」變為「已定」，台灣進化為一個實質的國家。

如今居住在「中華民國」所管轄約三萬六千平方公里的領土上，總人口兩千三百萬的台灣人民所創造的資源與政府運作的體制都在台灣逐一落實，就國家成立的要件來看，台灣才是代表我們國家真實的存在。假使這個國家的名稱不是叫台灣，又有哪一個名稱是名實合一，最能代表居住在這塊土地上的所有人民？

三、我們的國家名叫台灣

正名是台灣國家正常化的首要工作，也是真多台灣人（所有認同台灣是自己國家的人）長期以來共同打拚奮鬥的一大目標。

台灣政府與美國政府加強協調溝通，於 2019 年 5 月 25 日宣布「北美事務協調委員會」（CCNAA）」改名為「台灣美國事務委員會」（TCUSA）。「台灣美國事務委員會」成為與「美國在台

協會」（AIT）對等的外交機構，清楚標明台灣、美國，不再含混其詞。這個正名是《台灣關係法》制定實施四十週年，美國政府對台灣人民進一步親善的象徵。

「台灣，等了四十年！」這是台灣有識之士及一般人民的反應與感觸。我們的母親──台灣──多麼自然、美麗、親切與尊嚴！

遲來的正義比遲遲不來的正義好（Better late than never）。四十年來的曲曲折折，說來話長。在美國承認中華人民共和國為中國唯一的合法政府、建立外交關係之後，美國制定《台灣關係法》以釐定維持台美雙方「非官方關係」。在台美磋商談判新的「非官方關係」的過程中，台灣處理台美「非官方關係」的機構，究竟採用什麼名稱成為一個大問題。《台灣關係法》既然設立美國在台協會，台灣的相對機構以台灣命名（例如，Taiwan Institute in USA）應是最自然、簡單明瞭、真實的代誌。美國並不反對使用「台灣」的名稱，但是舊日國民黨政府偏偏就是拒絕使用「台灣」這個真實的名稱（「台北」、「中華台北」都可以）。為什麼？

過去，控制台灣的中國國民黨政府作賊心虛，認為使用「台灣」就是承認台獨（台灣是一個有別於中國的國家），中華民國流亡政權統治台灣就失去合法性與正當性。實際上，在台灣一般通稱的「國民黨」，其真正的全名是「中國國民黨」，與中華民國有長期密切的關係。「中國」一直是他們國家認同的標誌，他們的祖國是中國，不是台灣──台灣僅僅是他們剝削、寄居、過渡的所在。所以，中國國民黨一直不接受改名為「台灣國民黨」的建議。

總之，我們應深切體會，人民與政府主觀認定是解決台灣國家定位問題的關鍵。台灣是一個實質的國家，既不是中華民國，也不是中國的一部分，「中華民國」早已滅亡。我們要有足夠的

勇氣、智慧與決心，大步走出「中華民國」的歷史泥淖，正正堂堂使用我們國家的真實名字——「台灣」或「台灣國」，以破釜沉舟的堅定意志切斷與中國的主權糾葛。全力貫徹以主權獨立、自由民主台灣的名義，向全世界展現愛好和平、有履行《聯合國憲章》義務的能力與意願，爭取加入聯合國與其體系下國際組織，從事正常的外交活動，走出中國的無形圍堵高牆，與世界其他重視民主自由、基本人權、友好親善的國家交流互動，才是務實走國家正常化的坦途。

　　無論是在國內或國外，咱台灣人都要以喊出「我（們）的國家名叫台灣」為榮。

第陸章　國家正常化的困難與挑戰

「台灣、中國，一邊一國」是今日台灣海峽存在的現狀。台灣是一個主權獨立的國家與中華人民共和國（以下簡稱中國，中共則指中國共產黨）互不隸屬，這是 1949 年 10 月中華人民共和國成立七十四年以來，台灣海峽兩岸兩國未曾改變的事實。

中國拒絕承認台灣是一個主權獨立的國家，他們將台灣問題視為中國內戰所遺留未決的問題，堅持以「一個中國原則」來解決，以維護中國的主權與領土的完整。中國成立七十四年從沒有統治管轄過台灣，對台灣也沒有任何權利，但竟然以 1971 年 10 月 25 日聯合國大會通過第 2758 號決議，取代中華民國成為聯合國內中國唯一合法代表為根據，大言不慚強詞奪理擁有台灣主權的主張；然後，再將「一個中國原則」的論述在不同的領域無限上綱，打壓封鎖台灣的國際生存發展的空間。

第一節　「一個中國原則」與「一個中國政策」不同

中國「一個中國原則」的要旨是「世界只有一個中國，中華人民共和國是中國唯一的合法政府，台灣是中國的一部分」。中國政府利用這個自編自造的三段論述，一方面否定台灣是一個主權獨立國家的事實，扭曲聯合國大會第 2758 號決議，迴避《舊金山和約》對台灣主權的規定。另一方面，又以台灣問題是國共內戰遺留未決的問題，屬於中國國內問題為藉口，脅迫利誘所有與中國簽訂建交公報與國際條約的國家，不但要接受「一個中國原則」或採取「一個中國政策」，同時，也要反對「一國兩府」、「兩個中國」或「一中一台」的政治安排。

一、「一個中國原則」的國際法詮釋

　　有關中國的「一個中國原則」，從國際法的角度來探討，涉及三個國際法理上「承認」的重要問題：第一，「世界上只有一個中國」所代表的是「國家承認」，這是既存國家對於一個新國家表示接受並願意與其展開互動交往的行為；第二，「中華人民共和國是中國的唯一合法政府」所指的是「政府承認」，涉及既存國家因革命、政變等方式改變政府型態時，他國承認新政權是否合法代表該國的政府；至於，第三，「台灣是中國的一部分」則牽涉到外國對中國所管轄地域範圍「領土承認」的問題。

　　由於「承認」具有高度分散與自由政策裁量的本質，使得承認的理論與實務，在國際法上的界定非常混淆。國際法學界雖然為了減少這方面的困擾，曾經作過不同的建議，包括：取消承認的制度、明確界定承認的責任或是以集體承認取代個別承認等等。但是在不斷變化、相互依存、以主權國家為中心的國際社會，承認的問題一直存在。

　　在此以冷戰時期，美國推動「聯中制俄」的策略為例來說明：美國與中國曾先後簽署三大公報——1972 年的《上海公報》、1979 年的《中美建交公報》以及 1982 年《八一七公報》。根據上述三大公報的內容，雖然解決中國「一個中國原則」中的「國家承認」與「政府承認」的問題，但是美國在「領土承認」的部分，並沒有明確承認台灣的主權屬於中國。對此，前美國在台協會處長司徒文（William Stanton）在 2019 年 4 月 14 日台灣新世紀文教基金會、台灣制憲基金會與台灣基進黨所共同舉辦的「變動世局中台灣的機會與挑戰：《台灣關係法》四十週年的省思」討論會專題演講時，特別談到 1979 年《中美建交公報》內有一項條文提及美國「認知」中國關於世界上只有一個中國，而台灣為中國的

一部分之立場。其中，英文版的建交公報是用「認知」（acknowledge），而漢文版的建交公報卻用「承認」（recognize）來表示。「認知」與「承認」的意思是不一樣。顯然，雙方對於「台灣是中國的一部分」涉及「領土承認」的部分，存在著不同的見解。

除此之外，美國在《台灣關係法》第 4 條明訂「當美國法律中提及外國、外國政府或類似實體、或與之有關之時，這些字樣應包括台灣在內，而且這些法律應對台灣適用」。顯然，美國根據《台灣關係法》實質上將台灣當作一個國家來看待，使得美國同意台灣適用美國的法律時，有等同其他國家或政府的地位。另外，《台灣關係法》也要求美國政府有義務提供必要的防衛性武器，維持台灣自我防衛的能力。綜合以上的內容可見，美國並不承認中國對台灣領土的主權。

從國際法的實踐而言，複雜的承認行為背後所涵蓋的意義，並不適合以單純的承認理論來詮釋。台灣與中國之間的主權爭議，觸及不同層次的承認問題，在具體實踐上必須面對一個關鍵的難題是：到底需要幾個國家的承認、哪些國家的承認，才能算數？一語道破「一個中國原則」無法見人的秘密，根本禁不起嚴謹的國際法理檢驗。

二、中國的「一個中國原則」

中國的「一個中國原則」是中華人民共和國用來欺騙世人、偏離事實與扭曲國際法的論述，而沿用至今更成為中國用來侵略、併吞台灣的代名詞。他們宣稱「一個中國原則」具有不可動搖的歷史事實與法理基礎，主要來自於以下五點：

（一）援引中國共產黨版的歷史，聲稱「台灣自古就是中國的一部分」。

（二）根據 1943 年的《開羅宣言》強調「日本竊取自中國

之領土，包括滿州、台灣、澎湖群島等在內的土地應該歸還給中國」。1945 年 7 月發表的《波茨坦宣言》重申落實《開羅宣言》的主張。此外，日本在投降文書中接受《波茨坦宣言》所列舉的條款內容，特別是《開羅宣言》必須實施。

（三）根據國際法繼承的理論，1945 年中華民國政府代表盟軍接受日本投降，台灣與澎湖回歸中國版圖。1949 年 10 月 1 日中華人民共和國成立，中華人民共和國繼承中華民國，中國的主權與固有領土疆域並未因此而改變，中華人民共和國理所當然享有與行使中國的主權，其中也包括對台灣的主權。

（四）1971 年 10 月 25 日聯合國大會通過「容共排蔣」的第 2758 號決議之後，承認中華人民共和國是中國駐聯合國唯一合法代表，台灣屬於中國。

（五）中華人民共和國與其他國家簽訂建交公報與國際條約，大多數國家接受「一個中國原則」或者採取「一個中國政策」，接受中國所堅持台灣是中國一部分的主張，與中華民國斷絕或不建立外交關係，並承諾在一個中國的框架內處理與台灣的關係。

中國將「一個中國原則」作為解決台灣問題，維護中國主權與領土完整的最高指導原則，而在處理國際外交事務與台海雙邊關係時，因為不同的環境與目的需求，強調的重點也就不同。

在國際外交方面：中國強調「世界只有一個中國，中華人民共和國是中國唯一的合法政府，台灣是中國的一部分」，這個標準論述常見於中國對外簽訂的公報或聯合聲明中，凸顯中華人民共和國是中國唯一代表的正統地位，刻意將台海雙邊的事務矮化為內政問題，並強力反對任何外國勢力的介入，避免台灣問題的國際化。

在台海關係方面：早在 1992 年 10 月台灣「海峽交流基金會」（簡稱「海基會」）與中國「海峽兩岸關係協會」（簡稱「海協會」）首次針對台灣與中國雙邊民間展開交流之後，衍生諸多事務性問

題與作業需求進行協商之前，北京堅持將「一個中國原則」視為雙邊協商的前提。中國要求台灣只要接受「一個中國原則」的條件，可以換來雙邊立即展開政治、經濟、文化與教育等面向的互動與交流，排除台灣參與國際組織的障礙，甚至建立軍事互信機制以確保台海和平等好處，這樣的做法在迫使台灣放棄作為一個主權獨立國家的身分與地位。

在此補充說明，2000 年台灣第一次政黨輪替，為了因應民主進步黨陳水扁政府上台對雙邊關係可能帶來的影響，2002 年11 月中國十六次全國人民代表大會對「一個中國原則」提出新的說法──「世界上只有一個中國，大陸與台灣同屬一個中國，中國的主權與領土主張不容分割」。這項「一個中國原則」的新論述，不再強調台灣是中國一部分的主從歸屬關係，而是以模糊化的中國取代中華人民共和國，台海雙方同時納入一個中國的架構之下。

中國的「一個中國原則」以併吞台灣為目的，透過上述政策挪移的過程，凸顯他們彈性處理對台政策的特質，捍衛「一個中國原則」是中國不變的立場，至於「一個中國原則」的內容，則可隨著國際局勢的走向與台灣政局的演變而因勢利導。因此，面對北京一再以「一個中國原則」為藉口，宣稱台灣是中國的一部分，台灣人民絕對不可以默默不出聲，放任「一個中國原則」的論調一再擴展延伸。當務之急，就是展現大無畏的勇氣與堅定的意志，對內繼續維持台灣國家的民主自由與獨立自主，對外彰顯台灣與中國互不隸屬的事實，向台灣國家正常化的大目標邁進。

三、歐美日等國的「一個中國政策」

中國所主張的「一個中國原則」，表面上與國際社會普遍認定的「一個中國政策」類似，事實上，卻是似是而非。國際社會認定的「一個中國政策」是承認「中國只有一個」、「中華人民共

和國是代表中國唯一合法的政府」，至於中國竭盡所能想要將「一個中國原則」與「一個中國政策」的差異模糊化，最後再將事實上存在的「一個中國」與「台灣屬於中國領土的一部分」，劃上等號。

　　在此，援引羅致政與宋允文兩位教授合著的《解構「一個中國」：國際脈絡下的政策解析》書中談到，「一個中國原則」是中國與世界各國簽署建交公報前都會討論的重要議題，不過一旦涉及台灣與中國的關係或台灣國際法律地位等敏感問題時，大多數政府的處理態度，往往是使用模糊性的文字，例如：「注意」（note）、「理解與尊重」（understand ＆ respect）與「認知」（acknowledge）等，技巧性迴避在建交公報上出現「『承認』（recognize）台灣是屬於中國一部分」的字眼，只有部分國家是例外。（參見下表 6-1）

（表 6-1）世界各國與中國建交公報中有關「台灣問題」之用語

類型	有關中國主權的內容	有關台灣問題之立場	建交國數目
1	承認（recognize）中華人民共和國為代表中國唯一合法政府	承認（recognize）台灣是中華人民共和國的一省或不可分割的一部分	三十九國
2		認知（acknowledge）台灣是中華人民共和國的一省或不可分割的一部分	八國
3		留意（take note of）台灣是中華人民共和國的一省或不可分割的一部分	十六國
4		理解並尊重（understand and respect）台灣是中華人民共和國領土不可分割的一部分、尊重台灣是中華人民共和國的一省的立場	三國
5		公報中沒有提及「台灣」	三十八國
6	公報中沒有提及中國主權部分	公報中沒有提及「台灣」	六十五國

資料來源：整理自羅致政、宋允文著，〈導論〉，《解構「一個中國」：國際脈絡下的政策解析》（台北：台灣智庫，2007 年），頁 4-6。

　　由此可見，儘管中國一再重申「一個中國原則」的重要性，但是並不是所有國家都全然接受，在此以美國、歐盟國家與日本為例，他們的「一個中國政策」考量到各自的國家利益與國際局勢改變的需要，進行政策內涵的更動與調整，而呈現不同的面貌。

（一）美國的一個中國政策

　　美國的一舉一動，牽動台、美、中三方關係的進展。尤其是1979 年美國與中國建立正式外交關係以來，美國的「一個中國政策」，面對中國始終堅持「一個中國原則」的立場，如何處理與台灣的關係？值得進一步探討。

　　早在 1949 年之前，當時中華民國統治中國大陸，美國中國政策的對象是中國國民黨政府，等到中華民國流亡台灣之後，為因應台海局勢的演變，美國中國政策的內涵逐次變換，從「放棄台灣」開始，接著是「台灣地位未定」、「兩個中國」到「一台一中」。1970 年代，美國與中國雙邊關係走向正常化，受制於中國堅決捍衛「一個中國原則」的立場，美國的「一個中國政策」（包括對台政策）則隨著國際局勢的演變，再加上美、中雙方先後簽訂《上海公報》、《美中建交公報》與《八一七公報》，「一個中國政策」的內涵愈來愈清楚，其影響力延續到現在。

　　簡單來講，在中國堅決捍衛「一個中國原則」的立場下，美國「一個中國政策」的內容以「世界上只有一個中國、中華人民共和國是中國唯一的合法代表」為核心。至於，美國的「一個中國政策」與中國的「一個中國原則」最大的差異：在於「台灣是中國的一部分」的主張，檢視 1979 年《中美建交公報》的內容，美國只加以「認知」（acknowledge），而未加以「承認」（recognize）。「認知」與「承認」有所不同，「認知」表示我們知道你們的主張訴求，但是，我們並沒有加以「承認」、接受。

因此，有人認為美國對台的政策是「一個中國，但不是現在」。至於，台灣是不是中國的一部分，有待將來以和平的方法，由台灣人民做最後的決定。

到目前為止，美國始終採取「一個中國，但不是現在」的政策，並以《台灣關係法》及美中三大公報，作為「一個中國政策」的支柱。美國川普（Donald Trump）總統就任以來，不再容忍中國侵略性的強勢國力威脅美國的國家利益，不僅延續歐巴馬（Barack Obama）「重返亞洲」的新地緣戰略，積極對中國的崛起與軍力的擴張採取正面圍堵的態勢，同時，也扭轉過去歷任政府的「一個中國政策」向北京所定義的「一個中國原則」靠攏的態勢。

（二）歐盟國家的一個中國政策

1971 年聯合國大會第 2758 號決議通過之前，歐盟國家雖然對「中華民國」或「中華人民共和國」何者代表中國？並沒有達成一致的立場，但是，「世界上只有一個中國」的主張，卻是當時歐洲各國的基本共識。直到聯合國大會第 2758 號決議通過後，歐洲各國開始轉向與中華人民共和國建立正式外交關係，並承認中華人民共和國是中國的唯一合法代表，只有教廷是其中的例外。

基本上，從歐盟各國與中國所簽署的建交公報中可見，歐盟國家所奉行的「一個中國政策」，並不是照單全收「承認」台灣是中國一部分的主張，有部分國家是以「注意到」、「認知」或「尊重」模糊化處理的方式，有意無意忽略表達台灣是中國一部分的立場，而絕大多數國家在建交公報中不提台灣的地位（請參見下表 6-2）。

（表 6-2）歐盟國家與中國建交公報中，有關「台灣問題」之用語

類型	有關中國主權內容	有關台灣地位之立場	建交國名稱
1	世界上只有一個中國，承認中華人民共和國為代表中國（人民）唯一合法政府	公報中完全不提台灣的地位	奧地利、保加利亞、賽普勒斯、捷克、丹麥、芬蘭、法國、德國、匈牙利、愛爾蘭、盧森堡、波蘭、羅馬尼亞、斯洛伐克、瑞典、英國
2		留意到（take note）台灣是中國的一部分	比利時、希臘、義大利
3		認知（acknowledge），但中國以為「承認」台灣是中華人民共和國的一省	西班牙
4		尊重（respect）台灣是中華人民共和國的一省的立場	荷蘭
5		建交公報（英文版）完全不提台灣地位，建交公報（中文版）卻提出「注意到」台灣是中華人民共和國不可分割的一部分	馬爾他
6		承認（recognize）台灣是中國領土不可分割的一部分	克羅埃西亞、愛沙尼亞、拉脫維亞、立陶宛、葡萄牙、斯洛維尼亞

資料來源：整理自羅致政、宋允文著，〈導論〉，前揭書，頁 4-6。

　　歐洲各國採取「一個中國政策」，實質影響歐盟對台灣的態度。台灣與歐盟國家雖然有緊密的經貿關係，但是台灣僅能以經濟與貿易實體的身分與歐盟國家發展非正式的關係，即使 2003 年歐盟在台灣籌設歐洲「經濟暨貿易辦事處」作為常設性代表

處。由於台灣始終沒有對外明確表達我們是一個有別於中華人民共和國的獨立國家，在中國非理性的外交打壓之下，台灣與歐盟各國的外交互動依然以非正式為原則，影響所及，台灣無法被當作是一個主權國家來對待。

（三）日本的一個中國政策

在探討日本的「一個中國」政策之前，2009 年 6 月日本台灣交流協會台北事務所齋藤正樹（Saito Masaki）所長在一場學術研討會提出「台灣地位未定論」的說法，可見其端倪。在此要強調的是，齋藤所長的說法所代表的是日本政府對台政策的基本原則，以及日本沒有接受中國「一個中國」原則的事實。

原則上，日本的一個中國政策，強調誰代表中國？中日兩國在建交聲明中寫得很清楚：「日本政府承認中華人民共和國政府是中國唯一合法政府，日本充分『理解與尊重（understand and respect）』中國政府所重申台灣是中華人民共和國領土不可分割的一部分之主張」。這與聯合國所通過中國代表權的決議，以中華人民共和國為中國唯一合法代表的「一個中國」立場相吻合。至於，日本政府對台政策的基本原則，特別是在台灣的歸屬問題上，1951 年日本既然先在權威性的《舊金山和約》中放棄台灣與澎湖，對台灣、澎湖的歸屬沒有表示意見，隨後 1952 年與中華民國簽署的《台北和約》，仍採取同樣的態度。1972 年日本與中華人民共和國建立正式外交關係，台灣問題始終是兩國外交關係的核心問題，日本一直沒有承認台灣的主權屬於中國。

第二節　「一個中國原則」對台灣國內的壓迫威脅

「一個中國原則」是中國在國際上箝制台灣國家正常化發展的框架，阻礙台灣參與國際事務的最大障礙。隨著國際局勢的演

變、中國內部政治權力結構的更迭，再加上台海雙邊國力的消長，「一個中國原則」自然被中國用來作為對台政治統戰的工具。他們設定「一個中國原則」架構是台海兩岸政府進行談判的前提，強調只要台灣接受「一個中國原則」、承認台灣為中國的一部分，所有問題都可迎刃而解。

　　基本上，中國對台統戰的策略是隨著時代的演變而不斷變更、翻新。1949 年到 1978 年之間，「武力解放，血洗台灣」是北京對台統戰的主軸，他們沒有想到 1950 年 6 月韓戰爆發，美國杜魯門總統宣布台灣中立化並派出第七艦隊巡防台灣海峽，使得北京想要武力併吞台灣完成祖國統一的希望落空。隨後台海情勢不斷演變，1971 年 10 月 25 日中華人民共和國取代中華民國在聯合國代表中國的席次，中華民國的國際地位一落千丈。1979年 1 月 1 日中華人民共和國與美國建立正式外交關係，北京政府發表《告台灣同胞書》，強調世界上只有一個中國，中華人民共和國是中國唯一合法政府，同時，倡議台海兩岸應立即結束軍事對峙狀態，積極推動雙邊的互動交往。北京的統戰策略開始隨風轉向，改以「和平解放」為主、「武裝解放」為輔，交互運用。隨著台海兩岸雙邊政府外交處境的消長，「一個中國原則」逐漸成為北京政權處理台灣問題的基本政策：從 1981 年提出「葉九條」、1983 年的「鄧六點」、1984 年鄧小平的「一國兩制」、1995年的「江八點」、2010 年的「胡六點」，再到 2019 年「習五條」等階段，逐漸確立以「一個中國原則」作為「併吞台灣」的中心政策。

一、蔣氏父子時期—堅持反共復國、一個中國的立場

　　中國雖然始終是台灣國家安全的最大威脅，但是在台灣領導人從蔣介石父子開始，再到後續的李登輝、陳水扁、馬英九以及

蔡英文，由於不同時期內在外在局勢的發展各有不同，他們面對
「一個中國原則」各有不同的策略與做法。

（一）蔣介石—堅持漢賊不兩立

1949 年之前，中華民國統轄整個中國大陸，是中國唯一的
合法政府。1949 年之後，中國國民黨政權淪為一個失去國土的
亡命政權，不過他們還是以中國正統自居，對外宣稱中華民國擁
有中國的主權，而將真正統治中國的中國共產黨政權當作是敵
人、叛亂團體，拒絕承認中華人民共和國的政治地位與統治中國
大陸的事實。

蔣介石政權將「反攻大陸，光復國土」視為畢生的志業，積
極謀求武力反攻中國大陸的適當時機。在同一時間，北京政權也
不甘示弱，一再放話要發動渡海戰爭，完成「武力解放，血洗台
灣」的目標。國、共雙方除了軍事上的廝殺，也有外交戰場上的
競逐，尤其是聯合國「中國代表權」的激烈鬥爭長達二十二年。
1949 年 10 月中華人民共和國成立以來，台海雙方政府就展開一
場長期競逐聯合國中國代表權的爭奪戰。在美國力挺之下，蔣介
石政權初期得以堅守「一個中國」的立場，以中華民國的身分與
中國唯一合法政府之地位占有聯合國的中國席位，並以「漢賊不
兩立」的原則處理聯合國中國代表權的爭論與所有國際外交的事
務。

中華人民共和國雖然被排除在聯合國大門之外，但是他們不
死心，竭盡所能要奪回聯合國內代表中國的席位，其中最大的關
鍵就是，1971 年美國開始逐步調整對中國的政策。1971 年 2 月
25 日美國總統尼克森提出「兩個中國」的構想──除了維持中華
民國在聯合國的地位，也歡迎中華人民共和國家加入聯合國。3
月 27 日國務卿羅吉斯（William P. Rogers）發表外交政策，提出

聯合國「雙重代表權」模式的構想，使中華民國與中華人民共和國同時在聯合國大會內各有一個席位。8 月 2 日，美國國務卿羅吉斯再度對聯合國中國代表權發表聲明，表示美國過去反對北京政權加入聯合國，為了配合世界局勢的演變，不再反對中華人民共和國加入聯合國，但是也不同意將中華民國排除於聯合國之外；至於安全理事會常任理事席位，則由聯合國大會決定。隨後，當時美國駐聯合國代表布希（George W. H. Bush）向聯合國秘書長提交「中國在聯合國的代表權」備忘錄，要求列入聯合國大會議程。美國要求聯合國承認「兩個中國」的事實──不但中華民國表示不能接受，而且立即引來中華人民共和國的強力抨擊。

1971 年以前，以美國為首的國際勢力支持蔣介石政權，也間接支持中華民國代表全中國的論述。由於蔣介石頑固堅持「漢賊不兩立」的一個中國政策，罔顧台灣人民在國際社會長久生存發展的空間，在聯合國危急緊要關頭依然拒絕友好國家「兩個中國」或「一個中國、一個台灣」的善意建議。等到聯合國的局勢風雲變色，即使有美國的大力支持也無法改變頹勢，1971 年 10 月 25 日聯合國大會通過第 2758 號決議之後，中華人民共和國取代中華民國在聯合國內的席次，中華民國在聯合國及其體系下的國際組織失去合法性與正當性，代表全中國的政治神話終告破滅。

總而言之，台海雙方政權為了爭奪誰才是中國真正的代表，雖然他們的軍事與外交鬥爭水火不相容，但是他們雙方都唱「一個中國」的論調，反對「兩個中國」或「一個中國，一個台灣」的提議。

（二）蔣經國—三民主義，統一中國

1975 年 4 月 5 日蔣介石逝世，1978 年蔣經國正式接任總統後不久，同年 12 月 16 日美國卡特總統向國際社會宣布，承認中華人民共和國並建立雙邊外交關係，自 1979 年 1 月 1 日起生效。在北京政權的堅持下，美國正式終止與中華民國的外交關係，並終止與中華民國的《共同防禦條約》。

蔣經國面對美中關係正常化及隨之而來的斷交、撤軍與廢約等等一連串的政治衝擊。中國則趁機發表《告台灣同胞書》，積極對台灣展開和平談判的攻勢，在文中宣稱「實現中國的統一是人心所向，大勢所趨。世界上普遍承認只有一個中國，承認中華人民共和國政府是中國唯一合法政府」。同時，也強調北京與「台灣當局一貫堅持『一個中國』的立場，反對台灣獨立，這就是我們共同的立場，合作的基礎」。中國以台海和平為訴求，取代原先恫嚇的「武力解放台灣」口號，迫使蔣經國領導的中國國民黨政權不得不被動提出「三不政策」──兩岸官方不接觸、國共兩黨不談判以及建國理想不妥協──作為回應。

1981 年 10 月中國人民代表大會常務委員會委員長葉劍英提出《關於台灣回歸祖國實現和平統一的方針政策》（也稱「葉九條」），該項政策方針以爭取國共對等談判為訴求，促進雙方在通郵、通商、通航、探親旅遊及開展學術、文化與體育的互動交流，並給予台灣保留軍隊、享有特別自治權的「一國兩制」政策構想。隨著反攻大陸的目標遙遙無期，又面對中國和平統戰的新攻勢，蔣經國提出「三民主義統一中國」的訴求，強調三民主義為全體中國人所擁護，而共產主義將為全體中國人所唾棄，以三民主義統一中國是海內外全體中國人一致的心聲。

「反共復國」作為基本國策的立場，從蔣介石開始，延續到

蔣經國過世為止。台北與北京兩政權分據台灣海峽兩邊，雖然在爭奪中國的正統與國際上的合法政權上互不相讓，但是對世界上只有一個中國以及台灣是中國一部分的立場，竟然是他們最大的公約數，且沒有改變過。

二、李登輝總統—特殊國與國的關係

1988 年 1 月 13 日蔣經國因病辭世，強人政治的時代正式劃下句點。李登輝繼任總統之初，仍延續蔣氏父子所堅持「一個中國」的政治路線，1990 年 3 月大多數來自中國大陸在台灣未曾全面改選的國民大會代表選出李登輝擔任總統，他在總統就職演說強調：「台灣與大陸是中國不可分割的領土，所有中國人同為血脈相連的同胞。…所有中國人也應共謀以和平與民主的方式，達成國家統一的共同目標。…如果中共當局能體認世界大勢之所趨與全體中國人的普遍期盼，推行民主政治及自由經濟制度，放棄在台灣海峽使用武力，不阻擾我們在一個中國的前提下開展對外關係，則我們願以對等地位，建立雙方溝通管道，全面開放學術、文化、經貿與科技的交流，以奠定彼此間相互尊重、和平共榮的基礎，期於客觀成熟時，依據海峽兩岸中國人的公意，研討國家統一事宜」。

隨後，1990 年 6 月 28 日李登輝總統召開「國是會議」討論台灣的未來，主導通過的事項包括：(1) 修改憲法，廢除《動員戡亂時期臨時條款》；(2) 萬年國會代表至遲於 1991 年底退職；(3) 總統、台灣省長、台北與高雄兩院轄市長直接民選；(4) 設立海峽兩岸的仲介機構等多項改革。其中，以 1991 年 5 月 1 日廢除《動員戡亂時期臨時條款》為主要代表作，片面宣告終結國共內戰，放棄以武力追求國家的統一。從此以後，台灣政府不再尋求在國際上與北京競爭「中國代表權」；同時，接受「中國

只有一個，但台灣與大陸都是中國的一部分」，也不再將中國共產黨政權視為敵人，而將「叛亂團體」改稱為「大陸當局」或「中共政權」，承認中華人民共和國的合法地位。另外，為了確立台灣與中國的雙邊關係，李登輝總統設置「國家統一委員會」（以下簡稱國統會）、「大陸委員會」（以下簡稱陸委會）與「海峽交流基金會」（以下簡稱海基會）；頒布「國家統一綱領」（以下簡稱「國統綱領」）以及提出推動國家統一工作的「三進程」與「四原則」；同時，也提出「國統綱領」作為未來中國統一的願景，但對於一個中國的內涵並沒有明確的界定。

　　1992 年 8 月 1 日國統會召開第八次全體會議，對一個中國的涵義作出以下的解釋：「海峽兩岸均堅持『一個中國原則』，但雙方所賦予的涵義有所不同。台灣認為一個中國應指 1912 年成立迄今的中華民國，其主權及於整個中國，但目前的治權僅及於台澎金馬，台灣固為中國的一部分但大陸亦為中國的一部分。1949 年起，中國處於暫時分裂狀態由兩個政治實體分治海峽兩岸」。在此階段，李登輝開始著手修正兩蔣時代所標榜「中華民國政府是中國唯一合法代表」，而走向「一個中國，各自表述」的立場。

　　李登輝主政期間，台灣與中國雙方在政治談判上儘管沒有獲得具體的進展，但是透過一系列的開放與擴大民間的交流，促成1993 年 4 月 27 日台灣海基會辜振甫董事長與中國海協會汪道涵會長在新加坡舉行歷史性的「辜汪會談」。「辜汪會談」雙方達成許多的事務性協議，包括：兩岸公證書使用查證協議、兩岸掛號函件查詢與補償事宜協議、兩會聯繫與會談制度化協議以及辜汪會談的共同協議。不過，會後雙方針對會談結果，台灣強調「辜汪會談明白顯示兩岸對等、分裂、分治的政治事實」；反觀，中國方面強調「會談的結果為祖國統一建立有利的基礎」，形成各

說各話的現象。

　　1996 年 3 月 23 日台灣舉辦有史以來首次總統由人民直選的民主選舉，李登輝總統一如事前所預料贏得選舉，人民的付託給予領導國政的權力。1997 年 7 月 1 日中國收回香港主權，並在香港推動「一國兩制」政策，對台灣帶來和平統戰的壓力，李登輝總統選擇在這個時機點，利用 1999 年 7 月 9 日接受「德國之聲」訪問的機會，針對記者提問「北京視台灣為叛亂的一省」，提出「特殊國與國的關係」。李登輝總統強調 「自 1991 年修憲以來，已經將兩岸關係定位在國家與國家，至少是特殊國與國的關係，而非一合法政府、一叛亂團體，或『一個中國』的一中央政府、一地方政府的內部關係。所以北京政府將台灣視為『叛亂的一省』，完全昧於歷史與法律上的事實」。

　　「兩國論」的說法提出之後，引來北京政府的大加撻伐，批判「兩國論」是蓄意分裂中國的領土與主權，破壞台海兩岸關係的發展，阻礙中國的和平統一。事實上，李登輝總統透過「兩國論」將台海兩岸雙邊關係的基調定位在對等的地位，符合台灣現實的情況，有別於過去蔣氏父子所堅持「一個中國」的立場，也排除「一個中國，各自表述」的曖昧模糊性。除此之外，台灣人民所選出的總統對外傳達台灣人民普遍的心聲，凸顯台灣是一個有別於中華人民共和國的主權國家，台海兩岸的「現狀」已經是國家與國家關係的事實，這對提升台灣人民的自尊、建立台灣主體性與強化台灣國家意識都有很大的幫助。

三、陳水扁總統—台灣、中國，一邊一國

　　公元 2000 年台灣首次完成政黨輪替，民主進步黨的總統候選人陳水扁當選，結束中國國民黨政權五十五年的統治。作為第一個本土政權的總統，陳水扁總統對台灣與中國雙邊關係的發展

充滿期待，他在就職演說提出「善意和解、積極合作、永久和平」作為台灣與中國交往的三大指導原則，同時，強調：「只要中共無意對台動武，本人保證在任期之內，不會宣布獨立，不會更改國號，不會推動兩國論入憲，不會推動改變現狀的統獨公投，也沒有廢除國統綱領與國統會的問題（四不一沒有）」。

陳水扁政府用心促進台、中關係的正常化，努力維持台灣海峽的永久和平，可惜並未得到中國具體善意的回應。北京刻意採取忽視冷漠、不加理睬的態度，同時串聯台灣內部的親中政治勢力發動「以經促統」、「以商逼政」與「以民逼官」的統戰手段，分化台灣內部團結，最終目的就是要逼迫台灣接受「一個中國原則」。

2002 年 8 月陳水扁總統對世界台灣同鄉聯合會電訊致詞，特別提出「台灣、中國，一邊一國」的主張。主要內容包括：第一，台灣要走自己的路；第二，台灣是一個主權獨立的國家，台灣與對岸的中國，一邊一國，要分清楚；第三，只有台灣二千三百萬人民才能決定台灣的前途；為了台灣的前途，大家應認真思考公民投票的重要性與急迫性。

中國並沒有因為陳水扁總統一再委曲求全而有善意的回應。陳總統提出台灣要走自己的路、「台灣、中國，一邊一國」的論述，講出了台灣海峽兩岸的現狀，與台灣人民共同的心聲，但是中國的反制是在 2005 年通過《反分裂國家法》。這種無視於台灣的國際法律地位，訂此法律表明中國要用「非和平方式」侵略併吞台灣的強烈意圖，要壓制與剝奪台灣人民決定台灣前途的權利，顯然是國際不法的行為，不但違反國際法及《聯合國憲章》「和平解決爭端」、「不得使用武力取得領土」及「人民自決」的大原則，而且也構成「侵略罪」及「破壞和平罪」。

面對中國通過《反分裂國家法》加上對台展開「三戰運動」

（心理戰、輿論戰、文宣戰）以及「三光政策」（將邦交國挖光、國際政治生路堵光、對台談判籌碼擠光）的雙重逼迫，陳總統不但沒有退縮，而且更向前前進。2006 年正式宣布「終止『國統會』的運作與『國統綱領』的適用」，隔（2007）年 3 月 4 日出席台灣人公共事務會（FAPA）成立二十五周年晚宴上，再提出「四要一沒有」的訴求與主張——亦即台灣要獨立、台灣要正名、台灣要新憲法、台灣要發展、台灣沒有左右路線，只有統獨的問題。

2007 年 7 月 19 日陳總統代表台灣人民，以台灣之名向聯合國正式提出入會申請。不但在聯合國內引起熱烈的討論，明確凸顯台灣是一個主權獨立的國家、台灣也是一個自由民主、愛好和平的國家，「台灣、中國，一邊一國」、台灣與中華人民共和國互不隸屬的事實，受到國際社會更多的瞭解與支持；同時，也清楚表明中華人民共和國在聯合國及其體系內相關功能性的國際組織，並不代表台灣與台灣人民。

四、連戰—國共聯手反獨促統

中國打壓台灣的手段百百種，傳統上他們慣用的統戰手段就是「聯合次要敵人，打擊主要敵人」，製造與利用社會的矛盾，分化內部的團結。其中最具代表性的莫過於利用以連戰為首的中國國民黨失意權貴，不甘願 2004 年奪回政權期待的落空，乃轉向爭取求助中國共產黨的支持合作對抗陳水扁政府。為了遏止台灣本土政權再度贏得政權強化台獨的局勢，2005 年中國通過《反分裂國家法》，連戰以中國國民黨主席身分前往北京展開歷史性的「和平之旅」。連戰與中國共產黨胡錦濤會面後發表《連胡公報》，開啟第三次國共合作的序幕，共同確認「國、共聯手反台獨」的戰略目標。

　　國共雙方在《連胡公報》毫不掩飾表明堅持「九二共識」，反對「台獨」的共同主張，其中包括三項體認：（1）堅持九二共識，反對台獨，謀求台海和平穩定，促進兩岸關係發展，維護兩岸同胞利益，是兩黨的共同主張；（2）促進兩岸同胞的交流與往來，共同發揚中華文化，有助於消弭隔閡增進互信，累積共識；（3）和平與發展是二十一世紀的潮流，兩岸關係和平發展符合兩岸同胞的共同利益，也符合亞太地區與世界的利益。根據上述三項體認，國共兩黨決定進一步合作推動「兩岸和平發展共同願景」——包括「恢復談判」、「終止敵對」、「經濟全面交流」、「協商國際空間」、「黨對黨溝通平台」等五項重點工作。

　　國、共雙方在《連胡公報》上標示雙方合作的新關係，毫不掩飾表明堅持「九二共識」與「反台獨」的立場。內行人都看得出來，北京深化國、共兩黨互動的目的，是在台灣內部建立牽制政府的政治勢力，刻意孤立陳水扁政府與執政黨，發動「以經促統」、「以商逼政」與「以民逼官」的統戰手段，製造台灣社會內部的分裂與對立。同時，逆勢操作以「去政府化」、「去主權化」的做法，刻意接受中國國民黨以在野黨的身分，作為台灣民選的國家領導人與合法代表台灣政府的代理人，處理涉及公權力的談判，既沒有代表台灣政府與人民的正當性，也違反民主運作的合憲性。

　　總而言之，連戰身為中國國民黨黨主席，事前沒有經過台灣內部的民主機制取得人民的授權，又自行與中國共產黨領導人將「九二共識」訂為台灣與中國的共識。這種擅自主張、將個人或政黨利益凌駕國家利益之上的行事風格，嚴重傷害台灣主權國家的地位，如果這種背叛台灣的行為不是出賣台灣，什麼才算是「出賣台灣」？

　　換個角度來看，中國共產黨則利用第三次「國共合作」的機

會，作為「反獨」、「促統」的施力點，表面上支持與配合中國國民黨所推動的「國共合作」新關係，以促進台海雙方和解為核心，鎖定中國國民黨與中國共產黨進行「兩黨高層對話」、建立「兩岸經貿文化論壇」（簡稱「國共論壇」）以及推動兩黨基層與台商為主的對話管道。實際上，中國一開始即將「國共合作」的焦點設定在只要承認「九二共識」及「反對台獨」，且在不討論「一個中國」內涵的狀態下，雙方進行經貿、社會與文化交流。毫無疑問，國、共聯手對抗台灣的惡意一日不除，問題仍將繼續存在，成為台灣走向國家正常化的絆腳石。

五、馬英九—否定台灣的主體價值、追求終極統一

2008 年上任的馬英九總統，以中國化為個人施政的核心價值，一廂情願認為台海關係要平穩發展，就要擱置不必要的政治爭議，將兩岸關係位階高於外交，視為政府施政的主軸，積極展開與中國的政治協商，擴大雙邊交流。在對外事務上，馬氏標榜活路外交的策略，以外交休兵營造雙邊和解的氣氛，以騙術包裝傾中的意識形態，強迫人民接受「九二共識、一中各表」、「一國兩區」、「主權互不承認、治權互不否認」以及「一個中國架構定位兩岸關係，而非國與國的關係」等模糊化台灣主權的政策。同時，不設防推動全面傾中開放的政策，以中國化取代台灣化、全球化，因而國際競爭力不升反降，人民未蒙其利先受其害，而不斷加深台灣對中國市場的依賴，也大大壓縮台灣人民及後代子孫發展的機會與空間，對台灣的永續發展帶來不可預知的變數。這種以否定台灣主體價值，積極為終極統一鋪路的表現，與李登輝及陳水扁兩位前任總統長達二十年的執政期間，面對中國時時併吞的威脅，始終堅持台灣優先，竭盡所能捍衛台灣的國家安全與主權獨立，有極大的差別。

（一）輕諾寡信

馬英九總統任內為了矇騙誤導建立人民對其捍衛台灣領土與主權的信心，在 2008 年總統就職演說中談到「以最符合台灣主流民意的『不統、不獨、不武』的理念，在《中華民國憲法》架構下，維持台灣海峽的現狀」。2012 年連任總統就職演說，進一步重申「《中華民國憲法》是政府處理兩岸政策的最高指導原則：兩岸政策必須在《中華民國憲法》架構下，維持『不統、不獨、不武』的現狀，並在『九二共識、一中各表』的基礎上，推動兩岸的和平發展」。

什麼是馬英九政府所認知的「不統、不獨、不武」的現狀？馬氏政府提出以下的解釋：首先，什麼是「不統」？就是在其擔任總統期間，不會與中國談論有關統一的問題。其次，什麼是「不獨」？馬氏政府強調不會採取「台獨」的路線。所謂「台獨」是台灣獨立於中國之外的簡稱。馬氏政府不但不採取「台獨」的路線，而且極力反對「台獨」，要否定、推翻台灣長期以來獨立自主、是一個與中國互不隸屬的主權國家之現狀。至於，什麼是「不武」？就是在馬英九總統任期內，不讓中國有理由對台用兵，台海兩岸之間不會發生戰爭。

上述的論調表面上是為了照顧台灣人民的生命與財產，維持台海的永久和平，實際上馬氏政府常常是講一套、做另外一套。馬氏政府利用語言的辯術，對支持與中國統一的人說不獨，對支持台灣獨立的人改說不統，其中心思考的邏輯在於左右搖擺、騙取選票。雖然馬英九用嘴巴講在總統任內不會與中國談論統一的問題，但是這種強調在中華民國體制下所維持的現狀，乃建立在不存在的「九二共識，一中各表」的基礎之上。因此，仔細觀察馬氏政府執政期間的所作所為，正是要改變台灣長期以來獨立存

在於中國以外的事實。只要牽涉到台灣主權、國格等事項的所作所為，不是處處對中國讓步，就是一再傷害台灣的主權國格，既不敢對中國官員自稱「總統」，也聽任中國擺布安排台灣的名義與身分，出席聯合國體系下的世界衛生大會與國際民航組織。這種自我矮化的做法，正是向國際社會自我表明、承認台灣屬於中國的一部分，而不是獨立於中國之外。

在此補充說明，2018 年 11 月已退任總統的馬英九提出「新三不」的說法── 也就是「未來不排斥統一、不支持台獨、不使用武力」。面對中國不斷強化政治打壓的力道，卸任總統不與國人站在一起對抗中國的霸凌，竟然提出未來不排斥與中國統一的說法，明顯與過去不會與中國談論統一的保證相違背，不但侵害國民未來的決定權，而且向國際社會釋出錯誤的訊息，以為台灣向中國叩頭求和。

（二）外交休兵

面對中國強硬的外交打壓，馬氏政府採取「兩岸關係優於外交關係」的政策方向，其「外交休兵」就是在不得罪中華人民共和國的前提下營造雙邊和解的氣氛，採取所謂的「務實理性」──自我矮化、去國家化、去主權化的做法，乞求中國的同意與支持，換取台灣「有意義參與」聯合國專門機構與機制的活動空間。

什麼是「有意義參與」聯合國專門機構？講明了就是「中國做老大，台灣做細漢仔，而由中國老大哥設定台灣參與聯合國專門機構或機制的名義、資格與形式」。2009 年在北京精心安排下，馬氏政府接受世界衛生組織陳馮富珍秘書長（中國籍）的邀請，以 Chinese Taipei 的名義與觀察員的身分，出席世界衛生大會就是一個具體的案例。因此，一旦北京政權不滿意馬氏政府的表現，隨時可以拒絕發給邀請函，剝奪台灣參加世界衛生大會的

機會。但是，馬氏政府竟然以此向台灣人民邀功，自我吹噓「外交休兵」政策成功、擴展了台灣外交舞台的政績。

值得我們注意的是，馬氏政府採取「務虛」的外交政策，獲邀參與世界衛生大會，並不代表順理成章成為世界衛生組織會員國，反而提供中國在背後操控、接管台灣國際事務的機會。這對台灣未來爭取參與聯合國專門機構與機制造成的影響，可從以下三個層面來觀察分析：第一，形式上，聯合國專門機構需先經過中國的同意才對台灣發出邀請函，意在凸顯中國是決定台灣國際參與空間與機會的關鍵，沒有獲得中國的同意，台灣在國際社會是寸步難行。第二，名義上，台灣被迫接受 Chinese Taipei 名不正言不順的名號，意在營造台灣是中國（China）一部分的假象。第三，資格上，給予台灣「觀察員」或其他「非政府」的獨特身分，意在矮化台灣主權，否定台灣的國格。2013 年馬氏政府食髓知味，又再以「WHA 模式」成功爭取到參與國際民航組織大會的機會，我方代表的名稱被矮化為「中國的台北民航局」（Chinese Taipei Civil Aeronautics Administration），又以「專家或官員」（experts or officials of your administration）等奇奇怪怪的身分出席，但不准發言。

顯然，上述「WHA 模式」是一種「台灣向中國叩頭」的失敗模式。「WHA 模式」一旦成為國際慣例，對台灣最大的傷害在於凸顯台灣不是一個具有國際法律地位的主權國家，藉由台灣未來參與聯合國專門機構或機制前，必須先取得中國的同意，並由中國設定台灣參與的名稱、地位與方式，進一步塑造中國為「中央」、台灣為「地方」的「事實」，誤導國際社會台灣已接受「一個中國原則」、承認台灣為中國的一部分。

馬氏政府自豪於「外交休兵」使台海雙邊關係達到半世紀以來最好的狀態。實際上，馬氏政府隨中國意志喜好決定台灣參與

國際組織的模式與內容的做法,所得到的不是主權國家所應有的外交空間,而是以台灣主權的流失為代價,最後換來中國更蠻強的打壓與羞辱,台灣的外交幾近休克停擺,被關入「一個中國原則」的牢籠中,一旦台灣人民淪為北京掌控的籠中鳥,恐怕永無脫身之日。

(三) 政經分離的騙局

馬英九八年執政期間,承接連戰與北京所建立的合作基礎,不設防的對中國大開方便之門,將台海雙邊關係的改善、投資中國市場與擴大雙邊交流,視為活絡台灣經濟、維持台海和平的關鍵。中國則配合提出台海雙方共築「中國夢」的憧憬,採取軟性經濟利誘的手段,先開放中國遊客來台觀光。同時,重新開啟台灣海基與中國海協兩會的會談,在遵循《連胡公報》「兩岸和平發展共同願景」的前提下,總共完成二十三項協議的簽署及達成兩項共識,奠定對台「以經促統、以商逼政、以民逼官」的統戰基礎。

馬英九作為一個以傾中意識形態治國的總統,表面上暢言「為台灣的經濟找出路、為台海雙邊關係找生機,為台灣的外交空間找活路」的口號。實際上,是遵循 2005 年「連胡會」後發表的「兩岸和平發展共同願景」,放任中國以促進兩岸政經、文教交流的名義,在台從事統戰布線、組織耕耘與經營人脈,而不關心中國利用貿易的依賴,對台灣進行政治滲透,再運用此一依賴結構從事威脅影響台灣的獨立與自主之陰謀與行動。

自 2008 年到 2015 年期間,馬氏與中國陸續完成二十三項協議簽署(參見表 6-3),台灣被鎖入許多白紙黑字的「合作」義務之中,而中國則從中取得愈來愈多「以經促統、以商逼政、以民逼官」的統戰籌碼。

（表 6-3）馬英九上台後與中國簽署的協議一覽表（2008～2015）

時間	會議名稱	協議名稱
2008 年 6 月 13 日	第一次 江丙坤、陳雲林會談	海峽兩岸包機會談紀要 海峽兩岸關於大陸居民赴台灣旅遊協議
2008 年 11 月 4 日	第二次 江丙坤、陳雲林會談	海峽兩岸空運協議 海峽兩岸海運協議 海峽兩岸郵政協議 海峽兩岸食品安全協議
2009 年 4 月 26 日	第三次 江丙坤、陳雲林會談	海峽兩岸共同打擊犯罪及司法互助協議 海峽兩岸金融合作協議 海峽兩岸空運補充協議
2009 年 12 月 22 日	第四次 江丙坤、陳雲林會談	海峽兩岸農產品檢疫檢驗協議 海峽兩岸漁船船員勞務合作協議 海峽兩岸標準計量檢驗認證合作協議
2010 年 6 月 29 日	第五次 江丙坤、陳雲林會談	海峽兩岸經濟合作架構協議（ECFA） 海峽兩岸智慧財產權保護合作協議
2010 年 12 月 21 日	第六次 江丙坤、陳雲林會談	海峽兩岸醫藥衛生合作協議
2011 年 10 月 20 日	第七次 江丙坤、陳雲林會談	海峽兩岸核電安全合作協議
2012 年 8 月 9 日	第八次 江丙坤、陳雲林會談	海峽兩岸投資保障和促進協議 海峽兩岸海關合作協議
2013 年 6 月 21 日	第一次 林中森、陳德銘會談	海峽兩岸服務貿易協議 （立法院審議中，尚未生效）
2014 年 2 月 27 日	第二次 林中森、陳德銘會談	海峽兩岸地震監測合作協議 海峽兩岸氣象合作協議
2015 年 8 月 24 日	第三次 林中森、陳德銘會談	海峽兩岸避免雙重課稅及加強稅務合作協議（本協議尚待完成相關程序後生效） 兩岸民航飛航安全與適航合作協議

資料來源：行政院大陸委員會，〈兩岸協議〉，《行政院大陸委員會全球資訊網》，<http://www.mac.gov.tw/ct.asp?xItem=67145&CtNode=5710&mp=1>（最終瀏覽日：2017 年 2 月 9 日）。

其中，最受人矚目的就是《海峽兩岸經濟合作架構協議》（ECFA）。基本上，ECFA 是台海兩岸雙邊接受「一個中國原則」下的產物，馬氏政府一再重申簽訂 ECFA 之後，一方面有助於排除中國反對，順利與世界各國簽訂自由貿易協定（FTA），同時也可避免台灣繼續被邊緣化。但是許多學者專家們苦口婆心提出警告，憂心 ECFA 將使台灣淪為不設防的國家，而中國企業、人員與貨品得以長驅直入台灣，使台灣經濟受制於中國並加速中國化。台灣人民非常清楚接受 ECFA 絕對是「弊大於利」，為此紛紛走上街頭表態反對，但無法阻止馬氏政府一意孤行與中國簽訂 ECFA。ECFA 簽訂三年之後，台灣經濟依然低迷不振，此時藐視民意的馬氏政府又與中國簽訂《海峽兩岸服務貿易協議》（以下簡稱《服貿協議》），無視《服貿協議》如同「糖衣包藏毒藥」一般，將進一步制度化、深化台灣對中國依賴的結構，造成不可改變的事實。

在台灣不設防為中國大開方便之門，全面擴大、深化各層面的交流之時，中國也利用國共合作的模式，收買依賴中國市場的財團與拉攏台灣別有居心的政客，進行跨海峽兩岸國共權貴的結盟，共組「以商圍政」的利益集團。這些與中國有特別關係的財團鼓吹台灣與中國的經濟整合，排除貿易障礙，鬆綁對中國的資本、技術與人才的管制。同時，也以促進貿易自由化為名，掩飾兩岸檯面下權力與資本的交易，並鎖定台灣的大眾媒體、關鍵性產業進行具有控制力與重大影響的投資，毫不避諱扮演中國在台的代理人，影響台灣的內政運作。

最具體的表現莫過於 2012 年總統大選前夕，部分在中國投資設廠的台商，為了討中國主子歡心，幫助中國屬意的候選人當選，自甘墮落扮演紅色代理人的角色。除了到處亂開回台投資設廠的支票之外，例如，鴻海郭台銘、長榮張榮發、台塑王文淵、

遠東徐旭東、潤泰尹衍樑、聯電宣明治與宏達電王雪紅等在中國有龐大投資的大台商更光明正大介入選舉，召開記者會公開表態支持馬英九與九二共識，這是中國於幕後操弄台灣選舉的明證。台灣與中國的全面交流真能達到「政經分離」的狀態嗎？令人懷疑！

　　馬氏政府與北京政權聯手安排一場「政經分離」的騙局，以營造台海兩岸和解有利於台灣經濟發展與促進台海和平為藉口，交換中國所提供短暫的政經利益。中國則處心積慮塑造友好和善的假象，利用國共合作營造和緩的雙邊關係，進一步促成「共同發展、共同繁榮、共同治理」的發展模式，以期達到「以通促統」的目的。

　　台灣海峽雙邊的關係雖然在馬氏政府主政下，達到前所未有的表面和諧，但是台灣的生存危機隨之浮現。美國前國務卿希拉蕊（Hillary R. Clinton）女士於 2014 年 6 月接受台灣《商業週刊》的專訪，就以「台灣正面臨轉捩點」提出警告。她援引烏克蘭過度依賴俄羅斯的案例，提醒台灣人注意烏克蘭失去經濟自主性的風險，一旦俄羅斯採取不友善的制裁行動，烏克蘭的獨立性與自主性勢必受到直接威脅。希拉蕊女士是一位國際外交戰場談判經驗豐富的專家，她根據過去與中國打交道的經驗，語重心長提醒台灣人民，必須在與中國展開全面性合作交流之中找到一個國家安全的警戒點。台灣假使沒有時時刻刻「小心一點！精明一點！」（carefully, and smartly），警戒中國結合政治威嚇與經濟利誘的雙重手段，是否對台灣的國家安全帶來威脅？

　　中國從未放棄併吞台灣的意圖，他們竭盡所能想要掌控台灣的咽喉。假使台灣未能固守國家安全的底線，放任經濟向中國傾斜，一旦掉入中國所設的陷阱，失去經濟主導權的台灣勢必淪為中國的附庸。接下來就是政治受中國擺布的開始，不但台灣人民

的自由人權處處受制於中國，連台灣得來不易的民主也會被中國所干擾操縱。屆時，台灣成為北京的籠中鳥，想逃恐怕也逃不了。

總而言之，我們必須嚴肅面對中國對台威脅利誘效應的擴大，台灣面臨關鍵的轉捩點，除了降低經濟依賴中國的程度，還要儘速提升台灣對抗中國對台三戰（輿論戰、心理戰與法律戰）的能力及行動，並劃出「到此為止，不能越界」的紅線，這是希拉蕊女士對台灣衷心的提醒。然而，令人氣憤的是，馬英九對這一番逆耳的忠言當然沒有接受，台灣與中國的雙邊交流，根本沒有「政經分離」的空間與實質。

（四）「九二共識」成為「一個中國原則」的代名詞

馬英九將「九二共識」視為台海兩方和平發展最重要的共識。2008 年與 2012 年兩次總統就職的演說中，他首先強調「在『九二共識』的基礎上，儘早恢復雙邊協商」；其次又提出「在『九二共識、一中各表』的基礎上，推動兩岸和平發展」的立場。在馬英九終極統一政治路線的操作下，處心積慮以「一中各表的九二共識」營造促進雙邊關係發展的假象，其中他最引以為傲的成就，就是以「九二共識」開啟台海兩岸和平發展之路，大幅改善雙邊關係，恢復台灣與中國雙邊的協商談判，簽署二十三項重要的經貿協議。

眾所周知，「九二共識」是中國國民黨前陸委會蘇起為了因應 2000 年民主進步黨首度取得政權，重新包裝「一個中國，各自表述」的意涵、憑空創造的虛幻名詞。無論是 1992 年當時主政的李登輝總統或是代表台灣進行「辜汪會談」的海基會辜振甫董事長都明確表示，沒有「九二共識」的事實。甚至蘇起本人在他 2014 年所寫的《兩岸波濤二十年紀實》書中，也確認『一九九二年共識』或『九二共識』，是他出席 2000 年 4 月 28 日在淡

江大學舉辦的一場國際研討會所提出的新名詞，是一種毫無根據的『創意的模糊』」。

中國國民黨一再堅持「九二共識」是指「一個中國，各自表述」，與北京政權所定義「各自表述，一個中國」的「九二共識」有所不同。表面上，國共雙方對「九二共識」的解釋各取所需，事實上，北京擁有「一個中國」的絕對詮釋權，一個中國根本沒有各自表述的國際空間。中國利用「九二共識」偷渡「一個中國原則」，而中國國民黨則利用「一中各表」的騙術，想要維持既有的政治利益，只要最終能夠達成「一個中國」的目標，無論「一中各表」或是「各表一中」都不是問題。因此，中國國民黨宣稱「九二共識」有助於促進雙邊關係的發展，可帶來兩岸和平並創造和平紅利，而北京則威脅不接受「九二共識」就會地動山搖。

國共聯手泡製「九二共識」的政治謊言，雖然對於「九二共識」的解釋，各取所需，但是利用「九二共識」的目的倒是有志一同──欺騙台灣人，降低台灣人對「一個中國原則」的戒心。同時，台灣人民接受「九二共識」就等於向國際社會表明台灣接受「一個中國」的立場，也間接承認台灣是中國的一部分。最終目的就是將台灣一步步推向「統一」的黑洞。

（五）太陽花運動是台灣面對中國因素抗爭的頂峰

2005 年連戰以中國國民黨主席的身分進行「破冰之旅」，確立國共合作的基礎。隨著 2008 年馬英九當選總統，接收連戰所打下的基礎，且在北京的默許配合下，馬英九得到與北京協商的入場券，毫無阻力的推動台海雙邊政策。馬氏政府精心鋪陳，彷彿只有中國國民黨的馬氏政府才有能力去處理台灣與中國的雙邊關係。

馬氏政府相信台灣經濟未來發展的希望在中國，唯有與中國

進行經濟整合，才能跳脫現有的經濟框架與世界各國進行自由貿易，竟然忽略了中國併吞台灣的野心。馬氏政府採取獨斷獨行的決策模式，對中國門戶洞開的結果，使得台灣愈來愈依賴中國，失去經濟自主，國家的競爭力一再流失，兩岸政商集團獨享兩岸經貿交流的利益，而台灣大多數人成為最大的犧牲者。他們的直接感受是台灣的民主憲政制度被破壞、國家的主權被犧牲，賴以生存的經濟命脈也被中國蠶食鯨吞，進而失去政治的自主。最令人擔心的是失去經濟自主加上政治臣服加速度，破壞了台灣不受中國統治的現狀。

值得一提的是，從 2008 年陳雲林來台，為抗議馬氏政府使用國家暴力侵犯人權而發起的「野草莓」運動。自 2010 年之後，台灣社會運動接連發生，從苗栗大埔事件發生開始，全國關廠工人案、反媒體壟斷運動、台東美麗灣渡假村的開發爭議、反核四大遊行等接續發生。許多公民與學生為了追求公平正義，紛紛走進抗議的群眾中與執政的中國國民黨展開對抗，每一次的社會運動就累積一份社會改革的能量。因此，當馬氏政府執政進入中後期階段，再推動任何對中國開放的政策，尤其是中國國民黨欲以粗暴的手段強行通過《服貿協議》，大大刺激了公民社會的反抗。當眾多年輕的學子與公民團體揭竿起義以迅雷不及掩耳的速度占領立法院議場，消息又透過網路迅速對外散布，更多的群眾蜂擁而至，他們聚集、占領甚至露宿在立法院周圍區域街道，揭開了「太陽花運動」的序幕。

三一八太陽花運動是台灣面對中國因素抗爭的頂峰，不但成功阻擋了《服貿協議》，隨後又在年底的九合一選舉展現巨大的政治能量。這一股無法阻擋的改革浪潮，重創了馬氏政府的威信，加速促成第三次政黨輪替，阻擋台灣持續向中國傾斜的態勢，甚至扭轉了對中國因素無力感的現狀。同時，公民力量的崛

起，有效遏阻中國透過培養政治代理人提供利益遂行「收買台灣」的計謀。

六、蔡英文總統―維持台灣、中國互不隸屬的現狀，對抗一中原則

台灣歷經馬氏政府八年違反民意的執政，2016 年蔡英文就任總統後所面對的是一連串政治、經濟與社會等千瘡百孔尚待解決的問題。中國是台灣國家安全的最大威脅，如何對抗中國併吞的壓力？如何避免中國將經濟依賴轉為政治控制，破壞「台灣、中國，一邊一國」的現狀？如何對付潛藏在台灣內部的中國代理人與中國白蟻等急統勢力與北京的裡應外合？這些關鍵的問題對蔡總統及其執政團隊帶來嚴峻的考驗。

（一）維持台灣與中國互不隸屬的現狀

台灣人民對於未來可能發展問題的處理，「維持台海和平的現狀」是其中一項重要主張。行政院陸委會長期針對台海雙邊關係的進展進行民意調查，這項以台灣人民作為樣本所得到的結果，常常被視為討論台灣民意的趨勢是傾向於統一或獨立的重要參考。根據歷年來陸委會的民調數據顯示，台灣人民傾向於「廣義維持現狀」者占絕大多數，然而深入追究其真正的內容與意涵，卻可以發現不論是朝野政黨、美國與中國各方，對於台海「維持現狀」的理解各有不同，因此引發許多無謂的爭端。

基本上，對於所謂的「維持現狀」有不同的解讀。美國反對任何片面改變由美國所自行定義的台海「現狀」（status quo）。就台灣人的觀點，最基本的現狀就是台灣與中國是互不隸屬的兩個國家。中國認知中的「維持現狀」是指「一個中國原則」――「世界上只有一個中國，台灣是中國的一部分，中華人民共和國政府是中國唯一的合法政府」。台灣海峽雙邊兩國的關係，存在

著動態、瞬息萬變的因素。中國至今從未放棄併吞台灣的意圖，「中國黑手」介入台灣社會的政經發展、意圖操控台灣社會的發展走向已不是秘密。他們處心積慮投入資源加強進行輿論戰、心理戰與法律戰等，以全方位威脅利誘台灣人民的手段，隨時要破壞台海和平的現狀。

　　面對中國一心一意要併吞台灣，假使我們失去警戒，一再沉迷於「維持現狀」的表面口號、被錯誤的外在情勢所蒙蔽，無疑是幫助北京以溫水煮青蛙的方式，解除台灣人民對中國的心防與武裝。過去馬氏政府執政期間，採取以「不統、不獨、不武」為本質的「維持現狀」，顯然沒有顧及中國處心積慮一步一步侵蝕台灣、併吞台灣的野心，其結果是台灣人受麻醉，身處由謊言與虛假所構築的幻象之中。中國精心設計經營台海歌舞昇平的假象，要使台灣政府對台海外弛內張的現狀失去掌握，也使台灣人民失去對中國武力犯台的戒心。在此情況下，一旦台海出現任何風吹草動，勢必衝擊當前台海和平穩定的假象，對台灣國家安全與社會穩定發展帶來不可預測的後果。

　　無可否認，國際政治講究實力。當中國憑藉其愈來愈強大的政經實力，毫不掩飾對外展現擴張的意圖，尤其在台海兩岸武力面臨失衡的關鍵時刻，「維持現狀」得過且過的消極做法，是無法抗拒虎視眈眈的中國對台灣國家主權的挑戰與國安的威脅。我們必須面對台海當前的現實，清楚認知「現狀」是一種相對動態的概念，台灣與中國雙邊的和平關係要靠雙方共同維持。中國正處於大國崛起的時候，他們一再展現武力霸凌、強勢併吞的態度，要維持台灣與中國和平的兩國關係實在是一個巨大的挑戰。

　　因此，台灣人民應對當前國家安全的挑戰有更廣泛深入的體悟。除了建立有效保衛國家安全的防衛機制，需要堅強的國防武力與全民警戒的心防之外，對於台海和平的現狀，應是建立在《聯

合國憲章》與國際法和平解決爭端的基礎上，這是我們解讀台灣人民「維持現狀」時，必須再三強調的。

（二）台灣共識就是堅決反對一國兩制

「九二共識」雖然是一個根本不存在的東西，但是對中國國民黨的政治人物來講，「九二共識，一中各表」乃是他們用來欺騙台灣人的政治術語。他們宣稱台海雙方 對於「九二共識」有求同存異的見解，無論「一中各表」或是「各表一中」都不是問題，自欺欺人以為只要接受「九二共識」，就可以創造台海兩岸的和平與促進雙邊關係的進展。

蔡英文政府執政以來，表明不接受虛假的九二共識，北京則以「未完成的考卷」為由，對蔡總統「聽其言，觀其行」施壓，要求必須對「九二共識」明確表態。中國遲遲無法得到滿意答案，惱羞成怒，採取「以經促統、以商逼政、以民逼官」的統戰手段進行「窮台政策」。北京先從大幅縮減中國觀光客來台灣開始著手，隨後中斷對台灣農產品的採購，再逼迫台灣依賴中國市場與中國觀光客消費的相關業者，走向街頭遊行向政府陳情。我們千萬不可輕忽這類迎合中國意圖的力道，未來將持續對蔡英文政府帶來更大的壓力。在台海雙邊關係陷入降溫停擺的同時，中國則另闢對台管道，邀請中國國民黨主政下的縣市首長或代表訪問北京並給予差別化的優待，對台灣內部進行統戰分化的攻勢。

2018 年藍綠勢力經過九合一選舉的考驗，地方政治版圖重新洗牌，對蔡英文總統堅定拒絕接受「九二共識」的立場帶來挑戰。九合一選舉的結果，並不代表台灣選民對於「九二共識」的認同，但是勝選的國民黨縣市首長們以擁「新民意」自重，高分貝支持「九二共識」，迫不及待向北京表態要設立「九二共識兩岸工作小組」。他們利用掌握多數縣市執政形成「地方包圍中央」

的壓力，意圖強迫中央政府就範，接受「中央跟著地方走」的政策，作為未來處理台海雙邊關係的準則。

　　2019 年 1 月 2 日習近平在《告台灣同胞書》的談話中，表示要推動兩岸雙方在一個中國原則的基礎上，達成「海峽兩岸同屬一個中國，共同努力謀求國家統一」的九二共識，並堅持一國兩制與推動祖國統一的基本方針。面對習近平確立「九二共識」的定義就是「一個中國」與「一國兩制」，根本沒有中國國民黨所謂「一中各表」的空間。隨後，蔡英文總統給予強力回應，強調「台灣從未接受九二共識，也絕不會接受一國兩制，台灣絕大多數民意堅決反對一國兩制，這也就是台灣共識」。

　　台灣千萬不可在有增無減的政治高壓下屈服，失去作為一個主權獨立國家的信心，更不可為了貪圖中國賞賜的所謂經濟紅利，對九二共識存有任何幻想，甘願自我矮化為中國的附庸、特區。對於北京所提要由兩岸各政黨與代表性人物展開民主協商，推動政治談判進行兩岸關係制度性安排，我們千萬不可墮入他們所設的陷阱。所謂以「一個中國原則」為前提的「民主協商」，其本質是分化台灣、消滅台灣主權的統一協商。如此，不但不會換來台海的真正和平與經濟利多，而且會使台灣成為中國的籠中鳥，喪失台灣國的存在，葬送台灣人的未來。

（三）主權不容侵犯的四大堅持

　　台灣是一個與中國互不隸屬的主權國家。長期以來中國無所不用其極想要透過武力威嚇、外交封鎖、經濟侵蝕、政治滲透與文化統戰等手段，再配合法律戰、心理戰、輿論戰以及認知戰等策略的交互應用，意圖製造台灣人民的恐慌、社會的矛盾與分化內部的團結，逼迫台灣人民叩頭求和，接受「一個中國原則」或「九二共識」，淪為中國的一部分。

　　中國是台灣國家安全最大的威脅，我們沒有退路，不能因為中國加大文攻武嚇的力道就畏懼退縮，也不能貪圖中國的利益誘惑就拋棄國家尊嚴，失去做為一個主權獨立國家應有的意志與信心。面對來自中國併吞的威脅，我們必須盡最大的力量，堅持台灣與中國互不隸屬，主權不容侵犯的立場，守護數十年來台灣眾多民主前輩不惜流血、流汗打拚奮鬥，辛苦累積建立起來的民主、自由與人權，並以此與國際社會主流價值接軌，爭取與理念相近的國家建立夥伴關係，進行政治、外交、經濟、科技等全方位的合作，這是確保台灣長治久安，為印太安全與世界和平作出關鍵性的貢獻。

　　2021 年 10 月 10 日蔡英文總統在國慶典禮上，以「共識化分歧，團結守台灣」為題發表演說，強調凝聚團結共識的重要，與台灣人民約定提出以下「四大堅持」——「堅持民主自由的憲政體制、堅持中華民國台灣與中華人民共和國互不隸屬、堅持主權不容侵犯併吞、堅持中華民國台灣的前途，必須遵循全體台灣人民的意志。」蔡英文總統強調的四大堅持，乃是希望台灣人民在生命共同體的發展基礎上，建立「守護民主台灣、拒絕一國兩制、捍衛國家安全、落實人民自決」的共識，向世界表達台灣人民對抗中國併吞威脅的決心。

1. 堅持民主自由的憲政體制

　　民主自由與人權保護是人類文明社會的核心價值，台灣人民要將民主自由與人權法治視為台灣立國根本價值的堅定信念。美國「自由之家」每年公布的世界自由度調查報告，是衡量一個國家是不是落實民主自由的重要指標。根據最近公布的《2023 年世界自由報告》，其中點名中國是世界上最嚴重踐踏個人自由的國家之一，而台灣則是繼續名列「自由」國家，在亞洲國家的評

分僅次於日本。顯然,在民主自由的光譜上,台灣繼續向民主與自由體制前進,確保每一個人的人格尊嚴,維持完善的民主運作秩序,屬於進步的一方,而中國沒有民主自由,迫害人權,以人治代替法治,是落後一方的代表,這是自由民主台灣與專制極權中國最大的對照。

2. 堅持中華民國台灣與中華人民共和國互不隸屬

台灣與中國,是兩個互不隸屬的國家。根據國際法,國家的構成要件有四:(1)人民,(2)有效控制的領土,(3)政府,以及(4)與外國交往的權能(主權)。依此標準,台灣當然是一個主權獨立國家,中華人民共和國自 1949 年建國七十四年以來,從來沒有控制、統治、管轄過台灣,這是台海兩邊的現狀。台灣在全體住民共同打拚奮鬥下,經過民主化與本土化的政治改革,已經演進成為一個民主、自由的國家,只有經過民主選舉產生的台灣政府,才有資格在國際間代表台灣人民。顯然,台灣的國際法律地位早已確定,「台灣、中國,一邊一國」是當前的現狀事實,不容中共插手歪曲與干涉。

3. 堅持主權不容侵犯併吞

台灣與中國的關係是國與國的關係,此關係不是用中國的國內法來規範,也不是以台灣的國內法來規範,而是受到國際法的規範。做為兩個互不隸屬的國家,台灣與中國在國際法上分別在各自的領土範圍內,享有獨立主權、自主自決權、統治管轄權、自衛生存權等等,同時,雙方也受國際法與《聯合國憲章》的約束。

中國的「一個中國原則」是中華人民共和國對外宣示,為了解決台灣問題,維護中國主權與領土完整的主要論述。所謂的「一個中國原則」就是「中國只有一個,台灣是中國的一部分,中華

人民共和國是中國唯一合法政府」。中國利用「一個中國原則」，
一方面要否定台灣是一個主權獨立國家的事實；另一方面，要求
與其簽訂建交公報與各種條約的國家，接受「一個中國原則」，
或者採取「一個中國政策」，接受中國所一再宣示「台灣是中國
的一部分」之主張。

　　事實上，1951 年簽署、1952 年生效的《舊金山和約》是二
次大戰後有關台灣主權的變動，最重要也是最有權威的國際條
約。根據《舊金山和約》，日本放棄對台灣與澎湖的所有主權及
一切權利、主張，但並沒有明定日本放棄後台灣的歸屬國，無論
是中華民國與中華人民共和國，都不是日本放棄後的受益國，表
示台灣國際法律地位未定，這是「台灣地位未定論」的由來。當
時《舊金山和約》締約國的共識是台灣的歸屬雖然暫時懸而未
定，但應在適當的時機，以「和平解決」與「人民自決」的原則
處理。對於台灣的歸屬，美國主張將來一定要以和平方法，由台
灣人民做最後決定，這是美國《台灣關係法》的根本精神。

　　在此要特別指明，在中國堅決捍衛「一個中國原則」下，美
國所倡導「一個中國政策」的內容是「世界上只有一個中國」而
「中華人民共和是中國唯一合法政府」。美國的「一個中國政策」
與中國的「一個中國原則」不同：對「台灣是中國一部分」的主
張，美國只加以「認知」（acknowledge）而沒有「承認」
（recognize）。「認知」與「承認」並不相同，「認知」表示我們
知道你們的主張，但是，我們並沒有加以「承認」、接受。由此
可知，美國沒有承認過台灣是中國的一部分。

　　中國也刻意扭曲聯合國大會 2758 號決議，散播該決議認定
台灣是中國一部分的謬論。事實上，聯大 2758 號決議是承認中
華人民共和國在聯合國代表中國及中國人民，根本沒有提到台灣
與台灣人民，更沒有決定台灣的歸屬。但是，中華人民共和國以

中華民國的繼承者自居，認為中國內戰未結束，將台灣問題視為中國內戰留下來的問題，堅持「一個中國原則」。

顯然，中國的「一個中國原則」以併吞台灣為目的，這種違背事實現狀與國際法的論述，台灣的政府與人民當然不能接受。

4. 堅持中華民國台灣的前途，必須遵循全體台灣人民的意志

人民自決原則的根本是主權在民與人權保護。二次世界大戰之後，很多殖民地獲得解放，國際法的主流思想強調，殖民地的歸屬不再被視為土地與財產的交易，而必須顧及領土上住民的基本人權與生存福祉。《世界人權宣言》第 21 條強調「人民意志應為政府權利之基礎。」而《公民與政治權利國際公約》與《經濟社會暨文化權利國際公約》也以相同的文字在第 1 條宣示「所有人民都有自決權。他們憑這種權利自由決定他們的政治地位，並自由謀求他們的經濟、社會與文化發展。」這個大原則在《聯合國憲章》與聯合國很多重要決議，經過確認再確認。顯然，人民自決的具體實踐，就是一個領土上的人民建立他們的國家，維持國家的獨立自主，排除外來的脅迫干涉，以追求、增進與維護全民的生存發展與福祉，決定他們共同的命運。

2022 年以來，隨著俄羅斯侵略烏克蘭所引發的戰爭與美中戰略競爭的白熱化，國際情勢轉趨緊繃，牽動台海局勢的變化，「台灣、中國，一邊一國」的現狀，也面臨嚴峻的挑戰。台灣究竟應該何去何從？台灣前途必須由台灣人民決定，不是一句政治口號，任何台灣現狀的改變，必須經由民主程序，由台灣人民來決定，這是國際法人民自決的原則，也是台灣人民的最大共識。

台灣落實基本人權與民主自由的努力，不但符合國際社會的主流價值，也有助於創造維持台海的和平穩定。兵戎相見不應該是台海雙邊政府的選項，我們強調台灣是一個國家，具有主權獨

立的特質，且堅持民主自由與人民自決等原則，作為台海雙邊國家良性互動的根本。基於台灣與中國同文同種、地理鄰近、經濟互補的特殊關係，台灣的人民與政府當然願意在平等互惠、互相尊重彼此主權的對等原則下，雙邊互動交流，相信對台灣人民好的事，同樣也會造福中國人民，雙方真誠進行互動合作，帶來共存共榮的永久和平關係，將造福台海兩邊人民，促進亞太與世界的和平安定。

第三節 台灣人民是解決錯亂招牌的關鍵

台灣人民如何去面對過去、承擔現在與挑戰未來？2016 年蔡英文總統在就職演說中特別提到「國家不會因為領導人而偉大；全體國民的共同奮鬥，才讓這個國家偉大」。短短的二十多個字，提綱挈領指出國家發展的核心——事在人為，眾志成城！「一個中國原則」是中國要併吞台灣赤裸裸的表明，台灣人民要擺脫「一個中國原則」的糾纏，就要展現逆境求勝的堅定意志，凸顯台灣是一個獨立於中國之外——與中國互不隸屬的國家——這是台灣國家正常化發展必須通過的考驗。

凸顯台灣獨立於中國之外、台灣與中國互不隸屬的事實，表示台灣具有獨立國格，代表台灣的未來掌握在台灣人自己的手中，不受中國的統治管轄。有今日民主、自由的台灣，是因為台灣獨立於中國之外。台灣經濟能夠蓬勃發展是因為台灣獨立於中國之外；台灣能民主化、本土化也是因為台灣獨立於中國之外；能夠順應世界自由經濟、民主政治、公民社會發展的大潮流，將一個戒嚴威權、白色恐怖的體制轉型為一個真正民主、自由、尊重人權的國家，都是因為台灣獨立於中國以外。幾十年來，經過國內外台灣人的犧牲奮鬥，共同努力打拚，台灣發展出獨特的政治、經濟、社會與文化制度，形成主權在民、命運共同體的台灣

國家意識。由此可見，維持台灣獨立於中國之外的現狀是台灣作為一個主權國家，不只攸關台灣在國際社會生存發展，也是維護我們既有民主自由的體制與生活方式，落實主權在民不可缺少的根基。

　　台灣人民要作為蔡英文政府的後盾，展現領導力與改革魄力，利用台灣特有的靈巧與謀略，創造對我們有利的新局前景。面對中國意圖用「地動山搖」的惡霸蠻橫聲勢，想要改變台灣是一個主權獨立國家的現狀，台灣人沒有妥協、退讓、隱忍的本錢與餘地。民主富強的台灣不會永遠被共產中國的陰影所遮蓋。我們要展現自立自強的決心，繼續推動內部的民主深化與加速經濟強化，發揮加值創新的潛能，提升國家競爭力，以欣欣向榮的經濟實力與民主自由、保障人權的普世價值為本，力抗「一個中國原則」的併吞威脅。德不孤，必有鄰。我們要加緊腳步向國家正常化的大目標前進，相信台灣在國際社會出頭天真快就會來到。

第柒章　台灣未來可能的發展

台灣作為一個成熟理性的中型國家面對國際局勢的瞬息萬變，必須學習如何運用高超的外交手腕，處理政治強權的利益競合，也要瞭解如何展現靈活的政治智慧，發揮無限的勇氣，確保國家安全與永續發展。

台灣長久以來面對中國在外進逼壓縮國際生存空間的威脅，內部又存在著國家認同分歧的問題，如何超越各族群不同文化背景與統獨的意識形態，凝聚以台灣為主體的共同體意識；同時，因應當前台海兩岸詭譎多變的態勢，找到最佳發揮的空間與機會，非常重要。這是決定台灣真正成為一個憲政法治、民主自由、多元開放、保障人權、福欣富裕第一流進步正常化國家的關鍵。

台灣是一個民主自由、多元開放的社會，對國家未來可能的發展，台灣人民雖然因為政治信仰的不同，各有不同的主張；但是，探討台灣未來何去何從，必須謹守以下幾項重要原則，才能確保國家的永續發展：第一，堅持台灣國家主權的獨立，台灣民主自由的憲政體制，不容任何外來勢力的干擾與影響；第二，堅守人民自決的原則，任何攸關未來發展的重大決策，必須交由台灣人民做最後的決定；第三，台灣的國家安全不是建立在向敵人叩頭求和的基礎上，面對外來併吞的威脅，我們要展現不畏戰、不懼戰的決心，在民主自由國家集體安全的合作體系下，為台灣人民的福祉與自由民主人權的普世價值奮鬥到底。第四，堅定捍衛國家尊嚴，爭取台灣與其他國家平起平坐的國際地位。

第一節　台灣未來可能發展的幾種建議

對於台灣未來可能發展的推測建議，各有不同的模式，各有倡議者、支持者，涵蓋的面向包括從最不理想——台灣被中國併吞的模式，到最理想——台灣成為一個正常化國家的模式。對未來可能發展推斷的目的，不是在扮演算命仙、預言家的角色，或是說服別人相信有些事件一定是不可避免的，而是想像透過政策的思考執行能好好保持及加強，將來可能產生的結果。同時，通過政策相關條件的考慮，結合運用人力、物力及其他所有資源，以達到所希望的結果。這些對將來的思考模式，並不是完全無中生有創造的思維。對將來可能發展的建議推斷，應與當前內在與外在因素以及整體發展的脈絡相連結。回顧台灣堅強不息的奮鬥歷史，使我們能夠樂觀相信，沒有什麼是絕對不可避免的。本章的結論是，台灣應該循著台灣進化為一個國家的軌道發展，持續向國家正常化大方向前進。真清楚的一點是，任何對台灣將來的決定，必須反映代表台灣人民的真正願望。誠如第四章的闡述，聯合國人民自決的大原則，在台灣經民主轉型有效落實，使台灣由被軍事占領地進化為一個主權獨立的國家。而在台灣國家正常化及永續發展的過程中，人民自決的大原則也將繼續發揮巨大的功力。我們應該牢記，促成一個建立在人性尊嚴與人類安全的世界共同體之上的永續目標。總之，對台灣人民好的安排，應該——而且實際上——也是對亞洲人民及全世界人民都是好的安排。

對於台灣未來可能的建議推測，有許多不同的樣式。最不理想的模式（台灣被中國併吞）及最理想的模式（台灣國家正常化），下面有專節加以分別討論。其他的幾個主要建議——台灣永久中立、台灣芬蘭化、台灣成為美國的一部分，以及維持現狀——就在本節加以簡要的分析討論。

一、台灣成為亞洲的瑞士（台灣永久中立化）

　　依此建議，台灣可經由中立化尋求安全。就台灣與瑞士兩國的地緣政治比較，兩國極為相似，假使台灣以永久中立國瑞士為典範，宣布成為一個永久中立國，成為亞洲的瑞士，似乎最符合台灣的國家利益。

　　瑞士於 1648 年獲得獨立，是一個位於中歐的國家，為德國、法國、義大利及奧地利等周邊國家所包圍的內陸國。自 1800 年代開始，瑞士為了緩衝周邊國家的衝突，避免自己受到牽連，就選擇保持中立。1815 年，參與「維也納會議」的歐洲國家，包括英國、奧地利、法國、葡萄牙、普魯士、瑞典與俄國等國集體同意，在將來所有的戰爭都要尊重瑞士的獨立與中立。1938 年，在第二次世界大戰爆發前夕，瑞士分別從德國與義大利獲得同樣的保證。作為一個中立國，瑞士雖然迴避與其他國家締結軍事防衛或武力攻擊的同盟；但是，本身也具備堅強的防衛作戰與不畏戰的堅定意志。瑞士人民支持政府採取永久中立的外交政策，瑞士在聯合國成立之初雖然沒有加入其中，但是也沒有離群索居自我孤立於國際體系之外，而是以觀察員的身分參與聯合國事務，提供必要的經費支援、協助進行人道援助、從事戰爭調停與維持和平等。直到 2002 年 3 月，瑞士通過全國性公民投票之後，同年 9 月正式成為聯合國第一百九十個會員國。

　　台灣是一個海島國家，特殊的地理位置無論在貿易交通、軍事戰略上都有重要的地位，也是美國、中國、日本等國際強權政治角力的所在。由於台灣的面積不大、地理位置又靠近中國，容易受到攻擊。但是，其地緣戰略地位使台灣成為一個理想的緩衝國。台灣，正如瑞士，有真明顯的誘因去避免武力衝突。台灣一旦成為一個中立國，必將成為亞太地區經濟繁榮與政治安定的

綠洲。

　　依據國際法，中立化的取得可經由四個模式：片面的宣布、通知國家議會與承認、習慣法與條約。片面的宣布中立沒有安全的絕對保證，很少會發生效力。因此，假使台灣想要與瑞士一樣，關鍵就是要取得周邊強權國家對台灣主權獨立與領土完整的尊重及保障的堅定承諾。再進一步講，相關的國家也要確信，台灣的中立化也會增進他們的國家利益。特別是對美國與中國來講，台灣中立化有助於降低美中兩國在台灣海峽發生軍事衝突的可能性，一方面有助於減少美國對台灣的軍售；另一方面，幫助中國自由移轉其軍事資源到其他區域，追求中國真正的核心利益。對日本、菲律賓與其他鄰國來講，台灣一旦中立化可以避免台海發生戰事，確保台海周邊水域航道的自由航行。

　　永久中立的觀念在台灣獲得前副總統呂秀蓮女士的力挺，籌組成立「台灣和平中立大同盟」，鼓吹經由公民投票宣布台灣的中立。不可否認，支持者提出永久中立的論述用心良苦，彰顯台灣人民對於確立台灣是一個主權國家、維持國防自衛能量的高度期待，同時，也希望台灣一旦走向中立化，不偏向中國、也不依賴美國，恪守和平中立的立場，作為美、中兩大強權的緩衝區，如此一來，可突破當前台海的政治僵局，避免發生戰爭危及台海及雙邊人民的安全與福祉。

　　不過，從現實政治的角度來看，美、中兩國近來在經濟、科技與戰略等領域針鋒相對的態勢愈來愈激化，台灣位居第一島鏈的最前線，圍堵中國勢力向西太平洋擴張的戰略價值也水漲船高。中國武力併吞的野心始終是台灣最大的國安威脅，面對中國頑固堅持「一個中國原則」並將台灣問題當作國家的核心利益，如何說服中國尊重與接受台灣中立化的主張，將是最大的挑戰。中國是一個對外擴張的獨裁專制國家，即使中國在國際壓力下，

不得不承認與接受台灣中立化的宣布,我們又如何保證中國不會事後藉故背信毀約?在當前動盪險惡的世界,要中立,就要與傳統的盟友(例如,美國、日本)保持距離;到時,沒有哪些國家有可能真正維護保持台灣的永久中立?

二、台灣芬蘭化

在我們探討「台灣芬蘭化」之前,有必要先瞭解什麼是「芬蘭化」(Finlandization)及其所代表的意涵?基本上,「芬蘭化」是冷戰時期北歐芬蘭處理與蘇聯的雙邊關係所延伸出來的概念,大意是指「一個國家的政策或行為,正式上不是蘇聯集團的一個成員,但是願意與蘇聯保持密切的關係,…而且有意願與傳統的其他盟友及朋友保持距離」。1948 年,芬蘭與蘇聯締結友好、合作、互助的國際條約,雖然芬蘭承諾要「抵抗其他西方國家藉由利用芬蘭的領土作為攻擊蘇聯的基地」。但是受到地緣政治與過去歷史經驗的影響,芬蘭仍無法消除在面對蘇聯時的不安陰影。這種特殊的雙邊關係,使得芬蘭在面對 1956 年蘇聯干涉匈牙利事件、1968 年入侵捷克鎮壓「布拉格之春」以及 1979 年出兵攻擊阿富汗境內的反蘇勢力,並沒有與西方國家聯手站在同一陣線譴責蘇聯的入侵暴行,而是採取「主動中立」的外交政策,避免激怒克里姆林宮。

在馬英九政府執政期間,採取兩岸關係重於外交、全面向中國傾斜的政策,一度被國際政治觀察家解讀為台灣走向芬蘭化之路。美國政治學者季禮(Bruce Gilley)於 2010 年 1 月在《外交事務》(*Foreign Affairs*)發表一篇有關「台灣芬蘭化」的論文,這篇文章經過《自由時報》披露之後,在台灣引起真多人的討論。季禮教授認為台灣與芬蘭的內外在條件相當類似,「國土面積不大,但是對內有主權的國家,同樣在地理上接近一個超強的國

家，與此國家有文化與歷史的關係。…其強烈的獨立意識與配合一個超強國家重要利益的現實，需要保持一個平衡。」季禮教授認為美國與中國的關係會隨著台灣依賴美國軍售的減少而改善。緊張情勢的緩和會針對許多包括氣候變遷、經濟發展與核武不擴散全球性的問題，增加美、中合作的可能性。季禮教授最後進一步建議，一個芬蘭化的台灣對美國有利，因為台灣將激勵北京（中國）模仿，走上民主化之路。

芬蘭人採取看蘇聯臉色辦事的態度，其實是對蘇聯軍事力量與地理鄰近性的一種反應，排除加入軍事結盟或爭取國際列強的方式，展現自保的柔軟身段，維繫與蘇聯友好的睦鄰關係。假使台灣模仿芬蘭的例，台灣就不得不與長期的盟友，例如美國與日本，保持距離。此提議的支持者看出實際上的好處，與中國保持盟友的關係，將可緩和減少台海雙邊的緊張情勢。雖然與一個中國原則不盡相符，但是中國領導者既可以保住大國的顏面，對一個獨立的台灣國家產生實質的影響力，同時，台灣與中國也可以進行經濟整合，達到同步持續發展的目的。

「芬蘭化」是冷戰時期美蘇緊張對立下的產物，這種舉手投足都要考慮蘇聯政治意向的外交政策，最後排除蘇聯的過度干預，繼續保有民主政治與市場經濟體制，只有芬蘭是成功的案例。由於台灣獨特的政治與歷史條件，基於自身的安全利益與生存發展，借鏡「芬蘭化」以因應中國對台灣的文攻武嚇，確保台海的和平穩定，是一種做法，但不是唯一的最好做法。

前美國在台協會白樂崎（Natale Bellocchi）理事主席認為季禮教授的分析過於簡化，其中有三點假設性的謬誤，第一、「芬蘭化」的政策得到當時大多數芬蘭人的支持；第二、台灣與中國在 1949 年才分離為二個不同的政治實體；第三、推論台灣的芬蘭化將會使「崛起的中國民主化與和平化，而不是助長中國的大

膽冒險作為」。白樂崎重申台灣芬蘭化會造成「一個根本的錯誤，就是犧牲一個努力奮鬥得來不易、富有活力的民主台灣，在不確定、混亂的中立化之前，隨波逐流、自生自滅。」他再進一步強調，美國鑒於台灣在亞太地區戰略地位的重要性，應該繼續確保台灣的自衛，並透過貿易協定建立新的經濟關係。美國要維持亞太地區的和平穩定，只有「將台灣帶入國際社會的大家庭」，而不是將台灣置於中國蠻橫的勢力陰影之下。

　　針對季禮教授文章的前提與結論，芬蘭國際事務研究院（Finnish Institute of International Affairs）的資深研究員高玉麒（Jyrki Kallio）也提出不同的看法。首先，他認為芬蘭與台灣的發展途徑並不相同，芬蘭是極少數在第二次世界大戰沒有被他國占領的國家，早在 1948 年即被承認為一個主權獨立的國家。就台灣的角度來看，一旦與北京妥協讓步就會喪失真正獨立的機會。其次，自 1950 年美國發布《台灣中立化宣言》以來，台灣多少都受到美國的保護。反觀，芬蘭在冷戰時期並沒有得到重要大國的軍事支持，不得不與蘇聯結盟。高玉麒還指出，「台灣停止向美國買軍火是不智的，因為中國確確實實不希望台灣有強大的自我防衛力量。」北京不但建議美國政府在台、中雙邊關係明顯改善之際，應停止繼續軍售台灣，同時也鼓勵台灣採取「芬蘭化」的模式，一方面確保台灣的安全，另一方面也避免美國因為介入處理台海爭端而受到牽連，被迫與中國發生軍事衝突。

　　由此可見，「台灣芬蘭化」並非代表台灣應借鏡芬蘭的經驗。歷史的經驗告訴我們，事事聽任中國的安排不會抒解中國對台灣的打壓，顛倒是促成中國「軟土深掘」的後果，使台灣在國際上更加孤立。與季禮的預測相反，整個情勢的走向會影響台灣人的基本人權。在冷戰時期，芬蘭遭受到蘇聯許多人權的侵犯。我們沒有理由相信，中國將不會在其屬地、衛星國（附庸國）壓制反

對份子。實際上，2014 年香港發生「雨傘革命」之後，北京當局積極插手香港事務，而香港政府也配合在 2019 年 4 月對領導「雨傘革命」運動的九名被告判刑，這整個發展趨勢在香港顯示證明，香港人民的政治參與受到壓制，連帶言論自由也受到緊縮。2019 年 6 月，香港一百萬人、二百萬人連續上街頭、占領市中心示威，8 月阻礙國際機場，強烈反對香港特首林鄭月娥要修法將香港逃犯送中國內地的抗爭，就是一個明證。台灣芬蘭化，正如下節所討論的「一國兩制」，確是此路不通！（有關「反送中」，請參閱本章第二節的分析。）

三、台灣成為美國的一部分

　　台灣的將來，時常由與中國的關係來觸動。但是，有一個觀點——比一般的想像更普及——認為台灣是美國的一部分。此一觀點認為美國是第二次世界大戰日本主要的戰勝國、戰後台灣主要的占領國，所以美國保留對台灣的殘餘主權。這個論點提出在 2008 年美國聯邦法院林志昇控告美國一案。

　　本案的原告是台灣人，向美國華府哥倫比亞特區的聯邦地方法院提出訴訟，要求法院就其在美國法律下個人的法律權利作司法的宣示，原告數次向「美國在台協會」（AIT）申請美國護照，但是都被拒絕，而且被禁止再提出申請。原告在訴訟中主張，所有台灣的住民都是美國公民，美國在台協會拒絕受理申請美國護照，剝奪其在《美國憲法》下的權利。

　　原告的主要論點是第二次世界大戰結束時，美國保有對台灣暫時的法律主權。在未締結《舊金山和約》以前，美國協助中國國民黨政權軍事占領台灣——在 1952 年《舊金山和約》生效以前，台灣一直是日本的領土。原告進一步主張，1952 年《舊金山和約》正式生效以後，美國繼續保有台灣的主權。其原因有二：

第一，《舊金山和約》第 2(b)條款命令日本放棄對台灣所有的權利、主權與主張。第二，《舊金山和約》第 23(a)條款明示美國是主要的占領國。因為《舊金山和約》並沒有指明日本放棄對台灣的所有權利、主權與主張後的受益國，美國仍然擁有台灣的領土主權。

美國在台協會的答辯，援引 1954 年生效的《中美共同防禦條約》，該條約「承認中華民國是中國的政府，而且承認台灣是其領土之一」。此外，1982 年，美國與中華人民共和國發布第三公報，美國同意「尊重彼此的主權、領土完整及互不干涉內政，構成美中關係的基本原則」，而且表達繼續與台灣人民保持非官方關係的意願。1996 年，柯林頓總統發布一個行政命令，聲明美國與台灣人民的關係將繼續，除非依照法律加以終止或修改。基於上述的理由，美國政府認為美國對台灣並沒有主權。

美國華府特區地方法院的判決宣稱原告的案件應以屬於「政治問題的原則」加以排除，接受政府的動議，駁回訴訟。法院宣稱「決定誰對特定的領土是否享有主權不能由司法判決」。法院進一步說明，「司法部門不適合對一個戰時在大混亂、不確定中發布的軍事命令（由麥克阿瑟將軍發布）在五十年後加以解釋與適用」。法院決定遵循權力分立的原則，認為「美國的外交關係是由美國總統執行，行政與立法部門將決定是否，以及在何種情形下，美國要承認台灣的主權政府」。地方法院的判決為華府特區的上訴法院所肯定。之後，美國最高法院拒絕原告准予上訴的請願。

儘管法院的判決，原告在林案的論調引起很多台灣人的共鳴同感。有人主張台灣應成為美國的第五十一州。要加入美國為其一州，須經過複雜與爭議性的過程：美國國會需通過立法授權台灣人民起草一部新憲法，組織一個州政府。其次，國會立法需得

到美國總統的簽署。自夏威夷成為美國第五十州，已經過六十多年。台灣要成為美國新的領土、新的一州，似乎太牽強。一個困難度較小，但同樣不可能的結果是由美國宣告台灣為一個未合併的領土（unincorporated territory）。目前，這種屬性的領土美國有四個：波多黎各、關島、北馬里亞納群島（Northern Mariana Islands），以及美屬維京群島（US Virgin Islands）。依這種情況，台灣將在美國法律管轄之下，享受美國的軍事保護，同時維持一個自治的政府。實際上，要成為美國非合併的領土，仍需要國會立法與總統的批准。

正如林案的原告所表達，有些在台灣的人主張美國對台灣擁有主權。進一步，台灣人民就是美國國民。這種觀念在台灣不受歡迎，因為台灣人有強烈的國家意識認同，渴望建立自己的國家。不用多說，美國主張對台灣有主權的任何企圖講法，中華人民共和國都會極端反對。

四、維持現狀

自 1996 年以來，行政院陸委會長期針對台海雙邊關係的進展進行民意調查，這項以台灣人民作為樣本所得到的調查結果，常常被視為解讀台灣民意趨勢是傾向於統一或獨立的重要參考素材。台灣人民對於未來可能發展問題的處理，雖然「維持現狀」是其中一項重要主張，但是深究其真正的內涵，可以發現無論是朝野政黨、美國與中國各方，對於台海「維持現狀」的理解各有不同。

在台灣，一般人對「維持現狀」的看法是保持並充分運用台灣事實上的獨立，不受中華人民共和國的干涉脅迫。換句講，台灣與中國是兩個互不隸屬的國家。實際上，所謂「現狀」並沒有一致的定義。這個概念表示對基本政治現實的瞭解——例如，台

灣的行為是一個國家──但加上對台灣行為的限制──例如，台灣不得宣布獨立。在現狀的範圍內，台灣政府避免宣布或尋求正式的獨立，並且抵制與中國任何形態的統一。這種現狀的概念表現在陳總統的「四不一沒有」的承諾（只要中共無意對台動武，不會宣布台灣獨立、不會更改國號、不會推動兩國論入憲、不會推動改變現狀的統獨公投，也沒有廢除「國統綱領」與「國統會」的問題）以及馬總統的三不政策（不統、不獨、不武）。

　　反觀，中國對於台海現狀的解釋，與台灣的講法正好相反。中國強調所謂「現狀」乃建立在「一個中國原則」之上，就是「中國只有一個，台灣是中國的一部分，中華人民共和國是中國的唯一合法政府」。中國對「現狀」的解釋也包括「九二共識」，在此共識下，中國認為台灣官員已接受「一個中國原則」，作為台灣海峽兩岸關係的基礎。依中國官員的觀點，否認「九二共識」或台灣走上「法理獨立」，將構成對現狀的改變。根據 2005 年中國人民代表大會所通過的《反分裂國家法》第 8 條，「『台獨』分裂勢力以任何名義、任何方式造成台灣從中國分裂出去的事實，或者發生將會導致台灣從中國分裂出去的重大事變，或者和平統一的可能性完全喪失，國家採取非和平方式及其他必要措施，捍衛國家主權與領土完整」，中國就可以動用武力，強制執行它們對現狀的概念。

　　除了台灣、中國以外，美國對於維持現狀的解讀，也就是反對任何片面改變由美國所自行定義的台海「現狀」（status quo）。基本上，美國保持美中三公報「認知的模式」，鼓勵台海雙邊和平解決彼此的爭端，尤其是布希（George W. Bush）總統在陳水扁總統努力要將台灣定位為一個主權獨立的國家引起緊張情勢後，勸告中國與台灣不要採取片面的行動改變台海現狀。布希總統的所作所為，一方面，表達美國的立場避免得罪中國，另一方

面，排除支持台灣要實現獨立地位的努力，提供中國有時間去追求統一的目標。

　　無可否認，國際政治講究實力原則，中國憑藉其愈來愈強大的政經實力，毫不掩飾對外展現擴張的意圖。台灣海峽兩岸兩國的關係，存在著動態瞬息萬變的因素，中國至今從未放棄併吞台灣的意圖，尤其是中國「銳實力」介入台灣社會的政經發展、意圖操控台灣社會的發展走向已不是秘密，他們處心積慮投入資源加強進行輿論戰、心理戰與法律戰等，以全方位威脅利誘台灣人民的手段，隨時會破壞台海和平的現狀。在台海兩岸武力面臨失衡的這個關鍵時刻，單單靠「維持現狀」得過且過的做法，早已無法抗拒虎視眈眈的中國對台灣國家主權的侵吞挑戰與國安的威脅。我們必須面對台海當前的現實，清楚認知「現狀」是一種相對的動態概念，台海雙邊關係的發展不會由台灣來決定，台灣與中國雙邊的和平現狀更不可能只靠台灣單方面來維持。目前中國擁有大國崛起的氣勢，一再對台灣展現武力霸凌、強勢併吞的態度，台灣要維持「台灣、中國互不隸屬」的現狀是一個巨大的挑戰。因此，台灣人民應對當前國家安全的挑戰有更廣泛切實的體悟：除了建立有效保衛國家安全的機制、強化國防武力與全民警戒的心防之外，應認識到台海和平現狀的維持，是國際集體安全和平秩序重要的一環，建立在《聯合國憲章》與國際法和平解決爭端的基礎上。台灣人民必須自力更生，自助天助，同時，更要與國際民主自由、反侵略的陣營密切攜手合作，共同努力。

第二節　台灣成為中國的一部分

　　中國把解決台灣問題、促成台海兩岸的統一，視為國家重要的核心利益，是中國的內政問題。為了壓縮台灣的生存空間，他們採取「軟硬兼施」──硬得更硬、軟得更軟的兩手策略：「武

力解放」血洗台灣是其主要的「硬」戰略；「和平統一」則是中國順應和平解決爭端的國際潮流，以統戰手法包藏兼併的野心，解決台灣問題的「軟」戰略。

一、武力解放台灣

《中華人民共和國憲法》在序言中載明「台灣是中華人民共和國的神聖領土的一部分」。歷任的中國領導人一貫堅持台灣問題是國共內戰的延續，將解決台灣問題、實現中國的統一，視為全體中國人民一項莊嚴神聖的使命。為達上述目標，他們將武力解放台灣視為終結政治分裂局面的萬靈丹，一再嗆聲掌握決勝性的武力優勢，一旦台海發生武裝衝突，中國勢必排除外來勢力的干預，在最短的時間內贏得勝利。

中國不斷以軍事演習、武力展示恫嚇台灣，即使經歷中國領導人的多次更迭、1979 年美國與中國正式建交。1991 年台灣釋出善意單方面宣布終止動員戡亂時期，改以「對等的政治實體」正視中華人民共和國的存在，但並沒有獲得北京政府善意的回應。

2002 年 11 月陳水扁總統因應台海情勢的演變，提出「台灣、中國，一邊一國」的主張。2005 年 3 月 14 日，中國全國人民代表大會通過《反分裂國家法》，代表中國以軍事解決台灣問題的基本立場，已經由「口號宣揚」進入「具體闡明」的階段。他們毫不忌諱透過白紙黑字以法律表明，一旦台灣自中國分裂變為事實，將發生可能導致台灣從中國分裂的重大事變，以及和平統一的可能性完全喪失等三種情形，中國有權使用「非和平方式」及其他必要措施，以血腥武力解決台灣問題，實現國家的統一。該法重申「世界上只有一個中國，大陸與台灣同屬一個中國，中國的主權與領土完整不容分割。…台灣是中國的一部分。國家絕不

允許『台獨』分裂勢力以任何名義、任何方式把台灣從中國分裂出去。…台灣問題是中國內戰的遺留問題，解決台灣問題，實現祖國的統一，是中國的內部事務，不受任何外國勢力的干預。…」

　　北京政權處理台海兩岸的問題，始終表現死鴨子硬嘴頰、「不承諾放棄使用武力」的態度，導致台海至今仍籠罩在可能爆發軍事衝突的風險中。台灣海峽長期處於軍事對峙的狀態，近來隨著中國經濟實力的提升，中國軍事的現代化得到長足進步的同時，對周邊國家帶來安全防衛部署的壓力，台灣承受中國併吞的威脅也愈來愈大。2008 年馬英九政府上台以來，採取外交休兵、擴大互動交流的傾中政策，台海雙邊關係由緊張對立走向緩和互助，導致部分國人錯誤以為只要台灣不尋求主權獨立、不挑釁中國的外交政策，就可確保台灣安全、維持台海和平與穩定。事實上，這是一種過度樂觀的想法，並未顧及北京政權用錢收買台灣比用武力併吞台灣更容易、更合算的風險。假使台灣一再延續馬氏政府推動台海兩岸經濟整合加速度的政策，中國國民黨領導人繼續談論與中國簽訂「和平協議」，這些風吹草動不但可能破壞台海的和平穩定，而且會阻止、排除與改變台灣已經是一個主權獨立國家的地位。

　　假使北京當局窮兵黷武的心態不變，發動戰爭來解決台灣問題、實現中國的統一，不無可能。果真如此，這對台灣而言，無疑是一大噩耗，後果令人不敢想像。從國際政治的發展來看，一再姑息、縱容侵略者的對外擴張，即使犧牲領土主權或國家利益仍舊無法滿足侵略者的慾望，並不能換來長久的和平。二次世界大戰前夕，英國首相張伯倫（Neville Chamberlain）提出「綏靖政策」——以退讓安撫的手段，犧牲捷克與波蘭等國的利益，意圖討好納粹德國，可惜最終並沒有給英國與歐洲的和平帶來什麼好處，反而助長希特勒的侵略氣焰，導致第二次世界大戰的爆

發，就是一個具體的案例。

　　此外，依中國領導階層的看法，假使不必動用武力就能併吞台灣算是上策。這個上策是當前中國對台灣的經濟侵蝕與外交打壓策略的基礎。台灣對中國經濟市場的依賴，再加上國際外交的孤立，使得台灣更容易感受到來自北京的壓力與影響。美國的亞洲協會美中關係中心（Asia Society's Center on U.S.-China Relations）高級研究員費希（Isaac Stone Fish）發表在《外交政策》(*Foreign Policy*)的一篇論文，對此策略作一簡要的陳述：「隨著中國繼續擴大其影響力，世界日益認為中國，不是美國，才是將來。當許多台灣人開始同樣的反應，台灣就會徹底失敗，被『將死』」。真感謝，好佳哉，這不是目前的情況——台灣人民不相信中國是代表將來的潮流趨勢。但是，就許多人的觀點來看，台灣與中國一旦簽訂《海峽兩岸經濟合作架構協議》將幫助中國更進一步達成終極統一的目標。假使台灣與美國及其他經濟強國沒有簽訂自由貿易協定，有一日可能變成中國是台灣唯一的經濟命脈。這個趨勢持續下去，台灣對中國的依賴性將會愈來愈大，即使在非經濟問題上與中國合作，也將對台灣的生存帶來威脅。影響所及，台灣不能、無法參與國際組織，將加深台灣的孤立，增強中國使用非軍事手段為併吞台灣的條件，這是台灣政府與人民必須嚴肅面對與尋求解決的問題。

二、和平談判解決台灣問題

　　1949 年中華人民共和國贏得國共內戰的勝利，雖然誇口要武力解放台灣，但是隨著後續渡海攻擊遭遇的挫折，加上國際外在情勢的變化，透過談判解決台灣問題，自然成為北京政權的選項之一。

　　中國「和平統一」的政策，首見於 1979 年元旦中國人大委

員長葉劍英發表《告台灣同胞書》，以感性的口吻向台灣喊話，呼籲「結束兩岸敵對狀態，簽訂和平協議」，為日後雙方交往接觸創造必要的前提與搭建安全的環境，向祖國「和平統一」的大目標邁進。1993 年中國提出《台灣問題與中國的統一白皮書》，隨後 1995 年江澤民發表「江八點」、2000 年提出《一個中國的原則與台灣問題》白皮書，2005 年公布《反分裂國家法》，2009 年胡錦濤又提出「胡六條」，接著 2019 年 1 月 2 日習近平發表《告台灣同胞書》四十週年的紀念談話，彙整過去四十年來對台統戰方針。這種以和平談判解決台海問題為重要訴求，意圖將雙方鬥爭的場合從傳統的軍事對抗移轉到談判桌上，背後真正的政治算計就是引導台灣問題走向內政化，將台灣關入「一個中國原則」、「中國內政問題」的牢籠當中。

（一）簽定和平協議（西藏模式）

西藏（圖博）原本是一個政教合一的國家，在喜馬拉雅高原發展自己獨特的語言文化體系、社會傳統與宗教信仰，自古以來就是一個有別於中國的國家。1949 年中華人民共和國成立以後，開始將黑手伸向西藏，1951 年 5 月 23 日中國人民解放軍兵臨城下，強迫西藏政府的代表簽下《和平解放西藏的協議》。

《和平解放西藏的協議》的名稱中雖然含有「和平」的字眼，協議內容也強調尊重西藏政教合一的傳統與政治制度，維持達賴喇嘛固有的地位與職權，西藏承認自己是中國的一部分，北京中央政府給予西藏人民自治的權利。但是，這種在西藏主權屬於中華人民共和國的前提下，保留西藏政教制度與藏人自治的安排，在協議完成簽署後開始生變：北京政府先以推動民主改革為名，關閉寺院、虐待僧侶、迫害西藏人的宗教信仰與破壞風俗習慣等大小動作不斷，隨後變本加厲剝奪西藏人自治的權利。這些標榜

「和平」假象的背後，其實就是「侵略」——搶奪土地、占領與軍事行動的事實，與「和平協議」的根本精神，用來避免戰爭或促進和平的目的背道而馳。

　　1959 年 3 月 10 日西藏人民為了抗議中國粗暴的統治，在首府拉薩爆發大規模的起義抗暴，中國軍隊介入鎮壓平亂之後，達賴喇嘛被迫離開西藏。西藏與中國簽訂充滿和平文字的協議，並不代表從此就天下太平，顛倒是換來併吞與戰爭。西藏人民起義抗暴的行動，除了 1959 年之外，隨後又分別在 1989 年與 2008 年發生反對北京統治的抗爭，最後都是中國以血腥鎮壓收場。隨著時間的流逝與內外情勢的演變，中國嚴格管控西藏的程度不減反增，他們積極推動「漢化」政策，將一批又一批的漢人移民西藏，不但改變當地的人口結構，更對西藏的宗教文化、語言文字甚至是西藏整個民族的發展命脈，帶來永無止境的威權折磨破壞。這種犧牲主權與惡魔打交道的下場是血淋淋的教訓，台灣人千萬不可輕忽，務必三思再三思。

（二）一國兩制（香港模式）

　　「一國兩制」是 1980 年代由鄧小平所提出，以台灣與台灣人民為訴求的對象，實踐中國統一的主張。「一國兩制」的原始構想，來自於台海兩岸一旦達成「統一」之後，於中國大陸（中央）仍然實施社會主義　，而台灣（地方）則允許繼續保留現行資本主義的體制。「一國兩制」雖然沒有真正在台灣落實過，但是在香港與澳門施行。

　　1984 年 12 月 19 日英國與中國簽署《中英聯合聲明》是「一國兩制」由理論探討走向實際推動的開始。北京政權在《中英聯合聲明》中，承諾香港現行的社會經濟制度與生活方式維持「五十年不變」，在「一國兩制」下享有不同於中國內地的自由與司

法獨立。為了降低香港人民的疑慮，鄧小平還提出「馬照跑、舞照跳」的甜言蜜語，處處展現中國落實一國兩制的「誠意」。

　　江山易改，本性難移，「牛就是牛，牽到北京也是牛」。當1997 年香港從英國殖民地「回歸」中國之後，「一國兩制」隨著時光的流逝逐漸變調，使得香港在英國殖民統治下曾經是經濟繁榮、尊重人權、勵行法治的東方明珠逐漸失去光彩。近年來，中國的政治黑手干預香港特區政府的行政與司法時有所聞，導致香港的法治民主與新聞自由明顯倒退。中國外交部官員在香港主權移交二十週年時，甚至表明 1984 年所發表，涵蓋「一國兩制」、「五十年不變」承諾的「中英聯合聲明」只是一份歷史文件，不再具有任何現實意義。

　　由於中國在「中英聯合聲明」與《香港特別行政區基本法》（以下簡稱《基本法》）都承諾尊重 2007 年香港人民基於自由意志所決定的特首與立法會議員的選舉方式，同年中國人大常委會也宣布 2017 年香港公開票選特首，2020 年立法會全部議員由普選產生。長期以來，香港人民雖然對「港人治港」有高度的期待，但是北京中央政府作為最高權力機關，香港能有多大的自由，最終還是由北京與其所管轄的香港特區政府說了才算數。2014 年 6月 10 日中國國務院發表《「一國兩制」在香港特別行政區的實踐白皮書》，單方面對「一國兩制，高度自治」做出闡釋，該白皮書中表明「愛國者治港」、「香港享有多少權力，在於中央授予多少權力」，強勢領導專制獨裁的心態表露無遺。同年 8 月 31 日中國人大常務委員會審議香港政改報告，提出「八三一決議」──明確規定 2017 年香港行政長官選舉由一千兩百人組成一個廣泛代表性的提名委員會，且特首候選人數目在二至三人，而且需獲得提名委員會過半數的支持。2015 年 4 月，香港普選政改方案再度被提出，香港選民雖然可以「一人一票」普選特首，但是候

選人仍需要由一千兩百人組成的提名委員會篩選通過。

　　香港人民一直等不到北京當局對於 2017 年香港普選特首的回應，2014 年 9 月發起「讓愛與和平占領中環運動」（後稱「雨傘革命」），期待透過占據香港商業與政治中心，強迫北京當局改變立場落實 2017 年香港普選特首的承諾。香港「雨傘革命」如火如荼進行時，台灣各地也同步舉行聲援活動，當時網路上廣為流傳一名表情蕭穆旅台的香港人出席台中活動現場的照片，他身上掛著一份告示牌，上面寫著：「我是香港人，請台灣踏在我們的屍體上想你們的路」，告示牌上悲嗆、哀怨的字句，道盡了香港人民對「一國兩制」的無奈與無助。

　　雨傘革命之後，中國積極插手香港事務，香港特區政府配合壓縮香港人民的政治參與、言論自由的空間並擴大司法清算。2015 年年底，香港專門出版經銷中國政治禁書的銅鑼灣書店發生股東與員工連環失蹤的事件，引起香港人對《基本法》擁有的言論、出版與人身等自由受到侵害的憂慮。在此時刻，香港本土運動風起雲湧，強調香港本土、人民自決與主權獨立的聲浪愈來愈大。2016 年 3 月香港民族黨公開主張香港獨立，香港民族黨主席等人被取消立法會參選資格，香港民族黨也被列為非法組織，凸顯香港言論自由的空間愈來愈受到緊縮。2016 年 9 月香港立法會選舉，六名當選人在宣誓時擅自刪改誓詞，被當局聲請法庭取消資格。2016 年香港旺角發生嚴重的警民衝突，香港政府以暴動重罪提告多位社運人士，其中黃台仰與李東昇兩位主要成員棄保潛逃至海外，2018 年 5 月獲得德國的政治庇護，此案例可視為香港司法機構迫害香港人民的具體表現。2019 年 4 月 24 日，香港法院對領導發動「雨傘革命」的「佔中九子」判刑，北京當局一點都不在意抵觸《基本法》，藉機恐嚇爭取特首普選的民主運動人士與香港民眾的意圖非常明顯。5 月香港政府不顧

外界反應，配合北京力推修改《逃犯條例》草案，隨意羅織罪名即可將居住或路過香港的人士解送中國進行偵審，剝奪《基本法》賦予港人司法自主、人身自由的權利。香港人面臨無路可走的威脅，6 月 9 日起連續兩週累計有三百萬的香港人上街表達對港府無視民意強硬修法的憤怒，由於抗議示威的規模前所未有，香港警方甚至開槍強力鎮壓，引起國際社會的高度關注。8 月初機場抗爭，香港人兩度衝入機場，封鎖對外的航空交通。此次香港人民展現打死不退的決心，引發一波又一波接力式的抗議示威，再加上以美國為首眾多民主國家的聲援與國際輿論群起反對的雙重壓力下，終於迫使香港特首林鄭月娥召開記者會向香港人民道歉撤回《逃犯條例》的修法。但是，對於另外四項改革訴求包括，收回至今所有反送中抗爭之暴動定性、撤銷一切之前及今後所有反送中抗爭者之控罪、成立獨立調查委員會徹底追究警察濫暴以及以行政命令解散立法會，立即實行真正的雙普選，仍然堅持不退讓。

　　中國在接收香港之初，提出香港高度自治、五十年不變的保證，五十年不變的承諾期間尚未過半，香港原有的民主自由、多元開放、保障人權的社會氣氛每況愈下。顯然，在北京當局一手主導下，香港已成為中國的籠中鳥，「一國兩制」是一張永遠無法兌現的空頭支票，它帶給香港人民沒有愉快、歡樂與希望，而是更多的感慨、恐慌與絕望。時間的過去，當年無動於衷的香港人警覺到當年沒有任何動作的反抗，是錯誤的，真是失去自由自主的一失足成千古恨，回不了頭。

（三）一國兩制的台灣方案（台灣模式）

　　2018 年 11 月底九合一地方選舉之前，社會瀰漫教訓民主進步黨的選舉氣氛，使得中國國民黨意外大勝。黨主席吳敦義在未

來情勢看好的期待下乘勝追擊，提出：假使未來中國國民黨重返執政，經過雙邊的折衝，中國國民黨政府有權利按照《兩岸人民關係條例》與中國簽署「和平協議」。這項表述，引起中國國民黨黨內有意競逐 2020 總統大位的人爭相表態，與中國隔海呼應。

2019 年 1 月 2 日，中國國家領導人習近平在《告台灣同胞書四十週年》紀念會上發表對台五項政策，其中一項是「探索『兩制』台灣方案，豐富和平統一實踐」。習近平特別強調「『和平統一、一國兩制』是實現國家統一的最佳方式。…『一國兩制』的提出，本來就是為了照顧台灣的現實情況，維護台灣同胞利益福祉。…在堅持『九二共識』、反對『台獨』的共同政治基礎上，兩岸各政黨、各界分別推舉代表性人士，就兩岸關係和民族未來開展廣泛深入的民主協商，就推動兩岸關係和平發展達成制度性安排。」顯然，上述紀念談話展示中國統一台灣的路徑圖，「一國兩制台灣方案」是當前北京對台灣的工作重點，主要的目的就是要併吞、統一台灣，推動的步驟則是假借「和平」之名，以「武力」為後盾，誘使台灣與中國進行政治協商、簽署和平協議，最後邁向被併吞統一的過渡性政治安排。

其實，中國國民黨與中國共產黨簽署和平協議並不是新鮮事，七十多年前，早在國共內戰期間已經有多次簽署和平協議的經驗，都是被中國共產黨所騙。2005 年在民主進步黨主政下，國共兩黨重啟對話，在「連胡會」發布的新聞公報指出，雙方要促進「正式結束兩岸敵對狀態」，達成和平協議，建構兩岸和平穩定發展架構。2011 年準備競選連任的馬英九也倡議為確保台灣的安全與繁榮、確保族群和諧與兩岸和平，要與中國進行兩岸和平協議。2016 年中國國民黨全國代表大會通過決議，在洪秀柱主導下將「探討以和平協議結束兩岸敵對狀態可能性」列入政策黨綱。

　　從中國國民黨一連串的表現可知，他們配合中國高舉和平的大旗，將簽署和平協議視為緩和台海雙邊劍拔弩張的局勢、促進兩岸和平的萬靈丹；刻意忽略簽署和平協議是一個具有高度政治敏感性、危險性的議題，不但牽涉到國內外政治情勢的發展，而且台灣內部必須有高度共識的基礎。雙方要以何種名義、身分或是條件簽署和平協議？一旦簽署之後，中國不遵守要怎麼辦？他們始終沒有說清楚、講明白。

　　「一國兩制」雖然從未在台灣真正落實過，但是看「一國兩制」在香港貫徹的結果，已知專制獨裁與民主自由是無法相容的。「一國兩制」已經讓香港人民付出慘痛的代價，如今這一套手法，又再度向台灣招手。對此，中國旅居澳洲的流亡作家袁紅冰在其《台灣大劫難》書中，有一段描述值得我們參考：「⋯由香港目前的政治發展來看，自由與民主似乎在要失去的時候，才令人感到特別可貴，而基本人權只能在民主與法治的社會中，才有成長的空間。台灣人民能夠享有基本人權，落實民主，選出自己的國家領導人以及各階層的民意代表，結束中國國民黨一黨長期專政，促成政黨輪替，推動全國性公民投票，深化民主與落實主權在民，一切應歸功於台灣是一個不受中華人民共和國統治的主權國家，以及台灣人民對民主與自由理念的堅持打拚。⋯」顯然，台灣人是不是有辦法繼續維持政治的主體性與自由民主的體制？這是我們必須共同面對的挑戰。我們絕對不可為了眼前的小惠小利，一再妥協失去自己的立場與原則。

　　2019 年 9 月 20 日，台灣與吉里巴斯共和國斷交，蔡英文總統針對「一國兩制」的挑戰，發表了堅強明確的重要聲明：

　　　　「他們（中國）試圖用打壓的行動告訴台灣人說，我
　　　們不能買戰機，我們不能撐香港，我們只能選擇一個
　　　會向中國低頭的總統。因此，在這裡我要代表中華民

國台灣，堅定的告訴中國，對『一國兩制』，我們的答

案只有三個字，就是『不可能』。這些惡霸式的壓迫，

不會讓台灣人放棄堅持，我要告訴我們所有的同胞，

我們如果在這裡選擇放棄堅持的話，那我們世世代代

的台灣人就不會有主權、不會有自由、不會有民主，

我們將會一無所有。」

咱台灣人的選擇非常清楚，我們要做蔡總統的後盾，大聲一同向中國的「一國兩制」說「不」，以維護咱的國家主權、自主、民主、自由與人權。

第三節　台灣成為一個正常化國家

如上所述，台灣歷經民主轉型、有效的人民自決已進化為一個主權獨立的國家。第二次世界大戰結束後，以蔣介石為首的中國國民黨軍隊代表盟軍軍事占領台灣，沒想到台灣受到國共內戰的波及，莫名其妙被冠上「中華民國」的國號、加上施行「先天不良、後天失調」的五權憲法，以及為統治中國大陸所設立的政治體制。蔣介石不顧聯合國情勢的改變，堅持「漢賊不兩立」的外交政策，等到聯大通過第 2758 號決議後，形勢比人強，台灣淪為國際孤兒，失去國際參與的機會與管道，連帶使台灣內部的政治、經濟、社會與文化等方面受到波及，呈現不正常的發展態勢。

台灣成為一個正常化的國家，代表人民齊力創建一個由台灣人民組成的國家，建立代表全體人民意志，並得到全民擁護的政府，我們才能作自己的主人，作自己命運的主宰，不再任人生殺予奪，玩弄擺布。有了獨立的國家、自己的政府才能維護基本人權，確保人性尊嚴與生存的條件，為台灣帶來福欣康富的環境。展望二十一世紀，台灣真正要成為一個正常化國家，政府與人民必須齊力合作，完成以下四大工事：第一、為台灣全面正名；第

二、制定台灣憲法；第三、以台灣之名加入聯合國；第四、培養正常化國家國民的素養氣度，才能克服台灣內在外在不正常發展的困境，進化為一個正常化的國家。

台灣成為一個正常化的國家，必須為台灣全面正名，努力在國際社會明確表現與中國的不同。為台灣全面正名，揚棄造成混淆的「中華民國」招牌，將「台灣、中國，一邊一國」予以明確化與法律化，是深化凝聚台灣國家認同的要件。為台灣全面正名，以名實合一的獨立國格，徹底排除「一個中國原則」魔咒的糾纏，台灣以一個主權獨立國家的名義身分參與國際組織及其他國際社會的活動，得到應有的國際尊嚴與地位，與其他國家（包括中華人民共和國）平起平坐。

台灣成為一個正常化的國家，基於自主意志，共同參與制定一部以台灣與台灣人民為主體的憲法，凸顯主權在民的普世價值。有了一部切合台灣民情、國情的台灣憲法，落實憲政民主，不但順應世界民主自由人權的潮流，也確立權責分明、正常有效運作的政治體制，得以因應台灣國家發展與政府治理的需要。

台灣成為一個正常化的國家，表示台灣在國際組織有更大的參與空間與代表的能力。在國與國的層級，國家正常化包括建立正常化的雙邊外交關係、締結新的貿易投資協定、互相免除簽證、增加與外國政府機關與官員的來往交流。在國際層級，基於台灣是一個愛好和平的國家，能夠且願意履行《聯合國憲章》的義務，台灣當然應成為聯合國及其體系下功能性國際組織的會員國。台灣作為一個主權獨立的國家，能夠成為世界共同體積極奉獻的一員，一旦台灣成為這些國際組織的一個會員國，將會增進全體人類的共同利益，向和平與公義的世界秩序邁進。

台灣成為一個正常化的國家，將促成台海雙邊關係的正常化。台海雙邊關係走向正常化的要件，絕不是主從的控制關係，

事事都由中國主導操縱，台灣無所作為只能被動配合。中國必須接受台灣存在的事實，尊重台灣的主體性，承認台灣與中國是兩個互不隸屬的國家。歐洲的德國與奧地利兩國的互利互助是一個值得台灣與中國參考的典範，他們兩國雖然都屬於日耳曼民族，有共通的血緣與綿密歷史文化的背景。但是，二次世界大戰後，雙方尊重彼此的差異，透過社會與文化自然互動的交流融合，逐步整合走向政治與經濟互補互利的關係。

台灣成為一個正常化的國家，除了促成台海關係的正常化，還可以確保台海的和平穩定。由於台海的和平穩定攸關台灣、中國兩國人民的生命安全，也與亞太區域的穩定發展息息相關。台灣成為一個正常化的國家，基於過去歷史與文化上的關連，有利雙方建立互信的基礎，雙方基於互相尊重、對等互惠的原則，以「相互依賴」取代「相互對抗」，以「互利雙贏」取代「零和競爭」，以「共同安全」取代「對等安全」，才有可能進一步建立更密切的經濟、文化與社會的交流，得到雙邊利益的極大化，避免台灣海峽發生戰爭，確保台海的和平穩定。

台灣成為一個正常化的國家有不可取代的重要價值，既有利於台灣與中國的穩定發展，也有助於促進區域與世界的和平穩定。台灣與中國在平等互惠、互相尊重的前提下，擴大交流、化解歧見、加強理解，促進兩國的良性互動，通盤檢討解決歷史遺留下來的問題，彼此帶來真正的和平與雙贏互利的新契機，是值得期待的。

總之，台灣國家正常化的願望與期待，經過國內外台灣人長期的共同打拚奮鬥，已經是台灣國家社會的主流民意，也正是台灣人民持續加速度努力打拚的大目標。因此，在下一章（第捌章）特別就如何建設台灣為一個正常化國家進一步加以闡述。

第捌章　台灣如何成為一個正常化國家

　　台灣國家正常化運動是台灣人在國際社會得到應有的人性尊嚴與國際地位的關鍵。要成為一個正常化的國家，首要之務就是強調台灣的主體性，凸顯台灣不是中國一部分的事實，並以一個主權國家的身分與地位，尋求在世界大舞台永續生存與發展。

　　台灣國家正常化運動成功在於政府與人民的通力合作。從國家進化到國家正常化的過程中，政府有責任、人民也有責任。政府在其中應承擔的任務，除了制定《台灣憲法》、完成台灣正名憲法化、也要以台灣的名義申請成為聯合國正式會員國等，這些是國家優先發展的重點工作。至於人民所應扮演的角色，除了作為政府施政的後盾，配合政府推動重要的憲政改革、促成台灣正名憲法化與加入聯合國等重大目標之外，每一個人還要從日常生活當中，培養正常化現代國家國民的品德與素養，自我覺醒將台灣當作個人向外發展的核心，建立台灣主體意識，逐步凝聚台灣的國家意識，進一步拓展國際視野與世界接軌，建設台灣成為第一流現代化的國家。

第一節　為台灣全面正名

　　每一個國家與個人一樣，都有自己的名字，這是基本權利。一個國家的名稱要如何決定，通常取決於國民自我認知以及國際人士的瞭解。為台灣全面正名的意義，在於凝聚所有台灣人民認同這塊土地的共識。多年來，隨著經濟的不斷發展，台灣社會由戒嚴威權統治，走到政治民主化與本土化、總統直選及政黨輪替等歷程，都得到國際社會的肯定與讚賞。台灣主權獨立是一個不

可抹滅的事實，但是國家的名稱還沒有得到國際社會的普遍認同，造成台灣真像是一個國家，又不像是一個國家的窘境，不但使台灣人民的國家認同錯亂，也誤導國際社會以為台灣是中國的一部分。

　　正因為「台灣」與「中國」各自擁有獨立的主權，各有政府，統治管轄不同的人民與領土，中國的主權與治權既不及於台灣與澎湖列嶼，台灣的主權與治權也不及於中國大陸與外蒙古，「台灣」與「中國」顯然是兩個互不隸屬的獨立國家。長久以來，居住在台灣的人民，聽過政府對外參與國際活動所使用的很多名稱，包括「中國」、「中華民國」、「中華民國在台灣」、「台灣」、「中華台北」、「台北」、「台澎金馬獨立關稅領域」（TPKM）等等。如今，台灣早已進化為一個主權獨立的國家，在這塊土地上落實政治的民主化、本土化以及經濟的自由化，也得到國際社會的肯定稱讚，一個現代化國家形成的要件，台灣都具備了。假使這個國家的名稱不是叫台灣，又有哪一個名稱是名符其實最能代表居住在這塊土地上的所有人民？

　　國家正名刻不容緩，這是台灣人民的基本權利。我們是否具備足夠的勇氣、智慧、與決心，確實建構強化以台灣歷史、地理、政治、經濟、社會、教育、文化等脈絡為主體的台灣國族，強化台灣自我的尊嚴與信心，為台灣全面正名，有效區隔「台灣」與「中國」的不同、不相隸屬，徹底解決這個國家定位的問題，使台灣早日成為一個正常化的國家。

第二節　制定台灣憲法

　　憲法是國家的根本大法，釐定政府的體制，保障人民的基本權利與自由，代表人民的共同意志，是國家正名定位、永續發展的基石。台灣要適存於國際社會且永續發展，必須全力形塑《台

灣憲法》的大工事，實踐台灣國家憲法化的大目標。全民共同參
與憲政革新的運動，不但政府要帶頭推動，人民也要普遍參與，
瞭解並體認制定台灣新憲法的重要性。試圖修補時空錯置、早已
過時、強壓在台灣的《中華民國憲法》，不如制定一部表達台灣
作為一個主權國家獨特的新憲法，較為適時、適合水土民情及功
能，為台灣國家帶來進步的新機運、新願景。

一、制定台灣憲法的重要性

從永續發展的角度切入，台灣要成為一個正常化國家的關
鍵，就是創建一部以台灣為主體、表達國格、切合人民真正需要
的《台灣憲法》，作為國家的根本大法。

台灣由被軍事占領地演變進化為一個主權獨立自由民主國
家的過程中，還沒有產生一部真正自己的憲法，以致於台灣到目
前為止，還不是一個正常化的國家。台灣的憲政運作問題重重，
不勝枚舉，主要來自於現行《中華民國憲法》於 1947 年實施以
來，不三不四的制度本身即存在著很多破綻，無論是憲法的正當
性與合法性、國家定位與認同、國家的領土、基本人權的保障、
民主發展與政黨政治等面向的發展，造成台灣很大的困擾。即使
《中華民國憲法》經歷七十六年的演進與推動七階段的憲政改
革，仍不能因應符合當前台灣的政治、社會、經濟、文化等發展
的需求。當務之急，就是創建一部真正表達台灣國家獨特性的新
憲法，才能真正走出五權憲法的陰影，使台灣成為一個名實合
一、正常化的國家。

二、制憲不是修憲

憲法是人民自由權利的保障書。不可否認，台灣的現狀前前
後後經歷七次所謂的修憲，以一時利害權宜盤算抄捷徑的方式，
採取頭痛醫頭、腳痛醫腳「違章建築式」的層層疊疊憲法條文增

補，欠缺全盤長遠、根本性憲政的考慮，導致最終的結果既沒有創造出權責分明、有效運作順暢的政治體制，也沒有辦法保障人民的基本權益。顯然，這種政治制度設計混亂的《中華民國憲法》，本身是導致政局紊亂的根源，成為阻礙獨立、台灣推動改革、政府改造的絆腳石。

台灣當前的憲政制度本身存在著真多問題，主要是因為五權憲法本身紊亂無章、錯綜複雜所形成：「既非內閣制又非總統制、既是內閣制又是總統制，既不完全是內閣制也不完全是總統制」的「不三不四制」。經歷七次不變更原有的憲政架構、修改與凍結部分憲法條文，再加上引進雙首長制的設計，造成權責不分不明的根本問題，不但沒有消除，甚至還變本加厲，影響國家體制的正常運作，造成政治秩序的紊亂。

最為具體的事例表現在 2000 年到 2008 年陳水扁總統主政期間，由於政黨對立，出現為反對而反對的政治動盪，國會議事陷入空轉，與國家憲政體制運作直接相關的監察委員同意權遲遲未決，影響所及，監察院功能陷入停擺。台灣出現五院少一院的憲政亂象，破壞分工制衡、權責分明的憲政秩序。另外，2008 年至 2016 年馬英九政府執政期間，由人民選出的國會多數黨處理「黑箱服貿」與「核四存廢」高爭議性的議題，選擇站在民意的對立面，而人民作為國家的主人面對代議士背離民意卻束手無策。顯然，當前的憲法即使經歷七十多年的演進，再加上七個階段的憲政改革，依然無法避免發生政治順利運作，陷入困境與偏離代議民主憲政常軌的怪異現象，台灣憲政體制的紊亂已經達到必須大刀闊斧開創新局的臨界點。這也是 2014 年三一八太陽花運動學運團體發表《新憲宣言》，明確指出台灣民主失靈的憲政危機，已經無法由現行的體制進行矯正，必須徹底由下而上推動

憲政創新，才能鞏固民主與人權價值，使台灣成為一個正常化的國家。

台灣憲政革新的下一步如何進行？要制定一部以台灣為主體、符合實際需要的新憲法，要達到台灣民主深化與落實國民主權的重要目標，人民的自我覺醒絕對必要。除了鼓勵人民瞭解憲政革新合理調整的途徑，要認同新憲法，進一步對《台灣憲法》加以珍惜與愛護。在制定新憲法的過程中，必須結合公民社會的集體力量，由下而上落實全民參與制憲的權利。如此，可促進台灣憲法文化的形成與民主憲政的實踐，建立一個健全的政治體制與長治久安的運作環境，產生深遠正面的功效。

在台灣面臨憲政改革的關鍵時刻，制定新憲法必須以台灣人民福祉與國家整體利益為重，而不能再以黨派一時的得失來盤算。台灣要制定一部既要徹底解決當前窒礙難行的憲政運作難題，同時要符合未來永續發展的新憲法，必須透過人民自決公投的方式，完成一部《台灣憲法》，作為台灣成為一個正常化國家的最高指標。

三、台灣憲法應有的內涵

憲法是一個國家的根本大法，規劃政府體制、政治結構，定位人民與政府的關係，是人民基本權利的保障書。真正有意義的憲法是活的憲法，不是死板板的憲法。活跳跳的憲法是人民不斷溝通、運作、決定、施行的成長發展結晶；不單單是一張印黑字的白紙。憲法的運作包容很廣，影響到整個國家、社會各種價值的同成分享，影響到每一個國民生活的內容與品質。

台灣憲法至少應包括下列的主要內涵：

（一）建立以台灣為主體的新憲法，適合台灣的國情與人民的需要，明確為台灣國定位。

（二）要有宏觀、前瞻性，表達台灣國要在國際社會積極參與、作為及貢獻的信念與意願。

（三）建立完整、權責分明的政治體制，既分工制衡、又能有效合作的制度。總統制也好，內閣制也好，應善用民主憲政先進國家所累積的經驗與智慧，保持一個憲政體制的精神、完整性及相關的配套措施，不可陷入現有憲政東抄西抄、不三不四制的錯誤。

（四）順應世界民主自由人權普世價值的大潮流，將國際人權準則納入憲法體系，加以堅固的保障。

（五）以國家人民整體的利益為重，不是以黨派一時的得失為盤算。由大局長遠處著眼，而不是為一時的政治得失斤斤計較。憲法為國家人民而存在，不可成為黨派政爭的工具，而要成為國家長治久安的安定力。

（六）台灣憲法的序言非常重要，必須表達台灣立國的精神與願景，將台灣的過去、現在、與未來密切連結起來，促成活力前進的台灣憲法文化之建立。台灣要成為名實合一的正常化國家，需要自己的憲法。台灣憲法的誕生，將為台灣國在第二十一世紀帶來新機運與宏大的新願景。

四、以公民投票催生台灣憲法

要制定一部以台灣為主體的憲法，人民的參與是絕對必要的，而人民對憲法的正確認識，攸關台灣憲法的未來發展，同時也有助於塑造台灣主體的憲法文化。隨著台灣多元化社會的逐步發展，以民間組織為基礎的公民社會，是促進社會改造的動力，也是鞏固民主制度、提高民主素質的基礎。

現行修憲的困難度極高，要靠修憲程序達到制憲的目標，顯然是緣木求魚。為加強推動制憲運動，必須結合公民社會的力

量，成立一個獨立於政府權力之外的「民間制憲聯盟」，作為制定《台灣憲法》的主要推手。在民間制憲聯盟制定台灣憲法草案的過程中，需要結合學術研究單位、智庫的力量，作全盤性、完整性的規劃與設計。除了以專家學者為主之外，制憲委員會也應納入婦女團體代表、原住民族代表、社運團體代表等，在憲法草案起草的過程中，考慮多元不同的意見，但應以完整且符合台灣的國格國情為重。

此外，民間制憲聯盟還有一項重大責任，就是推動普及的憲法教育。推動憲法教育的普及化具有雙重目的：

第一是凝聚台灣人民制定自己憲法的共識。民間制憲聯盟在憲法草案推出時，串聯民間社運團體、並結合學術研究單位、智庫的學者們，積極在全台各地選擇適當的場所，進行民間的憲法基礎教育，透過公開說明會、討論會與座談會的舉辦，由點而面，對社會各階層人士進行詳細的說明、充分的溝通與討論，增進台灣人民對於制定台灣憲法的意義與原則的瞭解。

第二是民間制憲聯盟巡迴各地推動憲法普及教育的同時，也可傾聽與會者的反映與意見，作為憲法草案修正的參考根據，使憲法更能貼近人民、廣納人民的心聲。

民間制憲聯盟積極巡迴全國各地推動憲法普及教育一定時間之後，就輪到人民作最後的決定。憲法的草案公布之後，經過上述憲法教育的階段，人民對於憲法草案有充分瞭解、思考及參與的機會，最後才舉行全國性的公民投票，就台灣憲法草案的採行，作最後的決定，相信經過主權在民的程序形成對新憲法的瞭解與相當的共識，台灣憲法的誕生可望水到渠成。

公民社會積極參與台灣制憲運動，不但是主權在民的落實，而且人民對自己的憲法也會產生親身參與制定的感情，對《台灣

憲法》加以珍惜，加以愛護。如此，我們可期待台灣憲法的新紀元，邁向民主憲政深化、憲法文化健全發展的光明大道。

第三節　以台灣之名加入聯合國及其體系下國際組織作為會員國

自 1971 年聯合國大會通過第 2758 號決議之後，蔣介石代表被逐出聯合國及其體系之外將近五十二年，不但影響台灣的國際能見度，台灣政府長期陷入外交受孤立、主權被剝奪的困境，甚至台灣人民也連帶身受其害。

《聯合國憲章》第 4 條第 1 項明文規定：「凡其他愛好和平之國家，接受本憲章所載之義務，經本組織認為確能並願意履行該項義務者，得為聯合國會員國」。台灣是一個主權獨立、愛好和平的國家，有二千三百萬的人民，對於台灣與澎湖固定領土行使有效控制與正當權力，具有有效決策能力的政府，也有與世界其他國家負責進行互動的權能。台灣不只具備國際法國家所應具備的條件，也有履行《聯合國憲章》義務的能力與意願，當然有資格加入聯合國為新成員國，在國際政治的大舞台表達二千三百萬台灣人民的心聲，同時與眾多會員國在聯合國內正常化的互動。

一、聯合國大會第 2758 號決議文的爭議性與中國的惡意曲解

台灣要加入聯合國，不能夠迴避探討 1971 年在聯合國大會所通過的第 2758 號決議。甚麼是聯大第 2758 號決議？其意義如何？

1971 年 10 月 25 日聯合國大會通過第 2758 號決議，主要目的是解決中國代表權的問題，無關台灣的主權問題。但是，中華人民共和國惡意曲解，故意援引第 2758 號決議誤導國際社會，

宣稱聯合國根據該項決議確認台灣是中國的一部分,中華人民共和國也代表包括「台灣人民」在內之全體中國人民,反對台灣加入聯合國及其他國際組織。事實上,聯大第 2758 號決議簡短明瞭,決定了下列事項:

(一)決定「承認中華人民共和國政府是中國駐聯合國的唯一合法代表」。顯然,第 2758 號決議所決定的是「中國代表權問題」,承認中華人民共和國在聯合國代表中國及中國人民。

(二)決定「立刻將蔣介石的代表從其在聯合國與所有附屬組織非法占有的席次逐出(expel)」。換句話說,蔣介石所代表的「中華民國」在聯合國失去了任何的地位,不能在聯合國內代表中國及中國人民。

顯然,聯合國大會第 2758 號決議承認中華人民共和國政府為中國駐聯合國唯一合法代表與驅逐蔣介石的代表,該決議完全沒有提到「台灣」這兩個字,並沒有承認台灣是中華人民共和國的一部分,也沒有授權中華人民共和國在聯合國代表台灣及台灣人民。中華人民共和國一再強詞奪理,主張聯合國已承認「台灣是中國一部分」,硬將「中國代表權」包括「台灣代表權」劃上等號,是完全不正確的。

二、台灣入聯運動的回顧

台灣自 1993 年起,透過友邦聯合提案,要求將有關台灣參與聯合國的議題列入聯大議程,可惜在中國的強烈反對與阻撓下,一直無法列入正式議程討論。儘管如此,對於台灣入聯的方法與途徑,四位台灣前後任總統因政黨屬性與外交訴求的差異而有不同的樣貌:

(一)李登輝總統時期(1993～1999):強調「分裂國家」、「一國兩府」與「中華民國與中華人民共和國並列」的立場,透

過友邦向聯合國提案、籲請聯合國根據會員普遍原則，審查聯合國大會第 2758 號決議，及訴請聯合國重視中華民國在台灣的特殊國際處境，確保台灣人民參與聯合國事務的基本權利。

（二）陳水扁總統時期（2000～2008）：採取「中華民國（台灣）在聯合國的代表權問題」、「台灣二千三百萬人民在聯合國的代表權問題」的立場。除了沿襲李總統請友邦提案之外，值得強調的是，2007 年陳水扁總統首度以「台灣之名」向聯合國提出加入為會員國的申請，明確宣示台灣是一個自由民主、愛好和平的主權國家，與中華人民共和國互不隸屬。歷史上，第一次以台灣之名爭取入聯為會員國的做法，引起聯合國會員國的高度重視與國際媒體的熱烈討論，其成效遠遠超過前十四年的努力。隨後，陳總統又於 2008 年主導推動入聯公投，以最民主、和平的方式，向全世界表達台灣人民要台灣入聯的集體意志。當時，台灣人民對民主進步黨提出「入聯」與中國國民黨提出「返聯」兩項全國性公投進行公民投票，入聯公投案有六百二十餘萬人領公投票，約五百五十三萬人投同意票，同意率為 94%。另外，返聯公投案有六百一十八餘萬人領公投票，有四百九十六餘萬人投同意票，同意率為 87%。上述兩案受限於《鳥籠公投法》，雖然高同意率的公投結果通過第二道「法定投票門檻」，但因未能通過偏高的第一道「法定領票門檻」而失敗。即使如此，入聯公投沒有通過，並不代表台灣人民反對加入聯合國，這是因為《鳥籠公投法》的高門檻限制，使得公投案的通過難上加難。假使按照 2018 年 1 月 3 日新修正《公民投票法》通過的門檻來看，上述兩項公投案都算通過。

（三）馬英九總統時期（2008～2016）：2008 年總統大選期間，馬英九曾將「重返聯合國」列入政見，選上總統之後，對於

台灣入聯的提案，無論是從名稱、內容到推動的過程，敷衍了事的心態表露無遺。

馬氏政府執政期間，提出「外交休兵」的政策，放棄高度政治敏感性「加入聯合國為會員國」的做法，改為委託友邦向聯合國提出「有意義參與聯合國專門機構活動」。2009 年放棄向聯合國提案，刻意迴避凸顯台灣是一個主權國家具有加入聯合國為會員國的權利。2010 年改請友邦在國際公開場合上發言表達支持台灣有意義參與《聯合國氣候變化綱要公約》（UNFCCC）與「國際民航組織」（ICAO）。這種自我退縮的外交作為，既沒有顯示台灣是一個有別於中國的主權國家，也沒有凸顯台灣被排除在聯合國體系之外的不公不義，其效果是「生雞卵無、放雞屎有」，削弱台灣入聯的力道。

值得一提的是，馬氏政府為了營造與中國外交和解的氣氛，刻意不強調台灣是一個與中國互不隸屬的主權國家，他們將台海關係的穩定當作是台灣參與國際事務的保證，意圖採取與北京妥協屈從的權宜之計，換取台灣參與國際組織活動的機會與空間。因此，2009 年 5 月在中國的默許下，世界衛生組織（WHO）秘書長首度發函邀請台灣的衛生代表出席世界衛生大會（WHA），表面上得到中國善意的回應，馬氏政府的代表似乎完成歷屆政府所不願意達成的任務，實際上卻是接受中國的安排，讓中國從中否定台灣的國家地位、決定台灣參與國際組織的名義與資格。馬氏政府執政八年期間，採取權宜之計與北京妥協的做法，逆來順受屈從中國「一個中國原則」的表現，讓台灣重要的入聯運動陷入前所未有的低潮。

（四）蔡英文總統時期（2016～2023）：蔡英文總統就任以來，面對中國軟得更軟、硬得更硬的兩手策略，堅決採取不承認「九二共識」與拒絕接受「一國兩制」的強硬立場，使得台海雙

邊關係陷入僵局，影響所及，台灣參與國際組織的管道也被堵殺。2017 年至 2023 年，在中國非理性的操控下，台灣連續七年沒有收到世界衛生大會發出的邀請函，就是一個明顯的案例。

台灣加入聯合國成為會員國是台灣人民共同的期待。蔡英文總統面對國人關切加入聯合國議題的處置，依循溫和穩健的外交思維，推動有別於陳水扁總統主動強調台灣主權，請友邦協助提案，支持台灣加入聯合國，也不同於馬英九採取權宜之計與北京妥協的策略，支持台灣參與聯合國專門機構。反觀，蔡英文總統採取「溫和入聯」的做法──不推動台灣加入聯合國的提案，洽請友邦為我國仗義執言、聯名致函聯合國秘書長；改為主動落實聯合國永續發展目標，凸顯台灣參與聯合國體系的正當性以及台灣對聯合國事務作出貢獻的重要性。

蔡英文政府的入聯政策具體表現在透過外交部長在國際各大重要媒體，發表專文強調台灣與聯合國互相需要，台灣被排除在聯合國大門之外，損及台灣人民的集體人權，也違反聯合國會員普遍的原則。假使台灣能夠加入聯合國，台灣可以分享過去在經濟發展、政治民主化的發展經驗，同時提供環保、公衛、醫藥與農業等領域的協助，透過互惠合作促進全球和平、繁榮，實現聯合國所倡議的永續發展目標。這種從台灣優勢項目著手，凸顯台灣是聯合國追求永續發展目標的重要成員，開創台灣入聯運動的新模式。

三、2007 年政府以台灣之名申請入聯的重大意義

從 1993 年李登輝總統推動向聯合國叩關的計畫開始，雖然台灣入聯的議題從未被排入大會討論，但是 2007 年陳水扁政府首度以台灣之名申請入聯的創舉，意義格外重大。該年 7 月 19 日，陳水扁總統代表台灣二千三百萬人民，第一次以「台灣」的

名義向聯合國秘書處提出加入聯合國為會員國的申請。當時的聯合國秘書長自作聰明，罔顧台灣是一個主權獨立國家的事實及聯合國正當的程序，未將台灣申請入聯的提案提交安全理事會決定，擅自將台灣的申請書退回。秘書長的理由是聯合國大會第2758 號決議已經決定台灣是中華人民共和國的一部分，所以台灣沒有資格申請加入聯合國。

　　2007 年 8 月 2 日陳水扁總統再度行文聯合國安全理事會主席，要求安全理事會立即審議台灣申請入會案。除此之外，陳總統也行文聯合國秘書長指出秘書處做法違反《聯合國憲章》及「安全理事會議事規則」的不當處理。隨著，聯合國大會開議，台灣的友邦再於 8 月 17 日聯合提案，要求將台灣入會申請列入聯合國大會的議程討論，引起空前熱烈的討論，共有一百四十多個會員國代表發言，表達贊成或反對的立場。

　　陳水扁總統推動以台灣之名入聯的創舉，具有歷史性及國際法國家定位的雙重意義。簡述如下：

（一）鄭重向聯合國宣示台灣是一個愛好和平的國家，具備入聯的條件資格

　　台灣是一個愛好和平的國家，有履行《聯合國憲章》義務的能力與意願，符合《聯合國憲章》第 4 條新會員國入會的資格。2007 年 7 月陳水扁總統主動出擊，向聯合國秘書長提出台灣要加入聯合國為會員國的申請，就是要捍衛台灣的主權地位不被矮化，反駁「台灣屬於中國」的謬論。當時雖未達成入聯的目標，但已對聯合國會員國明確宣示台灣是一個主權獨立、愛好和平的國家，與中華人民共和國互不隸屬。同時，也清楚表明中華人民共和國在聯合國及其體系相關國際組織並不代表台灣及台灣人民。

　　台灣要突破沒有得到國際社會的普遍認同，造成台灣真像一個國家，又不像是一個國家的困境，可以根據《聯合國憲章》第4條的規定，以台灣之名申請加入為聯合國的新會員國，強調台灣是一個愛好和平的國家，有能力及意願履行《聯合國憲章》義務的能力與意願。以台灣的名義申請加入聯合國為會員國的努力，具有歷史性及國際法國家定位的重大意義；明知困難多多而為之，值得肯定。這一年的國際宣傳成果，不但引起聯合國會員國非常大的注意重視，其效果遠遠大於過去透過友邦提出參加聯合國努力所得到的效果。由此可見，這條台灣入聯的正確之路，具有主動性、積極性，可凸顯台灣是一個主權獨立的國家，明確表達台灣要成為聯合國會員國的意願，有助於推展台灣的國際外交與國際宣傳的效果。

（二）凸顯台灣不是中國的一部分，中國並不代表台灣及台灣人民

　　加入聯合國是台灣人民共同的要求與願望。2007 年聯合國潘基文秘書長及秘書處對台灣申請案的處理，引起美國政府向聯合國秘書處表達無法接受秘書長任意擴張解釋聯大第 2758 號決議與認定「台灣是中國一部分」的說法；同時，美國政府也在《台灣地位的說帖》（U.S. Non-Paper on the Status of Taiwan）中明確指出：「聯合國大會於 1971 年 10 月 25 日通過第 2758 號決議，事實上並未確立台灣為中華人民共和國的一省。該決議僅承認中華人民共和國政府為在聯合國代表中國之唯一合法政府，並驅逐蔣介石之代表在聯合國及所有相關組織的席次。聯合國大會第 2758 號決議並未提及中國對台灣擁有主權」。

　　除了美國表達立場之外，加拿大、澳洲、日本、紐西蘭等國在聯合國的常駐代表團，隨後也對聯合國處理台灣的歸屬所引起

的爭議表達關切。事後，聯合國秘書長對當時美國駐聯合國大使哈里札德（Zalmay Khalilzad）承諾聯合國未來提及台灣時，用詞將更為謹慎且不再使用「台灣是中國一部分」的說法（The UN will no longer use the phrase "Taiwan is a part of China"）。

總而言之，我們要突破中國外交的封鎖，對中國出奧步欺侮台灣人、強詞奪理講台灣是中國一部分作出強烈回應，一定要強調台灣是一個主權獨立的國家，堅持「台灣、中國，一邊一國」的立場。台灣根據《聯合國憲章》第 4 條申請入聯，是台灣作為一個國家，申請加入聯合國為新會員國的問題，不是「中華民國」於 1971 年被聯合國逐出之後，「重返」聯合國再去代表「中國」的問題。我們唯有全力貫徹以台灣的名義身分爭取加入聯合國與其體系下國際組織為會員國，對外凸顯台灣不是中國的一部分，中國不代表台灣與台灣人民的事實，才是務實起大步走正路的做法。

四、以台灣之名向聯合國及其體系下的相關組織邁進

自 1971 年以來，台灣被聯合國排除在門外，國際參與的管道與空間嚴重不足，長期被國際社會邊緣化的結果，使台灣存在的事實與價值一再被世界忽略，淪落到只有十五個邦交國。2019 年 9 月索羅門群島、吉里巴斯，2021 年尼加拉瓜、2023 年宏都拉斯等國接連斷交，使得台灣的邦交國僅剩十三個。

台灣被排除在聯合國及其體系下的國際組織之外，已經快要五十二年了，加入聯合國，提升台灣的國際地位，不但是台灣人民共同的願望、要求與期待，也是二千三百萬台灣人民的集體人權。在目前的國際外交困境下，台灣要以正式會員國的身分加入聯合國雖是高難度的大工事，但是非常重要。長期以來，中國無所不用其極打壓台灣的外交空間，已經不是一件使人感到意外的代誌。以台灣之名加入聯合國是全民的共同目標，政府要拚、人

民也要拚,駐外單位不應該將爭取加入聯合國的運動,當作政府每一年例行的大拜拜;同時應檢討過去消極透過友邦聯合提案,無論是要求聯合國大會設立特別委員會或工作小組研究台灣參與聯合國的問題,要求撤銷或修正聯合國大會第 2758 號決議、或是要求確認台灣人民在聯合國的代表權等作為,都無法將台灣參與聯合國案排入聯合國大會的議程進行討論。

顯然,台灣入聯的策略已經走到必須要改變的臨界點,沒有經過全盤的檢討改變,已無法扭轉當前的外交頹勢。對此,我們要採取積極主動的策略,政府與民間擴大合作,人民要作為政府的後盾,全力支持政府決策凸顯台灣國家的主體性,使國際社會瞭解台灣是一個主權國家。我們的政府則要主動提出入會申請,以台灣是一個愛好和平的國家之名義與身分,按照《聯合國憲章》第 4 條,向聯合國申請加入為新會員國。回顧 2007 年陳水扁總統積極主動以台灣之名提出入會申請的經驗,雖然一定會遭遇中國的反對打壓,但具有積極正面的意義,可凸顯台灣是一個愛好和平、自由民主的國家,伸張台灣二千三百萬人民的集體人權與國家尊嚴,激起國際的注意。

台灣雖然是國際孤兒,但是只要我們決定自己命運的意志堅強,以台灣之名加入聯合國絕對不是「不可能的任務」。在此歷史關鍵的時刻,代表二千三百萬台灣人民的政府,千萬不可再辜負人民共同的期待與願望,為我們這一代的幸福,為未來子子孫孫的幸福,我們要團結一致堅持以台灣之名加入聯合國,這是正確的選擇,向正確的大目標,持之以恆,終有一日美夢會成真。

第四節 培養正常化國家國民的意識、涵養與氣度

一個國家的偉大,並不是由國家領土的大小、軍事武力的強弱、外匯存底的多寡或是公共建設品質的優劣來決定,而是建立

在優質的教育、公民意識的覺醒、高尚的國民品格以及人民的遠見卓識等基礎之上。台灣要成為一個正常化的國家，培養正常化國家國民的意識、涵養與氣度，確是非常重要。以下分幾點來闡述。

一、以台灣為主體的歷史觀，塑造台灣主體意識

住在這裡，吃在這裡，活在這裡，也在這裡生存長大，對所有居住在台灣這塊土地上的人來講，台灣不應該只是一個地理名詞，而是所有的人與未來子子孫孫生根發展的重要所在。

在台灣的發展歷史，有真多西方宣教師來到當時相對落後的台灣進行傳道、醫療與教育的工作，須要特別指出一位來自加拿大的馬偕（George Leslie MacKay）宣教師以淡水為家，娶台灣妻生子，融入台灣人的生活，日久他鄉變故鄉。馬偕將生命完全奉獻給台灣，他曾經發表一篇令人非常感動的詩篇——《最後的住家》（My final resting place）——

「我全心所疼惜的臺灣啊！我的青春攏總獻給你。我
全心所疼惜的臺灣啊！我一生的歡喜攏於此。…我心
未當割離的臺灣啊！我的人生攏總獻給你。我心未當
割離的臺灣啊！我一世的快樂攏於此。盼望我人生的
續尾站，從大湧拍岸的響聲中，在竹林搖動的蔭影裡，
找到我一生最後住家。我全心所疼惜的臺灣啊！」

字字句句展現他對台灣土地的愛惜感情、共同生活經驗的累積與個人理想的實踐，這種認同台灣、熱愛台灣的情操，值得世世代代台灣人肯定學習。

台灣是養育台灣所有子子孫孫共同的母親，培養熱愛台灣的關懷，是理所當然、天經地義的代誌。但是，台灣因為過去特殊的歷史發展以及接受外來殖民統治的經驗，造成社會內部少數人對以台灣為主體的意識與認同，存有不同的意見，甚至有所誤

解。我們生活在台灣，理所當然要以台灣為主體，過去在中國文化博大精深的宣傳迷思下，台灣文化長期受到忽視，甚至被誤導為中國的邊陲文化，造成「重視中國、輕視台灣」的錯誤認知，影響人民對自己土地與文化的認同，既無助於凝聚台灣主體意識，更限制了人民追求獨立自主的決心。

　　台灣要成為一個正常的社會、正常的國家，最重要的前提就是住在這塊土地上的人民要有以台灣為主體的歷史觀，這種以台灣為圓心基點，由近而遠逐步向外拓展；先從熟悉自己所處的環境開始，進一步認識周邊，最後再認識全世界的知識發展架構，讓我們瞭解台灣的歷史脈絡既有別於中國，也與世界其他國家大大不同。

　　目前，在台灣，提起台灣主體意識，大家的感覺就像呼吸空氣一樣自然。這種以台灣為主體的核心意識並不是狹隘的政治或選舉語言，而是凸顯台灣人民有決定自己命運的權利，經過時間的淬鍊與薰陶，早已內化並融入每一個人的思維之中。透過命運共同體意識的凝聚，隨之而來的是發揮堅定的信仰與無比的力量，在這塊土地上開創未來無窮的發展機會。

二、認定台灣為自己的國家，加強國家意識

　　台灣是一個充滿生命力的國家，但到目前為止，還徘徊在國家認同的十字路口上。肯定台灣的生命力，體察社會的脈動，一步一腳印落實台灣為主體的理念，是台灣人當家作主、走自己台灣路應有的態度，也是排除外來統治必須堅持的原則。為強調個人的主體性，教育改革與心靈改造必須多管齊下，激發台灣人的主體意識，強化個人獨立的思考與判斷力，使每一個人能夠在多元開放的社會，透過民主的程序與意見溝通的過程，自內而外，感受人民、土地及社會發展的關連性，逐漸確立台灣國家的主體性。

　　熱愛台灣的本土觀是疼惜台灣、愛護台灣、永續發展的理念。在二十一世紀關鍵的時刻，台灣要作為一個獨立自主的現代正常化國家，就要透過這種集體愛鄉、愛國意志的展現，強化人民的台灣國家意識，凸顯台灣人民追求獨立自主的決心與信心。這股熱愛台灣的力量，絕對不是任何外來的勢力可以改變；堅持台灣優先的思維，不但是抗拒中國併吞的護身符，也是代代子孫在台灣安身立命的根基。

　　居住在台灣的人民，必須要走向世界，培養多元思維的國際觀。台灣是接鄰歐亞大陸板塊的一個海洋島國，四面是海，東有世界最大的太平洋，西北兩面以台灣海峽與東中國海、南中國海交接，南邊有巴士海峽。有的人將台灣當作是中國大陸旁邊的一個島嶼，也有人將台灣當作中心點，被周邊的國家與海洋所包圍。以上這兩種說法都沒有錯，唯一的差別就是看待台灣的角度。

　　回顧台灣近代四百多年的發展歷史，早已具備兼容並蓄與包容多元的文化樣貌，其中不但有原住民文化，也有早期中國大陸閩南、客家的文化，同時也融入外來荷蘭人、西班牙人、日本人、美國人的文化，以及國共內戰後才來的新住民文化，甚至於東南亞各國的新移民文化以及現代歐美的文化。這種多族群、多文化的融合，不但豐富了台灣的文化內涵，養成台灣人包容開闊的思維，也造就了台灣海納百川的特質，能夠快速吸收、消化外來文化的精華。這是台灣走向國際化、現代化的重要動力。

　　過去在中國國民黨政權大中國黨化教育的壓迫下，不少的台灣人之思考模式，都是以中國為主體來看待台灣，似乎認為一個國家應該具備悠久歷史、地大物博、山川壯麗、資源豐富等條件，才算是一個偉大的國家，才能在國際舞台與其他強權競逐，而台灣是一個小國，只能聽從大國的安排。事實上，這種想法並不正確，目前國際發展的趨勢已經走向維持和平與經濟合作，軍事武

力強弱、國土面積大小並不是衡量國力的唯一指標。現代國家強調國家總體全面性的均衡發展，跨越政治、社會、經濟、科技、教育、文化、軍事等各種面向的整合，尤其重視如何落實民主、自由與人權，以提升人民的福祉。

由不同的角度去觀察萬事萬物，已成為現代多元社會的發展潮流。因此，換個角度來看台灣，重新詮釋台灣的面貌，有助於我們以更開闊的心胸，找到台灣未來發展的立足點。

台灣是一個不大不小的國家，是一個中型健全的民主國家，沒有必要假裝自己是一個大國，也不必為了分享大國的政經利益，將自己矮化為大國的一部分。我們要與其他國家相比的是做一個現代人的尊嚴意義與生活品質的好壞，而不是比較國家領土的大小，要追求的是民主自由與基本人權，而不是走向專制獨裁與窮兵黷武。

三、落實主權在民，發展公民社會

在全球治理的大趨勢下，要將台灣建設成為一個現代化的國家，具備人類文明社會的禮儀特質，開拓出更大的發展空間，必須具備三項要素——負責任的政府機關、開放的經濟體系，以及蓬勃發展的公民社會。其中，又以營造一個活力十足的公民社會最為關鍵。

台灣過去長期受到外來政治力量的壓迫，台灣人民經歷血腥的二二八事件與白色恐怖統治，長期處在高壓威權戒嚴統治之下，社會瀰漫著「日頭赤焰焰，隨人顧性命」的氣氛。如此，不但扭曲以民主自由為尊、以人權保護為本的普世價值，而且影響到多元寬容、理性對話、公共利益為重的公民社會意識與對話的建立，以及台灣主體意識的凝聚與發展。

　　隨著台灣政治民主化的落實，民間社會豐沛的生命力獲得釋放，人民開始積極籌組不同性質的社會團體，展現台灣社會多元化的聲音與樣貌。同時，以非政府、非營利組織為主體的公民社會也蓬勃發展，擴大人民參與公共事務管理的能力與空間，成為共創國家未來的共同夥伴。

　　台灣社會要進步、要發展，與公民意識與公民社會的建立息息相關。這種意識的建立不是由特定的族群關係或是接近的語言條件為要件所組成的，而是根據公民對民主自由國家體制的認同，與社會各利益團體基於共榮共享的理念，在多方實際參與的過程中，實現多元性社會的目標，成為鞏固社會的力量。有別於過去由上而下發號施令的傳統社會，個人參與公民社會組織的活動與決策，既可從中獲得如何達成集體行動目標的訓練與經驗，同時也可增進思考，促成不同觀念的溝通融合，培養在一個組織中如何與不同部門分工合作的能力。

　　總之，公民社會意識的培養，不是用嘴巴講就可以建立，而是需要靠實際的行動來體會。台灣是一個民主國家，政府推動任何政策爭取社會的共識，非常重要。假使政府的決策過程能夠透明化，並適度釋放權力給予公民社會，政府與公民社會雙方透過多元豐富的互動機制，共享治理國家的權力。如此一來，人民自然會體會共生共存的重要性，也就是一個人或一個團體需要的追求滿足，無法孤立於其他人或團體之外，人民要擴大個體甚至是社會的集體利益，必須與其他的組織、政黨或政府交互作用，雙方或多方樂意在共同的目標下，密切聯繫協調，努力打拚才能成功。一旦這種社會互動的關係確立之後，表現在處理國家重要的政治事務時，自然可養成容忍溫和、互尊互重的風度，使台灣民主政治的發展更趨健全鞏固。

四、民主自由與人權保護的普世價值為國家發展的依歸

在經濟全球化的大浪潮下，隨著知識經濟及網際網路的快速興起，改變了人類文明的發展步調，連帶引發世界各國政治、經濟、社會、文化制度的大變革。面對這種國際發展的新趨勢，過去偏重於經濟發展與資本累積的發展觀念，逐漸走向強調人性化，以人為本、以人性尊嚴以及人類安全為依歸。

將人性尊嚴視為國家發展核心的思維，肯定每一個人的人格與自由意志，重視每一個人在社會上的價值，尊重每一個人的基本人權。因此，國家制定政策的出發點與最終目的，都不應脫離人性尊嚴與人類安全的範圍。換句話講，國家是為人民而存在，不能為了滿足國家或特定政治團體的需要，而將人民視為達成目的之手段。尤其是政府所提出的任何政策，應著重如何運用人力、物力、資源，促進所有價值的生成累積與分配享受，以符合人性尊嚴的根本要求。

作為一個現代人，要充實自我的價值，除了財富以外，還包括其他價值的追求、同成分享。價值是人類所追求、珍惜的事物。在一個重人性尊嚴的國家社會，人民所追求的事物，可歸納為下列八項基本價值：一、尊敬：選擇的自由、平等與尊重；二、權能：參政的機會及參與影響決策的能力；三、識慧：常識、學識、智慧與資訊能力；四、康適：健康、安全與舒適；五、財富：財貨與服務的生產、分配與消費以及資源的控管；六、技能：各行業的專長、技術、體能與藝能的培養發揮；七、情愛：親情、愛情、友誼與人情；八、公義：法律、倫理、道德、宗教的修養與風範。上述八項價值的總和可稱為人類安全。

就個人來講，人性尊嚴就是尊重每人做人的基本價值，能追求八項價值的同成分享，有機會充分發揮每一個人天賦的才能。

就人類整體來講，個人作為人類的一份子，個人人性尊嚴的實現，必定要在人類安全受到保障的大環境下，在相互依存高度密切關係的地球村，才有可能存在。換句話講，個人的人性尊嚴與人類整體的安全，分別由個人與整體加以著眼，兩者相輔相成。

以人為本的國家發展目標，兼顧精神與物質兩層面，並要滿足人民追求八項基本價值的需求。這種重視人性尊嚴與人類安全的觀念，給予每一個人最起碼應有的尊重、參與及享受，落實人類民主自由與人權的普世價值，是台灣在世界中追求永續發展的指針。

五、在國際社會永續發展，全球化的參與

台灣是世界地球村的一份子，世界的變化時時刻刻影響著台灣。如何在變化快速的環境中規劃台灣的發展願景非常重要，這不但關係到你我與後代子子孫孫的生存，也會決定台灣未來的命運。

隨著科技的進步與國際政治局勢的變遷，促使全球化不斷向前推進，經濟活動超越國界的限制。不但促成國家與國家、區域與區域之間經濟互相依賴的程度加深，形成「你中有我，我中有你」的局面，造成世界各國對資金、技術、人才、資源與市場的爭奪，愈來愈激烈。這股經濟全球化潮流所帶來的影響層面，不只是全球消費供需市場的擴大，連全球經濟板塊也出現結構性的變化，中國利用廉價且源源不絕的勞動力、廣大的土地資源與自然環境，成功吸引來自世界各地的企業、資金與技術爭相投入，中國順勢成為「世界工廠」。

中國是經濟全球化浪潮下的最大受益者，反觀台灣則遲遲無法超越經營與技術的轉型以及產業結構調整的雙重挑戰，國際競爭力快速滑落。為了降低生產成本與強化本身的競爭優勢，部分用心不良的人士乃不斷灌輸「中國市場是恢復台灣經濟活力的唯

一希望」之觀念，真多台商為此紛紛西進到中國發展。過去在李登輝與陳水扁總統主政期間，雖然分別提出「戒急用忍」與「積極開放、有效管理」等風險管理的政策，避免將所有的雞蛋放在同一個籃內。然而，2008 年到 2016 年馬氏政府主政期間，積極擴大對中國的開放，大力鼓吹台商西進中國，這種將中國市場當作台灣經濟發展萬靈丹的心態，一再放任台灣的資金、人才與技術不斷流向中國，台灣人民被迫承受產業大批外移中國，造成失業率上升、經濟成長停頓與工資倒退的負面衝擊，連原本作為全球科技產業供應鏈重要一環的競爭力也一併喪失。

　　台灣是一個高度依賴國際貿易的經濟體，在全球化或中國化關鍵的十字路口，未來應該走向何方？確實考驗著當代台灣人的智慧。事實上，這類的問題不是今天才發生的，參考台灣近代一百二十八年經貿發展史的成長與停滯交替循環的實證經驗可知，全球化是台灣在國際社會永續發展的關鍵，而中國化則是導致台灣成為中國邊陲的必然。

　　中國化絕對不是全球化，而是全球化的一部分。儘管全球化的世界有排山倒海的競爭壓力，但同時也有無窮發展的空間與真多發展的機會。台灣有健康的經濟體質、實實在在的基礎建設，也有真多優秀打拚的人才、穩健的民主與法治環境，這是台灣迎接全球化挑戰的利基。面對攸關台灣生存發展的挑戰，台灣的政府與人民必須記取過去祖先們成功發展的經驗，果敢決斷降低對中國市場的依賴。首先，善用台灣作為世界貿易組織正式會員國的身分，在經濟全球化的大趨勢下，遵守世貿組織的法律與國際規範，爭取台灣在國際雙邊或多邊經貿組織最大發揮的空間。其次，朝向以知識為基礎的經濟發展模式——以知識資源為主要生產因素，透過持續不斷的創新、研發，提升產品或服務的附加價值；其次，發展智慧財產權並搭配產業聚落，多管齊下，帶動台

灣產業聚落的成功轉型。如此一來，台灣才能夠擺脫中國的磁吸效應，避免因此而失去前進的動力，身陷在中國化的黑洞中，永遠不得翻身。確確實實，台灣要做一個正常化的國家，必須防止台灣經濟中國化，運用經驗，發揮智慧，開拓真正全球化的發展途徑，才能在國際社會永續發展。

在全球化快速變動的科技世界，語言是一個重要的溝通工具。賴清德副總統擔任行政院長的時候曾提議「雙語教育」──本國語，加上英語──值得我們台灣人民慎重考慮。台灣是一個依靠國際貿易、國際投資的海洋國家。在全球化的科技世界，台灣要促進高科技、國際貿易、國際投資、國際外交、國際資訊、跨國文化交流、公民社會的互動、民主自由人權經驗的分享等等的領域，增強國人的英語能力將有相當的幫助。英語並不是官方的「世界語言」，但在全球化的世界，就實際的功能來講，幾乎成了「實用的世界語言」，台灣人民英語溝通能力的提升，對個人的生涯與台灣國家社會、經濟整體的發展，將會是寶貴的資產。（加強英語教學，並不是要忽略母語。母語的學習，主要靠每一個家庭及其他方式。）

六、落實轉型正義、民主深化、正常化國家的持續發展

從台灣民主化的發展歷程來看，雖然有經過多次民主選舉，但是並沒有真正檢討中國國民黨在戒嚴威權統治時期所犯的錯誤。在社會輿論的強大壓力下，政府採取「賠償被害人，不追究加害人」的處理模式，短期內雖然可以避免社會的分裂，但是長期來講一再迴避不檢討加害者的責任，也不釐清歷史真相的結果，導致不同的族群各有不同的歷史解讀。這對凝聚台灣生命共同體的意識一點都沒有幫助，反倒是製造台灣人民之間意識形態的對立、國家認同的分歧以及族群關係的緊張。

　　在二十世紀八〇年代全球第三波民主化的浪潮中,台灣曾經以和平的方式,實踐民主轉型,其中經過六次總統直選與完成三次政權和平輪替,被當作是民主國家發展的典範。轉型正義是一個國家從威權獨裁走向民主體制的過程中,為了追求公義及促進社會的和解,處置過去獨裁政權及其幫凶濫用國家機器,大規模侵犯人民生命、財產與權益所衍生出來的公平正義問題。台灣作為一個新興民主國家要實踐公平正義與促進社會真正的和解,走向民主深化與民主鞏固,必須以嚴肅的態度面對轉型正義的課題。

　　作家柏楊在綠島的人權紀念碑上留下了這段令人椎心刺骨的一段話:「**在那個時代,有多少母親,為她們被囚禁在這個島上的孩子,長夜哭泣**」。假使一個民主轉型的國家,不願意勇敢面對過去,又如何能夠立足現在?更不用說是創造未來?我們要記取教訓避免重蹈覆轍,就要坦承面對過去所犯的錯誤,務實面對「轉型正義」的課題。半調子處理轉型正義的模式,迴避面對過去所犯的過錯,只是讓前人白白犧牲失去意義,無法凝聚分歧的歷史記憶,也無助於建立和諧的社會氣氛。因此,唯有確切落實轉型正義,透過挖掘真相、弭平傷痕與釐清責任三管齊下,才能徹底清除威權政治的遺毒與遺緒、給予受害者必要的補償與正面回應歷史正義。

　　「轉型正義」是台灣朝向正常化發展的關鍵,唯有嚴肅的歷史反省、堅定果決的處理態度,才能激發更大的改革能量。蔡英文總統在就職演說中特別強調上任後將在總統府內成立「真相與和解委員會」,用最誠懇與謹慎的態度面對過去的歷史,並承諾在三年之內完成台灣自己的《轉型正義調查報告書》,根據調查報告所揭露的真相,進行後續的轉型正義工作。民主進步黨立法院黨團配合蔡英文總統落實轉型正義的改革承諾,首先於 2016年 8 月立法通過《政黨及其附隨組織不當取得財產處理條例》,

於行政院下設任務型的獨立機關「不當黨產處理委員會」，專責進行政黨、附隨組織及其受託管理人不當取得財產之調查、返還、追徵、權利回復等事項。《政黨及其附隨組織不當取得財產處理條例》的通過，是推動轉型正義的里程碑，不過，這僅是台灣推動轉型正義工程的一小步，要全面啟動並真正完成轉型正義的大工事，必須儘速完成促進轉型正義條例與相關法律。隨後，立法院再接再厲於 2017 年 12 月三讀通過《促進轉型正義條例》並成立「促進轉型正義委員會」，處理：（一）開放政治檔案；（二）清除威權象徵、保存不義遺址；（三）平復司法不法、還原歷史真相，並促進社會和解；（四）不當黨產之處理與運用；以及（五）其他轉型正義事項。

　　台灣要落實轉型正義洗滌昔日威權專制時期留下的遺毒，首先應當督促掌權者承擔起應負的責任；其次，對於那些遭受國家暴力傷害與政治壓迫的受害者，則應給予必要的補償與恢復其權利，找回社會真正的公平正義。最後，我們還要記取教訓，集中所有的力量，認真追究歷史真相與實踐歷史正義，並將這一段慘痛的歷史教訓列入民主教育的一環，重新塑造一個所有族群皆能夠接受的歷史記憶，促進社會的和解與國家的團結，使政治轉型順利朝向民主體制持續邁進。大家作伙打拚，大步向正常化國家的目標邁進，早日成為一個以人權與公義、民主與法治為基礎的正常化國家。

七、促進族群包容，鴻展台灣大洋精神

　　台灣是一個充滿生命力的海島國家，土地面積雖然不大，天然資源也不是真豐富，在不利的發展條件下，台灣的民主改革與經濟發展卻有相當優越的成就。就經濟發展來講，積極奮鬥努力打拚，創造台灣經濟快速發展。提升人民生活品質的成功典範，受到國際社會高度的肯定。

　　台灣雖然政治已經民主化、經濟當代化，但是對於過去外來
政權透過戒嚴威權體制，侵害人民的生命、財產與剝奪基本自
由、人權的歷史真相，沒有進行徹底的檢討與反省，使得台灣社
會至今仍糾結在省籍衝突與階級矛盾之中。特別是在有心政治人
物的刻意炒作下，台灣社會陷入政黨對立的惡性循環之中，藍綠
互爭不但分化社會的團結，激化族群的對立與矛盾，也將台灣正
面發展的能量虛耗不少。

　　回顧台灣四百多年的歷史發展，具備兼容並蓄與包容多元的
文化風貌。這其中有原住民文化，也有早期中國大陸閩南、客家
的文化，同時也融入部分外來的荷蘭人、西班牙人、日本人的文
化，甚至於國共內戰後才來的新住民文化、東南亞各國的新移民
文化，以及現代歐美的文化。這種多族群、多文化的融合，不但
豐富台灣的文化內涵，也養成台灣人包容開闊的思維，能夠吸
收、消化外來文化的精華。

　　雖然不同的生長背景造就每個人不同的觀念想法，但是我們
共同生活在青翠台灣的土地上，只要願意拋棄成見，瞭解與包容彼
此不同的過去，誠心面對轉型正義、超越歷史創傷，就能夠大大減
少族群之間的隔閡，增加台灣心、台灣情，共創和諧美好的未來。

　　台灣精神就是大洋精神，是無所不包，無所不容的精神，這
種海納百川的海洋特質是台灣走向國際化、現代化的重要動力。
台灣要發揚大洋精神的包容、寬大、博愛，融合各族群，凝聚台
灣人民共同的國家意識。面對中國的威脅以及全球化的挑戰，台
灣沒有分裂的本錢。我們要求同存異，互相尊重，以堅定的信心
與決心，為落實和平、公義、法治與尊重自由人權的共同價值，
同心協力，將台灣建設為一個真正屬於台灣人民、名實合一的正
常化國家。

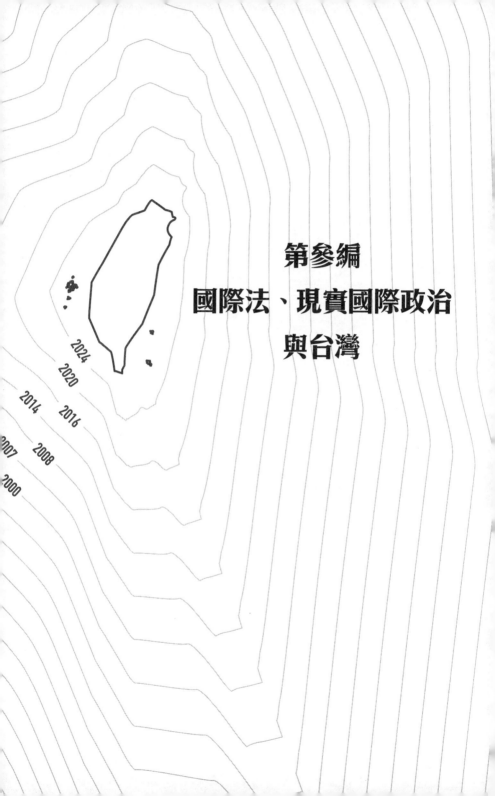

第參編
國際法、現實國際政治
與台灣

第玖章　解決台灣未來的政策考慮與國際法大原則

　　探討台灣未來何去何從，必須權衡各種國際面向的因素，通盤考量全球區域的穩健發展。妥適解決台灣前途問題的關鍵，除了凝聚內部的共識作為基礎之外，在現實面上還要權衡國際面向的因素，通盤考量世界區域的平衡發展。因此，我們必須培養國際法層次的宏觀思維追求世界和平，發揮台灣人民的集體智慧，不但要為台灣人民的利益著想，而且也要為美國、中國、亞太地區與整個國際社會的共同利益著想，彼此相輔相成，才能結合國際社會的豐沛資源與支持力量，確保台灣的國家安全與永續發展。

　　闡明共同利益是國際法解決問題的重要原則。國際法不僅是抽象的法律條文規範，而是一種具有動態且持續的具體運作及決策過程。國際社會的成員除了國家之外，還有其他非國家的成員，包括政府間與非政府國際組織、跨國政黨與國內政黨、公民社團、跨國公司以及個人等。透過這個過程來闡明、確認、與實現兩大項共同利益：第一是維持最基本的世界秩序（Minimum World Order），將未經授權或非法的暴力與其他強制、脅迫行為減少到最低程度，保持國際的和平與安全；第二是促進最適當的世界秩序（Optimum World Order），竭盡最大可能並運用一切資源，加強在政治、經濟、社會、文化與人權等等的合作與發展，並促進人類的八大價值——尊敬、權能、識慧、康適、財富、技能、情愛與公義等的同成分享。

　　作為世界共同體根本大法的《聯合國憲章》，對「最基本世界秩序」與「最適當世界秩序」，有非常明確的規定。該憲章被許多人認為是世界共同體的「憲法」，是全球化世界全人類的根本大法，是國際社會成員應遵守的規則與標準。具體來講，《聯合國憲章》有關「最基本的世界秩序」的條款，出現在第一章（宗旨與原則），特別是第 1 條與第 2 條以及第七章（和平之威脅、和平之破壞及侵略行為）。有關促進「最適當的世界秩序」的目標，則表現在第九章（國際經濟及社會合作）的部分，尤其是第 55 與 56 條。

　　《聯合國憲章》規範會員國履行憲章的宗旨與原則。其中包括：

（一）以和平方法解決國際爭端，不危害國際和平、安全及正義；

（二）在國際關係上不得威脅或使用武力侵犯任何國家的領土完整或政治獨立，或與聯合國宗旨不符之任何其他方式；

（三）對聯合國根據本憲章採取的任何行動，提供一切援助；

（四）為維護國際和平與安全，確保非會員國遵行聯合國的原則。

　　在往來頻繁、彼此牽動的世界共同體之中，假使沒有最基本的國際和平與安全，則無法展現各種價值高度的同成分享；反之，在互相依賴、關係密切的現實世界中，假使沒有富有活力的最適當秩序，也就無法建立與維持最基本的秩序。最基本的世界秩序與最適當的世界秩序，各有特質，兩者不斷交互作用，相輔相成，缺一不可，不但維持世界的和平與安全，而且促成與創造各種價值的同成分享，涵蓋整體的「人類安全」。

　　立足世界，順應當代國際規範，台灣是一個追求民主自由、重視人權與法治的進步國家，台灣的國家安全與永續發展，對於亞太區域的和平穩定及其他區域，具有指標性的重要意義。此外，台灣也是一個科技發展、經濟繁榮與文化多元蓬勃發達的國家，積極在國際社會提供各方面的人道協助。台灣是世界各國重要的夥伴，也是國際社會各場域不容缺席的一份子。我們要善用台灣的優勢與能力，提升台灣的國際能見度，加強國際合作，為人類世界做出更多的貢獻——台灣需要世界，世界也需要台灣。

　　以下將針對最起碼及最適當的世界秩序的原則與台灣問題的關係，由五個面向加以探討：（一）亞太和平穩定的新世界秩序；（二）人民自決的大原則；（三）自由、民主與人權的普世價值；（四）法治的世界秩序；（五）經濟、社會與文化的國際合作；以及（六）國際法原則與有效權力的考慮互動。

第一節　亞太和平穩定的新世界秩序

　　全球化的發展趨勢，促成國際社會的互動模式跳脫傳統僵硬的限制，朝世界地球村的方向發展，使得國與國之間形成一種相互依賴的關係。這種互相依賴的關係，一旦出現錯綜複雜的不穩定變數，受到牽連的不會是單一的國家，影響所及，會擴散到其他的國家或區域，甚至危及全人類的安全。

　　維護亞太區域的和平與穩定，與國際社會的永續發展息息相關。亞太地區的秩序與穩定也攸關美國的國家利益與全球戰略布局，特別是二次大戰結束之後，美國在西太平洋派駐強大的海外駐軍，並結合亞太盟邦之力建立第一島鏈，組成圍堵共產勢力向西太平洋延伸的安全網絡；另外，為因應亞洲市場快速崛起隨之而來的投資與貿易商機，促成「亞太經濟合作會議」（APEC）的成立，作為促進亞洲太平洋區域的經濟成長，與發展密切的投資

與貿易關係的合作論壇。美國將維護亞洲的穩定視為其外交政策的優先選項，1979 年通過的《台灣關係法》，強調「西太平洋地區的和平及安定符合美國的政治、安全及經濟利益，而且是國際關切的事務」。2009 年美國歐巴馬總統為了因應中國國力的崛起，提出「重返亞洲」（pivot to Asia）的戰略，將美國關注的區域焦點，由中東問題移轉回到亞太地區，積極加強與中國周邊國家的合作並主導推動「跨太平洋夥伴協定」（TPP）。隨後上任的川普總統，延續前任總統的作法，繼續將亞太戰略與美、中關係視為美國政府軍事與外交政策的重心。

　　2017 年以來，亞太區域出現一個不確定的態勢，除了中國在南海化礁為島填海造陸軍事化引發的爭議，朝鮮半島又因為北韓進行加速度、密集的飛彈試射與核武試驗，使得區域緊張的情勢更為提升，連帶牽動美國、日本、韓國以及中國與俄羅斯等國家關係的微妙變化。因此，同（2017）年 12 月川普政府提出《2017 國家安全戰略報告》指明俄羅斯與中國是最大威脅，不僅侵蝕美國的安全與繁榮，也挑戰美國在世界的霸主地位。為了因應中國一方面積極推動「一帶一路」的國防經貿戰略，以及在南海島礁興建軍事化的前哨基地，美國不但積極在亞洲進行軍事重新部署，而且提出「印太戰略」（Indo-Pacific Strategy），結合日本、韓國、印度、澳洲與其他亞太盟邦之力，建立一個自由與開放的印太區域。顯然，「印太戰略」是川普政府用來增進對亞太與印度洋地區影響力的重要環節，也是用來制衡中國透過「一帶一路」的戰略布局、從太平洋擴張勢力到印度洋的關鍵。

　　在此須強調說明，自從九一一恐怖攻擊事件發生之後，國際社會深刻感受到政治、經濟與安全局勢出現新的變化，而為了尋求亞太區域的和平與安全，建立一個多邊安全對話機制顯得特別重要。為此，自 2002 年開始，由英國國際戰略研究所（IISS）

主辦、新加坡政府協辦，每年 6 月前後召開「亞洲安全高峰會」（Asian Security Summit，又稱為「香格里拉對話」）即是一個印度與太平洋地區最重要與規模最大的多邊安全論壇，各國政治、軍事、安全、情報等等相關學者專家參與其中，進行資訊交流與溝通。「香格里拉對話」探討的議題涉及傳統性的安全議題，包括：恐怖主義、大規模殺傷性武器的擴散與跨國組織犯罪；SARS、南亞海嘯以及禽流感等非傳統性安全威脅的議題。

2018 年美中貿易戰開打以來，加上南海議題紛爭持續發燒沒有停止的跡象，使得 2019 年 5 月 31 日起舉行三天的「香格里拉對話」，充滿美、中兩大強權爭霸的氣氛。尤其是美國代理國防部長夏納漢（Patrick Shanahan）與中國國防部長魏鳳和的發言內容更是國際政治觀察家關注的焦點。夏納漢部長在專題演講中，延續副總統彭斯（Mike Pence）於 2018 年 10 月在哈德遜研究所（Hundson Institute）演講所強調美國在印度太平洋地區的承諾基調，指出「中國應該與區域的其他國家建立合作關係，與美國保持建設性關係符合北京的利益。中國對外的一舉一動侵蝕他國主權、讓人懷疑中國意圖的各項行動都必須停止。美國反對以淺短、狹隘的目光看待未來，也力挺自由與開放的秩序，這樣的秩序讓大家都受益，中國也不例外。」同時，提醒中國不要威脅鄰國主權、不能以威嚇解決台海爭端，並重申美國將持續履行《台灣關係法》義務，堅守對台灣的安全承諾，協助台灣強化自我防衛的力量，台灣人民應該決定自己的將來。面對美國的強力批判，中國國防部長也不相讓，對美國嗆聲「打著所謂維護『航行自由』的幌子到南海顯示肌肉」，威脅區域穩定；中國在自己領土（南海島礁）上開展建設是正當權利，「搞一點防衛設施是為了自衛……面對超強武備的軍機軍艦，我們怎麼能不搞點防衛

設施呢？」當然，中國的國防部長也沒有忘記在「香格里拉對話」上宣示擁有台灣主權，其內容老調重彈了無新意。

2019 年 6 月 1 日美國國防部公布《印太戰略報告》(*Indo-Pacific Strategy Report*) 再度重申一個「自由且開放的印太」(A Free and Open Indo-Pacific) 目標，乃建立在對各國主權獨立的尊重、和平解決衝突、自由公平與互惠的貿易，以及遵守國際制度與規範等四大基礎之上。該報告除了將台灣與其他印太國家並列，強調彼此的夥伴關係，也批判中國利用經濟影響力透過國防武力的現代化，對台灣或其他國家帶來軍事威脅。同時，明確重申美國信守對台灣的安全承諾，堅守和平解決台灣問題的立場不變，將繼續協助台灣強化自我防衛的力量，凸顯美國計劃透過與台灣建立深厚的連結，來防堵中國勢力的擴張。

不可否認，台灣位於亞太戰略及經貿的關鍵位置，凸顯台灣及其周邊的安全、穩定，具有牽一髮而動全局的重要意涵。建立亞太地區和平穩定的新世界秩序，是國際社會的共同利益。在亞太地區的任何國家，不論國家大小或國力強弱，都必須遵守國際法的規範，維繫區域的和平安全，不得任意挑起事端或威脅他國。當然，世界各國也應共同監督並促進該區域的安全、穩定，以集體的力量來預防、協調或制止任何企圖影響亞太區域和平的可能。這樣的有效運作，正如同《聯合國憲章》第 1 條所強調，聯合國存在的目的是為了維持國際和平與安全，為達此目的：「採取有效集體辦法，以防止且消除對於和平的威脅，制止侵略行為或其他和平之破壞；並以和平方法且依正義及國際法之原則，調整或解決國際足以破壞和平之爭端或情勢。」世界共同體有責任堅守這些重要原則，並盡一切力量確保亞太地區的和平與安全。

第二節　人民自決的大原則

　　人民自決，是人民集體人權重要的一環。當代人民自決的原則，可追溯至近代民族國家建立的十七世紀，而自決原則可謂根源於「國家性」（Nationality）概念。「人民自決」原則的結晶，可歸功於第一次世界大戰後，美國總統威爾遜（Woodrow Wilson）的強力推動：他強調「政府所有正當的權力來自被統治者的同意」，並提出「人民自決」（Self-determination）作為解決領土爭議的原則。1918 年 1 月他也向美國國會提出「十四點和平計畫」作為建立世界和平的綱領，其中主張奧匈帝國、鄂圖曼土耳其帝國統治下的各民族應予以自治或獨立，且波蘭應恢復獨立等。

　　十八、十九世紀乃至第二次世界大戰以前，談到領土歸屬的問題時，主要是看列強國力的強弱。二次大戰後當代國際法則認為，一個領土歸屬牽涉到整個領土上住民的基本人權與生存福祉，所有關於領土上住民將來的歸屬、地位等問題，都必須依據住民的自由意志來決定，這便是「人民自決」原則的真諦。這不但在去殖民地化的過程中適用，而且在解決領土的爭端時，也是一個重要的根本原則。

　　第二次世界大戰結束後，國際社會體認到人民自決的訴求來自於人性尊嚴與人權，且深深影響世界秩序的維持。1945 年聯合國成立，宣示人民自決為國際法的大原則，《聯合國憲章》第 1 條第 2 項即強調「發展國際間以尊重人民平等權利及自決原則為根據的友好關係，並採取其他適當辦法，以增強普遍和平。」其後更在託管統治或非自治領土宣言等聯合國促進去殖民化過程中，聯合國大會分別於 1960 年通過第 1514(XV)號決議《賦予殖民地國家與人民獨立宣言》，提及「所有人民均有自決權」，以及 1970 年通過第 2625(XXV)號決議《關於各國依聯合國憲章建

立友好關係及合作的國際法原則之宣言》，其中對於自決權也有諸多闡明，這些都促使自決原則發展為國際習慣法實證的權利。

《世界人權宣言》第 21 條強調「人民意志應為政府權力的基礎」。1966 年聯合國通過《公民與政治權利國際公約》及《經濟、社會與文化權利國際公約》，進一步詮釋人民自決權的內涵。這兩個人權公約都在第 1 條以相同的文字宣示：「所有人民都有自決權。他們憑這種權利，自由決定他們的政治地位，並自由謀求他們的經濟、社會與文化的發展。」人民自決原則確實重要，聯合國其他的宣言與決議等一再加以確認。

由殖民統治到獨立自主，人民自決是一個持續演進、進化發展的過程。在適用人民自決原則的趨勢下，第二次世界大戰後，殖民地人民得到解放，新興國家陸續出現，聯合國的會員國數目由原始的五十一國，逐漸增加為一百九十三國，最大動力就是人民自決原則的落實。人民自決原則不但促成被殖民或外來政權統治的人民得以獨立建國，而且對於一個主權獨立的國家，人民自決原則也可適用，以排除他國或外來勢力的干涉、脅迫，維護國家主權獨立、完整，確保由全體人民共同決定國家的地位及前途。換言之，人民自決凸顯人民有權決定國家的未來，這是促進世界和平不可或缺的要件，是國際社會持續發展的歷程，也是世界上任何一個國家及其人民不可被剝奪的基本權利。

其實，人民自決的適用並非侷限於殖民地人民，因為人民自決不但適用於領土歸屬的糾紛，也可運用在國家獨立問題或政府形態的選擇上。落實人民自決的方式很多，包括公民投票、武力抗爭、請願協商，或者是住民發展獨特的政治、經濟、社會與文化制度等。正如第肆章的闡述，台灣由被軍事占領地進化為一個主權獨立國家的根本動力就是人民自決原則的有效落實。台灣國家地位的進化與人民自決有效落實密切連結一起。人民自決的具

體實踐，就是一個領土上的人民建立他們的國家，維持國家的獨立與自主，排除外來的脅迫或干涉，以追求、增進與維護全民的生存發展及福祉，決定他們共同的未來與命運。歷史證明尊重實現人民的自決權，有助於各國之間友好合作關係的建立，以及加強國際和平與瞭解。

　　人民自決的核心價值是基於對人性尊嚴與基本人權的保障，這是持續累積與發展的過程，也是當代國際社會的大潮流。人民自決原則為當今世界的普世價值，不單是適用於殖民地領土主張衝突的人民，也同樣適用於各國人民，且無需他國或任何國際組織的核准，因此台灣人民自然可依據自決原則，決定自己的命運與未來。要之，我們主張台灣的前途由台灣人民來共同決定，這不但是人民自決原則的具體落實，也是台灣人民對人性尊嚴與基本人權的守護、堅持保衛。

第三節　民主、自由與人權的普世價值

　　從歷史發展的脈絡來看，現今「民主、自由與人權」是人類文明社會的普世價值。1776 年美國獨立宣言強調「生命、自由與追求幸福」的權利；1789 年法國人權宣言指出「人人生而自由，權利平等」，將「自由、財產、安全及思想、出版自由」視為天賦的權利。聯合國為因應全球人民對保護及充實人權日增的要求與期待，在《聯合國憲章》第 1 條開宗明義強調維護人權與基本自由的價值。1948 年聯合國大會通過《世界人權宣言》，彰顯「人人生而自由，在尊嚴與權利上一律平等」的理念，明訂對基本人權的尊重與民主自由的落實，是所有人民與所有國家努力的共同目標願景。隨後，又分別於 1966 年通過《經濟、社會與文化權利國際公約》及《公民與政治權利國際公約》，三者合而

為一成為「國際人權法典」，將基本人權成文化、具體化與國際化。

　　聯合國成立的主要宗旨之一是「促進國家合作，以解決國際間屬於經濟、社會、文化及人類福利性質之國際問題，且不分種族、性別、語言、或宗教，增進並激勵對於全體人類之人權及基本自由之尊重」。《聯合國憲章》第 55 條規定：

　　為了創造穩定與福利所必需，基於尊重平等權利與人民自決原則的國家間和平友好關係的條件下，聯合國應促進：

　　（a）較高之生活程度、全民就業、以及經濟與社會進步發展的條件；

　　（b）國際經濟、社會、健康及有關問題的解決；國際間文化與教育合作；

　　（c）普遍尊重與遵守人權及基本自由，不分種族、性別、語言或宗教。

　　第 56 條接著規定：「各會員國承諾採取共同與單獨行動，與本組織合作達成上述規定的目的」。

　　一連串的文字與精神，充分彰顯《聯合國憲章》作為一部動態的全球性人權法典，是「國際人權法典」的法源。這個全球性的人權法典的內容，還包括其他特別、附帶的人權條約與相關宣言、決議與國際司法判決，不斷持續更新與發展，涵蓋真廣泛的價值——從「第一代」公民與政治權利，「第二代」經濟、社會與文化權利，以及「第三代」的人類團結權利（Human Solidarity Rights）。這些第三代權利影響人類一般的生存、繁榮與福祉，例如，和平權、人民自決權、發展權與健康環境的權利。

　　人權的範圍不應自我侷限在個人的自由與民主的面向，就一般通常的分類，人權包括公民權、政治權、經濟權、社會權與文化權等。實際上，透過集體的政治解放與人民的參與互動，人權

是一個動態持續發展的權利。就價值（人類所珍惜追求的事物）的觀點來看，人權所涵蓋的價值可分類歸納為八大項：尊敬（選擇的自由、平等與肯定）、權能（參與及影響不同層級共同體的決策）、識慧（收集、處理與散布資訊與知識）、康適（安全、健康與舒適）、財富（生產、分配、商品與服務的消費及資源的控管）、技能（培養與發揮職業、專業、體能與藝術的才技）、情愛（親情、愛情、友誼、忠誠、正面的感情）、公義（參與形成與發揮負責任的行為規範，包括法律、道德倫理、與宗教的規範）。這些不同價值的總和就是人類安全。對人權的追求本身就是追求人人與生俱來的尊嚴以及全體人類的安全。直到今日，這些凸顯民主、自由與基本人權的訴求，已成為衡量一個文明國家的準繩與標竿。換句話講，一個現代化文明國家存在的充分必要條件，就是建立一個實踐民主與法治的環境，確切落實自由與人權的保障。

在民主、自由、人權為普世價值的新世紀，台灣曾經經歷一段相當艱辛的解脫改革歷程，從解除威權戒嚴開始、推動總統直選，緊接著促成政黨輪替與政治轉型，再加上公民覺醒、努力擺脫白色恐怖的夢魘以及追討不正義時期所發生的不當黨產。在這一段建構民主體制的過程中，雖然社會發展顛顛簸簸，但是並沒有因此失序，反而更有朝氣與活力。台灣人民堅持民主、追求自由，選擇一條守護人權的正確道路，最終完成溫和又成熟的民主改革，這是所有國內外台灣人民長期奮鬥累積的成果，在世界各國政治變革的歷程中罕見的民主「寧靜革命」，確是彌足珍貴。

台灣是一個講究自由、民主與人權的現代社會，台灣順應世界發展的潮流，致力於提升國內人權保護的水準，與國際人權體系接軌的努力。雖然自 2017 年到 2023 年連續七年獲得美國「自由之家」評選為最高等級自由民主的國家的確認，但是，近來真

多國內外的學者專家研究發現，中國對台灣展現銳實力進行政治干涉，製造發布虛假訊息，利用台灣多元族群政治激化與政黨惡鬥，社群媒體的武器化與收買操控特定媒體。這些民主威脅經常出現，產生相互加乘的負面效果。中國為了併吞台灣，以傾國之力，透過在台代理人及中國白蟻竭盡所能滲透台灣社會各個層面，從網路、媒體、學術機構、校園甚至到各社區、各鄰里，處處可見他們利用台灣的民主與自由，進行社會的分化、滲透與破壞社會和諧，企圖摧毀台灣得來不易的民主與自由的成就。

不可否認，人權理念的發揚與落實是人類文明進步的原動力，尊重人權更是當代國際法、國際政治的主流發展。保障基本人權與促進民主、自由，是建立一個和平穩定的國際社會所不可或缺的要素；假使缺乏以上要素，任何維護國際安全、促進發展的努力都將化為烏有，無法達成世界和平、永續發展的目標。因此，面對中國無所不用其極對台灣進行反民主的滲透與威脅，我們要集結台灣人民的力量，立法建立民主防衛機制，打造一個重視人性尊嚴的社會與獨立自主的媒體環境，鞏固台灣得來不易的民主制度與自由的生活方式。同時，也要結合民主國家社群之力，強化民主對話的合作網絡，在各項政策中納入更多民主自由、共存共榮的獨立價值觀，創造更大的民主能量，建立一個重視人權保護的國際環境。

第四節　法治的世界秩序

「法治」是指「依法而治」（Rule of Law），強調國家一切的作為必須依法而行，政府不可以自由意志擅自決定，而要以法律為依歸。人民的自由與其他權利，則要由法律加以保護，人民應負的義務也要由法律加以規範。人民要服從法律，政府也要遵守法律。

　　從全球性的觀點來看，聯合國成立的主旨在於實現國際社會的公平、正義與人性尊嚴的價值，以及維持國際和平、安全與秩序。聯合國非常重視公平正義與國際法的價值，以《聯合國憲章》作為最高法規範依據，除了在序言中宣示聯合國成立的主要宗旨在維持正義，尊重由條約與國際法其他淵源而起的義務，也在《聯合國憲章》第 1 條指明要以和平方法且依正義及國際法的原則，調整或解決足以破壞和平的國際爭端或情勢。

　　基本上，法治涵蓋「規範的制定」與「執行」兩個層面。在此援引聯合國秘書長安南（Kofi A. Annan）於 2004 年所提出《法治與衝突中及衝突後社會的轉型正義》（*Report of the Secretary-General on the Rule of Law and Transitional Justice in Post-Conflict Societies*）的報告，所謂一個規範就是「一個治理的原則」：「所有人，公、私機構與實體，包括國家本身，對公開發布、平等執行與獨立裁決，以及符合國際人權規範之標準的法律，要負責任」。另外，「執行」則是採取相關措施，保證遵守「法律至上、法律之前人人平等、對法律負責、公正適用法律、權力分立、決策參與、法律明確性、避免專斷獨行、程序與法律透明。」由此可見，聯合國明顯的任務是確保，沒有一個國家、無論是多麼有錢有勢，是在法律之上；最重要的是，沒有一個國家或者個人會被認為是不值得國際法所承諾對每一個人的保護。因此，世界社會應該擁抱一個強大的方案，就是確保沒有一個國家能夠忽視逃避《聯合國憲章》所涵蓋展示的共同願望與基本原則。

　　民主、自由及人權與法治有密切不可分的關係。假使沒有法治，民主、自由與人權就無法生根發展；反之，沒有民主、自由與人權，也無法落實真正的「法治」。由此可見，「依法而治」與「以法而治」（Rule by Law）二者，雖然僅有一字之差，但是在含意上有相當大的差異。「依法而治」所重視的是價值取向，而

「以法而治」所強調的則是治理工具。中國將法律制度視為統治的工具，透過法律來管制人民，製造人民的畏懼而不敢向政府爭取權益，就是「假法治之名、行獨裁之實」。反觀，自由民主的國家採取「依法」而治的目的，不在消極限制個人或國家的行為，而是積極保障個人或國家的權益，藉由法治內涵的充實、闡明，進一步保障人民的基本權利不受任何的侵害。

值得一提的是，這幾年來香港人民為了爭取真普選、讓愛與和平占領中環、雨傘革命等運動，都讓人看到前所未有香港公民力量的凝聚與民主文化的深化。假使說 2014 年「占領中環」是為了爭取真普選，代表香港人民對民主的追求；那麼 2019 年的反《逃犯條例》修訂運動，則是挑戰香港人退無可退的底線——法治與自由。香港特區政府強勢推動修訂《逃犯條例》，引起香港人民「反送中」的反彈，在 6 月 9 日起香港各行各業相繼上街示威抗議，遊行人權及次數之多前所未有。由於港府拒絕回應人民撤廢《逃犯條例》修訂等訴求，數個月來香港街頭爆發抗議者與警方衝突的畫面，以及前所未有機場抗爭的鏡頭，即時登上國際各大主要媒體的版面。香港反《逃犯條例》修訂運動的發展，凸顯北京政權意圖透過《逃犯條例》修訂，將香港逃犯送到中國內地審判處罰，將「一國兩制」改為「一國一制」，不但違背「中英聯合聲明」維持香港五十年不變的國際承諾，也撕毀香港《基本法》明訂「香港享有獨立的司法權與終審權」的規範。長期以來，香港之所以仍保有國際金融中心的地位，乃在於香港不受中國干預的司法獨立傳統與保障人權價值，一旦《逃犯條例》修訂通過，香港的民主法治恐將被侵蝕殆盡，而香港有別於中國其他城市的獨特性也將消失於無形。對此，西方民主國家深感憂慮，最具代表性的是英國外交大臣韓特（Jeremy Hunt）聲援「反送中」的抗爭，也對外發言要求中國遵守「中英聯合聲明」，否則

將有「嚴重後果」。另外，美國眾議院議長佩洛西（Nancy Pelosi）
也發表強硬聲明，一旦香港《逃犯條例》修訂通過，美國國會勢
必將提出《香港人權與民主法案》，除了重新檢視美國政府是否
按照《美國－香港政策法》（United States-Hong Kong Policy Act）
繼續給予香港貿易優惠，承認香港特區護照以及允許香港採購敏
感技術。也要求在指定給予香港特殊待遇的法律與協議前，美國
國務卿需要向國會確認「香港享有充分的自治」。美國一旦修改
《美國－香港政策法》，同時取消香港獨立關稅的地位，香港所
享有的匯率優勢，對香港的衝擊將是非常巨大，中國也難保不會
受到重傷。

　　國際社會因為有法治作為世界秩序的基石，才能夠維繫國際
的和平與安全，促成全球經濟與社會的持續進步及發展。中國之
所以可以快速崛起並成為今日世界性的經濟強國，顯然是受惠於
全球自由貿易機制與智慧財產權的保護等國際的法治與制度。假
使中國不願意切實遵守並努力促進上述世界的良善規範，就無法
享有世界秩序下所提供的各種利益。反觀，台灣是一個自由、民
主的國家，也是國際社會的重要成員，唯有透過法治的世界秩
序，才能讓台灣的政治、經濟、科技、文化等受到更充分的保護
與尊重，也讓台灣的國家安全在世界集體力量的協助與監督之
下，真正保持和平、安全的長久穩定狀態。

第五節　經濟、社會與文化的國際合作

　　聯合國是當今政府間國際組織體系的中樞，也是國際社會多
邊互動的大舞台。自 1945 年成立以來，在促進全球發展的架構
下，聯合國歷經東西方陣營對立的冷戰時期、蘇聯等東歐共產黨
國家的解體、後冷戰與對抗恐怖主義等不同的階段，聯合國始終
是國際間協調溝通解決問題的重要平台。特別是人類社會進入二

十一世紀之後，國際社會關注的課題，除了促進市場經濟與國際貿易的自由化，也強調人類的發展應滿足當代的需求，且不致危及到後代子孫滿足其需要的能力。顯然，為達上述目的，需要運用一切資源創造各種所需求的價值的極大化，而將這些價值廣為分配、分享，也就是增進各國政治、經濟、社會、文化、教育、人道、人權等方面的國際合作與發展，這也是聯合國及其體系下所有功能性國際組織需要具體落實的主要目標。

公元 2000 年 9 月聯合國召開千禧年高峰會議，世界各國領袖聚集在一起共同發表《千禧年宣言》，宣示最慢在 2015 年實現八項「千禧年發展目標」（Millennium Development Goals）：以消除極端的貧窮與飢餓、普及小學教育、促進兩性平等、降低兒童死亡率、改善產婦健康、消除愛滋病與其他疾病的威脅、確保環境的永續發展與促進全球合作與發展。

《千禧年宣言》可視為聯合國追求最適當世界秩序的未來願景，這項人類發展的共同願景乃奠基在每一個人應享有免於恐懼與匱乏的自由以及永續發展的機會。千禧年發展所涉及經濟、社會、教育與永續發展等不同面向的具體目標，代表聯合國及其體系下各功能性國際組織與所有會員國承擔責任，對共同建立一個人性尊嚴的國際環境，落實永續經營、公平正義、改善醫護與教育環境，協助弱勢者擺脫貧困的具體承諾。

為此，聯合國將國家執行、社會參與以及國際合作，視為實現「千禧年發展目標」的運作主體。第一、強調國家是執行的基本單位，國家的發展應與聯合國千禧年發展目標相結合，以落實以人為本的理念，健全施政機制與政策內涵。第二、鼓勵社會民間力量積極參與，聯繫國家與公民社會的合作治理，使千禧年發展目標融入公民社會發展的一環。第三、推動國際合作，先進國

家除提供必要的經濟資源協助建設之外，也應分享過去政經發展的經驗，促進開發中與後進國家的現代化。

　　2015 年是聯合國成立七十週年，「千禧年發展目標」階段性期程也將告一段落。聯合國一方面緊鑼密鼓追蹤進度，實現「千禧年發展目標」，另一方面致力匯集各會員國政府、公民社會與其他合作夥伴的力量，籌劃研議「千禧年發展目標」之後的發展藍圖。在聯合國秘書長的召集下，超過六十個聯合國體系內的專門機構與各國際組織，共同成立「聯合國體系任務小組」（UN System Task Team），針對「2015 後聯合國發展議程」（Post-2015 UN Development Agenda）的綱要內容進行廣泛討論，並徵詢各國公民社團、學術團體、私人企業等相關者的建議後，提出《實現我們憧憬的未來》（*Realizing the Future We Want for All*）報告。該研究報告直指「2015 後聯合國發展議程」宣示一個免於恐懼與匱乏的理想世界，在於保障基本人權、促進公平正義、人類永續發展，並兼顧經濟與社會發展的「包容性」以及和平、安全與環境發展的「永續性」作為未來發展的終極目標。

　　為了確保議程內容的多元性、代表性與整體性，在全球發展議程的具體提出之前，塑造一個多方對話、凝聚共識的空間，進行開放透明的協商討論，確實必要。為此，針對單一國家所無力解決的全球性問題，聯合國一方面爭取主要先進國家的支持認同，凝聚共識，提出可行性的解決對策。另一方面，鼓勵發展後進國家的參與，針對教育、環境永續、治理、成長與發展、健康、糧食安全與營養、不平衡發展、人口變動、能源與水資源匱乏等議題進行內部的政策對話，將不同國家切身發展的需要與眾多普羅大眾的心聲納入，作為未來制定全球發展目標的參考。此外，聯合國也意識到國際社群集體合作攸關全球性問題妥善解決的成敗，以擴大參與協商、策略聯盟的方式，深化與眾多國際非政

府組織、公民社會與跨國企業建立合作夥伴關係，藉以匯聚不同的思維能量，共同克服全球性問題的挑戰。這種深化全球治理以協商對話凝聚共識的過程，是避免「2015 後聯合國發展議程」流於紙上談兵的口號，也是確保議程目標得以具體化，徹底扭轉陷入國家社會發展的困境，滿足落後國家的發展需求，進而有效提升人類的福祉。

聯合國強調經濟、社會、文化等各方面合作的重要，乃是因為上述各個面向的國際合作有助於促進與維持世界和平。《聯合國憲章》第 55 條、第 56 條規定，聯合國各會員國有義務促進「較高的生活程度、全民就業以及經濟與社會進展」、「國際間經濟、社會、衛生以及有關問題的解決，文化與教育的合作」、「全體人類的人權及基本自由的普遍尊重與遵守，不分種族、性別、語言或宗教」，以落實國際合作、促進世界和平。

特別是在全球化時代的發展脈絡下，沒有一個國家可以自我獨立於國際社會之外。隨著科技的進步與國際政治的變遷，促使全球化不斷向前推進超越了國界的限制，促成國家與國家、區域與區域之間互相依賴的程度加深，無論是經濟、科技、文化等，都能夠互通有無、交流學習與利益共享，形成互相繁榮進步的局面。同時，發揮集體智慧與力量，透過國際合作創造多樣性的價值，解決現代文明所產生的複雜問題，提升人類的生活品質，為更優質的美好未來共同努力。

因此，我們應該善用優勢，無論是國家或政府之間的交流，或是與國際組織、民間團體等的互動，積極參與並發展合作關係，不但可以建立台灣貢獻國際社會的優質典範，而且可以凸顯台灣與國際社會互相需要的事實，讓國際社會可以看見台灣、肯定台灣、需要台灣、支持台灣。

第六節　國際法原則與有效權力的考慮互動

聯合國大會 1970 年第 2625(XXV)號決議《關於各國依聯合國憲章建立友好關係及合作的國際法原則之宣言》宣示闡明:「各國一律享有主權平等。各國不問經濟、社會、政治或其他性質有何不同,均有平等的權利與責任,並為國際社會的平等會員國。主權平等尤其包括下列要素:(1)各國法律地位平等;(2)每一國均享有充分主權的固有權利;(3)每一國均有義務尊重其他國家的人格;(4)國家的領土完整及政治獨立不得侵犯;(5)每一國均有權利自由選擇並發展其政治、社會、經濟及文化制度;(6)每一國均有責任充分並秉持誠意履行其國際義務,且與其他國家和平相處。」

國際法雖然強調每一個國家國際法律地位的平等,但是實際上,因為各國的領土大小、人口數量多寡、資源豐足貧乏、經濟科技教育文化發展的階段、軍備實力強弱的差異,而有國力不平等的事實現象。即使在目前環境下,世界各國存在前述的種種事實上的不平等,但遇到事務要處理或爭議待解決時,國際社會絕對不應採取弱肉強食的叢林法則,而是要依循國際法禁止使用武力,完全排除武力征服的合法性。《聯合國憲章》第 2 條第 4 項明確規定:「各會員國在其國際關係上不得使用威脅或武力,或以與聯合國宗旨不符之任何方法,侵害任何國家之領土完整或政治獨立。」人類文明必須走出叢林生態法則的舊日陰影,放棄弱肉強食的手段,任何破壞國際法與《聯合國憲章》「和平解決爭端」、「不使用武力」的大原則,是國際社會所不能容忍的不法行為。1982 年國際社會反對阿根廷使用武力強要奪回福克蘭群島以及 1990 年反對伊拉克出兵侵略占領科威特,就是明確的例證。1990 年,伊拉克以科威特(聯合國會員國)是伊拉克「歷

史上固有的一省」為藉口，出兵侵略占領科威特，遭到聯合國立即強力的譴責反對制裁：聯合國採取集體軍事執行行動逼退侵略者伊拉克。當代國際法嚴格禁止使用武力侵占征服他國的規定，不但適用於保護聯合國會員國，也同樣適用於保護「非聯合國會員國」。聯合國及其會員國必須嚴肅正視，採取立即及必要的關切與行為，譴責並制止任何違反國際法、《聯合國憲章》、破壞國際和平的侵略行為。

中共政權除了一再表明不放棄使用武力「統一」（併吞）台灣之外，對台灣的打壓、脅迫、統戰、滲透，無所不用其極，包括法律戰、心理戰與輿論戰等。中共的法律戰，赤裸裸地表現在所謂的《反分裂國家法》。2005 年 3 月 14 日中華人民共和國通過《反分裂國家法》，該法表明中國要用「非和平方式」侵略併吞台灣的意圖，要壓制及剝奪台灣人民決定台灣前途的權利。顯然，中國制訂《反分裂國家法》的大前提是將台灣當作是中國的一部分，這個大前提是根本的錯誤，違背歷史，不符合事實與法律。自從中華人民共和國於 1949 年成立至今已經七十四年，中華人民共和國從來不曾絲毫控制、統治管轄過台灣，也從來沒有與台灣合在一起，哪裡有「分裂」的問題。台灣與中華人民共和國是兩個互不隸屬的國家。台灣是當代世界的一個主權獨立國家，符合國際法國家所應具備的條件：台灣兩千三百萬的人民，政府對於台灣、澎湖列嶼等領土行使有效控制與正當權力，具有絕對有效決策能力，也有與世界其他國家進行互動的權能。「台灣、中國，一邊一國」是國際現實，《反分裂國家法》的不法行為不能改變此種事實與法律的存在，台灣不是中國的一部分，也不是中國的內政問題。中國說別人的財產是它自己的財產；顯然，《反分裂國家法》不但違反國際法、《聯合國憲章》「和平解決爭端」、「不得使用武力」及「人民自決」等三大原則，而且觸

犯了國際法的「侵略罪」與「破壞和平罪」。於理於法完全是無法無天。

中國制訂實施《反分裂國家法》是要侵略併吞台灣、破壞國際和平與安全的不法行為，已經構成對國際和平的威脅與破壞，不但國家整體要負「國家責任」，而且參與決策、制定《反分裂國家法》的官員、代表都需負起國際法上「個人的刑事責任」。這是第二次大戰後審判戰爭罪犯所確立的國際法大原則，也是國際刑事法院所要落實的基本使命。二次世界大戰人類慘痛的印象令人難忘，國際社會對於上述破壞國際和平的嚴重罪刑必須加以譴責、制止，才能給台海、亞太與世界帶來真正的公義與和平。

以台灣特殊的亞太經貿及戰略位置而言，無論是中國、美國、日本等各國，都對於台灣有他們整體的戰略思考及布局。近年來，國內有些政治人物與學者倡議台灣成為「永久中立國」，但是，如本書第柒章所述，就國際法與政治現實考量，台灣要走向永久中立國似乎難度甚高。最關鍵的問題在於中國並沒有放棄武力侵犯台灣的企圖，如果台灣要成為永久中立國，就得符合中立國必須降低或解除軍備的精神，甚至不能參與軍事同盟或讓其他國家在領土內設立軍事基地，只有在自我防衛時才能使用武力；如此一來，將可能讓台灣深陷無力防守的困境，面臨重大危機。所以，台灣不能輕言解除武裝，孤立自守，因為台灣必須保有一定的自衛能力與國際友邦的支持。這並不是與中國軍備競賽，而是一旦發生中國侵略攻台時，至少台灣可以藉由防衛機制來防衛抵抗、爭取時間，並儘速尋求美、日、聯合國及國際社會的支援──在軍事上、法律上、外交上、公義上、輿論上等等對台灣的支持協助，共同抵制外來侵略。

其實，台灣落入任何國家之手，均無助於世界和平的維持，所以台灣要闡明並維持一個獨立自主與關鍵的戰略地位，成為列

強在亞太競逐利益的緩衝區,這與「台灣中立化」的論述有類似的所在,但是不同,無須經由正式的條約來確立。台灣作為一個緩衝區,我們要發揮智慧、勇氣、與堅持,運用機動友善的外交——任何尊重台灣國的主權、政治獨立、領土完整的國家,都將是台灣國、台灣人民的朋友。台灣雖然土地面積不大,但對於國際社會卻有諸多的貢獻,無論是科技研發應用、生技醫藥衛生還是人道救援的慈善行動等,都可以見到台灣在世界各領域分享豐碩成果,也是國際社會持續進步的重要參與者。尤其,民主、自由與人權的價值是台灣立國與永續發展的基本價值——普世的台灣價值。只要民主自由人權的台灣國,能在和平安全的國際大環境下,鞏固發揚普世的台灣價值,永續發展,將可以成為激勵中國人民爭取民主、自由與人權的典範及動能。以長遠廣大的眼光來看,這將是台灣人之福,也是中國人之福,更是全人類之福。

台灣應該要更致力於邁向正常化國家之路,而且與世界各國保持親睦友好關係。有一日,台灣順利成為聯合國的一個會員國,我們台灣人民就能夠有更多參與國際社會的機會,也能夠有更多為全球人類的生存發展及福祉盡心盡力與貢獻的機會。與其等待機會,不如創造機會;只要我們台灣人民與政府堅定信念與決心,持續推動台灣加入聯合國的運動,相信台灣有一天會是國際社會、世界共同體最出力、最值得信任的夥伴。

第拾章　西方寄望中國和平演變美夢的破滅

　　1979 年美、中建外之後，一直到歐巴馬總統推出「重返亞洲」（Pivot to Asia）戰略之前，在這一段期間的美國總統認為脆弱的中國需要美國大力推動雙邊全面性的經貿合作、文化、教育與科技交流，帶動中國的繁榮與發展。1989 年中國爆發六四天安門事件震驚全世界，迫使美國為首的西方國家以武器禁運與經濟制裁等手段，制裁中國解放軍慘無人道的大屠殺。隨後，東歐發生巨變、柏林圍牆倒塌，促成蘇聯的解體，中國領導人鄧小平因應國際局勢的大變動，減少國際制裁對中國的傷害，乃提出「韜光養晦」的外交戰略。

　　冷戰結束後，美國鬆綁對中國的制裁，不僅給予中國貿易最惠國待遇，積極說服其他西方各國，支持中國加入世界貿易組織。美國等西方國家領袖樂觀以為，協助中國推動改革開放，只要中國融入國際體系，西方民主自由進步的觀念自然順勢導入中國，形成一個良性循環，最終促成中國內部民主化與自由化的政治改革。同時，中國則憑藉本身廉價的土地與龐大的勞動力資源，吸引國際資金源源不絕與重要生產技術的投入，再加上經濟全球化浪潮的推波助瀾，為中國經濟帶來快速成長的契機。按照西方國家原先規劃的劇本，期待中國經濟實力提升之後，成為國際社會一個負責任、盡義務的成員，願意與西方國家充分合作，積極參與重要國際組織，協助維持國際秩序與和平，共同解決全球政治與經濟發展的問題。

第一節　韜光養晦的國家戰略

　　中國領導人鄧小平因應國際環境的丕變，避免成為美國首要處理的對象，提出「韜光養晦」——強調「冷靜觀察、穩住陣腳、沉著應付、韜光養晦、善於守拙、絕不當頭」，作為中國對外政策戰略的核心。在這段時間，中國推動一連串的經濟改革，開放外來投資與鬆綁國際貿易，為中國經濟從 1990 年代末期至 2000 年代的高速成長奠定基礎。

　　在鄧小平之後，接任的江澤民與胡錦濤兩位中國領導人，基本上仍延續鄧小平「韜光養晦」的外交路線，採取「對內改革，對外開放」的政策，積極開放中國市場，深化內部的經濟改革。2001 年中國正式加入世界貿易組織，獲得學習與掌握西方國家先進的科學新知與管理知識的機會之後，再運用全世界的市場、資金與技術，帶動中國經濟成長率每年有超過兩位數字成長的表現。

　　鄧小平強調中美關係是中國所有對外關係的重中之重，中國未來想要成為一個政治大國，必須先認清本身與美國的軍事、政治或經濟實力仍存在不小差距，不必急於顯示自己的實力，從恪守「韜光養晦」的基本原則且貫徹執行開始，避免任何會導致美國與其盟國感到不安的作為。如此一來，一方面確保中國得以吸收美國與西方國家的資本，無礙進入西方國家的市場，爭取中國經貿利益的極大化。另一方面，積極引進西方最新科學技術，促進中國科技實力向上提升，中國的產業競爭力自然也水漲船高，為中國國力的強勢崛起注入豐沛的能量。接著，北京利用中國國力崛起的優勢，積極加入各種重要的區域多邊國際組織的同時，也開始佈局滲透爭取關鍵主導的職位，中國的政治黑手得以無聲無息伸入各個國際組織，伺機而動。

2001 年美國紐約遭遇九一一恐怖攻擊事件，2003 年美國出兵伊拉克，2008 年國際金融風暴又接踵而來，對美國的國力帶來嚴重衝擊。反之，2001 年 12 月中國在美國的支持下，以開發中國家的身分加入世界貿易組織，外來投資與貿易總額逐年升高，2010 年中國國內生產總額（GDP）已超越日本，成為全世界僅次於美國的經濟實體。中國經濟愈來愈繁榮富裕，綜合國力也明顯提升，北京政權注意這個可乘之機，開始虎視眈眈想要爭取自己該有的國際地位。西方各國期盼中國「和平演變」的跡象一直終沒有出現，直到歐巴馬總統提出「重返亞太」戰略時，中國已經走上一條與西方民主國家的預期完全不同的道路。

第二節　港版《國安法》通過摧毀「一國兩制」招牌

「一國兩制」是中國共產黨領導人鄧小平為了解決台灣問題，促進中國統一所提出的政策。所謂「一國兩制」是指「在一個中國的前提下，香港、台灣與澳門得以保留資本主義經濟與社會政治制度，中國其他地區則繼續實行中國特色社會主義制度」。鄧小平為了爭取英國的信任與香港人的普遍支持，特別承諾將在香港《基本法》內文明訂「香港特別行政區不實行社會主義制度與政策，保持原有的資本主義制度和生活方式，五十年不變。」同時，同意將上述內容，納入英國與中國雙方簽署的《中英聯合聲明》，並送交聯合國存查。

為了降低國際社會對於接收香港的疑慮，中國向國際社會做出誠意十足的表態，普遍獲得當時多數西方國家政治領袖與主流媒體的好感，他們不但對香港的未來感到樂觀，甚至天真的相信香港勢必成為引發中國政治改革與民主化的起始點。

1997 年 7 月 1 日，香港正式回歸中國，原有英國屬地的一切象徵都被消除，取而代之的是中國的五星旗與代表香港特區的

紫荊紅旗、香港行政長官及其領導下的香港特別行政區政府，以及人民解放軍正式進駐香港。中國從英國手中接收香港主權之後，一開始香港政府的外觀雖然出現一百八十度的轉變，但是並不影響香港作為世界各國資金進入中國的門戶或中國資金往外流動的窗口，香港原有獨立運作的司法體系與人權保障法規都沒有任何改變。香港書局可以自由流通買賣在中國境內不被允許出版或販賣的圖書印刷品，香港人民也享有集會自由，尤其是「六四天安門事件」這個在中國大陸是極為敏感的政治禁忌，但是在香港並不受影響，依然可以安排每年六月四日當天，公開舉辦天安門事件紀念活動，追悼受害學生與民運人士，可惜這段美好的時光並沒有維持很久。

　　在英國殖民統治下，發揮香港優越的地理位置、自由開放的貿易環境以及依法而治的社會體制等優勢，成為亞洲最重要的貿易中心之一，而有「東方之珠」的美譽。儘管如此，香港人民殷切期盼能夠享有真正的民主，他們將一切希望寄託在北京政府身上，希望有一天可以得到一人一票普選香港特首與立法會所有議員的權利。可惜，事與願違，他們沒有想到香港回歸中國之後，中國領導人一心一意想要追求的目標，竟然藉由政治與經濟雙融合強化對香港的控制，除了促進香港對中國的經濟依賴，進行香港內地化成為中國境內的一個城市；同時，以人治取代法治，逐步加大對香港自治的干預，將香港關入中國的牢籠之中。2003年香港特首董建華配合北京中央政府，推動《基本法》23 條的立法工作。該條文規定香港應自行維護中華人民共和國的國家安全，明令禁止分裂國家、煽動叛亂等非法行為，沒想到引起香港人民的大反彈。五十萬香港人走向街頭，抗議《基本法》23 條的立法，人民反對的力道之大，超乎香港特區政府的想像，不但導致董建華提前下台，同時也讓北京意識到必須加大對香港政治

控制。

2003 年 6 月中國與香港雙邊簽訂《建立更緊密經貿關係的協議》（CEPA）後，吸引大量中國的人流與金流的挹注，一開始的確促成香港經濟繁榮的景象，香港也被套進大中華經濟圈。表面上，中國透過經濟利誘成功收買香港的大財團、媒體與特定利益團體的心；實際上，仍無法滿足大多數香港人民對民主自由、普選特首與港人自治的熱烈渴望。北京中央政府為了安撫民意，2007 年「中國全國人民代表大會常務委員會」（以下簡稱人大常委會）提出 2017 年香港特首普選產生的辦法，在特首由普選產生後，接著立法會再實行由普選產生的辦法，這樣的作法被外界解讀為北京設下特首普選的時間表。

2014 年 6 月 10 日中國國務院發布《「一國兩制」在香港特別行政區的實踐》白皮書，對「一國兩制、高度自治」的政策方針明確作出解釋：第一、北京擁有對港府的全面管治權，其中包括中央政府直接行使的權力，也包括授權港府依法施行的「高度自治」。在此所謂香港特區的高度自治權，既不是完全的自治，也不是分權，而是中央授與地方的管理權。第二，宣告「兩制」是指在「一國」之內，香港特區貫徹落實「一國兩制」的前提是「一國」的地位高於「兩制」。第三、重申中國人大常委會對《香港基本法》具有修改權與解釋權。人大常委會行使解釋權是維護「一國兩制」與香港法治的基礎，是對香港特區政府執行《基本法》的監督，也是對特別行政區實行高度自治的保障。第四、堅持以愛國者為主體的「港人治港」的主軸。強調香港特首欠缺「愛國愛港」的特質，勢必導致「一國兩制」在香港特區的落實偏離正確方向，如此一來，國家主權、安全與發展的利益都難以確保，也會影響香港的繁榮穩定與人民福祉。顯然，《「一國兩制」在香港特別行政區的實踐》白皮書彰顯北京政府主導香港特區政府所

作所為的強烈意志,這種中央政府授予香港特區政府多少權力,香港特區政府才有多少權力的表現,驗證他們根本沒有鬆綁特首的打算,正式為香港高度自治的承諾敲起喪鐘。

2014 年 8 月底,中國人大常委會再通過 2016 年立法會選舉與 2017 年香港特首的普選辦法,作法是先透過一千兩百名來自不同行業領域、傾向於支持北京居多的委員組成特首的選舉委員會,嚴格把關特首人選。其次,限定特首候選人二至三人進入最終投票,特首候選人必須獲得選舉委員會過半數以上的支持,再由北京中央政府進行最後的任命。至於,立法會議員的選舉仍維持半數是由一般選民直接普選產生,另一半三十五席議員為代表商業、金融業等不同職業類別的功能組別選出。由此可見,無論是香港特首的提名制度,還是立法會議員功能界別的選舉,都不算是真正的雙普選,無法代表香港真正的民意。面對特首「真普選」遙遙無期,香港人也看不到立法會的全面直選的可能,對雙普選期待一次又一次落空的結果,迫使香港人民必須走上街頭進行抗爭。2014 年 9 月起,香港爆發爭取真普選的公民抗命運動,這場深受國際媒體關注報導的「雨傘革命」,並沒有逼迫北京與港府作出任何讓步,只是刺激北京對香港的民主與自由進行更大的限縮與打壓。

2019 年香港特首林鄭月娥在中華人民共和國建國七十週年,向北京領導人表達效忠,強勢推動修訂攸關香港人民基本自由與人權的《逃犯條例》。一旦《逃犯條例》修訂通過,等同於開啟北京政府可以直接逮捕香港人民送往中國受審的綠燈,觸發香港 1997 年後最大規模的抗爭,香港街頭示威暴力抗爭處處可見,處處揣摩上意的港府採取以暴制暴的手段鎮壓示威的群眾。面對示威者前仆後繼抗議浪潮的大衝擊,港府想要息事寧人,撤回《逃犯條例》修訂草案來澆熄人民的怒火,但是支持「反送中」

運動的群眾並不願意善了。他們提出「五大訴求，缺一不可」，作為結束抗爭的條件，包括：要求撤回《逃犯條例》修訂草案、成立獨立調查委員會追究警方涉嫌濫用武力的問題，警民衝突不得界定為暴動、釋放被警方拘捕的示威者，以及要求進行實行立法會議員與特首的雙普選。隨後，同年 9 月香港舉行區議會的選舉，北京政府誤判以為一般民眾對街頭抗議活動影響日常生活非常反感，支持民主運動者的候選人會在選舉中慘敗。沒想到反送中運動餘波蕩漾，香港人民以手中的選票表達他們支持改革的心聲。選舉的結果讓北京政府大失所望，必須加快制定通過港版的《國安法》，以便在 2020 年香港回歸二十三週年慶祝活動展開之前，壓制香港民主野火四處燎原。

　　2020 年 6 月底，在北京領導人的主導下，中國人大常委會為香港量身訂做一部港版的《國安法》，主要在防範、制止與懲罰發生在香港的四項危害國家安全的罪行——「分裂國家罪」、「顛覆國家政權罪」、「恐怖活動罪」與「勾結外國或境外勢力危害國家安全罪」。由於該法刻意繞過香港立法機關，事前並未進行廣泛的諮詢與溝通討論，加上罪名的認定由執法機關進行單方面認定，被外界認為該法是來對付政治對手、清除內部反對意見者的工具。除此之外，《國安法》同意中國維護國家安全公署進駐香港，成為履行《國安法》的唯一法定機關，等同於接受中國管控的黑手長驅直入伸向香港社會各個角落。影響所及，港人的自治權被嚴重壓縮，香港法治的獨立公正性也受到侵蝕。

　　《國安法》上路後，在香港引起軒然大波，也引起世界主要國家的密切關注，雖然國際社會要求中國信守「一國兩制」承諾的壓力排山倒海而來，但是並沒有影響動搖中國貫徹落實《國安法》的決心，這樣的發展結果代表「一國兩制」被「一國一制」所取代，正式走入歷史。最新的發展，2023 年 7 月 6 日香港立

法會進行香港區議會組成方式的修改，官派委任席次大增，民選
席次比率從原本的逾九成驟降至不到兩成。表面上落實「愛國者
治港」的目標，實際上卻是灑下天羅地網，徹底封鎖「反中亂港」
的異議分子想要利用制度漏洞進入區議會任何空間。

　　香港原本「一國兩制」被「一國一制」所取代前前後後的過
程，深受台灣人民密切的關注，最後的發展結果驚醒台灣人民，
不再對「一國兩制」存有任何幻想。

第三節　中國銳實力的國際滲透與擴張

　　2017 年 12 月美國國家民主基金會（National Endowment for
Democracy）發表一份《銳實力：威權主義影響力在民主國家中
漸增》（*Sharp Power: Rising Authoritarian Influence in the
Democratic World*）的研究報告，兩位學者專家在報告中提出「銳
實力」（sharp power）的概念，分析中國與俄羅斯如何操縱其他
國家內部資訊與媒體的傳播，別有居心製造輿論左右人民的觀
念，進而影響政府的決策，引發國際關注。

　　「銳實力」是專制獨裁政權所對外展現的尖銳國力，它沒有
硬實力威迫與壓制，也沒有軟實力的吸引與說服等外在特性。相
較於西方國家靈活運用，巧妙結合軟、硬實力而成「巧實力」
（smart power），透過軟硬兼施的策略，運用合於情理法的手段
發揮影響力。反觀，中國模式的「銳實力」則是以滲透、顛覆、
煽動為手段，與西方民主自由、人權法治的進步思想，進行意識
形態與文化鬥爭。銳實力也是中共政權宣揚威權主義思想的工
具，利用政治獻金或資源遂行其國家意志，對其他國家的決策者
進行政治滲透或收買，同時，介入操控民意、左右媒體輿論，阻
止任何與中國相關敏感性議題的討論。甚至，利用中國在科技發
展的優勢與經濟脅迫，迫使被影響的國家或個人叩頭屈服，自願

配合接受監視與自我審查，達到中國所想要的境外壓制言論、擴張勢力版圖以及控制意識形態的目的。

中國在世界各國廣設的「孔子學院」是「銳實力」戰略的具體展現。表面上，「孔子學院」就像是德國的「歌德學院」（Goethe-Institute）或法國的「文化協會」（Alliance Française）都是展現「柔性國力」的機構，對外推銷他們的文化與語言等核心價值。實際上，中國的「孔子學院」的作法並不是如此。白邦瑞（Michael Pillsbury）在他《2049 百年馬拉松：中國稱霸全球的秘密戰略》（*The Hundred-Year Marathon: China's Secret Strategy to Replace America as the Global Superpower*）一書提出他的觀察指出，中國利用孔子學院作為中國暗黑勢力進入外國學術機構的跳板，與西方民主自由的普世價值展開意識形態的鬥爭。「孔子學院」也是中國向外延伸政治觸角的管道，他們別有居心提供經費補助，協助中共政治勢力得以長驅直入外國研究智庫與大學院校等學術機構、新聞媒體、甚至到地方政府機關，一方面宣傳美化贊同中國政府、政策、社會與文化等觀點，拉攏各國重要的政界高官來支持中國，同時，藉機竊取學術研究機構的機密資料；另一方面，孔子學院也是干預外國學術機構自由運作，壓制其他反中的觀點的大本營。他們威嚇限制外國學者不得進行有關法輪功、台灣民主與獨立、新疆再教育營，以及香港人權與獨立等敏感性議題的研究，特別是收買媒體或公關公司製造輿論、為北京政府出力發聲。

聯合國是國際政治的大舞台，中華人民共和國取代中華民國成為聯合國內中國的唯一合法代表之初，當時內部財政拮据，並沒有太多的精力與資源參與聯合國體系的運作。一直到推動經濟改革開放成功，國力大幅提昇之後，中國才開始關注重要的國際事務，並且有計畫、有目的參與聯合國及其體系內大小功能性國

際組織的運作。中國利用參與聯合國體系運作的機會，進行組織滲透，擴大中國在聯合國的影響力，也利用各種方式與一切手段，安排中國籍官員取得聯合國體系內國際組織的重要職位。作為聯合國的工作人員，理應接受國際組織行政負責人的領導，為聯合國全體成員國服務，但是中國籍的官員常常破壞這個原則，幫助中國透過該組織延伸擴大影響力，或者協助提供政治獻金收買聯合國所屬體系內各國際組織的重要決策者，使其成為協助貫徹中國的外交政策或維護中國國家利益的代言人。

2022 年 3 月 12 日「美中經濟暨安全檢討委員會」（U.S.-China Economic and Security Review Commission）發布 *PRC Representation in International Organizations* 的報告，列舉近年來在聯合國體系功能性國際組織內擔任要職的官員，來自中國的人數愈來愈多。中國長期深入聯合國體系進行滲透佈局，從聯合國秘書處所管轄的經濟與社會事務部、聯合國大會底下的計畫與基金部門，再到聯合國專門機構，以及其他機構與國際組織等，處處可見中國在其中爭取國家利益的痕跡。特別是聯合國十五個專門機構中，其中七位重要的負責官員都來自中國，這樣的發展除了反映中國積極參與國際事務的意圖之外，也讓國際社會注意到中國透過這些在聯合國內擔任要職的中國籍官員，在關鍵時刻發揮影響力，印證中國對聯合國的影響力日漸坐大的事實。

（表 10-1）中國人在聯合國及其體系內國際組織擔任要職名單

聯合國及其體系下的國際組織名稱		姓名	擔任職稱
聯合國秘書處	經濟及社會事務部（DESA）	劉振民	副秘書長
	經濟及社會事務部（DESA）	李軍華	主管經濟與社會事務副秘書長
	經濟及社會事務部（DESA）	朱民	經濟與社會事務高階諮詢委員會委員
國際法院（ICJ）		薛捍勤	法官
聯合國計畫與基金	聯合國開發計畫署（UNDP）	徐浩良	助理秘書長
	聯合國環境規劃署（UNEP）	劉健	首席科學家
	聯合國人居規劃署（UN-HABITAT）	楊榕	區域項目部負責人
聯合國專門機構	糧食及農業組織（FAO）	屈冬玉	秘書長
	國際農業發展基金（IFAD）	吳國起	企業服務部助理副總裁
	國際貨幣基金組織（IMF）	李波	副總裁
	國際海事組織（IMO）	張曉傑	技術合作部部長
	世界智慧財產權組織（WIPO）	王彬穎	副總幹事
	世界氣象組織（WMO）	張文健	副秘書長
	世界銀行集團（WB Group）	楊少林	常務董事與首席行政官
其他機構與組織	世界貿易組織（WTO）	張向晨	副總幹事
	國際原子能機構（IAEA）	劉華	副總幹事、技術合作部長
	禁止化學武器組織（OPCW）	Hong Li	對外關係司司長
	國際刑警組織（INTERPOL）	胡彬郴	亞洲地區執委

資料來源：U.S.-China Economic and Security Review Commission, "PRC in International Organizations," U.S.-China Economic and Security Review Commission, <https://www.uscc.gov/sites/default/files/2022-12/PRC_Representation_in_International_Organizations_December2022.pdf>.

　　中國在聯合國體系內發揮影響力的具體案例不勝枚舉，武漢肺炎（COVID-19）疫情全球氾濫就是一個具體案例。世界衛生組織（World Health Organization, WHO，以下簡稱「世衛組織」）在疫情爆發之初，一再錯失防疫的良機，導致疫情在全球各地亂竄，最後造成全球累積超過七億六千萬多個確診案例，超過六百九十四萬多人的死亡。之所以會有如此慘烈的結果，與中國關係良好的世衛組織幹事長譚德塞（Tedros Adhanom Ghebreyesus）一再附和中國消極不作為，脫離不了關係。

　　世衛組織是聯合國體系內專責處理國際公共衛生事務的專門機構，在此要特別指出，中國武漢肺炎爆發後，譚德塞數次以政治凌駕專業，自甘墮落淪為中國擦脂抹粉的化妝師。從一開始，台灣向世衛組織提出病毒人傳人的警示，世衛組織不但漠視台灣的專業意見，而且一面倒配合中國的判斷，錯失防疫的先機。直到北京無預警下達武漢封城的指令，震驚全世界之後，世衛組織才又宣布將武漢肺炎的疫情提升為「國際公共衛生緊急事件」，但是仍然再三肯定中國在分享疫情資訊、果斷處理疫情的執行力與手段。甚至，世衛組織為了營造歐美與亞太各國確診個案不斷增加的態勢，譚德塞數次運用他在世衛組織享有的「主場優勢」，積極為中國護航，宣告武漢肺炎的升級成為一種「全球大流行」疾病，企圖消減疫情對習近平政權的衝擊。

　　《世界衛生組織憲章》強調「健康是基本人權，也是普世價值，不因種族、宗教、政治信仰、經濟或社會情境而有所分別」，但是譚德塞幹事長無視「健康無國界」的重要性，全力貫徹「一個中國原則」，將台灣視為中國的一部分，不但拒絕將台灣阻擋在世衛組織的大門之外，而且不分享即時防疫的資訊。這些對攸關台灣人民性命交關的衛生安全視若無睹的表現，凸顯中國銳實力滲透或收買聯合國體系內國際組織決策者的影響力，不容小覷。

第四節 偉大復興中國夢隱藏的野心

2012 年習近平正式出任中共中央總書記，採取有別於前任領導人胡錦濤的政策，重新定義中國作為國際事務主要的參與者，試圖爭取中國應該享有的主導地位。2013 年中國開始對外推動「一帶一路」作為國際經濟發展的總戰略，接著又於 2014 年帶頭發起創辦「亞洲基礎設施投資銀行」（Asian Infrastructure Investment Bank, AIIB），並出資成立「絲路基金」（Silk Road Fund），隨後再於 2016 年主辦「二十國集團」（G-20）領袖高峰會，2017 年主辦「一帶一路」國際合作高峰論壇與金磚五國領袖高峰會。這一系列習近平以大國崛起自居所推動的戰略佈局，主要是以追求「經貿利益」在前，進行「政治操作」在後，一方面用來降低周邊國家對中國國力崛起後，採取一連串積極向外擴張行為的疑慮；另一方面，藉此機會，建立以中國為主體，與世界各國建立與發展互利共贏的「利益共同體」與共同繁榮「命運共同體」的關係。

2017 年即將進入尾聲之際，先後發生兩件對台灣現狀與未來有重大影響的事件。第一件是中國共產黨召開第十九次中國全國人民代表大會，習近平發表《決勝全面建成小康社會 奪取新時代中國特色社會主義偉大勝利》報告。第二件是美國川普總統提出《國家安全戰略報告》（National Security Strategy of the United States of America）。表面上，看起來是美、中兩強各自提出治國的藍圖，實際上，很輕易可以看出雙方在國家發展與對外關係上存在無法化解的矛盾。習近平在中國共產黨召開第十九大所發表的報告，內容雖然包山包海，但是其中要特別指出的是，他提到「實現中華民族偉大復興的中國夢」——強調中國要在世界上取得領導的地位，未來必須完成「兩個百年」的目標—— 2021

年中國共產黨成立一百年，全面完成小康社會；2049 年中華人民共和國建國一百年，成為新時代中國特色社會主義現代化強國。總結來說，習近平高調採取奮發有為的手段，建設中國成為一個國家富強、軍事強大的世界強權，並在世界上取得應有的霸權地位。

中國想要在世界上取得應有的霸權地位，必須維持經濟持續繁榮不可。他們採取的作法，就是利用中國國營企業擔任實踐國家發展目標的開路先鋒，一方面透過對外投資或是提供優惠低利貸款，塑造一個對中國有利的經濟環境，中國黑手得以從中介入他國內政予取予求。另一方面，為了搶奪國際市場，北京也利用不公平的貿易政策，由國家對關鍵企業提供補貼、對外進行貿易掠奪或收購關鍵技術的企業。隨後，再利用中國作為世界工廠的生產優勢，削價競爭對付西方企業，甚至透過非法手段，竊取高科技機密、剽竊智慧財產權，對外商進行政治懲罰，確保中資企業取得競爭的優勢。

中國領導人習近平利用中國國力躍升的機會，大幅度增加中國國防經費，加速國防與軍隊的現代化，凸顯習近平聯結「中國夢」與「強國夢」的旺盛企圖心。近年來，朝鮮半島的緊張情勢並沒有舒緩的趨勢，加上中國與日本在東海、中國與南海各國也存在領土爭議，都讓亞太區域的態勢變得緊張複雜。不只如此，中國的軍機、軍艦一再出現在台灣周邊的海域與空域頻繁活動，甚至最近還發生美國與加拿大艦艇聯合穿越台海，中國軍艦在南海挑釁撞擊美驅逐艦，中國與菲律賓在南海仁愛礁的衝突等事件，凸顯中國不懷好意挑戰美國主導第一島鏈防線的用意。這一連串野心勃勃的表現，給台灣的國防安全帶來極大的壓力，連帶的，日本、韓國、甚至於印度等周邊國家對中國解放軍的動向也不敢鬆懈。

2018 年 11 月 29 日美國胡佛研究所（Hoover Institution）發表一篇主題為《中國影響與美國利益：促進建設性警戒》（*Chinese Influence & American Interests: Promoting Constructive Vigilance*）研究報告指出，美國與中國透過經濟合作，促進雙邊社會密切的聯繫，固然兩者從中獲益匪淺，但是美國不得不承認，這些優點並無法掩蓋，美國長期承受來自中共從國際外交、經濟競爭到國家安全的挑戰，正不斷增加的事實。同時，中共政權也無所不用其極利用美國民主社會的多元開放，有意識、有目的進行滲透與介入美國政界、學界智庫、媒體與企業界的運作，奪取它所需要的關鍵資源，並進行擴大中國影響力的佈局，這一連串的作為確實對美國所恪守的民主自由、多元開放與法律規範與價值帶來重大破壞。確確實實，該份報告提醒美國不應該再漠視中國崛起潛藏的危機，遏阻中國繼續成長成為美國朝野各界的共識。

2023 年 3 月 10 日，如事前外界所預期，習近平取得國家領導人第三個五年任期，成為中共任期最長的國家元首，權力甚至超過毛澤東。對此，以美國為首的國際民主聯盟清楚認識到，習近平所提出「實現中華民族偉大復興」的美麗願景背後，正式拋棄自鄧小平以來「韜光養晦」的政策，深藏一股以國家富強、軍事強大、意識形態鬥爭為核心，實現強國建軍「中國夢」的強烈野心。最終目的在於利用中國政經影響力與軍事武力崛起的態勢，一股攀上與美國並駕齊驅的高峰，甚至取代美國，成為引領世界的霸權強國，西方國家想要和平演變中國的美夢正式破滅。

第拾壹章　台美中關係的變化與轉折

　　大國之間的往來與國際秩序息息相關，無論是採取對抗還是合作，連帶牽動雙方、多方、區域乃至於全球局勢的發展。美國是目前世界上最大的強權，中華人民共和國則是崛起中的大國，兩者在國際舞台上合作或競爭的動態發展，始終是全世界注目的焦點，也會影響台灣的國際處境、經濟發展與國家安全。

第一節　冷戰時期：聯中制蘇的戰略思維（1949～1991）

　　1945 年第二次世界大戰結束，中國國民黨軍隊代表盟國軍事占領台灣。1949 年蔣介石領導的中國國民黨政權於中國內戰中失敗，逃亡來到台灣，同年 10 月 1 日中華人民共和國成立，在此時期，美國承認中華民國為中國唯一合法的政府，並不承認中華人民共和國。1950 年 1 月，美國杜魯門（Harry Truman）總統發表不干涉台海兩岸兩個政府間衝突的聲明，隨後韓戰於 6 月 25 日突然爆發，中國派兵支援北韓作戰，美國發現事態嚴重，為了避免中國在台海製造事端，緊急調派第七艦隊來到台灣海峽，協助維持西太平洋地區的和平穩定。

　　冷戰初期，蘇聯的基本政策是支持北京對台灣的主張，1953年美國艾森豪（Dwight Eisenhower）總統上任後，蘇聯共產黨領導人赫魯雪夫（Nikita Khrushchev）公開宣稱美國對中華人民共和國的攻擊將被視為對蘇聯的攻擊。美國謹慎因應，極力安撫蔣介石，避免因為支持中華民國的緣故，不慎引來北京對金門與馬祖發動軍事攻擊，導致台海失控爆發更大規模的戰爭。

　　1954 年 9 月，中國人民解放軍炮擊戰略地位重要的金門，

台海危機爆發促使 1954 年 12 月美國與中華民國緊急簽定《中美共同防禦條約》，提供經濟援助，成立軍事顧問團，保衛台灣與澎湖群島的安全；同時，限制台灣不能對中國大陸主動發動軍事攻擊。1958 年 8 月第二次台海危機爆發，中華人民共和國再次攻擊金門與馬祖兩島嶼，這個行動促使美國緊急提供軍援進行反擊，遏阻北京政權想要奪取金、馬兩外島的野心。

　　1950 年代到 1960 年代期間，美國雖然在聯合國內仍然支持中華民國代表全中國，但是中華人民共和國也沒有放棄加入聯合國的努力。1960 年代，真多脫離殖民統治而獨立的亞非新興國家相繼加入聯合國，由於他們的立場普遍偏向於北京，質疑為何在台灣的蔣介石政權能霸占中國在聯合國的席位代表中國與中國人民，而真正統治中國大陸的中華人民共和國反而被聯合國排除在外？聯合國內要求儘速解決中國代表權問題的聲量愈來愈大，迫使美國不得不放棄多年來一再運用的策略──只要支持北京政權的國家，要求將中國參加的問題列入聯大議程，美國就以程序問題為理由，擱置議案不予討論。1961 年起，中國代表權問題正式列入聯合國大會的議程，美國與支持蔣介石政權的國家改變對策，要求任何改變中國代表權的提案必須以「重要問題」案來處理──也就是表決需要得到聯合國大會三分之二的多數通過。

　　1969 年莫斯科與北京的關係交惡達到最高峰，出現美國與中華人民共和國關係改善的契機，美國尼克森（Richard Nixon）總統抓住機會，打出牽制蘇聯的中國牌，轉向拉攏中華人民共和國。1971 年聯合國大會的情況出現重大變化，數個解決聯合國「中國代表權」的議題都被併案提出討論：一個是以阿爾巴尼亞為主的聯合提案，支持中華人民共和國進入聯合國，排除蔣介石政權。另一個方案則由美國等國家所提出的「兩個中國案」──

接受中華人民共和國進入聯合國，但是繼續保留中華民國的席次。聯合國內「中國代表權」的爭奪戰進入白熱化的時候，當時美國駐聯合國代表布希（George H. W. Bush）大使在前線積極爭取各國支持；另一方面，尼克森總統卻指派國家安全特助季辛吉（Henry Kissinger）到北京進行秘密外交。消息曝光後，誤導許多國家以為美國支持中華民國的政策發生動搖，導致 1971 年 10 月 25 日在情勢非常緊急的狀況下，聯合國大會首先就阿爾巴尼亞所提出的方案進行表決，最後以三分之二多數（贊成七十六票、反對三十五票、棄權十七票）通過「容共排蔣」的 2758 號決議。中華人民共和國取代中華民國成為聯合國內中國唯一合法代表，連帶也繼承中華民國在聯合國體系下其他附屬國際組織的席位，並將蔣介石政權的代表驅逐出聯合國，中華民國的國際地位一落千丈。

在此特別重申，聯合國大會 2758 號決議，主要在解決聯合國內中國代表權的爭議，完全沒有提到台灣，也沒有說台灣是中國的一部分。「中華民國」雖然不代表台灣與台灣人民，但是聯合國大會 2758 號決議通過後，台灣不幸受到拖累成為國際孤兒，至今仍被阻擋在聯合國及其體系下相關功能性的國際組織之外。

一、1972 年：美中關係正常化的開始

聯合國大會 2758 號決議通過後，美國加速推動「聯中制蘇」的外交政策，思考接納北京政權的可能性。季辛吉在背後積極促成 1972 年 2 月尼克森總統訪問中國，並與周恩來簽署《上海公報》，揭開美國與中華人民共和國關係正常化的序幕。《上海公報》重申美、中關係的正常化，符合兩國人民的利益，也有助於緩和亞洲與世界的緊張情勢。在此時刻，美國對中國的政策出現根本

性的變化——從原本不承認與圍堵孤立中國的立場，逐步演變到極力拉攏中國，建立冷戰時期的戰略夥伴關係。

　　美、中雙方領袖簽署《上海公報》，表面上看起來雙邊關係獲得改善，心結逐漸化解；實際上，美國與中國雙方對於台灣問題的處理，仍然存在根本性的分歧：

　　（一）中方立場：台灣問題是阻礙中美關係正常化的關鍵問題；中華人民共和國政府是中國的唯一合法政府；台灣是久已回歸祖國的一省；解放台灣是中國內政，別國無權干涉，而且所有美國的軍隊與軍備設施必須從台灣撤離。中國政府堅決反對任何旨在創造「一個中國，一個台灣」、「一個中國兩個政府」、「兩個中國」、「一個獨立的台灣」或鼓吹「台灣地位尚未決定」的活動。

　　（二）美方立場：美國「認知」（acknowledge）中國堅持的立場——台灣海峽兩邊的所有中國人都認為中國只有一個，台灣是中國的一部分，美國政府對此不提出異議。美國重申對於台灣問題應由中國人自己去和平解決的堅定立場。

二、1979 年：美、中正式建交與通過《台灣關係法》

　　1973 年 5 月，美國與中國之間尚未建立正式外交關係，各自在對方首都設立聯絡處，處理雙邊非正式外交關係等事項。在此同時，台灣與美國兩國的大使館仍持續保持運作，沒有受到任何影響，直到 1979 年 1 月 1 日，美、中正式建交才出現變化。

　　1978 年 12 月 15 日，美國與中華人民共和國發布《建交公報》，除了重申雙方在《上海公報》一致同意的各項原則，且商定自 1979 年 1 月 1 日起互相承認並建立外交關係。在此範圍內，美國人民也將與台灣人民保持文化、商務與其他非官方關係。還有，《建交公報》也重申《上海公報》的認知準則——美國政府「認知」（acknowledge）中國的立場——中國只有一個，台灣是

中國的一部分。此外，美國「承認」（recognize）中華人民共和國是中國的唯一合法政府，在中國的堅持下，1979 年 1 月美國終止與中華民國的官方關係，廢止《中美共同防禦條約》與美軍撤離台灣。

卡特（Jimmy Carter）總統在事前未經國會同意下，無預警宣布與北京建立正式外交關係，這項突如其來的決定，激怒了許多友台的國會議員。他們認為台美雙邊實質關係的建立很不容易，不可因為美國與北京政府建交，影響或中斷台灣與美國雙邊實質關係的延續。為因應美、中建立正式的外交關係，廢止《中美共同防禦條約》所造成的國安真空，美國國會乃於 1979 年 4 月 10 日通過《台灣關係法》，經卡特總統簽署後，成為美國國內法，規範美國與台灣「非正式外交關係」的重要法律依據。

《台灣關係法》是美國非常特殊的法律，是約束美國行政、立法部門處理對台事務的法律基礎，也是美國對台政策的主軸。主要內容包括：

（一）授權美國政府維持及促進美國人民與台灣人民之間，廣泛、密切及友好的經濟、社會與文化等方面的互動與交流。

（二）《台灣關係法》表明協助西太平洋的和平、安全與穩定，符合美國的利益，也是國際社會關切的事項。

（三）明確表達美國決定與中國建立正式邦交關係，是基於一項期望，也就是台灣的前途必須以和平方式決定。

（四）強調任何企圖以非和平的方式，決定台灣的未來，包括使用經濟抵制及禁運的手段，決定台灣的未來，將被視為對西太平洋地區和平與安全的威脅，為美國所嚴重關切。

（五）美國政府有義務提供台灣防禦性武器，確保台灣足夠的自衛能力。

（六）維持美國的能力抵抗任何訴諸武力、或使用其他高壓

的脅迫手段，危及台灣人民安全或社會經濟制度的行動。

（七）申明維護與促進所有台灣人民的人權是美國的目標。

在此特別強調，《台灣關係法》關切的對象與用詞是「台灣」、「台灣人民」與「台灣人民的人權」，而不是「中華民國」。這個轉變的意義非常重大，表面上，台、美雙方雖非正式外交關係，但是詳細研究《台灣關係法》要點，可以發現這是美國官方將「台灣」視為一個國家來看待，美國與台灣就是在這個基礎上，繼續維持雙方在商業、文化、及其他實質關係的進展。

三、1982 年：《八一七公報》與六項保證

《台灣關係法》制定的三年之後，1982 年 8 月 17 日美國雷根（Ronald Reagan）總統與中國簽署《八一七公報》。根據該項公報，美、中雙方同意美國「繼續與台灣人民保持文化、商業及其他非官方的關係」，美國也重申《美中建交公報》承認中華人民共和國是中國唯一的合法代表，並「認知」（acknowledge）而非「確認」（affirming）中國的立場——中國只有一個，台灣是中國的一部分。基本上，美國進一步的說法並沒有意圖侵犯中國的主權及領土完整，或干涉中國內政，或追求「兩個中國」、或「一台一中」的政策。至於，軍售的部分，美國則同意跟隨台海情勢的緩和，在質與量逐漸減少對台灣軍售，這樣的說法引起台灣政府的強烈反彈。

雷根總統在簽訂《八一七公報》之前，特別向台灣提出「六項保證」，內容是：

（一）美國未同意設定終止對台軍售的日期；

（二）美國未同意就對台軍售議題向中華人民共和國徵詢意見；

（三）美國不會在台北與北京之間擔任調停人角色；

（四）美國沒有同意修訂《台灣關係法》；

（五）美國沒有改變有關台灣主權的立場；

（六）美國不會對台灣施加壓力，要求台灣與中國談判。

整合以上所述，維持台海與區域的和平安定符合美國的國家利益，四十多年來美國實質上採取「一個中國，但不是現在」（One China, but Not Now）的政策，就是以《台灣關係法》、美中三大公報與六項保證作為「一個中國」政策的支柱，堅持台灣的前途必須以和平的方式決定，未來台灣是不是會變成為中國的一部分，則由台灣人民集體意志來決定。

第二節　後冷戰時期：擴大交往的合作關係（1991～2017）

1991 年蘇聯垮台，終結美蘇兩強對抗的局面，為了因應後冷戰時期國際政治局勢根本性的改變，中國領導人鄧小平提出「韜光養晦」作為處理國際事務的基調。在「韜光養晦」的大戰略下，中國積極推動一系列的經濟改革，開放外來投資與國際貿易，搭上經濟全球化的發展列車，在以美國為首的西方國家的支持與援助下，協助中國加入世界貿易組織與融入國際體系，為中國日後經濟的高速成長打下雄厚的基礎。

一、1993～2001 年：柯林頓總統—美中戰略夥伴關係

人權、經貿與交往是柯林頓（Bill Clinton）總統中國政策的主軸。1993 年上任之初，柯林頓總統一度對中國展現強硬的姿態，將中國改善內部人權狀態與最惠國待遇（MFN）掛勾，要求中國遵守《世界人權宣言》所要求全面促進各項權利與自由的尊重與實現，涵蓋各種公民與政治權利以及經濟社會與文化權利。在促進經濟發展為先的時空環境下，柯林頓總統對中國的強硬立場，引來國內利益團體的反彈，最後不得不改弦更張，於

1994 年最惠國待遇進行更新時與中國人權狀況的改善脫鉤。

　　1995 年 2 月，柯林頓提出《交往與擴大的國家戰略》（*A National Security of Engagement and Enlargement*）報告，強調透過交往將中國納入區域與國際體系的重要。該份報告主張強化美中經貿合作，協助中國融入全球資本體系，有助於西方民主自由的理念與保障基本人權的價值觀能夠順勢導入中國，進而促使中國收斂其好鬥、不合作與對外侵略的本性，轉向配合國際社會共同建立一個安全的國際秩序。美國政府按照這一個政策邏輯，為了鼓勵中國推動政治民主化，對中國展開「交往與擴大」的策略，協助中國加快進入世界經濟整合的步調。同時，透過深入接觸交往拉攏中國，尋求中國的配合，支持維持朝鮮半島的和平、合力對抗恐怖主義與圍堵跨國毒品的走私，以及控制核生化等毀滅性武器的擴散。

　　1995 年 6 月李登輝總統赴美進行私人訪問並發表演說，引起中國極大的反彈。1996 年 3 月台灣舉行有史以來第一次總統直接民選之前，中國針對台灣進行軍事演習並發射飛彈，一方面在抗議李登輝總統訪美，另一方面則企圖影響台灣總統大選。面對這一波的台海危機，柯林頓總統緊急調派兩艘航空母艦戰鬥群，進入台海周邊維持區域和平。

　　美國為了加快將中國引入國際體系的步驟與時程，極力促成1997 年 10 月中國領導人江澤民接受柯林頓總統的邀請訪問美國，雙方達成建立「美中建設性戰略夥伴關係」的共識，朝向擴大雙邊各層次的交流、對話與合作。至於，雙方對於台灣問題的處理，聯合重申「一個中國」政策與美中三個聯合公報：中國方面，強調台灣問題是美中關係最重要與最敏感的核心問題，而且妥善處理此一問題，嚴格遵守闡明在三個中美聯合公報的原則，會是中美關係穩健成長的關鍵。至於，美國則重申信守「一個中

國政策」與闡明在三個聯合公報的原則。

1998 年 6 月，柯林頓總統受邀回訪中國，在一個公開的記者會中，第一次陳述對台灣的「三不政策」—不支持台灣獨立、不支持「兩個中國」或「一中一台」、認為台灣不應該加入任何必須以國家名義才能加入的國際組織。柯林頓總統對台的「三不政策」招致各界的批判，2001 至 2005 年期間曾擔任美國副總統錢尼（Dick Cheney）的副國家安全顧問葉望輝（Stephen Yates）直言，柯林頓的「三不政策」使美國成為中國在國際孤立台灣、逼迫台灣就範的幫兇，使台灣的國際處境更為惡劣。

1999 年 5 月美國參與北約（NATO）轟炸南斯拉夫的軍事行動中，不慎誤炸中國大使館，造成美中關係的緊張，中國示威者發動示威抗議脫序攻擊在北京的美國大使館以及廣州及成都的領事館，最後雙方同意以賠款解決紛爭。2000 年柯林頓總統卸任前，再給予中國「永久正常貿易關係」（Permanent Normal Trade Relations, PNTR）的待遇，奠定 2001 年中國以開發中國家的身分加入世貿組織的基礎。

二、2001～2009 年：小布希總統—美中建設性合作關係

2001 年 1 月 20 日小布希（George W. Bush）就任美國第四十三任總統，他曾被視為對台灣最友善的美國總統，也是大力批判中國不留情面的美國總統。他上任之初就批准總額五十億美元的對台軍售，也批評中國侵害中國人民的宗教自由，甚至在白宮會見西藏精神領袖達賴喇嘛，種種挑戰中國敏感神經的表現引人注目。隨後，9 月 11 日發生蓋達（Al-Qaeda）恐怖組織發動恐怖攻擊，重創美國紐約的世貿雙子星大樓與華盛頓特區的五角大廈，導致數千人死亡。這場震驚全球的恐怖攻擊事件，雖然對美國、台灣與全世界都帶來極大的衝擊，但是中國則在其中找到與

美國拉近雙邊關係的契機。

　　從九一一恐怖攻擊事件發生後的第一時間開始，中國領導人江澤民就公開譴責恐怖攻擊行動，隨後也在聯合國安全理事會支持通過打擊恐怖主義重要決議。美國因應這突如其來的變化，迅速動員所有外交、經濟、與軍事等一切重要資源，一方面強化國土安全，另一方面則是建立跨國性的反恐聯盟。在美國號召主導下，雖然結合所有盟邦與區域組織之力，成立反恐聯盟，透過資訊整合與情報交流合作，共同打擊各國境內的恐怖組織，使其陷入孤立無援、進而被瓦解與消滅。但是，美國本身也付出極大的代價，其中之一就是為了爭取北京的支持共同對抗恐怖主義，迫使對外政治重心進行轉向。

　　2001 年 10 月，小布希總統出訪中國，出席在上海舉行的「亞太經濟合作組織」高峰會，中國藉機表達善意，支持美國反恐行動。小布希總統回應中國的善意表示，就是與中國建立「建設性合作關係」，開啟美中就雙邊、區域與全球性問題進行討論的序幕，將美中關係推向進入另一個全新的階段。影響所及，2002 年 1 月布希總發表國情咨文，公開表示「美國正在與俄羅斯、中國與印度，以前所未有的方式共同努力，追求和平與繁榮。」

　　九一一恐怖攻擊事件之後，美國將反恐視為外交政策的重頭戲，2003 年美國以伊拉克擁有大規模殺傷性武器，對國際和平構成威脅，決定派兵攻擊伊拉克；隨後 2008 年，受到次級房貸風暴連鎖效應波及，美國投資銀行雷曼兄弟控股公司（Lehman Brothers Holdings Inc.）宣告倒閉，引爆全球金融海嘯。一連串內外的衝擊接踵而來，嚴重消耗美國的國力。在此期間，中國則利用較為穩定的國際環境發展壯大，經濟獲得前所未有的大發展，中國內部的鷹派勢力認為美國主導的世界影響力日趨式微，可視為美中關係改變的轉捩點，「中國崛起」的思維開始在北京

內部醞釀發酵。最為具體的表現，就是 2006 年 11 月中國中央電視台（CCTV）製播一部介紹世界強國崛起為主體的歷史記錄片，這部電視紀錄片的片名為「大國崛起」，引發中國內外廣泛的討論。這一波以「大國崛起」為主軸的討論熱潮，被外界解讀為配合北京政權提供歷史借鏡與塑造中國即將崛起的態勢。

三、2009～2017 年：歐巴馬總統─亞太再平衡

2009 年 1 月，歐巴馬（Barack Obama）總統上任後，首要解決的問題就是 2008 年 10 月以來，雷曼兄弟控股公司破產所引發的全球金融危機。在美國總統絞盡腦汁想要解決金融問題的同時，中國領導人則延續 2008 年成功舉辦北京奧運的氣勢，積極向全世界傳達中國富強的形象。2010 年中國主辦上海博覽會、中國國內生產總額（GDP）正式超越日本成為世界第二大經濟體，中國國力提升的氣勢愈來愈強，不但增進中國人民對於未來發展的信心，也建立中國領導人對「中國崛起」的想像空間。

（一）核心利益與新型大國關係

2009 年 7 月，美中雙邊領導人歐巴馬與胡錦濤召開首輪「美、中戰略與經濟對話」（U.S.-China Strategic and Economic Dialogue），其中美方強調針對雙邊、區域與全球性的重要戰略與經濟議題進行對話並尋求合作，是深化美、中關係的主軸。中方代表則著重界定的「核心利益」── 保持中國的國家利益與國家安全、國家主權與領土完整，以及中國經濟與社會的持續發展。2011 年 9 月，中國國務院發表《中國的和平發展白皮書》正式界定「核心利益」，彰顯中國堅決維護國家核心利益，堅持社會制度與發展道路的立場。中國官員在許多不同的場合雖然主權及中國領土的完整最常被引用，但是，援引「核心利益」來辯

護中國對台灣、西藏與新疆的領土主張;並引用在包括:美國軍售台灣、外國與西藏達賴喇嘛的會談,以及涉及東海與南海的領土糾紛等國際問題的處理上。

2012 年時任中國國家副主席的習近平與時任美國副總統拜登(Joe Biden)共同出席「美中貿易全國委員會」(US-China Business Council)午宴,習近平發表演說提出「二十一世紀的新型大國關係」的論述。強調「進入本世紀第二個十年,中美關係站在一個新的起點上,我們應該認真落實 2011 年 1 月胡錦濤主席與歐巴馬總統就建設中美合作夥伴關係達成的重要共識,拓展兩國利益匯合點和互利的合作面,推動中美合作夥伴關係不斷取得新的進展,努力把兩國合作夥伴關係塑造成二十一世紀的新型大國關係。」2012 年 11 月,中國共產黨第十八次全國代表大會,習近平被選為中國共產黨中央總書記、中央軍委主席,隔年 3 月當選中華人民共和國與國家軍委主席,正式接替胡錦濤成為中華人民共和國新一代的領導人後,不厭其煩在國際場合重申強調以「新型大國關係」(New Type of Great Power Relations)作為與美國平起平坐的互動模式,中、美兩大強權可以聯手制定國際規則解決亞太地區甚至國際的重大問題。避免再度陷入冷戰時期美蘇兩超強對峙的舊模式。

2013 年 9 月,習近平為了增強中國的影響力,提出「一帶一路」戰略,積極在非洲、亞洲與歐洲各地修建鐵路與港口等基礎設施項目,一方面透過陸路建設將中國的中部、西部城市與哈薩克、俄羅斯及歐洲連結;另一方面,海洋的基礎建設,由中國上海開始,經過南海及印度洋,再經蘇伊士運河(Suez Canal)、地中海(the Mediterranean Sea)到亞得里亞海(The Adriatic Sea),進行全方位的外交佈局。2014 年 10 月,發起創辦「亞洲基礎設施投資銀行」(AIIB)並出資成立絲路基金,試圖發展經

濟領導的地位，隨後又於 2017 年主辦「一帶一路」國際合作高峰論壇。這一系列北京以大國自居進行全方位、多層次與立體化的外交戰略佈局，意圖運用政治、經貿的影響力，一方面藉機建立以中國為主體與相關各國互利共生的關係，另一方面則在於降低周邊國家對中國國力崛起的疑慮。

2014 年 7 月習近平出席「美中戰略與經濟對話」以及同年 11 月與歐巴馬在「陽光之鄉高峰會」，習近平進一步重申「新型大國關係」包括三個要素：經由對話及客觀承認戰略利益，避免衝突與對抗；互相尊重核心利益，重大關切事項；以及互惠合作。不可否認，中國領導人希望勸說美國採取此概念作為雙方關係發展的模式，以抑制美國破壞中國繼續發展及擴大區域影響力的動機。事實上，美國並未同意這種新型大國關係的模式，畢竟認可此一處理模式等同於默認中國核心利益的主張，間接幫助提升中國到新型大國的層級，不但是助長中國作為區域霸主的安排，而且表示美國在亞太區域影響力的消減，對許多美國在亞洲的盟邦來看並不適當。

從中國的立場來看，美國受到全球性金融風暴的嚴重衝擊，再加上本身財政預算短缺，國力衰弱勢不可免。只要中國經濟持續繁榮，積極投入全球性事務與參與多邊國際組織活動，自然會促使中國國際地位的提升，帶動未來兩大強權國際影響力天平的轉向。從中國近來一連串具體的表現，包括積極參與聯合國事務，拉攏歐洲聯盟國家與俄羅斯，擴大與非洲、拉丁美洲與中東地區等國家互動連結等，可看出北京更加充滿自信、意圖擺脫過去亦步亦趨跟隨美國的刻板印象，只要時機成熟，北京更有強烈的意願追求中國為主體的外交路線，挑戰美國獨霸的地位。

（二）美國重返亞洲新戰略

在歐巴馬執政期間，面對中國國力崛起想要競逐亞太區域霸權的態勢愈來愈明顯。2010 年美國國務卿希拉蕊（Hillary R. Clinton）發表「重返亞洲」（pivot to Asia）外交戰略，承諾美國將重心轉回亞洲，除了積極參與亞洲事務，美軍也會重返亞洲，並著手創立「跨太平洋夥伴協定」（TPP），鞏固與亞太區域盟邦合作的關係。不過，受到中東敘利亞發展內戰與「伊斯蘭國」（ISIS）勢力擴張的羈絆，造成歐巴馬政府無法專注處理亞洲事務。

第三節　後疫情時代：互別苗頭的競爭關係（2017～2024）

美中關係的發展，從 1970 年代的尼克森總統開始到 2010 年代的歐巴馬總統為止，前後經歷八位總統，雙方關係持續進展與深化。中國則利用這段美中關係穩定發展的階段，透過經濟全球化浪潮的推波助瀾，吸納加入世界貿易組織（WTO）的紅利，在最短的時間內走出孤立與落後的困境，這一段政治、經濟、軍事與科技等實力突飛猛進的發展歷程，是人類歷史上前所未見的。國際眾多觀察家固然看好中國未來增長的態勢，不過也有人對中國崛起的隱憂提出警告。其中，最具代表性的是美籍中國專家白邦瑞（Michael Pillsbury）所撰寫的《2049 百年馬拉松：中國稱霸全球的秘密戰略》，該著作闡述中國國力崛起之後，專制獨裁的意識形態、軍事擴張、戰狼外交與經濟併吞的本質表露無遺，製作一連串區域安全、國際經貿掠奪、政治與資訊滲透以及文化侵略的全球性問題。白邦瑞的先知卓見，將中國想要取代美國稱霸全球的野心攤在陽光底下，不但宣告西方國家引導中國和平演變政策的失敗，而且帶動美國社會檢討中國政策的熱潮，導致後續的川普總統開出中國政策轉向的第一槍。

一、2017～2021 年：川普總統—對中國發動貿易戰、金融戰

2017 年 12 月 18 日美國川普（Donald Trump）總統提出就任總統後的第一份《國家安全戰略報告》，該報告美國面臨來自全球日益增大的政治、經濟與軍事的競爭，其中以俄羅斯與中國為美國最大的威脅。這兩個國家不但侵蝕美國安全與繁榮，挑戰美國所重視的民主自由價值，並威脅美國的國家利益。這份檢討美國國家安全戰略理念與作法的報告特殊之處，在於過去歷屆總統處理有關中國的內容，都是採取原則性的表述，而這份戰略報告則專注在中國的外在表現上，盡是對外軍事擴張的行徑與追求經濟霸權的野心，稱呼中國是「戰略競爭對手」。

川普總統標榜要讓美國再度偉大的政策目標，重申美國將致力推動自由市場經濟、落實公平與互惠貿易、刺激民間企業的創新活力與遵循法治的商業規則。川普高舉美國利益為先的保護主義，《國家安全戰略報告》乃將中國視為不公平貿易的競爭對手，為了扭轉美、中建交以來失衡的國際經貿秩序，川普採取果決與明確的處理態度，正面迎戰來自中國的產品傾銷、匯率操縱與政府補貼，調查中國政府強迫美國企業進行重要技術移轉、盜取美國高科技的關鍵技術、竊取智慧財產權與高價收購高科技公司等違反公平貿易的行為。顯然，這代表過去強調接觸交往帶動中國和平演變的政策，已經走到窮途末路的盡頭，為日後美中貿易戰的爆發埋下導火線。

2018 年 3 月，習近平一手主導修憲，廢除中國國家主席連任兩屆的限制，因應習近平獨攬大權的新發展，美國決定不再漠視中國的崛起，想要重新打造美中關係新架構，威脅美國國際強權的地位，顯得格外重要。為此，川普總統以中國非法竊取美國

的智慧財產權與商業機密為由，決定對中國進口商品徵收高額的
關稅，以迫使中國作出改變並導正不公平的貿易行為。但是，中
國也不相讓，對美國商品課徵關稅進行反制，美中貿易戰正式點
燃。美中雙方長期存在貿易逆差的問題，雖然一度達成解決問題
的共識，暫緩雙方加徵關稅的貿易對抗，但是中國的緩兵之計，
並無法真正滿足美國面的要求。美國清楚知道，中國經濟高速奔
馳的成就，靠的是政府介入市場經濟運作等不光彩的手段。假使
要根本解決美中長期存在的經貿問題，中國必須貫徹體制的改
革——從承諾開放中國市場、提升對智慧財產權的保護、取消強
迫技術移轉的規定、暫停對特定企業的補貼、降低對包括人民幣
在內的外匯干預與遵守世界貿易組織規則等。這一些美國所設定
的嚴峻條件，長期而言有利於將中國經濟導向正常發展的模式，
短期來看卻是斬斷經濟發展的命脈，這已經超過北京政府所能容
忍的範圍。中國不可能為此自斷生路，美中貿易戰一波未平一波
又起，導致美中關係更加惡化與對立。

2020 年 12 月美國參眾兩院通過《外國公司問責法》（Holding
Foreign Companies Accountable Act），經美國總統簽署後通過，
該法要求所有查核美國公開發行公司帳務的國內外會計師事務
所，必須根據美國證券交易法規，向「美國上市公司會計監督管
理委員會」（Public Company Accounting Oversight Board, PCAOB）
註冊並接受監管。假使在美上市的外國企業連續三年不配合審計
查核，就會被強迫下市。可以確定的是，《外國公司問責法》要
求在美上市的中資企業遵守公開揭露的財務會計準則，被視為美
中金融戰的第一步。這些在美國上市的中資企業假使願意接受美
國政府的審計查核，或許是他們與國際體系接軌的契機，可是他
們並沒有接受，反而選擇回到中國或香港掛牌上市。凸顯接續在
美中貿易戰之後的金融戰，阻止中資企業繼續在美國違法籌資，

美中經貿加速脫鉤，削弱中國走向國際市場步調的跡象愈來愈明顯。

2019 年中國武漢市爆發肺炎疫情，2020 年全球開始大流行，對人類的發展帶來前所未有的衝擊。這場人類文明發展百年來最可怕的大瘟疫禍延全球，影響的層面超越 1918 年的西班牙大流感，中國收買世界衛生組織閃躲國際社會的究責，使得西方各國意識到過度依賴中國做為世界生產工廠，存在不可預測的巨大風險。在此同時，為了降低對中國經濟的依賴，美國加速整合友好民主同盟國家推動經濟繁榮網絡，聯手推動排除中國的非紅色供應鏈，帶動全球產業供應鏈的重組，導致愈來愈多外資企業加速撤離中國，打開歐美國家對中國經濟安全戰略轉向的大門。

二、2021～2024 年：拜登總統─對中國發動科技戰與晶片戰

2021 年川普總統連任失敗，拜登（Joe Biden）總統上任，雖然延續川普總統打壓與遏制的反中路線，但是採取有別於川普總統單打獨鬥的作法，改為強調多邊合作的策略，積極串連民主國家，進行民主自由與獨裁威權的體制競爭。首先，拜登落實日本安倍晉三前首相所提出「印太戰略」的構想，除了積極在亞洲進行軍力重新部署之外，也透過串連結合日本、韓國、印度、澳洲及其他亞太盟邦之力，尋求建立一個自由與開放的印太區域。一方面增進對亞太與印度洋地區影響力，制衡中國透過「一帶一路」進行勢力擴張，自太平洋到印度洋的戰略佈局。另一方面拉攏歐盟國家、加拿大等國組成國際民主同盟，與中國共產專制威權政府展開意識形態的鬥爭，聯手維持印太區域與台海的和平穩定。

　　不可否認，美中衝突對立背後，存在著極權中國與民主美國體制的結構性問題，出現價值的巨大落差，迫使美中的衝突，從一開始處理不公平貿易的問題、金融戰，再迅速延伸到科技戰。2015 年中國國務院發表「中國製造 2025」做為推動產業發展的核心戰略，該戰略提出中國邁向製造強國發展十大重點產業目標，分別是：半導體晶片（新一代資訊技術產業）、高階數位控制機床和產業機器人、航太航空裝備、海洋工程裝備及高技術船舶、先進軌道交通裝備、節能與新能源汽車、新再生能源電力裝備、先進複合材料、生物醫藥及高性能醫療器械以及農業機械裝備。中國政府配合提供鉅額的財政支持、租稅減免、專業人才的培育以及實驗基地的優惠等補貼措施，幫助中國從世界工業產品主要生產國躋身製造大國、再從製造大國邁向製造強國，等到2049 年建國一百年時，具備先進國的競爭力，再躋身為可引導全球市場的地位。

　　美中之間長期存在不公平貿易的問題，使得中國每年從美國獲得鉅額的貿易順差，假使美中貿易的主要項目，只是農產品、成衣、玩具或顯示器等低階民生必需品，或許美國還能夠睜一隻眼、閉一隻眼來處理貿易嚴重失衡所造成的問題；不過，一旦不公平貿易的行為，牽涉到攸關國家與軍事安全，甚至想要取得高科技產業發展絕對領導的地位，那麼美國就不能等閒視之。

　　美國竭盡所能發動貿易戰，目的在迫使中國作出改變並導正不公平的經濟競爭，接著利用當前科技領先的優勢，竭盡所能聯合盟國之力，對中國發動「科技戰」與「晶片戰」進行圍堵——即透過各種法案與行政命令，逐步擴大封鎖中國取得先進晶片、關鍵半導體的生產技術與設備，並限制美國公民到中國半導體公司服務，促成高科技供應鏈與中國產業的脫鉤，遏阻中國擴張的野心。

第四節　美國對台灣戰略由模糊逐漸走向清晰

自 1979 年以來，台美關係的進展，主要是以《台灣關係法》為主軸。過去四十四年來，美國始終遵行《台灣關係法》維持台海和平穩定的立場。假使台海一旦出現戰爭危機，美國會採取何種立場因應中國攻擊台灣，過去美國的立場是模糊的。2021 年拜登總統上任以來，對於台灣安全的關注度持續上升，面對中國霸權的崛起，公然一再強調要以非和平方式解決台灣問題，促使拜登總統對台海問題的明確表態，一再重申反對單方面改變台海的現狀，這已經不是台灣或美國所要面對的問題，而是印太各國與國際社會要共同面對的問題。這樣的發言內容，表示美國正在由「戰略模糊」政策轉向「戰略清晰」的發展。

台灣是印太地緣政治的關鍵樞紐、全世界資通訊科技與半導體供應鏈的核心，也是全球民主自由同盟對抗專制獨裁政權擴張的最前線，台灣的走向牽動國際政局的演變，台美關係的提升顯得格外重要。除了《台灣關係法》之外，近年來在美國國會與總統的支持下，通過一系列對台灣友善的重要法案：

（一）《國防授權法》（National Defense Authorization Act, NDAA）主要在強化台美國防合作，協助台灣維持自我防衛能力；2022 年 12 月 25 日美國拜登總統簽署《2023 年度國防授權法案》，授權未來五年，供給台灣一百億美元的無償軍援、二十億美元外國軍事融資（FMF）、每年最高十億美元的防衛物資或服務給台灣，並要求加快處理台灣軍購需求，展現雙方合作的堅定立場。

（二）《台灣旅行法》（Taiwan Travel Act）允許並促進美國政府與台灣政府所有層級官員進行正式互訪交流。

（三）《2018 年亞洲再保證倡議法》（Asia Reassurance Act of

2018），該法的內容主要在制定美國於印太地區的長期戰略願景，為日本、南韓與澳洲及台灣等盟邦提供再保證，其中針對美台關係部分，美國總統應定期對台軍售、重申支持美國與台灣之間政治、經濟，安全的合作；依照《台灣關係法》、《美中三大公報》及「六項保證」實現美國對台灣的承諾，反對改變台海現狀、支持和平解決台海兩岸分歧的方案。

（四）《2019 年台灣友邦國際保護及加強倡議法》（Taiwan Allies International Protection and Enhancement Initiative Act／TAIPEI Act，簡稱《台北法》）用於擴大美台邦交活動領域，鞏固台灣與其他國家或國際組織的正式與非正式關係，尋求進一步增強美台經貿關係；

（五）《台灣保證法》（Taiwan Assurance Act of 2020）確保美國政府對台軍售常態化、支持台灣有意義參與國際組織等，確保對台政策不會逆轉。

特別是 2022 年俄羅斯侵略烏克蘭戰爭爆發後，美國國會再加大對台灣安全的關注，特別提出《台灣政策法案》（Taiwan Policy Act）。《台灣政策法案》是《台灣關係法》之後，美國國會要全面強化台灣安全與深化台美關係最具時效性的一項重要法案。雖然未能於今（2023）年 1 月美國國會換屆前通過，但是該法案中的《強化台灣韌性法》（Taiwan Enhanced Resilience Act），則被納入 2023 年《台灣授權法》（NDAA2023）並先行獲得通過，以加速對台軍售，直接提供軍事援助與貸款，這是 1979 年後台美關係前所未見的。

由前述台美關係的發展相較於過去的表現更為密切，可以從以下兩個案例進行觀察：第一個觀察的指標就是，美國協助台灣參與國際組織與回應中國外交脅迫——美國如何拆解中國對聯合國大會 2758 號決議的錯誤詮釋，協助台灣有意義參與聯合國

各項機制與活動。2007 年陳水扁總統代表台灣兩千三百萬人民，第一次以「台灣」的名義向聯合國秘書處提出加入聯合國為會員國的申請，當時聯合國秘書長潘基文以聯合國大會 2758 號決議已經決定台灣是中華人民共和國的一部分為由，擅自將台灣的申請書退回。當時美國政府向聯合國秘書處表達無法接受秘書長擴張解釋聯大 2758 號決議與認定「台灣是中國一部分」的說法，除了美國之外、加拿大、澳洲、日本、紐西蘭等國在聯合國的常駐代表團，也都對聯合國秘書長處理台灣歸屬所引起的爭議表達關切。最後，潘基文作出承諾，聯合國未來提及台灣時，用詞將更為謹慎且不再使用中國對台灣擁有主權。顯然，美國從來沒有「承認」（recognize）台灣是中國一部分，僅是「認知」（acknowledge）中國的主張而已。

近來美國國會展開一系列有關「重新檢視聯合國 2758 號決議」的工作——2020 年《台灣友邦國際保護及加強倡議法》、2023 年《台灣授權法》，以及 2023 年 7 月 25 日眾議院剛通過的《台灣國際團結法案》（Taiwan International Solidarity Act）都提及聯合國大會 2758 號決議確認「中華人民共和國」為中國唯一的合法政府，在聯合國取代「中華民國」。然而，該決議僅僅決定中華人民共和國代表中國權利的問題，而不是台灣的主權問題。該決議也不構成中國對台灣領土主張明示或默示的承認。它既沒有決定台灣是中國的一部分，也沒有授權中華人民共和國在聯合國代表台灣。不僅如此，川普總統時期的龐皮歐（Michael Pompeo）國務卿解密雷根總統主政期間的「六項保證」把美國長年的立場——對台軍售、明確承諾「（美國）未改變關於台灣主權的立場，完全檯面化；拜登政府的布林肯（Antony J. Blinken）國務卿則說「台灣有意義參與聯合國系統不是政治議題，而是務實議題。」美國行政與國會明確表態，聯手駁斥中國擁有台灣主權的

論調，除了印證「台灣、中國，一邊一國」，台灣與中國互不隸屬的事實，也凸顯美國對台戰略模糊的立場轉向清晰。

　　第二項觀察的指標，就是美國深化與台灣的經貿關係。因應全球經貿局勢的快速變化，利用經濟合作協議（ECA）或自由貿易協定（FTA）來推動開放與改革，提升台灣外貿的競爭力刻不容緩。到目前為止，與台灣洽簽經濟合作協議或自由貿易協定的國家，除了中國之外，尚包括中美洲的巴拿馬、瓜地馬拉與宏都拉斯三國、紐西蘭、新加坡、巴拉圭、史瓦帝尼（原「史瓦濟蘭」）、貝里斯與馬紹爾等。中國是台灣參與多邊及雙邊經濟合作及自由貿易談判最大的阻力，在大多數國家基於外交戰略與中國市場利益的考量，台灣始終無法擺脫國際經濟邊緣化的危機。2022 年 6 月 1 日台美宣布啟動「台美 21 世紀貿易倡議」（Taiwan-U.S. Initiative on 21st-Century Trade），正式啟動台美雙邊的貿易談判，其中通關事務的管理及貿易便捷化、良好的法治作業、服務業國內規章、反貪腐及中小企業等五項議題達成協議，最後於 2023 年 6 月 1 日簽署首批協定。「台美 21 世紀貿易倡議」共有十二項議題，這次完成首批五項貿易協定，是雙方自 1979 年以來完成最具規模、結構最完整的貿易談判，意義非常重大。台美雙方接續完成後七項的議題談判之後，相信能為台美經貿奠定堅實的法律基礎，並基於合作共識與共同利益，未來逐步擴充雙邊協定的內涵。這樣的發展趨勢，不但對台灣與其他主要貿易國洽簽貿易協定，踏出關鍵的第一步，也對日後台灣加入「跨太平洋夥伴全面進步協定」（CPTPP）帶來一道曙光。

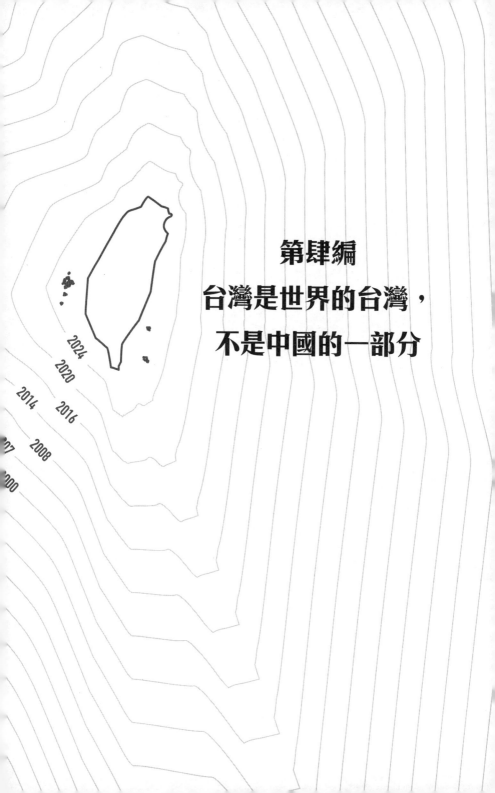

第肆編

台灣是世界的台灣，
不是中國的一部分

第拾貳章　在國際強權互動中台灣的角色

美國是目前世界首要的強權，而中國則是崛起中的大國。假使美、中兩國有相同的價值理念，願意合作維持國際和平及秩序，發展國際關係，落實以尊重人民平等權利及自決原則，同時促進國際合作，合力解決關於經濟、社會、文化與人類福祉等盤根錯節的國際性問題，不會是一件難事。不過，當專制獨裁的中國另有所圖，以窮兵黷武的姿態，意圖顛覆當前以國際法為基礎所建立的國際秩序，使用經濟利誘或脅迫等不公平的貿易手段進行擴張，壓迫其他國家接受中國設定的條件，造成中國競爭優勢之態勢，凸顯美國與中國雙方存在著發展價值的衝突與意識形態的對立。如何妥善處理雙邊無法化解的矛盾，對雙邊政治領導人的管理能力與政治智慧帶來考驗。

從台灣的角度來看，現在的台灣是二次世界大戰結束後最感榮耀的時刻，但 2022 年中國國家主席習近平打破慣例取得第三任期之後，對台灣動武的風險已經大幅提高。國際社會對中國無所不用其極要孤立台灣、併吞台灣的威脅，絲毫不敢大意，一再強烈表態反對中國武力或脅迫片面改變台海現狀的立場，顯然台灣的獨立自主與國家安全對全球發展至關重要。

台灣繼續維持一個主權國家的獨立自主，經濟繁榮發展，以及民主自由、人權法治的體制與生活方式，是今日台灣人民必須全力以赴的課題，這不但與當代台灣人及其後代子子孫孫存亡禍福息息相關，也是國際民主陣營為促成印太區域的和平穩定，確保全人類永續生存發展所必須克服的重要挑戰。

第一節　俄羅斯侵略烏克蘭，民主聯盟圍堵中國態勢逐漸形成

2022 年 2 月俄羅斯在全球關注下，以「去軍事化」與「去納粹化」為理由，對烏克蘭展開「特別軍事行動」入侵烏克蘭。這場由俄羅斯所發動的侵略戰爭，被美歐各民主國家視為第二次世界大戰結束後，歐洲大陸最大規模的戰爭，不但直接衝擊區域的和平與安定，而且也對當前國際法為主體的國際秩序帶來「最直接、最嚴重的威脅」。在地緣政治上，台灣與烏克蘭的處境類似，同樣面對旁鄰強國的併吞威脅。由於台灣對國際經濟發展與全球供應鏈占有不可取代的地為，重要性不輸給烏克蘭，面對中國竭盡所能想要透過軍事、政治、經濟、外交與認知作戰等手段併吞台灣的威脅，全世界各國將目光專注烏克蘭戰場發展的同時，自然也會聯想台灣海峽的和平穩定，擔心今日在烏克蘭發生的戰事會不會明日也在台灣發生？

2023 年 4 月 10 日英國《金融時報》（*Financial Times*）刊載一篇專文探討「為何台灣對世界至關重要？」（Why Taiwan Matters to the World？）。該文明確指出捍衛台灣主權獨立與國家安全的重要性，除了涉及全球民主陣營的未來發展，也包括國際政治權力的平衡與世界經濟與產業供應鏈的重整等重要事項。同時，凸顯讓台灣遠離中國的魔掌，維持台灣海峽的和平安定，對保持以人性尊嚴、人類安全為中心以及國際法為基礎的最適當世界秩序非常重要。

同年 9 月 13 日，美國國務卿布林肯（Antony Blinken）在美國約翰霍普金斯大學高級國際研究學院發表《新時代美國外交的實力與目標》（*The Power and Purpose of American Diplomacy in a New Era*）專題演說，強調冷戰的結束，帶動全世界朝向和平與

穩定、國際合作、經濟互相依賴為發展基調的國際局勢。隨著俄羅斯發動侵略烏克蘭的戰爭,對《聯合國憲章》及國際法有關主權獨立、領土完整與人權法治等核心原則的國際秩序,構成最迫切、最嚴重的威脅。同時,中華人民共和國也是我們不可忽視的主要威脅,因為中國不但野心勃勃想要重新建立國際秩序,而且愈來愈具備達到這個目的所需要的政治、外交、軍事與科技實力。中國與俄羅斯正在聯手,想要合作打造一個符合極權專制政府發展的國際環境。

確確實實,俄羅斯發動入侵烏克蘭戰爭與中國在南海、台海窮兵黷武的擴張本質,地緣政治緊張的程度不斷上升,對國際社會的秩序與規則帶來挑戰,凸顯冷戰後形成的國際秩序已經結束的現狀,接下來所要面對的將是民主與威權激烈競爭的新時代。為了因應當前俄羅斯與中國聯手挑戰國際秩序,以美國為首的國際民主陣營需要聯手國際民主友邦以具體的行動,促成一個自由、開放、安全與繁榮的世界願景。

美國採取「合縱連橫」的外交戰略,除了集結跨大西洋盟友之力,也拉攏串連印太區域國家、一方面全力支持協助烏克蘭取得戰爭的最終勝利;另一方面,因應台海變化多端的新變局,正視中國窮兵黷武的本質,是影響台海和平與印太區域穩定的主因。美國促成民主戰略聯盟的連結融合,藉由國際規範的制定,強化印太地區的軍事實力與區域經濟聯盟,共同對抗制衡專制獨裁中國的擴張。

第二節　台灣是全球民主自由同盟對抗專制獨裁政權的最前線

　　民主自由、人權法治是人類文明社會的核心價值，也是確保每一個人的人性尊嚴，建立公義的社會與促進國家穩定發展，以及維持國際秩序的重要因素。

　　台灣過去是二次大戰後盟軍統治下的軍事占領地，1987 年 7 月結束蔣介石流亡政府戒嚴威權統治之後，開啟民主改革的序幕。1996 年台灣舉行總統直接選舉，2000 年、2008 年與 2016 年接續共完成三次和平的政黨輪替。台灣在建構民主體制的過程中，社會並沒有因此而失序，反而更具朝氣與活力。在各國政治改革的過程中，台灣維持基本的民主運作秩序，逐步發展自主獨特的政治、經濟、社會與文化制度，並落實台灣人民的有效自決，逐漸演進成為一個民主自由的主權國家。台灣人民所享有的民主與自由不是天上掉下來的禮物，而是真多台灣前輩不惜犧牲性命、流血流汗奮鬥拚來的成果。這種政治和平演變轉型，從專制獨裁走向民主自由，是近代國家發展的一個典範。

　　推廣民主和平的理念，落實人權的保障，是當前國際社會的主流價值，台灣順應國際發展的潮流，致力於推展民主自由與落實人權法治的表現，獲得歐美先進國家的高度肯定。值得一提的是，1996 年起，台灣年年在美國「自由之家」（Freedom House）的評鑑報告，名列為自由民主（liberal democracy）國家之林，凸顯台灣是世界民主陣營的一份子，落實民主自由人權法治普世價值的典範。反觀，中國在「自由之家」提出的國家自由度報告中，一再被視為共產黨一黨專制、反民主的國家，他們是全球不自由國家的代表。民主台灣與專制中國的差別，是非常明顯的對比。

　　中國專制獨裁政權的崛起，不放棄以武力征服併吞台灣，是對民主台灣的最大威脅，也是影響亞太區域穩定與當前國際秩序的主要變數。中國無所不用其極，對台灣進行無孔不入的滲透，意圖利用台灣的民主來顛覆台灣社會，製造內部的矛盾與對立。台灣人民對進步開放的核心價值要有信心，對反民主自由的滲透、顛覆手段更要提高警覺。

　　「德不孤，必有鄰」，台灣在民主政治發展上的優越成就，使國際社會重視台灣存在的價值。從西方國家在俄羅斯發動入侵烏克蘭戰爭後，齊心協力站在烏克蘭身邊，合力對抗獨裁極權國家入侵，就是捍衛民主自由人權共同價值的具體表現。無獨有偶，同樣的結果也發生在立陶宛（Lithuania）身上。立陶宛認清中國藉著 2012 年與中東歐十七個國家建立 17+1 合作機制的真面目，表面上是深化的投資與貿易，實際上卻是「一帶一路」戰略的一環，目的是擴大中國在中東歐地區的影響力，並藉機分化歐盟內部團結。2021 年立陶宛乃退出 17+1 合作機制，與中國開始保持距離以策安全，並轉向擴大與台灣的往來。中國無法接受立陶宛倒向台灣的事實，乃對立陶宛採取經濟威嚇的手段，仍無法改變立陶宛的決定。確實，台灣與立陶宛的關係愈來愈密切，除了雙方都經歷過不民主與不自由的過去之外，如今堅守民主自由的原則與保護人權的價值，這是兩國共同的理念，也是兩國關係得以持續進展的基礎。

　　台灣選擇走民主、自由、人權與和平的道路，與國際社會的主流價值接軌，這是順應世界發展的潮流，也是民主台灣抵抗中國霸權威脅的利器。因此，我們要發揮正常化國家國民的意識涵養、氣度與自信心，提升台灣的國際地位與責任感，對內要集結台灣人民的力量，以民主自由、共存共榮的價值觀，創造更大的民主能量，爭取國際民主陣營更大、更多的支持。對外，台灣是

一個愛好和平的國家，我們不但珍惜得來不易的民主制度與自由的生活方式，也會不惜一切代價全力守護民主自由及人權保護的普世價值。總之，在民主自由與人權法治的發展道路上，台灣並不孤單，因為民主國家除了互相支持，也享有經濟、科技、文化、教育、社會與國家安全等共同利益，我們要在這個基礎上與國際民主社群國家進行更深、更穩固的連結，對抗專制獨裁政權的擴張，促進區域和平安定與世界的繁榮發展。

第三節　台灣是人類經濟發展、科技文明進步的結晶

台灣是一個以出口為導向的國家，資訊科技業經過數十年來日以繼夜的打拚奮鬥，台灣人發揮勇於投資、大膽創新的精神，進行相關資源的整合，通過一關又一關優勝劣敗的市場考驗，逐步形成完善的產業聚落，製造出高品質的產品，並以「台灣製造」（Made in Taiwan, MIT）的名號，行銷全世界。

在台灣的高科技產業當中，半導體產業是一項進入門檻極高的產業——強調精密度高、複雜度高、困難度高與專業分工，與傳統的資訊科技服務、電腦硬體、儲存及周邊設備有所不同。在全球產業分工的體系內，雖然晶圓代工是台灣的強項，但是仍不足以支撐大局，必須得到美國、荷蘭與日本等設備廠商的配合，以及德國、日本與美國等材料廠商的協助，才可以滿足全世界客戶的要求。

台灣積電路製造股份有限公司（簡稱台積電，TSMC）是台灣晶圓代工產業的龍頭，擁有最先進的晶片生產技術與高效能的工廠，自 1987 年成立以來，始終定位在晶圓代工的本業上，確立積體電路（IC）產業的垂直分工模式。這個關鍵的發展模式，促使台灣在發展積體電路技術的過程中，凝聚為數眾多的高科技公司的向心力，發揮互助合作的精神，投入先進半導體的開發、

設計、生產與封測，形成上、中、下游的垂直分工與產業群聚的特色，再加上掌握生產速度快、客製化服務與低成本的競爭優勢，成為國際經濟的相互依賴與相互連結的核心。台灣半導體產業在全世界占有關鍵重要的地位，從 1999 年台灣發生「九二一大地震」對台灣與全世界科技業帶來嚴重的衝擊得到驗證。當年發生的「九二一大地震」，全台各地都感受到明顯搖晃，變電所設備受到毀損而導致斷電，許多半導體工廠都受到拖累而停工。台灣是許多國家的主要貿易夥伴，也是世界資訊科技產業供應鏈重要的一環。台灣廠商除了生產無數的主機板、記憶體、顯示器等電子產品，同時供應全世界各國實際應用於資通訊、消費性電子、工業用、軍用等基礎設備不可或缺的關鍵半導體零組件，這些都是全球化商品與服務不可欠缺的一部分。由此可知，台灣對促進世界各國經濟的發展與提升資訊科技的水準，扮演關鍵性的角色。

　　2018 年美國的國家安全政策開始轉向防堵中國科技實力的提升與對外勢力的擴張。川普總統對中國發動貿易戰之後，雙邊對抗並沒有緩解的跡象，一路不斷升級擴大，從一開始涉及「不公平貿易」的問題，逐步擴展到處理「國家安全」的戰略層次。2020 年底，COVID-19 疫情全球擴散與 2022 年俄羅斯出兵侵略烏克蘭，造成全球晶片供需失衡。為此，美國積極朝向重建供應鏈的目標前進，從科技競爭的角度來看，美中霸權競爭的核心就是半導體產業。眾人皆知，半導體是製造業、服務業不可或缺的零組件，也是支持人類日常生活、社會穩定發展的基礎建設，當前各種現代武器系統與全球資通訊的基礎設施，還有人工智慧、電動汽車等 3C 產品的運用，都需要利用半導體製作的晶片。因此，假使一個國家能夠掌控半導體的供應，就能輕易癱瘓敵國產

業活動，甚至崩裂瓦解。這種不戰而屈人之兵、不流血攻擊的兵法，效果比傳統武器砲彈的傷害更大。

換句話說，美國要繼續維持科技領先的優勢，就必須具備主導半導體發展的權力，防堵中國在 5G 高速通訊與人工智慧（AI）等關鍵技術的發展。一方面加速整合友好民主國家科技聯盟，聯手推動將中國排除在經濟繁榮網絡之外，除了強調相互維持全球供應鏈的韌性與安全穩定性並存，並強調合作夥伴要共享民主價值、支持公平開放的貿易體制等相同的發展理念。台灣在供應鏈安全的重要角色，也是美國極力拉攏可信賴的伙伴對象之一。另一方面，拉攏盟友進行戰略融合，對中國進行全方位的科技封鎖，限制中國半導體產業的發展。從「出口管制」延伸到「投資管制」牽制中國半導體的發展，再通過《晶片與科學法》（Chips and Science Act）與籌組包括台灣在內的「晶片四方聯盟」（Chip 4 Alliance），透過盟邦合作的方式共同抑制中國的科技發展。具體的作為包括：切斷中國取得高階晶片的一切管道，限制半導體的關鍵技術、生產設備與原料出口到中國，禁止高科技人才提供專業知識幫助中國發展軍事科技，利用美國資金幫助中國開發自己的高科技產品。

總之，美中科技戰持續升溫，啟動全球供應鏈重組的同時，台灣因傑出的半導體實力在全球經濟體系的運作扮演關鍵的角色，國際地位與能見度得到前所未有的關注。確確實實，台灣是全球半導體產業的發展核心，這樣的成就令所有台灣人感到驕傲，台積電在半導體供應鏈上占有舉足輕重的地位，台灣安全受威脅，等於全球半導體產業受到威脅，全球經濟的發展連帶也受到威脅，這是台積電成為台灣抵禦中國侵略的「護國神山」的主要原因。在誰掌控半導體供應鏈，等同於主導全球經濟的生殺大權的條件下，守護台灣的安全符合西方主要國家的利益。因此，

只要西方主要國家對台灣半導體晶片的需求依賴不減，國際社會就會竭盡全力保護台灣不被中國併吞。

顯然，危機就是轉機，世界的變化提供台灣蛻變的機會。台灣必須掌握全球供應鏈改變的時刻，在國際上發光發亮，就是跳脫傳統的知識與經驗的侷限，因應接下來全球政治經濟秩序改觀的新局面。我們要突破地緣政治的框架，逐步跟上國際創新的腳步，以「創新驅動」的經濟成長模式，取代「生產要素驅動」的經濟成長模式，其中的關鍵就是掌握半導體產業的競爭優勢，繼續在人工智慧、物聯網（IoT）、5G 高速通訊、電動車等尖端科技，深化與國際產業供應鏈的合作與發展。這不但有助於促進台灣經濟的發展，而且強化台灣的國際地位與國家安全，才能把握為台灣提供無限發展的空間與舞台。

第四節　台灣是阻絕中國霸權擴張的戰略要角

2012 年習近平就任中國最高領導人以來，積極展現追求「中國夢」與「強國夢」的野心，開啟挑戰當前國際秩序的序幕。「和平崛起」是中國進行國際政治宣傳的術語，他們一再強調中國經濟與軍事的發展是對世界有利，事實上並不是如此。中國是一個對外擴張型的專制國家，透過改革開放的政策，搭上經濟全球化的契機，在整體國力快速崛起之後，中國並沒有按照西方國家所設想的，成為國際社會一個負責任、盡義務的大國，顛倒是利用國力崛起的機會，走上霸權擴張的道路。

中國成為世界民主與和平的最大威脅，具體的表現從中國逐年增加國防建軍的經費，加速推動國防武力與軍隊現代化，尤其是他們不惜招惹周邊國家的反彈，在亞太周邊地區耀武揚威大秀軍事肌肉，可以看出端倪。一方面，他們積極在東海擴張勢力版圖，推動南海島礁軍事化與限制航行自由，意圖建立由中國制定

的區域秩序顯而易見；另一方面，持續加大對台軍事威嚇的力道，不斷派遣軍機、軍艦環繞台灣，侵犯台海中線或是透過無人機騷擾台灣防空識別區的次數愈來愈多。特別是中國針對美國前後任的眾議院議長所推動的美台雙邊國會外交——2022 年美國眾議院議長裴洛西（Nancy Pelosi）女士訪台、2023 年蔡英文總統過境美國會見麥卡錫（Kevin McCarthy）議長，當作是對中國的挑釁，因此舉行環繞台灣的實彈聯合軍演來表達憤怒與不滿。這種沒有理由找理由，無端製造亞太與台海區域緊張複雜的行為，不但給台灣、美國與日本等國帶來壓力，也讓印度、越南等周邊國家對中國人民解放軍的動向一點都不敢鬆懈。

　　世界著名的《經濟學人》2021 年曾刊載一篇主題為台灣是「地球上最危險的地方」（The most dangerous place on earth）的專文，探討美中霸權的競爭與全球半導體產業的發展，攸關台灣海峽的和平與穩定。不可否認，中國因素是影響台灣永續生存發展的最大變數，長期以來，中國始終堅持台灣是中國一部分，而美國則根據《台灣關係法》、三個聯合公報與六大保證，採取「戰略模糊」的策略來處理台海問題，鼓勵台灣與中國以和平方法解決雙方的紛爭。中國國力崛起之後，大幅提昇軍事實力，造成台海兩邊的軍事天平向中國傾斜。近年來，中國對台灣軍事施壓的力道愈來愈強，使得西方的軍事安全專家認為美國長期遵行的「戰略模糊」的政策，已經出現崩解的態勢，台灣發生戰爭的風險愈來愈高。由於台灣在美、中兩大強權的角力中占據重要戰略地位，台海戰爭一旦爆發，帶給全世界的災難既深且遠，如何避免台海和平被破壞，成為全球關注的重要課題。

　　從地緣戰略的角度來看，中國併吞台灣的目的，不但是為了消滅「中華民國」，實踐「一個中國原則」的政治主張，而且要向世界展現中國軍事工業實力、半導體科技與大國經濟實力的崛

起，能夠取代美國成為主宰全球的力量。中國要達到上述目標，必須將美國的影響力逐出西太平洋，而台灣是中國挑戰美國霸權的起點。台灣一旦落入中國之手，等同於第一島鏈出現破口，美國圍堵中國政策的潰敗，中國不受牽絆自由經過東海與南海進出太平洋，美國太平洋霸權的領導地位岌岌可危。

總之，美國盡全力支持台灣，除了地緣政治的考慮之外，還有台灣的民主自由，以及台灣在全球供應鏈不可或缺的重要角色，尤其是在半導體的供應鏈上，台灣與美國存在著唇齒相依的關係。台灣地緣戰略角色與台灣半導體在全球產業供應鏈的關鍵地位，大大提升台灣的國際地位與能見度。當前民主台灣最優先的要務，固然是盡一切力量避免台海發生戰爭，但是面對中國處心積慮想要透過軍事脅迫、經濟施壓、錯假資訊的操作，意圖破壞台海和平的現狀，中國就是違反《聯合國憲章》的和平破壞者，這已不是台灣單獨要面對的問題，而是美國、歐盟國家與印太各國甚至全球重要的安全議題。

不可否認，台海安全的國際化對於嚇阻中國對台灣動武，有著關鍵性的影響。我們從俄羅斯發動侵略烏克蘭戰爭可以得到啟示，戰爭爆發之前，由於歐盟國家的立場搖擺，並未對俄羅斯表達堅定反對俄羅斯侵略烏克蘭的立場，讓俄羅斯得到可乘之機。假使美國與歐盟國家早早對俄羅斯提出警告，發動入侵烏克蘭戰爭的後果，一定會遭受西方民主陣營最嚴厲的經濟、金融與外交的制裁，或許可以阻止戰爭的爆發。同樣的作法，也可以適用於台海。面對中國對台灣的步步進逼，美國實在沒有太多搖擺的空間，隨著美中經貿科技競爭的白熱化，再加上美國國家安全戰略規劃，將中國視為最主要的戰略競爭對手，台海議題國際化自然成為美國對外政策的核心。

　　2021 年拜登總統就任後，首次出席 2021 年七大工業國集團（G7）領袖高峰會，積極主張維持自由開放印太地區的重要性。同時，前所未有將台海議題納入發表的公報中，強調台海和平與穩定的重要性，同時鼓勵兩岸問題的和平解決，將台海問題國際化正式端上全球舞台。2022 年 2 月 11 日美國白宮公布《美國印太戰略》（*Indo-Pacific Strategy of the United States*），將展開十大印太行動計畫，其中加強在印太區域的威攝力部分，就是以台海為例，明確表達嚇阻中國對盟邦夥伴的軍事侵略。隨後，美國主導成立「澳英美三方安全夥伴關係」（AUKUS）、推動四方會談（Quadrilateral security dialogue, QUAD），甚至美國、日本與韓國在大衛營宣布的聲明，也為圍堵中國霸權的擴張畫出一條紅線。表面上，台灣雖然沒有受邀參與其中，但是實質上則是透過將台海和平視為國際社會安全繁榮不可或缺的要素，層層疊疊巧妙將台灣安全納入其中。這樣的精心安排凸顯台灣的安全問題已是國際關切的重要問題。

　　同樣的現象，也出現在德國。2023 年 7 月 17 日德國聯合政府發表首部《中國戰略》（*Strategy on China*），其中除了表達對中國武力擴張的警惕，同時強調台灣海峽是「全球經濟生命線」，德國不能忽視台海安全，並表達希望拓展與台灣的關係，凸顯「台海局勢」是德國聚焦的全球重大安全議題。接在德國之後，日本發表《2023 防衛白皮書》，同樣指明中國是日本前所未有的戰略挑戰，中國霸權擴張的動向使得國際社會擔憂台海和平；國際社會應在美國主導下結合有心維護台海和平、區域穩定與國際秩序的民主聯盟之力，向中國具體表態，傳達保護台灣、抑制中國霸權擴張的堅定決心。

最後，我們希望國際這股「挺台抗中」的正義勢力，能夠持續下去形成有效的國際壓力，迫使中國放棄以武力併吞台灣的意圖，使台灣海峽的現狀歸於和平安全。

第拾參章　中國以認知戰要瓦解台灣的對抗意志

　　中國國務院台灣事務辦公室於 2023 年 8 月 10 日發表《台灣問題與新時代中國統一事業》白皮書，這是接續 1993 年發表的《台灣問題與中國的統一》與 2002 年《一個中國的原則與台灣問題》兩份白皮書之後，第三份系統性闡述中國解決台灣問題的官方文件。毫無疑問，這三份白皮書傳達長久以來中國一貫的立場，重申台灣是中國的一部分，台灣的前途與中國的統一息息相關，必須由全體中國人民共同決定。此外，《台灣問題與新時代中國統一事業》特別強調基於台灣是中國一部分的法律事實，與聯合國大會 2758 號決議的內容，揚言中國不承諾放棄使用武力，保留採取一切必要措施，一旦外部勢力干涉與少數「台獨」分裂勢力，挑戰、逼迫或突破紅線，將不得不採取斷然措施處置，以維護與促進祖國和平統一的前景與進程。

　　對於中國一再指控「外部勢力」縱容鼓動「台獨分裂勢力」是導致台海兩岸關係緊張的主因，強調絕對不為追求台灣獨立的行為留下任何空間，保留採取一切必要措施包括使用武力等恫嚇的說法，相信台灣人民並不陌生。這種透過文字攻擊或語言暴力的手法，想要逼迫台灣接受「一個中國原則」與「九二共識」的詭計，不但沒有達到孤立台灣、製造台灣人民內心畏懼的效果，只會造成反效果，激起台灣人民對中國更加反感。

　　2022 年 2 月俄羅斯出兵侵略烏克蘭，深深衝擊歐洲大陸的和平安定，也深刻影響全球的政經秩序。烏克蘭的戰場雖然離台

灣很遠，我們不會受到戰火的波及，但是台灣與烏克蘭有相當類似的處境，同樣面臨旁鄰大國軍事併吞的威脅。俄羅斯侵略烏克蘭事件最大的啟示，就是提醒台灣人民千萬不能忽略，台海爆發戰爭的烏雲始終籠罩在台灣上空的事實。我們關心烏克蘭戰場的發展，體認到烏克蘭總統澤倫斯基與其所領導的軍民合力無畏抗敵的英勇表現，是烏克蘭贏得全世界的尊敬與支持的主因。假使烏克蘭人民敵我意識不清、沒有展現保家衛國的堅定決心與意志，即使歐盟與美國等民主陣營提供再多的武器支援，烏克蘭也無法扳回劣勢，甚至收回被俄羅斯占領的土地。

早在俄羅斯出兵侵略烏克蘭之前，其實俄羅斯的認知戰早已先行發動攻勢。俄羅斯的認知作戰主要運用在媒體與網路的攻勢，他們刻意傳送烏克蘭與俄羅斯雙邊軍力不成比例、烏克蘭與俄羅斯作戰必敗等錯假資訊，主要目的在弱化烏克蘭人民抵抗俄羅斯入侵意志與決心，促使俄羅斯得以「不戰而屈人之兵」，逼迫烏克蘭投降。俄羅斯發動認知作戰逼迫烏克蘭投降的作法，中國不但會學習，而且竭盡所能交互運用法律戰、心理戰以及輿論戰，甚至採取智慧犯罪等非典型的攻擊方式，對台灣社會進行全面的滲透、激化台灣內部的矛盾，製造人民對政府的不信任、分化台灣社會的團結、影響台灣抵抗中國併吞的意志。實際上，中共正在全面介入 2024 年的總統大選，意圖影響台灣民意，幫助中國所設定的代理候選人當選，達到動搖台灣社會的目的。台灣政府與人民必須嚴肅面對這種攻勢，採取有效的因應對策。

第一節　疑美論背後的陰謀

今（2023）年 8 月 24 日美國國會研究處（Congressional Research Service）發表〈台灣：防禦與軍事議題〉（*Taiwan: Defense and Military Issues*）研究報告，這份以探討台灣抵禦中國的軍事

攻擊與挑戰為主題的報告中提到「台灣擁有先進軍事技術，配合天然的地理與氣候條件，這些優勢可以提高台灣的自衛能力。但是，台灣本身也面臨台海兩邊軍力不對稱、中國對台灣進行有形與無形的壓迫，及台灣軍民關係的疏離，軍事基礎設施脆弱，國防軍事人員招募及培訓問題等挑戰。…台灣人民一旦面臨來自中國可能的武力攻擊時，他們願意或者有能力承受在經濟、安全、福祉與生命等可能犧牲的代價？…台灣的內政與基礎設施的問題，可能會限制台灣因應中國威脅的能力。」面對中國強勢併吞的威脅，台灣確實存在眾多內憂外患的問題等待解決，如何凝聚台灣全民堅定的對抗意志與勇氣，是決定台灣永續生存發展最迫切的大工事。

受到美中地緣政治競爭白熱化的影響，台灣與美國外交關係有明顯的改善，近年來台灣提升國防預算，在美國的支持與協助下，增添不少關鍵性的武器，強化台灣的防禦能力。在此同時，我們發現有人別有居心在媒體或網路平台上，利用 2021 年美國從阿富汗撤軍事件大做文章，四處宣傳美國軍售台灣之目的，是要使台灣變成戰場、台積電到美國設置先進晶圓廠是美國掏空台灣與毀滅台灣的計畫、美國霸權擴張是全世界動盪不安的根源等似是而非的論述。這種「疑美論」的論述，主張台灣應該與美國保持距離，塑造美國不是一個值得信賴國家的形象，甚至認為美國沒有實力保衛台灣，質疑習近平一旦發動侵台戰爭時，美國不會派兵協防台灣。

事實上，美國會不會派兵協防保衛台灣，是一個本末倒置的問題。台灣是台灣人的台灣，不管美國、日本或其他盟邦有無派兵來協助作戰，建立強而有力的國防武力，保衛人民的生命與財產，是所有台灣人無法迴避的責任。我們千萬不可輕忽，中國利用台灣自由民主開放的環境，毫無忌諱在台進行組織滲透及統戰

宣傳，刻意誤導與降低台灣人民捍衛國家安全、為台灣打拚犧牲的意志與決心，是公開的秘密。

基本上，疑美論談論的重點，強調台灣相對於中國來講是一個小國，小國面對大國要發揮智慧，認清小國（台灣）根本無力與大國（中國）對抗的事實。因此，愈早接受中國所設定的條件，可以幫助台灣遠離戰爭，確保台海的和平。此外，他們刻意放大操弄，誤導美國軍售台灣的理由，一個說法是消化「中古」或「廢鐵」的兩光武器存貨來「騙錢」，另一個說法是將台灣推入美中對抗的漩渦之中，美國把台灣當作是美中對抗的戰場，最終不是拋棄台灣就是毀滅台灣。這些歪曲事實的論述被無限放大擴張，勢必導致台美關係的疏離，製造孤立台灣、有利中國併吞台灣的環境。

在此要特別指出，《台灣關係法》生效至今四十四年來，美國遵行《台灣關係法》，對於保障台灣的安全與安定，促進西太平洋的和平、安全與穩定作出了重大貢獻的事實，不容抹殺。1979年美國國會為了降低美國與中國建交對台灣的衝擊，乃於同年 4 月 10 日通過《台灣關係法》（Taiwan Relations Act），經總統簽署後生效。《台灣關係法》是台美關係的重要基礎。美國政府在《台灣關係法》中，表明協助西太平洋的和平、安全與穩定，符合美國的國家利益，也是國際社會關切的事項。《台灣關係法》也宣示美國期望台灣的前途必須以和平方式決定的立場，明定美國政府必須提供台灣防禦性的武器，保障台灣的安全與穩定；一旦台灣人民的安全或社會經濟制度遭受威脅、危及美國利益時，總統與國會將依憲法的程序採取適當的因應行動。

總之，疑美論者刻意漠視《台灣關係法》對台灣的貢獻，故意提出許多公然造假的網路資訊與錯假新聞的傳播，目的是要製

造台灣內部的紛亂，破壞台美互信的合作關係，打擊台灣人對抗中國威脅的意志。

第二節　有堅強的防禦實力才能避免戰爭

1949 年以來，中國一直沒有放棄以武力解決台灣問題的可能性。2012 年習近平就任中國國家領導人之後，為了達成中國統一的目標，不但派遣軍艦在台灣海峽盤據，而且放任中國軍機恣意穿越海峽中線的次數愈來愈多，使得台海情勢的演變趨於緊張。中國犯台的可能性與軍事衝突風險與日俱增，使得台海安全成為國內外關注的重要議題。2021 年 5 月 1 日英國《經濟學人》（*The Economist*）雜誌的封面標題，就提到台灣是地球上最危險的地方。雖然大多數的台灣人不一定認同這種說法，但是也無法否認台灣海峽確實是潛藏危機，一旦爆發戰爭，將成為全世界的大災難。

面對習近平一再耀武揚威軟硬兼施想要併吞台灣，對台灣的國家安全形成嚴峻挑戰，我們必須具備堅強的防禦實力，「國防」與「心防」並重。國防是政府可以主導的部分，首要任務就是建立堅強的自我防衛力量，發展經濟獨立自主的能力，降低敵人發動攻擊與破壞能源、糧食、水資源、網際網路以及其他有形的重要系統與基礎設施的意圖。心防則是政府可以有所作為，更需要人民全力配合的部分，全國團結強化敵我意識著手，展現堅定的意志與決心，自助人助，才能確保台灣永續生存發展。

在民主自由的台灣受到中國武力併吞的威脅之下，必要的軍購、充實自我防禦、嚇阻侵略的國防力量，爭取國際友邦的協力支持，確是「自助人助」的基本道理。但是，反對黨國會議員偏偏敵我不分，反其道而行，除了要求政府應該拒絕美國的指點，還要對中國釋出善意、不要備戰、推動和平方案，以創造台海和

平。此外，還有學者專家連署提出反戰聲明，強調台灣社會必須認真面對並思考戰爭所帶來的災難，呼籲美中雙方必須以和平手段解決彼此所有歧見。他們主張台灣不應成為美中對峙的戰場，而應該追求自主、與大國維持友好等距離的關係。不可否認，併吞台灣是中共永遠不變的目標，在強敵的侵略威脅下，台灣提出「不要備戰」或是「反戰」的主張，表面上是為了追求兩岸和平、避免台海發生戰爭，實際上是在敵人面前放下武器，向侵略者叩頭求和的軟弱表現，只會增加敵人發動戰爭的風險。

和平是最好的安全，天下沒有白吃的午餐，維持和平絕對須要付出代價。製造與利用內部矛盾，降低台灣人民的對抗意志，是中國對台「認知戰」的主要目的。過去，在「反攻大陸、消滅共匪」的白色恐怖時代，漢賊不兩立，國共敵我意識分明，台灣人民具有隨時會被中國侵略併吞的危機感。如今，解除戒嚴三十多年來，經歷民主化、本土化的政治改革，台灣人民享有高度言論發表的自由之後，我們千萬不可在有增無減的政治高壓下屈服，也不可在外交打壓下叩頭。否則，不但不會換來台海真正的和平，而只會葬送台灣人與後代子子孫孫的未來。

台灣嚇阻中國動武的最有效方法，就是透過積極備戰，展現誓死捍衛台灣的決心，與必然進行毀滅性報復的絕對意志，同時結合國際熱愛民主與和平陣營之力，向中國強烈「表達反對以武力或威脅片面改變現狀」的立場，讓中國認清一旦挑起台海戰端，他們必須付出極為昂貴無法承擔的代價，才能確保台灣的安全與台海的和平穩定。同時，我們也要正視中國發動沒有煙硝味的「心理戰」、「媒體戰」，利用民主反民主的手段威脅台灣的國家安全，瓦解台灣內部的團結與互信。國人必須警惕再警惕。

第三節　「融合促統」是併吞台灣的工具

根據 2022 年 8 月中國國務院台灣事務辦公室所發表的《台灣問題與新時代中國統一事業》白皮書，指明「推動兩岸關係和平發展、融合發展」是促進台海兩岸和平統一的重要途徑。今（2023）年 9 月 12 日中國國務院發布《關於支持福建探索海峽兩岸融合發展新路建設兩岸融合發展示範區的意見》，隨後其新聞辦公室又補充說明，鼓勵台灣人在福建購房置業，實施金門居民在中國廈門同等享受當地居民待遇，加快促進台海兩岸經貿合作的暢通、基礎設施的聯通、能源資源的互通以及行業標準的共通、建立等綜合立體的交通網絡。同時，也要推動兩岸文化教育、醫療衛生合作，社會保障與公共資源共享等，促進台海兩岸經濟合作制度化，打造兩岸共同市場，達到壯大中華民族經濟的目標。

明眼人都看得出來，這種「融合促統」的手段，其實是香港「一國兩制」的翻版，他們採取溫情攻勢標榜「兩岸一家親」的伎倆，以溫水煮青蛙的方式，擴大雙邊密切的經濟交流，促成對中國市場的高度依賴，達到「以經促統」的目的。

我們來看一個相關的具體案例——2014 年 2 月俄羅斯先派兵占領烏克蘭境內的克里米亞，隨後一手促成克里米亞舉行全民公投，最後得到超過九成的選民贊同，隨後正式加入俄羅斯聯邦。俄羅斯占領克里米亞之後，迅速興建克里米亞大橋，將俄羅斯的勢力延伸到烏克蘭的領土之上。

無獨有偶，克里米亞的故事，似乎也在金門發生，中國意圖透過廈門與金門、福州與馬祖加快融合發展，合作共建基礎設施的模式，加速金門與馬祖融入中國福建生活圈的作法。中國口口聲聲說可以提升金門與馬祖民眾的福祉，加上金門在地的有心人配合，用和平溝通與善意交流等美麗的口號，向金門縣政府提出

興建「金廈大橋」公投提案連署書，表面上是為了活絡金門經濟發展，實際上其目的是促成金門的「克里米亞化」，最後的下場就是被中國牢牢抓在手上無法脫身。

第四節　高度的警覺與明智勇敢的選擇

今日，台灣國家的唯一外來威脅，來自於台灣海峽對岸虎視眈眈的中國。我們千萬不可為了貪圖中國賞賜的經濟紅利，對「一國兩制」有任何幻想，甘願自我矮化為中國的屬民。中國「融合促統」的手段，在可預見的未來，其操作模式不會消失，只會愈來愈嚴重。我們必須從香港「一國兩制」美夢的破滅得到教訓，認清中國共產黨專制威權的本質，及其對民主台灣的政治制度與生活方式的威脅。我們要建立社會輿論的穩定力量，透過強化敵我意識，針對政策進行理性思辨的討論，才能反制中共對台灣民主運作的干預，避免為了一時的經濟利多，反讓台灣成為中國永久的籠中鳥。

民主的社會雖然是一個自由與開放的社會，但並不是一個沒有紀律的社會，每一個人發表言論與爭取權益都應該受到尊重，不過任何言論與行為都必須遵守法律的規範，不能成為以民主反民主、破壞當前民主體制的工具，這是民主與法治的真諦，也是維護社會安寧與促進社會進步的根本。2024 年 1 月的總統、副總統與立法委員的合併選舉，最大的意義在於透過整個選舉歷程，進行國家發展政策的總辯論，從各政黨提出的施政理念，到各候選人的政策願景以及政策方針，再加上各媒體揭露報導的各項資訊，幫助我們深入思考民主的價值與台灣人民的真正需求。遺憾的是，隨著台灣的選戰逐漸進入白熱化，中國黑暗勢力全面介入干涉台灣選舉的跡象也愈來愈清晰，當前總統選戰的發展已經偏離民主國家的常軌，淪為政治術語的口水戰，情緒批判多，

理性辯論少，政黨利益優於人民、國家利益，讓我們對這次總統選舉的結果感到憂慮。

特別是過去中共慣用武力威嚇的手段，企圖影響台灣總統的選情，這樣的場景相信台灣人民並不陌生。如今，中共干涉台灣內政的手法，加上認知作戰的全面動員，製造台灣社會混亂的方法與管道變本加厲，愈來愈細膩，也愈來愈多元。台灣部分「政治人」為了達到個人的政治利益，甘願成為中共極力吸納收買的對象。他們選擇與中共站在同一陣線，聯手營造台灣政府拒絕接受「九二共識」與「一個中國原則」，是台海出現「兵凶戰危」的主要原因，意圖塑造投票支持「保台抗中」的政黨就是「選擇戰爭」。這種為達目的不擇手段、是非不分的政治惡鬥現象，台灣人民必須警覺再警覺。

在亂局中要發揮明智勇敢的選擇。我們在此重申民主政黨政治的重要性，總統候選人提出清楚明白的政見，更是落實責任政治的基本要件。台灣社會面對中國無孔不入的滲透、複雜緊張的台海兩邊關係，面對瞬息萬變的國際情勢與經貿科技的激烈競爭，我們實在沒有本錢繼續虛耗能量，阻礙台灣繼續向前。

我們衷心期待台灣人民要以理性平和的態度，取代仇恨的心態與政治激情的煽動，多一些合作，少一些分裂，摒除黨派與個人的私心，凝聚共識，朝野協力合作，追求社會的整體發展，才是所有台灣人民之福。台灣的民主自由得來不易，需要我們共同來珍惜維護，台灣人民一定要認清別有居心支持中國共產黨的「代理人」，以理性選出最能保護造福台灣人民的總統候選人，剷除中共在台附屬勢力。明年 1 月 13 日的總統大選，是台灣選民的政治智慧及道德勇氣的最大考驗。

第拾肆章　台灣的將來由台灣人民以公民投票來決定

　　台灣是不是中國的一部分？本書第參章〈台灣國家法律地位的不同觀點〉對於台灣國際法律地位多種的論述有非常完整的探討，其中一個極端的觀點，認為台灣是中國的一部分。對此，作者從歷史、國際法，與聯大 2758 號決議，檢驗中國所宣稱台灣是中國不可分割的一部分，並提出批判與反駁。事實也證明，中華人民共和國自 1949 年建國至今七十四年以來，從來沒有對台灣行使有效的控制，沒有統治或管轄過台灣。顯然，台灣不是中國的一部分。但是中國為了併吞台灣，竭盡所能扭曲歷史、在法理上強詞奪理、或者罔顧事實、曲解聯大的決議、無視 1952 年生效的《舊金山對日和約》是二次大戰後攸關台灣主權變動最有權威效力的國際條約，日本根據該約放棄台灣與澎湖的主權，而中華人民共和國並不是日本放棄的受益國。

　　確確實實，台灣是一個與中國互不隸屬的主權國家，面對來自中國的安全威脅，台灣要做好備戰的準備，公民投票可以用來作為凝聚台灣人民對國家未來前途共識的機制。中國一旦以武力攻台，台灣人民要堅決抵抗不屈服，可以在國際監督下舉行公民投票作為回應，喚起世界民主陣營國家的外交承認與支持，共同對中國破壞台海和平作出強而有力的反制。

　　依據 1933 年 12 月 26 日簽署的《蒙特維多國家權利義務公約》，要成為一個國家必須具備四項構成要件—— 即人民、領土、政府、及與他國交往的權能。台灣完全符合此四項要件，當然是

一個國家，也是一個主權獨立的國家，不受中國或其他任何國家的管轄統治，這是鐵一般的事實。依據國際法，一個國家不分大小、強弱、貧富，不論承認國或邦交國多寡，在法律上都具有平等的國際人格，享有主權及獨立性。

台灣主權獨立是既成的事實，這就是當前的現狀，在法理上雖然不必再經由公民投票來追求，但是任何改變「台灣是一個主權獨立國家」現狀的安排或決定，例如：台灣要與中國簽訂「和平協議」或採行「一國兩制的台灣方案」，都必須經過全體台灣人民的同意，也就是藉由「公民投票」來具體表達。顯然，公民投票是展現台灣全民意志最和平、最民主的方式，沒有任何強權、政府、黨派、團體或個人能夠剝奪或限制此一人民的基本權利。

在此要再三強調，面對鴨霸的中國假借「統一」之名，透過各種手段企圖侵略或併吞台灣時，我們不但要藉由有形的國防力量或無形的心防意志，展現捍衛台灣的勇氣，更要透過公民投票將台灣要保持獨立自主的意志，反對侵略、被中國併吞統治的決心，向國際社會明確公開表示。台灣人民守護自己國家以及追求民主自由的堅定信念，絕對不容許任何人予以剝奪或壓制。

第一節　公民投票是民主國家主權在民的落實

公民投票指的是由人民對「事」，而非對「人」，以投票的方式表達是否接受的意見，是直接民主的一種方式。公民投票包括創制、複決，由公民對特定的公共事務予以投票決定，是民主國家落實「主權在民」的一種直接民主方式。所謂「主權在民」的落實，可以簡要分為「民主」與「自決」兩大部分。「民主」係指人民是國家的主人，國家的公共事務交由人民做最後的決定，這是人民的基本權利，也是合法性的重要基礎；「自決」則指人民有權決定涉及自己權益的事務，不論是獨立的個人決定自己的

行為，或者是全體人民決定地方性、區域性或全國性的事務，都算是自決的範疇。

公民投票最核心的法源依據就是「主權在民」原則。在台灣目前的《憲法》第 2 條，「主權屬於國民全體」明確宣示該項原則。此外，《憲法》第 17 條、第 27 條與第 123 條也都有所揭示。就功能性而言，公民投票可以彌補代議政治的不足、防止議員的怠慢失職、提昇人民的政治參與以及民主推廣教育，又可以獲致最大民主正當性，有助促成透明且合乎民意的政策、監督立法效能與突破政治僵局等。假使國會議員未善盡其職，不順應民意制定有利於國家發展或人民權益的法律時，人民可以透過「公民創制」的方式，主動提案，再由人民投票通過；另外，如果國會議員通過損及國家或人民整體利益的法案時，人民也可以用「公民複決」的方式，加以否定、推翻。

公民投票適用的範圍真廣泛，包括國際法層次、憲法層次、以及法律、公共政策的層次。在許多國家政治發展的過程中，公民投票也常被運用來解決爭議性的問題，包括：領土歸屬與變更、國家憲政改革、墮胎、禁酒或開放賭博設賭場等社會道德的議題，或其他涉及選制改革、財政資源分配、環境保護及交通建設等重要公共事務的案例，比比皆是。

第二次世界大戰之後，全世界進行公民投票的案例有明顯增加的趨勢，特別是 1970 年代之後，公民投票的舉行有如雨後春筍般蓬勃發展。1974 年葡萄牙結束長期的獨裁統治，第三波民主化的浪潮開始向全世界蔓延，影響許多國家由威權統治走向民主體制，當時公民投票提供這些第三波民主化國家人民推動政治改革的正當性基礎，1989 年東歐劃時代的變革，使全球公民投票的發展達到最高峰。無論是南斯拉夫（Socialist Federal Republic of Yugoslavia）的分裂（1991 年 6 月）、蘇聯（Union of

Soviet Socialist Republics）的解體（1991 年 12 月），以及後續的捷克斯洛伐克（Czechoslovakia）的和平分離，均可見採用公民投票以追求國家主權的獨立、進行制憲、修憲或選舉制度改革的情形。此外，公民投票不只在歐洲如雨後春筍般蓬勃發展，在非洲大陸也發生效用，知名的案例有 1992 年南非戴克拉克（F.W. de Klerk）總統主導下，透過公民投票推動憲政改革，並終結種族隔離（Apartheid）政策。同一時期，北美洲的加拿大魁北克（Quebec）人民，繼 1980 年獨立公投失敗之後，再度舉行獨立公投，雖然未能如願，但也引起國際社會的高度重視。此外，北愛爾蘭（Northern Ireland）與愛爾蘭共和國（Ireland）一度因為北愛問題而紛擾不安，雙方人民最後也於 1998 年透過公民投票表達對於《北愛和平協定》（Northern Ireland Peace Agreement）的支持。1999 年，東帝汶（Timor-Leste）人民則在聯合國主導監督下，透過公民投票決定脫離印尼而獨立。

在歐洲整合的過程中，公民投票也扮演重要的角色。1972 年法國公投通過歐洲經濟共同體（European Economic Community）的擴大，納入英國、丹麥、愛爾蘭與挪威四國，促使公投民主跨越國界的限制。延續二十世紀末九○年代全球公投民主的潮流，進入二十一世紀公民投票仍然是許多國家與人民用來決定重要事務的方式，其中廣受注目的案例是 2016 年 6 月英國舉行「脫歐公投」、2017 年 10 月西班牙加泰隆尼亞（Catalunya）自治區政府舉行「獨立公投」。台灣人民也沒有自免於外，2003 年立法院通過《公民投票法》並於 2004 年正式實施，2017 年首次進行修法，降低公投的門檻限制，2019 年再度進行《公民投票法》的修法。台灣到目前為止已有施行五次二十案全國性的公民投票與六個地方性以及一個憲法修正案公民投票的經驗。

一、透過公投尋求國家獨立自主—以東帝汶與南蘇丹為例

1966 年締結的《公民與政治權利國際公約》與《經濟、社會與文化權利國際公約》都在第 1 條宣示「所有人民都有自決權，根據這個自決權，人民自由決定自己的政治地位，並自由謀求經濟、社會與文化的發展。」聯合國落實人民自決原則有不同的方式，公民投票是一個主要方式，但不是人民自決的必要條件。1990 年代後，聯合國推動的公民投票，針對內部發生嚴重衝突的會員國或地區進行維持和平的調解。具體的事例為 1999 年聯合國介入處理東帝汶與印尼的衝突，最後透過公投，東帝汶脫離印尼獨立。2011 年聯合國協調停止蘇丹內戰，幫助南蘇丹舉行公投脫離蘇丹獨立。在聯合國監督下所推動的公民投票，雖然有通過的、也有被否決的，但是每一個案例背後，因為有全體人民的參與，具備相當的民主正當性，這是直接民主的真諦，也是人民自決原則的具體實踐。

東帝汶是葡萄牙過去在東南亞的一個殖民地，1975 年脫離葡萄牙獨立，但不幸隨即遭到印尼的侵略。自 1976 年起到 1999 年止，東帝汶雖然被印尼當作內部的一個省分統治，但是聯合國依然承認它為葡萄牙的一個非自治領土。東帝汶人民遭受印尼蘇哈托（Haji Mohammad Suharto）總統殘酷的壓迫。1998 年，在亞洲金融風暴時，蘇哈托被迫辭去總統職位之後，印尼政府與聯合國及葡萄牙談判在東帝汶舉行公民投票的條件。1999 年 5 月，印尼與葡萄牙針對東帝汶何去何從的問題進行協商，最後決定於 1999 年 8 月 30 日舉行公民投票。該公投提供投票人兩個選項：「東帝汶構成印尼的特別自治區」，或者「宣布獨立」。這兩個選項表達於下列的兩個命題：

你接受所提議東帝汶特別自治區屬於單一國家印尼共
和國？

你拒絕所提議的東帝汶特別自治區，贊成東帝汶脫離
印尼？

東帝汶總數大約有四十五萬一千名適格的投票人，98％以上的選
民參加公投，其中 78.5％投票贊成獨立。反對公投的準軍事集
團，則在印尼軍隊的支持下以暴力相待。流血事件引起國際的譴
責。1999 年 9 月 15 日，聯合國安全理事會通過第 1264 號決議，
由澳大利亞所領導的東帝汶維和部隊迅速將印尼士兵逐出東帝
汶以恢復秩序。聯合國除了協助東帝汶組成過渡政府，也監督東
帝汶的行政運作，期間由 1999 年 10 月到 2002 年 5 月 20 日東帝
汶宣布獨立為止。2002 年 9 月 27 日，東帝汶終於成為聯合國第
一百九十一個會員國。

　　另一個由聯合國協助舉行公投而獨立的案例是南蘇丹
（South Sudan）。該國依據蘇丹政府與「蘇丹人民解放軍」（SPLA）
於 2005 年所達成的協議條款，經由 2011 年成功的公投而誕生，
同年 7 月 14 日加入聯合國成為第一百九十三個會員國。蘇丹人
民解放軍原本以蘇丹南部地區為根據地，自 1983 年以來就與北
方的蘇丹政府對抗交戰。經過二十二年的內戰，2005 年雙方簽
訂《奈瓦沙協議》（Naivasha Agreement）結束內戰的衝突，同時
又決定於 2011 年 1 月 9 日至 15 日舉行南蘇丹地區的獨立公投。
其中有兩個要點值得提出來討論，第一、公投的選票說明公投程
序要配合投票人需求的重要性。選票凸顯兩個簡明的選項——分
離（Separation）或整合（Unity）——英文與阿拉伯語併用。文
字之下，也有視覺的圖案方便不識字的人——張開的手表示分
離，緊握的雙手表示整合。第二，組成國際監選團監督整個公投
的過程。除了以前美國總統卡特為中心的代表團，其團員分別是

前聯合國秘書長安南（Kofi Annan）、前坦尚尼亞總理瓦里奧巴（Joseph Warioba）以及聯合國秘書長召集組成蘇丹公投小組協助監票；此外，還包括非洲聯盟（Africa Union）、歐洲聯盟（European Union）、阿拉伯國家聯盟（League of Arab States）以及其他區域與國際性組織的代表為觀票員。經過一段時間的公開宣導與教育，最後有三百八十五萬以上的選民參加投票，其中贊成獨立的有 98.83％。2011 年 7 月 9 日南蘇丹正式成立。不幸的是，近年來，南蘇丹遭受政府軍隊與叛亂集體暴力衝突的破壞，婦女與女童成為內戰的主要受害者。這個例子，正如東帝汶，凸顯公民投票落幕之後，國際社會仍須要繼續警戒及維持和平與穩定。

二、以公投凝聚參與國際組織的共識—以瑞士加入聯合國為例

　　瑞士對外政策顯著的特徵是中立政策。瑞士作為一個永久中立國，始終維持中立與不介入的立場。自從 1815 年「維也納會議」保障其永久中立的地位以來，瑞士從來沒有加入需要承擔軍事、政治或直接經濟制裁行動的聯盟，不過它仍與世界上大多數的國家保持著外交關係。二次大戰之後，瑞士的日內瓦成為聯合國許多重要的附屬組織與專門機構的所在地。儘管如此，瑞士在戰後始終沒有加入聯合國，而是申請擔任聯合國的觀察員。基本上，瑞士有悠久的公投傳統，公投不但保證瑞士公民有最多自我決定的權利，而且帶來政治體制運作的穩定，使得公投一直是瑞士人最引以為傲的制度。

　　冷戰時期，由於美國與蘇聯兩強緊張對峙的關係，瑞士擔心背離中立政策，雖然不是聯合國正式會員國，但是仍以聯合國觀察員的身分，積極承擔國際義務，發揮柔性國力，對國際社會作

出貢獻。瑞士在 1986 年曾經就是否加入聯合國進行全國性公投，75%的選民拒絕了這個公投案，主要的原因是當時仍處在東西對立的冷戰時期，瑞士人民堅持自 1815 年以來為國際所承認的「永久中立」地位，避免被捲入冷戰的糾紛衝突。

　　冷戰結束之後，歐洲的安全與戰略觀出現變化，國與國之間的共同利益與相互依賴的廣化與深化，尤其美國九一一恐怖攻擊事件發生之後，瑞士感到其「永久中立」已漸漸難於適應後冷戰時代的新發展，為了更有效保護瑞士在國際社會的利益，在聯合國擁有發言權與投票權比沒有來得更好，而加入聯合國仍可以不違背傳統的中立原則。

　　2002 年 3 月 3 日瑞士再度針對是否加入聯合國進行全國性的公民投票，以人口為準，贊成與反對的票數比例約為 55 與 45；以州（canton）為單位，則有十二州贊成，十一州反對。瑞士現有人口為七百三十萬，分為二十三個高度自治的州。按照瑞士憲法，全國公投案的通過，須參加公投選民過半數的贊成以及二十三個州過半數（即十二州以上）的贊成。最後，瑞士加入聯合國的公投在些微的差距下驚險過關，同年 9 月 10 日瑞士正式成為聯合國第一百九十個會員國。瑞士透過公投凝聚加入聯合國的共識，意義非常重大，不但破除兩個世紀以來在國際政治外交中立的傳統，而且擺脫幾十年來國家的孤立主義作為，顯示瑞士人在後冷戰時期積極參與國際事務，深化國際合作及促進國際和平的意願及決心。

三、以公民投票促進和平—以北愛爾蘭與愛爾蘭共和國為例

　　愛爾蘭與英格蘭兩個民族之間，多個世紀以來受到文化、宗教與政治等因素影響，始終存在著分歧與衝突。1801 年英格蘭併吞愛爾蘭進行殖民統治，各種衝突仍不間斷。1921 年英國同意愛爾蘭進行「分治」一分為二，一個是北部的六個郡繼續留在

英國,另一個則是南部二十六個郡則成立「愛爾蘭自由邦」(Irish Free State)。

　　在北愛爾蘭境內,占人口三分之一的愛爾蘭人信奉天主教,另外三分之二的英格蘭與蘇格蘭後裔信奉新教。代表北愛天主教族群的主要政黨是新芬黨(Sinn Fein Party)與社會民主工黨(SDLP)。新芬黨主張脫離英國而獨立,他們強調英國的占領是北愛問題遲遲無法解決的關鍵所在,因此極力主張採取一切手段趕走英國殖民者,以結束愛爾蘭南北分裂的現狀。代表天主教勢力的另一個政黨是社會民主工黨,他們主張通過和平的手段為愛爾蘭天主教徒爭取權益並實踐愛爾蘭的統一。另外,北愛聯合黨(UUP)與民主統一黨(DUP)則是由北愛新教族群組成的政黨。自 1921 年愛爾蘭分治以來直到 1972 年止,聯合黨幾乎壟斷北愛爾蘭所有的政治資源,由於他們不尊重天主教族群的利益,也不允許分享政治權力,導致天主教選民並不承認新教政府的合法性。

　　由於蘇聯的解體與冷戰的結束,世界局勢的發展趨於緩和,維持和平不僅成為時代潮流,也為 1969 年以來陷入暴力惡性循環的北愛爾蘭帶來解決的曙光。1997 年英國首相布萊爾(Tony Blair)採取有別於過去英國政府處理北愛爾蘭問題的強硬立場,與新芬黨主席亞當斯(Gerry Adams)坐上談判桌進行面對面的歷史性會談;1998 年 4 月 10 日北愛爾蘭、英國與愛爾蘭在貝爾法斯特(Belfast)簽署結束長達三十年流血衝突的《北愛爾蘭和平協議》(Northern Ireland Peace Agreement)。在此要特別強調,該協議是三方妥協的結果,英國透過權力下放給予北愛爾蘭更多自治的空間,同時也規範北愛爾蘭與愛爾蘭的關係,並將北愛爾蘭未來的歸屬交由北愛人民決定。隨後,5 月 23 日北愛爾蘭與愛爾蘭同時針對上述和平協議的內容進行公民投票確認,71.12%北愛爾蘭選民與 94.39%愛爾蘭選民表達對《北愛爾蘭和平協議》

支持的立場。上述的結果對於促進北愛爾蘭天主教徒與新教徒的和解，為北愛爾蘭帶來和平具有重大的助力。

第二節　建立健全的公民投票制度

　　公民投票是一種普世價值、是基本人權，也是主權在民的具體實踐。在一個自由民主進步的現代社會，具備一個完善健全的公民投票制度，除了表達人民的意志，落實具有正當性基礎的民主決策，也有助於促進直接民主回到它應該有的制度性功能——扮演補充性的角色。因此，公民投票可以彌補現行間接民主之不足，聚焦在單純重大公共政策的決定，解決國家主權、憲政體制或社會重大爭議性事務等問題上，而不是作為政治動員的工具，甚至作為傷害議會體制運作的殺手。

一、公民投票法

　　台灣在落實主權在民的殷切期盼下，2003 年 11 月 27 日立法院終於三讀通過《公民投票法》，並於同年 12 月 31 日正式公布施行。此項結合許多學者專家、社運團體與台灣人民共同催生的《公民投票法》，假使有適當的制度設計，加上鼓勵人民的積極參與，人民瞭解公投的意義、重要性與程序，再經過多次的實際運作之後，習慣也就成自然，相信對台灣民主政治的發展會有非常正面的功能。令人深感遺憾的是，台灣大多數人民雖然已習慣表達自己的意見，但是在政治制度上仍偏重於對「人」投票的設計；至於人民透過投票對特定的「事」，例如國家層次的法律、議案、公共政策、憲法議題或地方區域性的公共事務，來表示贊成或反對的制度，卻一再受到有心政客無理的醜化、扭曲，甚至惡意抵制。

　　無可否認，在《公民投票法》制訂的過程中，國民與親民兩

黨以國會多數的優勢聯手主導《公民投票法》的通過，從一開始就利用立法的技術針對關鍵性的議題進行的可能性設下多重的障礙，導致最後通過的《公民投票法》，不僅無法就台灣的前途進行公投，甚至連一般性的議案也不利於人民表達意見。其中最為人所詬病的就是設下公投案過高的通過門檻限制，相較於其他已有公民投票制度的國家均嚴格許多，使得這部《公民投票法》被外界譏諷為《鳥籠公投法》。

具體上，《公民投票法》值得檢討修正的部分有以下幾項：

（一）公民投票提案及連署門檻過高

根據《公民投票法》規定，全國性公投提案人的人數，應達到提案時最近一次總統、副總統選舉的選舉人總數「千分之五以上」；在此以 2016 年第十四任總統、副總統選舉的選舉人總數 18,782,991 人作例，公民投票案提案人的人數至少要 93,915 人以上。然後，提案後還要再經由公投審議委員會審查之後，才能進入第二階段的連署。這時連署人數則應達到提案時最近一次總統、副總統選舉的選舉人總數「百分之五以上」；若同樣以前述第十四任總統、副總統選舉為例，連署人數至少要 939,150 人以上，才能夠真正啟動公民投票的機制。

（二）公民投票案通過門檻也過高

根據《公民投票法》規定，至少要有「二分之一以上」的投票權人去投票，而且這些去投票的人，還得有「二分之一」的人投有效同意票，才能算是「同意」。假使以 2008 年舉行的「以臺灣名義加入聯合國全國性公民投票案」為例，同意票高達 94.01%，反對票僅有 5.99%，但因為投票率為 35.82%，未達二分之一以上的高門檻，就被「否決」。如此絕對多數的規定，不僅有礙多數統治的民主原則，同時也有侵害人民自決基本權利之弊。

（三）不符合法制的公投審議委員會

基本上，根據《公民投票法》的規定，公民投票的提案人數一旦達到門檻後，還要再經由「公民投票審議委員會」審查。公投審議委員會直接對提案內容進行實質審查，難免令人有「球員兼裁判」的疑慮。畢竟，公民投票是讓人民監督政府行政的一種方式，公投審議委員會擅自對公投的內容審查，也給人有規避人民監督之嫌。假使是由人民所發動的公投，「議題設定權」就是公民投票權的重要內涵；如何進行投票是技術問題，由行政機關在符合成本效益原則的前提之下決定與執行。但是，假使議題設定權不屬於人民，竟由公投審議委員會具有「實質審查」人民連署提出公投案的權限，那麼這一公投審議機制，並不在協助人民實現主權，而是在於限制人民意志的形成，確實違反主權在民、直接民主原則。

公投的主角是人民，原本期待《公民投票法》通過成為促進人民有效參政的動力，沒有想到所謂的《鳥籠公投法》阻礙人民表達直接民主的制度設計竟然成為限制人民權利、阻殺民意的工具。台灣在《鳥籠公投法》的禁錮下，始終沒有任何公投案有效成立通過。這不僅違背《公民投票法》第 1 條所宣示的立法目的：「依據憲法主權在民之原則，為確保國民直接民權之行使，特制定本法」，更實質上剝奪人民受憲法保障的直接民權。由此可見，唯有設計一套健全合理的《公民投票法》，台灣人民才能真正當家做主。

二、2017 公投法補正

國內許多關心《公民投票法》補正的學者專家與公民團體合作舉辦多次研討會，提出「還權於民」的訴求，具體的修正方向包括：（1）降低全國性公民投票提案及連署門檻；（2）降低公民

投票案通過門檻；（3）廢除公投審議委員會。2016 年民主進步黨重返執政，取得國會全面執政的優勢，為了回應國人對於《公民投票法》補正的心聲，排除台灣實踐主權在民的絆腳石，終於在 2017 年 12 月 12 日歷史性的時刻三讀通過「《公民投票法》部分條文修正案」，補正《公民投票法》立法十四年來的各項缺陷，朝向落實人民主權的目標踏出一大步。

　　2017 年對《公民投票法》第 10 條、第 12 條及第 30 條進行修正，大幅調降全國性公民投票提案、連署及通過門檻的限制。首先，有關公投提案人的總數應達到提案時最近一次總統、副總統選舉的選舉人數，由原本「千分之五以上」降為「萬分之一」；在此以 2016 年第十四任總統、副總統選舉的選舉人總數 18,782,991 人次為例，公民投票案提案人數由至少 93,915 人隆為 1,879 人以上。提案通過之後，不再經過公投審議委員會的審查，直接進入第二階段的公投連署。其次，對於公投連署門檻的限制，則應達到提案時最近一次總統、副總統選舉的選舉人總數，由最早的「百分之五」降到「百分之一點五」；假使同樣以前述第十四任總統、副總統選舉為例，連署人數由至少 939,150 人降為 281,745 人以上。

　　至於，《公民投票法》的「雙二一」的高通過門檻（投票人數須達全國總投票權人總數二分之一以上，且有效投票數超過二分之一同意者），《公民投票法》修訂的內容，更改為「有效同意票多於不同意票的簡單多數決，且有效同意票達投票權人總額四分之一」。同樣以 2016 年正副總統總選舉人數 18,782,991 人來說，至少要有 9,391,496 人以上投下有效公投票，也要有 4,695,748 人以上投下同意票，公投才能過關。由於公投通過門檻的大幅降低，回顧過去 2004 年與 2008 年共六次的全國性公民投票，其中四個包括：2004 年的「強化國防公投」、「對等談判公投」，以及

2008 年由民主進步黨所發動的「入聯公投」以及中國國民黨所發動的「返聯公投」，因未達投票權人投過半而失敗的公投提案就能敗部復活。

《公民投票法》另外補正的內容，還包括公投年齡由二十歲降為十八歲、廢除公民投票審議委員會，主管機關改為中央選舉委員會、未來公投將採行不在籍投票（實施辦法另以法律定之）、未來中選會建置電子連署系統。然而，美中不足之處，此次《公民投票法》修正排除「憲法修正案」與「領土變更案」兩項敏感議題，而回歸門檻更高的《憲法》增修條文規定處理——也就是由立法院發動，要求「立法委員四分之一之提議，四分之三出席，及出席委員四分之三決議」才能提出，立法院通過後還要公告半年，再經「中華民國自由地區選舉人投票複決，有效同意票超過選舉人總額之半數」才算通過。在野黨時代力量黨團提出台海兩岸政府政治協商須經公投的議案，也被排除在此次《公民投票法》修正之外。

三、2019 公投法補正

2017 年立法院打破《公民投票法》的門檻限制，使公民投票案的過關，不再是遙不可及的目標。《公民投票法》修正之後第一次舉辦的全國性公民投票，與 2018 年 11 月 24 日九合一大選合併辦理，公投案總數達到前所未有的十案（全國性公民投票第七案至第十六案），而最後通過的公投案總數也高達到七案，只有「2020 東京奧運台灣正名」、「以民法保障同性婚姻」與「國中小性別平等教育明定入法」三個公投案被否決。

一個完善的公投制度，在審議階段要納入多方聽證，包括當事人、利害關係人與其他第三人都要有充分審議的機會與空間，甚至於連署成案後到公投前的宣傳，都應引入審議或至少參考其

內涵而導入某一些必要的措施。2018 年 11 月 24 日所進行有史以來最多公民投票案，表面上看來成果豐碩，但是實際上出現許多未曾發生的亂象。例如公投成案數過多，導致投票、開票作業延宕，投票時間結束後，有些地區的民眾甚至還在排隊領票、投票，開票與投票同步進行。此外，因為公民投票案倉促成案後，即與選舉同時舉行，在極短暫的時間內，在公民連題目都弄不清楚、讀不懂或不知其利弊得失與影響的情況下，一次性針對數量如此多的提案做出政治決定，加上某些倡議者刻意誤導選民，不斷製造虛偽、恐嚇、欺騙言詞的推波助瀾，不僅扭曲公民投票的核心價值，也製造更多的政治問題。

　　為了避免深化民主的公民投票制度，淪為傷害台灣民主的工具，顯然要解決這類的問題，必須拉長相關審議與宣導時間，明訂詳細聽證的程序與利害關係人地位、權限的可能範圍，引入必要的公共資源以承接人民的資訊需求。立法院 2019 年 6 月 17 日進行《公民投票法》部分條文的修正重點除了明訂公投與大選脫鉤，公民投票日應為放假日，而且自 2021 年起每兩年舉行一次公民投票，於八月第四個週六舉辦。此外，主管機關中央選舉委員會收到連署人名冊後，應函請戶政機關由原本三十天的查對期，改為六十天完成查對；提案的審查期由原本三十天延長為六十天完成審核；中央選舉委員會提出意見書的時間，敘明通過或不通過的法律效果，由原本三十天內改為四十五天；主管機關中央選舉委員會為讓公投案有充分討論的時間，由原本二十八天前應公告公投日期、投票啟止的時程，延長為九十天前。

　　2019 年立法院通過《公民投票法》部分條文的修正，明訂公投日以及公投與大選脫鉤的決定，引起正反不同的評估。批判的主要理由強調公投綁大選是公投案通過的充分與必要條件，公投與大選一旦脫鉤，想要通過公投案是難上加難。公投與大選脫

鉤是否會對台灣直接民主的落實帶來負面的影響？就這一點，真是見仁見智，有待日後的考驗、實踐歷練。由提升全民公投教育、實際歷練的角度來看，公投與大選脫鉤有助於凸顯公投議案的重要性，避免因為大選「選人」的劇烈競爭，模糊了選民對於公投議題的意見表示，致使選民對重要、爭議性重大且難以解決的問題，無法表示自己真正的立場與看法，影響台灣直接民主的有效落實。

在周詳慎重的規劃準備之下，希望台灣人民能夠得到新而寶貴的經驗，對公民投票有進一步的瞭解認識與信心。原本預定在 2021 年 8 月 28 日舉行的全國性公民投票，受到疫情的影響，延後至 2021 年 12 月 18 日舉行四項全國性的公民投票，隨後 2022 年 11 月 26 日又舉行一項憲法修正公民投票案。無論公投結果如何，此種新修正法之下新嘗試、新經驗的結果，事後應認真仔細加以檢討，以求改進。我們應記住 2018 年九合一選舉時相當紊亂的公投經驗。同時，也要認識：與歐美民主先進國家的公投實踐經驗比較，我們台灣還有許多需要學習、改進歷練的時間與空間。

第三節　台灣前途公投的必要性與迫切性

公民投票已成為現代國家的民主化指標，也是當代落實人民自決原則的大潮流。台灣主權獨立是既成的事實，這是台灣的現狀，法律上不必再經由公民投票來追求。但是，任何有關改變「台灣是一個主權獨立國家」現狀的決定，必須經過全體台灣人民的同意，也就是用「公民投票」來具體表達。公民投票是展現台灣全民意志最和平、民主的方式，沒有任何強權、政府、黨派、團體或個人能夠剝奪或限制此一人民基本權利。

當霸權的中國假借「統一」之名，透過各種手段企圖侵略或併吞台灣時，我們不但要運用有形的國防力量或無形的心防意

志,全面展現保衛台灣的勇氣,而且要透過公民投票直接表達出我們反對被中國併吞統治的全民高度決心。經由公民投票將台灣要保持獨立自主的意志向國際社會明確公開表示,台灣人民守護自己國家以及追求民主自由人權的堅定信念,絕對不容許任何人予以剝奪或壓制。

雖然台灣現在已經進化為一個國家,但是有許多因素導致台灣在國際社會還不能算是一個「正常化的國家」。台灣要真正成為一個正常化的國家,需要透過人民自決的公民投票向國際社會宣示我們台灣人民的高度意志與豐沛力量,不但可以表明我們有別於中國的堅定立場及決心,而且可以強化台灣本來就是一個主權獨立國家的事實。如此,能夠獲得更多國際社會的支持,具有最大的民主正當性,作為無形的國家安全防線,也有助於台灣走向世界舞台,積極發揮我們的貢獻。

一、台灣在國內要長治久安,在國際社會也要永續發展

以「國內面」來講,台灣能夠成為一個獨立的國家,可以有效行使自決權,來自於全體台灣人民的同心協力,抵制外來政權的統治,積極追求民主自由與人權。歷經白色恐怖、黨國不分、解除戒嚴、總統直選、政黨輪替到政治轉型、公民覺醒,台灣人民深刻體認到「自己的國家要自己救」,台灣人民要成為國家真正的主人,共同守護我們的家園國家。在邁向正常化國家的過程,必須落實人民自決的精神,讓台灣人民決定自己的未來前途與永續生存發展,以確保台灣的長治久安。

就「國際面」來講,公投決定台灣前途是台灣人民的基本人權,也是民主台灣在國際社會永續發展的保障。台灣在世界舞台面臨中國因素所帶來的諸多困境,像是各種惡意的打壓、排擠、混淆、扭曲等,使得台灣的國際參與一直蒙受不平等對待。其實,

台灣透過公投展現主權在民的意志與力量，給全世界聽到台灣二千三百萬人民與國際接軌的心聲。在全球化的潮流下，跨國界、跨區域的合作不可或缺，任何國家都需要友邦，即便是美國、日本、中國等大國亦同。經由與世界各國的交流、合作、分享，可以促進台灣經濟、社會、文化等各領域的進步與永續發展。況且，台灣在全球各領域都有顯著的貢獻，世界需要台灣，台灣也應該自信且堅定地走向國際社會，讓世界看見台灣，讓世界認同台灣，讓世界擁抱台灣。

二、台灣的前途必須以和平的方式決定

以台、美關係為例，美國自 1979 年 1 月 1 日與中國建交後，卡特政府接受終止《美國與中華民國共同防禦條約》的條件；由於共同防禦條約的終止，美國國會制訂《台灣關係法》，作為美國對台政策的主軸，以確保台灣的和平、安全與穩定，並延續與台灣的實質關係。在此要再次提醒大家，關於中國所主張的「一個中國原則」，與美國所採取的「一個中國政策」，兩者有別：（1）中國只有一個，美國接受。（2）中華人民共和國是中國的唯一合法代表，美國接受。（3）關於領土，中華人民共和國認為台灣是中國神聖不可分的一部分，這一點美國不同意，因為美國僅「認知（Acknowledge）」，而非「承認（Recognize）」此一主張。「認知」與「承認」不同，「認知」表示我們知道你們的主張，但是，我們並沒有加以「承認」或接受；簡單來講，「認知」只表示「我知道了」而已，並不是「我同意」。

所以，美國依照《台灣關係法》的規範，明確展現出對於維護台灣國家安全的立場與態度，同時，恪守尊重台灣人民的選擇，堅持「以和平的方式決定台灣的前途」。台灣的將來，一定要以和平的方式決定，這不僅為美國所關切，也是國際社會所關

切的重要事項。此外，1990 年 3 月，美國眾議院亞太小組也曾在美國國會提出一項議案，強調決定台灣前途時，應該經過「公民投票」的有效民主方式，以尊重台灣住民的意願。換句話講，公民投票是決定台灣前途最具有民主正當性、最和平的方式。

三、台灣前途公投不是統獨公投

　　台灣前途公投是不是統獨公投？有人會提出這一個疑問。實際上，台灣前途公投並不等於進行統一或獨立的公投。因為，現階段「台灣已經是一個主權獨立的國家」，這一點無庸置疑，根本不需要透過公民投票來追求。但是，任何企圖改變台灣主權獨立現狀的事由，則是一定要經由全體台灣人民以公民投票來決定。

　　以公民投票決定台灣前途，並不表示以公投決定獨立或統一與否；而是我們希望透過台灣前途公投來維繫台灣生存與安全的最後一道防線，也是台灣人民向國際社會發聲的重要契機，更有助於亞太地區與全球的和平、安定及永續發展。

　　中國不斷對外宣稱台灣是中國的一部分，甚至在國際參與上時常打壓台灣，以及藉由各種外交、經濟、文化等影響力來逼迫台灣就範，這些顯然都會嚴重危及台灣主權獨立的現狀。因此，台灣必須透過公民投票向全世界嚴正表明，我們反對被中國併吞、反對被中國統一的決心與立場。台灣人民堅決反對被中國併吞或被中國統一的民意占絕大多數，這是非常清楚明確的。唯有藉由台灣前途公投的表達，我們才能夠獲得國際社會更多的支持，進而防範、阻止中國要併吞台灣的野心。

四、台灣前途和平決定的方式就是在國際見證下的公民投票

　　目前全世界已經有過半數國家在憲法中明文規定全國性的公民投票制度，其中又有超過三分之一的國家規定修憲必須經過

公民複決。觀察國際實務經驗，公民投票已成為現代國家的民主化指標，也是當代人民自決的大潮流。

公民投票不僅是普世價值，也是基本人權，更是主權在民的具體實踐。這是任何國家的人民都應享有的權利，台灣人民當然也不能被剝奪、限制行使此一權利。台灣的前途與未來，必須由全體台灣人民來共同決定；共同決定的最好方式，就是舉行「公民投票」。這是台灣人民神聖不可侵犯的基本人權，也是聯合國人民自決原則的落實，不容許任何外力威脅、干涉或阻擾。

台灣前途的公民投票，必須經過國際的見證，讓國際社會看見台灣人民的總體意志。簡言之，公民投票的程序應該納入類似於「國際監督觀察團」的機制，讓各國媒體、公正人士或團體等能參與整個過程，藉由近距離的觀察與監督，使其充分瞭解我國自由民主的投票程序；此外，台灣人民投票出來的結果，因為有全球各大媒體、國際組織、國家等的見證，將會更具有國際公信力與公正代表性。進一步來講，一旦台灣人民在國際社會監督之下所做出的選擇，國際社會就須尊重台灣人民選擇的結果；當然，中國也是國際社會的成員之一，中國更沒有理由或立場反對，中國也必須尊重我們的決定。

需要進一步闡明的是，前述的國際監督機制，基於利益衝突的迴避原則，不能交由聯合國來進行，因為中國本身是聯合國安全理事會常任理事國的成員之一，中國一定會惡意阻擾，不僅有失客觀中立、公平允當，甚至違背聯合國尊重人民自決的理念價值。另外，在監督的過程中，需要國際社會多方參與來維持民主程序的順利進行，尤其應防範並杜絕中國的不當介入或干預，才能讓公投結果真正體現出台灣人民的意志。

五、十四億的中國人是不是有權利參與台灣前途公投？沒有！

「咱的代誌自己管，毋免別人來操煩」。這雖然只是一句歌詞，但是相當貼切地說出我們台灣人民心中的想法與立場。在法治的世界制度下，每一個國家都具有本身獨立自主的地位，國家的事務也是由該國內的人民來決定，不容許其他國家逕自干涉，這是國際法所明確保障的。同理可證，台灣的前途公投是我們自己的國家事務，當然由台灣人民來決定，不必要、更不允許其他國家來介入或干預。

台灣的前途與未來，本來就應該由生活在台灣這片土地上的二千三百萬全體台灣人民來共同決定，這是天經地義的代誌。怎麼會交由中國的十四億人一起來決定？邏輯上根本不通，更不符合法理、情理。基本上，中華人民共和國成立七十四年以來從沒有一日、一時、一刻統治過台灣；台灣不是中國的一部分，「台灣、中國，一邊一國」是鐵的事實。再者，舉一個簡單的例子：1945 年 10 月蒙古舉行獨立公投之前，主權仍屬於中國，當時蔣介石也派出國民政府官員前往監票，而參與投票人數為 494,074 人，其中並沒有包括蒙古以外的選民，最後贊成者為 483,291 人，等於是 97.8%贊成獨立。蒙古人民採取公民投票方式行使自決權，決定蒙古脫離中國而獨立。公投的結果主要在展現蒙古人民的自由意志與選擇，難道中國人也可以主張共同參與蒙古的公投？結論真明確，就是台灣前途公投是全體台灣人民的基本權利，只能由「台灣人民」來決定。

第四節　設立台灣前途公投特別委員會

公民投票是落實人民自決、深化民主的利器，公投適用的範圍很廣，包括國際法層次、憲法層次及各種公共政策、法律的層面。

簡言之，國際法層次牽涉到國家的主權，例如分離獨立、與他國合併或加入重大的國際組織；憲法層次多涉及制憲及修憲的問題；至於各種公共政策、法律的層面，所涵蓋的議題則更為廣泛。

《聯合國憲章》宣示「人民自決原則」，強調人民為了維護國家的完整獨立，爭取獨立自主、排除外力壓迫或干涉，具有正當性與合法性的基礎。因此，有關國家主權定位、國家未來前途的問題，這是一個屬於「國際法層次」非常重要的議題，牽涉到台灣二千三百萬人民的生存發展，台灣人民當然有最後決定權。換言之，台灣的前途由二千三百萬全體台灣人民來共同決定，這是天經地義的事，也是台灣人民神聖不可剝奪的權利。

根據當代國際法的原則、《聯合國憲章》、《世界人權宣言》、《公民與政治權利國際公約》、《經濟、社會與文化權利國際公約》、現代國家的一般實例等，以公民投票的方式制定新憲法或決定國家人民整體的命運，是主權在民的真諦與落實，人民本來就擁有這個權利，並不需要任何《公民投票法》的授權。當然，有了《公民投票法》的輔助，在程序上的運作應該更為順暢。《公民投票法》絕不可作為阻礙人民行使基本權利、表達直接民意的藉口或工具，否則將有悖於主權在民的精神。

台灣前途公投是屬於「國際法層次」的公民投票，所涉及的是全體國民主權的行使，其法源是國際法之中的「自決權」，而不是國內法；所以，不需要國內立法作為法源依據，更不可能從國內法排除這種國際法層次的公民投票。雖然，在此一層次的公投仍可援用《公民投票法》來協助其程序進行，但是必須特別強調的是，公投決定台灣前途是台灣人民的基本人權，不受限於《公民投票法》的強制規範。假使人民無法以正當的民主方式行使他們決定國家前途的基本權利，等於是變相鼓勵人民透過激烈的手

段爭取他們集體的基本權利，這對整體國家社會的穩定發展將會產生負面的影響。

我們政府的立法與行政部門顯然有先見之明，早就周詳考慮到關係國家主權，台灣前途的公民投票之重要性與特殊性。所以，當初在 2003 年 11 月 27 日制定、12 月 31 日公布的《公民投票法》第 17 條第 1 項就特別明文加以規定。此規定是現行《公民投票法》（2019 年 6 月 17 日修正，6 月 21 日公布）第 16 條第 1 項，原始版與現行版的內容完全相同。

現行《公民投票法》第 16 條第 1 項規定：「當國家遭受外力威脅，致國家主權有改變之虞，總統得經行政院院會之決議，就攸關國家安全事項，交付公民投票」。同條第 2 項規定：「前項公民投票，不適用第九條至第十三條、第十七條第一項關於期間與同條項第三款、第十九條及第二十三條規定」。這種國際法層次、影響國家主權、國家前途的公民投票原則上不適用全國性公民投票的一般程序，這就是《公民投票法》第 16 條第 2 項的立法要旨。

鑒於中國侵略併吞台灣的野心企圖愈來愈強化迫切，其併吞的手段軟硬兼施，多方面同時並進。外交戰、經濟戰、法律戰、心理戰、滲透戰與媒體戰，加上軍機、軍艦、飛彈等等的武力威脅對台灣與台灣人民已造成明顯與現在的威脅與危險。我們必須立即有所因應。

依照《公民投票法》第 16 條，國家主權遭受到有改變的危險時，總統能夠採取主動，經行政院院會的決議後，交付人民公民投票決定。國家主權公投案提案的主動權在政府，最後的決定權在人民。假使總統與行政院院會過於慎重或因其他原因遲遲沒有舉行人民公投維護國家主權時，要怎麼辦？

維護國家的主權、台灣的前途，政府與人民有共同的責任。政府不便或不能採取主動時，人民不能空空等候，而必須及早採

取主動，喚起人民的覺醒，集思廣益，採取積極的行動。台灣人民透過公民投票，維護國家主權集體意志的展現，就是最民主、最和平的自衛與自救的方式，也是最有效的方式——對內喚起、動員台灣人民，對外積極爭取國際社會的共鳴與支持。這是一種防禦性的公投，我們要預防在先，有備無患。及早準備，以免失去保衛國家主權的契機——這個契機就是現在就要開始，籌備台灣前途公投的大工事。因此，本書建議，台灣應該擇一適當時機，儘速設立「台灣前途公投特別委員會」。「台灣前途公投特別委員會」的設立與《公民投票法》第 16 條賦予總統與行政院院會發動維護國家主權的防禦性公投，各有其功能；好好準備、協調整合運用，可發揮相輔相成的功能。

　　具體來講，政府應設立一個特別委員會作為推動台灣前途公投的單位，來處理相關事務性或文宣等工作，並積極完備必要的資源整合，使公投程序能在符合公平、公正與公開的要求下順利完成。關於此一委員會，建議宜由總統擔任總召集人、立法院院長擔任副總召集人，邀請朝野政黨、學界、專業團體、政府或政黨推薦、經公開遴選的公民等具有社會聲望或專業學識的代表，共同籌組成立「台灣前途公投特別委員會」，針對公投程序、命題等尋求社會最大共識，整合政府及各界資源，辦理公投宣導與相關事務，並且接受人民及輿論的監督。

　　以下分別提出有關參與、目的、時空因素、資源、策略、公投結果、影響等主要過程，作為台灣前途公投的基礎思考方向與未來決策參考：

一、參與

　　有關台灣前途公民投票的參與者，大約可分為四種類型來說明：全體台灣人民、台灣前途公投特別委員會委員、有投票權人、

國際監督觀察團。

（一）全體台灣人民

台灣前途公投攸關台灣未來的生存與發展，必須交由全體台灣人民共同來決定，這是我們必須積極關注、用心參與的重大決定。所以，每一個人都應該對此公投內容、程序等有更清楚的瞭解，也應該多參與討論、提供想法、廣為宣傳，讓更多人的意見可以交流、對話、激盪，並且提高投票率，以期全體台灣人民的意見能夠高度呈現。

（二）台灣前途公投特別委員會委員

此一委員會建議由總統擔任總召集人、立法院院長擔任副總召集人，以提升其代表性，且有助於資源的整合及協調。委員的組成，為了廣納不同團體的多元意見、尊重朝野政黨的協調角色、兼顧專業性及代表性，其成員應邀請朝野政黨（由朝野主要政黨的黨主席與立法院黨團三長為優先）、學界（至少應有國際公法領域學者與研究國際事務相關學者為主）、專業團體（諸如律師公會全聯會或台灣國際法學會等）、政府或政黨推薦（由政府或政黨所推薦具有社會聲望或專業學識者）、經公開遴選的公民（開放委員名額由公民自行報名且經遴選者）等，藉由如此多元背景與專業的協商、討論、合作，使公投的內容、程序能更為細緻，並且具有更高的社會公信力。

（三）有投票權人

凡是我國國民，年滿十八歲，除受監護宣告尚未撤銷者外，均有公民投票權。有公民投票權者，必須在我國繼續居住六個月以上。曾在我國繼續居住六個月以上，現在國外，持有效台灣護照，並在規定期間內向其最後遷出國外時的原戶籍地戶政機關辦

理投票人登記者，也有投票權。年齡及居住期間的計算，以算至投票日前一日為準，並均以戶籍登記資料為依據。至於其他投票相關事項或爭議認定，則可參酌我國現行的《總統副總統選舉罷免法》規定辦理。

（四）國際監督觀察團

以「台灣前途公投特別委員會」名義，主動邀請國際組織、各國政府單位、新聞媒體、非政府組織、公民團體、國際公正人士等來台灣共同參與、觀察、監督及見證這歷史性的公投。

二、目　的

台灣前途公投主要目的在於讓國際社會瞭解台灣人民的總體意志，因此，該公投的命題必須清楚、明確。同時，公投的整個進行過程必須公開透明且具備公信力，才能真正落實民主的核心價值。首先，關於公投的命題部分，由「台灣前途公投特別委員會」先匯集各界意見，經充分討論後確認出一個最有利於台灣生存與發展的公投題目，例如：「台灣應繼續作為一個有別於中華人民共和國的國家」。特別要說明的是，公投題目中的「中華人民共和國」必須完整表述清楚，絕對不可以使用「中國」二字縮寫，以免產生混淆或引發不當解讀。

另外，台灣前途公投的題目，不能採用選擇題方式。因為，假使容許選擇題，屆時可能會出現相對多數的公投結果，但實際上所代表的只是少數意見而已。舉例來講，若採行選擇題，題目A有30%同意、題目B有38%同意、題目C有32%同意，此時結果為B，卻難以呈現出多數的意見。所以，台灣前途公投的命題方式必須為「同意、不同意」，而不可採行選擇題，如此才能真正凸顯出台灣人民的意志。

三、時空因素

關於公投的時空因素，可分四部分來說明：公投案公告、投票日、投票所設置、不在籍投票。

（一）公投案公告

應於投票日六個月前，公告投票日期、投票起止時間、公投案主文、理由書、行使範圍及方式等。有關應於投票日六個月前公告，在於為使民眾有充分時間與機會可以瞭解公投案內容，並進行必要的思辨討論。當然，該六個月係指公投案的公告，在此六個月之前，仍應有一定的相關前置作業期間，讓人民有更多瞭解、討論的機會，以提高全民的廣泛參與。

2005 年 10 月，美國耶魯大學講座教授艾克曼（Bruce Ackerman）來台灣參與學術研討會並進行主題演講時，曾建議台灣可採用「全國審議日」（National Day of Deliberation）的概念。他具體建議，台灣在日後舉行公投的前三週，應由政府指定一個星期假日作為「全國審議日」，當天所有人都可以在社區或鄰里的活動中心裡，與他們的鄰居或其他人一起共同討論、思考有關公投的內容與重要性。

（二）投票日

原則上，投票日應與全國性選舉（例如總統、副總統選舉與立委選舉）同時舉行，如此更能提高投票率，並大幅減低整體社會成本。在特殊情形下，也可有例外。

（三）投票所設置

應視有投票權人的分布情形，就全國各機關、學校、公共場所或其他適當處所，分設投票所。投票所的設置，必須通盤考量對有投票權人的交通便利及安全性等因素。

（四）不在籍投票

不在籍投票，包括通訊投票、代理投票、移轉投票等。雖然「通訊投票」方式最能保障平等精神，且歐美國家也多有實例，但是就台灣政治現況而言，只要投票過程中有一點點小爭議，就會使整體投票公平正當性遭受挑戰與質疑；再者，通訊投票就技術上來講，仍存有諸多窒礙難行之處，例如，秘密投票程序如何確保、是否會受到中國介入操作、人民是否信任其過程、買票疑慮等，因此，現階段仍不可開放海外僑民及台商的通訊投票。至於「代理投票」，因為很容易被外力介入影響，且有違投票秘密原則，所以更不容許開放實施。

為協助公民實現最基本的投票權利、便利選民就近投票、節省返鄉時間及旅費，可以考慮採行「移轉投票」方式。「移轉投票」即有投票權人若投票日當天無法返回戶籍地投票，可於投票公告的移轉投票日起一定期間內先行提出申請，而將其選票由戶籍地移轉至工作地或求學地。須注意的是，移轉投票必須由投票人「本人」、「親自」、「在投票日當天」與「前往投票所」進行投票，而且，此方式僅限於國內的有投票權人，海外僑民及台商均不予適用。

四、資源

一個民主進步的社會，除了公民投票的提案方可以進行正面宣傳之外，也應該容許反對方進行宣傳活動的機會。任何個人、法人或團體，不論是贊成或反對系爭提案，都可以「公投關係人」的地位，合法進行相關的宣傳活動，展現公民社會兼容並蓄的特質，有助於意見交流、建立共識。除此之外，政府也有義務對人民公開與提案有關的政府資訊，以便人民作成更完整的判斷。

經費多寡攸關公民投票的成效，欲使公投的過程達到正反雙

方充分思辨及對話，必須以平等的發言機會為前提。假使在公投宣傳的期間內，無法確保經費的完全透明，那麼財力雄厚者將占有優勢，除了可能控制公投議題，甚至引導或誤導民意，因此對於公投宣傳活動的經費應設有上限管制，或是由國家提供經費補貼，甚至由政府舉辦相關宣傳活動並邀請各方共同參與，才能讓正反雙方都得到公平的機會。此外，所有的財務來源與使用收支情形，都應該要求公開透明，並進行相關必要的查核，避免任何不當或不法的可能。

尤其要倍加注意的是，台灣前途公投因為是台灣人民的意志展現以及國家主權的彰顯，中國必然會透過各種方式企圖影響或阻擾，所以，我們必須嚴密防範並制止中國藉由挹注我國內某些團體大量資金或採取威脅、利誘，來進行檯面下的輿論操弄、買票或任何不當介入行為。除此之外，我們須同時藉由國際的觀察、監督，降低中國檯面上的威嚇、打壓，以確保公民投票的順利進行。

五、策略

若要順利完成台灣前途公民投票，具體策略可分為五點來說明：確保公投過程的民主和平、納入國際的參與及監督機制、媒體報導的公正與公開、公投資源的合理分配與使用、排除任何脅迫與不法可能。

（一）確保公投過程的民主和平

台灣前途公投是台灣人民向國際社會表達意志的重要機會與管道，此時，中國一定會宣稱我們沒有資格對此議題進行公投，甚至會竭盡所能地打壓、威嚇、利誘或影響。無論如何，全體台灣人民絕對都不能因此就畏懼、退怯、被收買或妥協。我們要堅定意志，透過國際社會輿論來作為後盾，在國際的參與、

監督及支持之下，確保公投過程符合民主的機制、和平的保障，勇敢說出我們的心聲，相信這才是對台灣的國家安全、亞太地區的和平穩定、世界的民主發展，最直接、最有價值的具體貢獻。

（二）納入國際的參與及監督機制

台灣前途公投是國際社會所關注的重要議題，因此我們應該主動邀請國際組織、各國政府單位、新聞媒體、非政府組織、公民團體、國際公正人士等代表來參與、監督，共同見證這歷史性的一刻，共同感受台灣的自由、民主與法治的大進展。在此特別說明的是，這些國際人士或團體，乃類似於觀察團的模式，可以實地參與相關活動，觀察、瞭解整個公投過程的進行，必要時也可以參與意見的提供或分享，但是不具有任何投票權，這點應該無庸置疑。

（三）媒體報導的公正與公開

公平、公開的媒體資源分享，以及真實、平衡的新聞報導環境，攸關公民投票的穩健發展。這些影響公投過程與結果的傳播媒體，假使無法發揮社會公器的角色，謹守新聞專業與倫理的要求，將可能造成民眾被誤導或操弄。因此，無論是電子媒體、平面媒體或是網路媒體、公民記者等，都應該秉持良知、專業且公平處理相關新聞內容，以符合人民對知的權利，滿足人民對真實、公正、公開的期待。

（四）公投資源的合理分配與使用

在整個公投活動的過程中，資源的分配與使用應講求合理、合法、公平、允當。尤其，無論是贊成方或反對方，都應該有平等接近資訊的機會，以及合理使用資源的措施，諸如經費的補助、場地的商借、資訊的提供、媒體的使用、人員的協助、單位

的配合等，都必須有一套良善的管理機制，以及合乎法律、制度的妥適配置、使用及監督。

（五）排除任何脅迫與不法可能

在一個自由、民主的公民社會，每個人都有表達意見的機會與權利，正因為如此，在公投進行的過程中，難免會有各種不同的意見產生，可能來自於國內抱持不同立場的聲音，也可能來自於中國的刻意操弄或威嚇等情形。尊重多元意見，是身為民主法治國家的台灣所引以為傲的；同時，維護基本人權與民主、自由，更是我們所堅守的價值。因此，任何企圖以暴力、脅迫、威嚇或其他不法方式來影響公投的進行或結果，都是不被允許的，且應該予以譴責並追究相關責任。

六、公投結果

關於公投的結果，可分為七項功能來分析：資訊、倡導、制定、援引、適用、終止、與評估。

（一）資訊

為了促進國人多瞭解台灣前途公投的實質意義、在國際法上的地位、公民投票的程序、多元意見的思辨與凝聚等，都仰賴各種資訊的蒐集、整理、公開及傳遞。這些過程不但有助於提升台灣人民對於民主意涵的瞭解，讓人民在具有國際法思維的理性討論中激盪、實際參與中學習及成長，增進人民對國家的認同感，而且有助於累積台灣人民的民主知識及經驗，進一步將這些寶貴資訊與國際社會共享。

（二）倡導

從構思台灣前途公投的行動開始，到實際規劃、推動、組織、說明、宣傳、動員、投票等，這一連串的倡導過程，不論結果如

何，倡導過程會取得所有台灣人民的感動、珍惜。畢竟，要探詢並整合諸多意見實屬不易，更何況要投入如此大量的人力、財力等資源。這是一場全民的倡導運動，也是台灣自由、民主、法治的最佳宣傳，藉由具體的公投行動，展現我們深愛台灣的真心與意志，凝聚最溫柔而強大的力量，共同保護我們的家園、國家，實現國際社會的和平。

（三）制定

藉由參與此一具有國際法層次的台灣前途公投，可以增進國人對於國際法、公投民主的瞭解，有助於台灣未來在一些法規的制定或修正上能更符合國際潮流。像是憲法中的人權條款、國際法在國內法的落實、法規制定可多參酌的世界先進國家立法例與實務、現行公投法的再修正等，都需要更有國際觀的立法思維，才能和國際社會與時俱進。

（四）援引

在推動台灣前途公投的過程，我們可以援引一些世界各國公民投票的案例作為參考。所有國家在爭取自由、民主的道路上，均非一蹴可成，而是要不斷堅持往前，才能成就國家的獨立、完整、正常、安定。他山之石、可以攻錯，無論是台灣前途公投，或者是台灣加入聯合國等，都應該援引並參酌國際社會的成功經驗及啟示，讓台灣能夠早日成為一個確保安全、永續發展的正常化國家。

（五）適用

台灣前途公投屬於國際法層次的公民投票，所涉及的是全體國民主權的行使，其法源是國際法之中的自決權，而不是國內法。因此，台灣前途公投就是一種具體適用當代國際法的原則、《聯合國憲章》、《世界人權宣言》、《公民與政治權利國際公約》、

《經濟、社會與文化權利國際公約》等，有全球思維的人民總意志展現。透過這樣的適用及展現，讓我們可以實現人民的基本權利，也可以與國際法治的大潮流同步前進。

（六）終止

由如上所述，現行公投法對於《公民投票法》的缺點已經加以相當的修正，可援用於台灣前途公投程序。假使現行《公民投票法》窒礙難行又悖離民主精神時，我們應該檢視相關法令，終止那些不合時宜的規範，才能夠確保人民的基本權利。

（七）評估

台灣前途的公民投票，由最初的構想，到實際規劃、推動、組織、說明、宣傳、動員、投票，到最後的結果，這些過程都應該留下完整的資料與紀錄。同時，藉由科技整合與資訊運用，將每一個階段的執行內容與方式進行評估，檢討其經濟性、實效性與影響性，最後應提出整體性評估的具體發現及建議，分析過去、檢討現在並預估未來，不僅可作為日後台灣進行公民投票的基石，也可以提供公民投票相關法律規範或制度設計的實務參考。

七、影響

台灣是一個主權獨立的國家，任何企圖改變台灣主權獨立現狀的事由，一定要經由全體台灣人民以公民投票決定。在中國不斷對外宣稱台灣是中國的一部分，甚至在國際參與上打壓台灣，以及藉由各種經濟、文化等影響力來逼迫台灣就範時，台灣必須以公民投票的方式，明確向國際社會宣示我們全體台灣人民反對被中國併吞或被中國統一的決心，這是台灣人民在國際社會發聲的重要契機。

　　台灣前途的公民投票，將會影響我們子孫的未來，也會影響到亞太地區的穩定，甚至影響世界的和平。所以，我們除了需要國內所有人的積極參與、思辨、凝聚共識之外，更應藉由國際人士或團體的參與、觀察、監督，讓國際社會共同見證台灣人民的總體意志，強化國際公信力與公正代表性。在國內公平、公正、公開的程序，以及國際民主、法治、和平的監督之下，台灣人民最後選擇出來的結果，自然會獲得國際社會的尊重、支持與認同，也更能夠確保台灣的生存安全與永續發展。

第五節　台灣前途公投的國內面

　　關於台灣前途公投在國內面的具體做法，可歸納出以下四點：一、凝聚國內社會各界對公投實質內容的共識；二、促進各政黨、公民社會、媒體輿論的積極參與；三、動員公民投票資訊全面化散佈；四、結合全民之力，落實公平、公正與公開的公投程序。

一、凝聚國內社會各界對公投實質內容的共識

　　公民投票能否順利完成的關鍵，在於所有人民的參與及支持。要讓人民能夠積極參與，首先需要讓人民充分瞭解公投的實質內容，進而有廣泛的討論及思辨，逐漸形成更具體的共識，深切感受台灣前途公投對個人、家庭、親友、社會與國家的重要性，產生高度認同感及支持行動力，投票當天才會撥冗或排除萬難前往各投票所，堅定地投下決定台灣未來的一票。

　　台灣因為曾經長期受到中國國民黨黨國教育的荼毒，對於憲政民主的內容、國際法治的概念都相對缺乏。因此，在台灣前途公投推動的過程，需要更多時間來進行基礎知識的普及說明，讓人民能夠清楚扼要地瞭解民主的核心意涵、公投的良善價值、國際法的

根本思維。尤其，要讓民眾有充分的資訊，無論是政府的資訊主動公開，或是藉由各類型媒體的論述分享，或者舉辦各種活動來推廣說明等，營造一個全民參與、全民討論台灣前途公投的環境。

唯有增進人民對於民主價值、公投程序、公投實質內容的瞭解，提供公眾辯論與理性交流的管道，凝聚國內社會各界的共識，才能提升人民對於國家的認同感與歸屬感，厚植成熟理性的民主內涵，讓台灣前途公投能真正獲得廣泛的認知與支持，提高整體投票率，讓世界聽見看見我們台灣人民的共同心聲與意志。

二、促進各政黨、公民社會、媒體輿論的積極參與

要營造一個全民參與、全民討論台灣前途公投的環境，除了需要政府的推動、宣導之外，也需要各政黨、公民社會、媒體輿論的積極參與，才能激盪出更多元的想法，讓不同的聲音都能被聽見，資訊更加公開透明，促進更有效率與高品質的理性思辨，同時整合各界的力量，讓公投討論融入生活、民主價值深入人心，全民共同參與並決定台灣的未來。

政黨在公投民主的實踐過程扮演非常關鍵角色，政黨影響力在芬蘭、瑞士與挪威等國公投加入歐盟案上，所發揮的影響力僅次於電視與報紙。政黨不僅有助於議題的闡述、整合，甚至可以強化動員、宣傳，提供選民公投的重要資訊。所以，在公投推動上，應先尋求朝野主要政黨的支持，以及其他政黨的共同參與。或許在溝通過程中，難免會有不同聲音或立場，都得儘量多方協調、尊重並廣納異見。

台灣有許多的公民團體，長期在不同社會議題上默默努力、付出，這是近年來台灣公民力量崛起的關鍵，也是台灣民主進步的重要推手。因此，一定要結合這股龐大的公民社會力量，透過民主審議與公民參與的方式，除了邀請參加「台灣前途公投特別

336 第肆編 台灣是世界的台灣，不是中國的一部分

委員會」的運作之外，也應多與其他團體共同舉辦諸如公民諮詢會議、公聽會、研討會、座談會、講座、各類活動等，其中如律師公會、法學會等專業團體，也可以多將有關公投的憲政民主觀念或國際經驗給民眾分享，建立全民對於公民投票與國際法層次的基礎認識。要之，我們應該鼓勵更多公民及社會團體的交流、分享，廣納經驗與建議，整合他們有組織能力、有論述能力、有行動力、有理想性的豐沛力量，與全民共同作伙宣傳或動員活動。

此外，各類新聞媒體的報導或評論，往往會影響很多不同領域的閱聽者，尤其，報導或評論的公正、客觀、專業與否，更是影響閱聽者會不會接受到錯誤訊息或被誤導的關鍵。所以，首先須要盡可能地要求媒體能自律，並提供公正、客觀的報導或評論，其次，若能提供更為專業、深入的報導或評論，則更值得肯定。隨著科技的發展，網路與手機通訊已成為許多人溝通及取得資訊的重要媒介，因此除了透過報紙、廣播、電視等媒體來廣為宣傳公投資訊之外，也應多善用網路與手機通訊來分享，讓民眾有更多元的管道來接近、使用、瞭解相關公投的內容或活動。另外，建議政府可以建立一個台灣前途公投的網路公開平台，提供透明、具體、充分的公投資訊，讓全民在此學習、交流、分享，使審議的實質意義得以落實，並同時促進全民的參與。

三、動員公民投票資訊全面化散佈

回顧台灣過去幾次的公民投票經驗，可見「投票率高低」是關乎成敗的主要因素。投票率的高低，除了因為《公民投票法》規定的技術性高門檻導致民眾投票意願降低之外，許多民眾接受資訊的管道不足、資訊被誤導、參與被侷限、聲音不被聆聽、被有心人士利用或刻意操弄等人為或制度問題，往往成為公投最大的阻礙。因此，如何讓所有人民都能獲得正確、完整、最新的公

投資訊，並且能夠瞭解內容、參與活動及實質討論，這些都是需要正視及解決的課題。

　　人民有知的權利，要讓公投資訊全面且有效散佈，必須靠政府、公民社會、新聞媒體以及全民一起來努力。例如政府應主動公開相關資訊、設立台灣前途公投的網路公開平台、租用電視台及電台時段、定期於全國各地舉辦公投說明會、與各團體合辦相關討論會或活動等，充分納入人民的意見，給予人民充足的資訊、參與討論的機會，滿足理性溝通的要件。同時，新聞媒體也要善盡角色，提供公平、公開、真實、平衡的報導或評論。各公民團體也可以多舉辦座談會與活動，增進民眾的瞭解及參與。當然，所有人也可以透過網路或手機通訊等，將資訊分享給親友，多參加相關的討論及活動。

　　舉例來說，只要每個人願意將正確公投資訊透過網路（如：Facebook、Twitter、E-mail 等）或手機通訊（如：Line、簡訊等）分享給身邊的親友們，並邀請親友們再分享出去，如此一來，就能不斷地擴散、傳遞，就會有更多人知道公投的資訊與活動。這是一場全民參與的運動，需要所有的人投入，才能讓更多人知道台灣前途公投是屬於所有台灣人民的基本權利，每個人都可以表達意見，每個人也都有知的權利，每個人也應該為我們的共同未來做出最適當、最有智慧的決定。

四、結合全民之力，落實公平、公正與公開的公投程序

　　有了公民投票的實質內容，要將這些內容有效宣導、執行、實現，一定要有完善的程序配合，才能夠相輔相成、事半功倍。首先，不論贊成方或反對方，都應該有平等接近資訊的機會，以及合理使用資源的措施。此外，經費的補助、場地的商借、資訊的提供、媒體的使用、人員的協助、單位的配合等，都必須有一

套良善的分配、管理、使用及監督機制，務必做到合理、合法、公平、允當。

　　關於投票權益的平等部分，有一些勞動人士、學生或員警等，常會因為工作、求學等因素須離鄉背井，投票當天若須回戶籍地投票，不但時間上有困難，而且會造成經濟上負擔，致使這類人士長期以來的投票權益被漠視、被犧牲。所以，建議對於這類人士應採行「移轉投票」方式，以確保他們的基本權利。至於海外台僑及台商的投票權益，必須符合在我國繼續居住六個月以上，並且提早依法登記，才能取得投票權。

　　公民投票的相關前置作業準備，以及投、開票當天的事務進行，都要做到公平、公正、公開，符合法律及制度規範的要求，有完備的管理及監督機制才可以。尤其，要杜絕任何人為不當或不法的介入，諸如威脅、利誘、干擾、製造恐慌、偽變造資料、開票程序確認等；另外，要確保其他技術性或設備的安全與控管，例如公投票印製護送、投票所安全、計票設備正常等。這些都需要所有人民，包括新聞媒體、公民團體、國際監督觀察團等，共同來全面性要求並監督，才能使公投程序順利圓滿完成。

第六節　台灣前途公投的國際面

　　關於台灣前途公投在國際面的具體做法，主要可歸納出以下三點：一、排除外力的不當介入與干預；二、確保公投過程的完全透明化；三、建立公投結果的國際公信力。

一、排除外力的不當介入與干預

　　長期以來，台灣無論是參加任何國際性的組織或活動，中國勢必藉由各種管道與方式來影響、利誘收買、打壓或阻撓。如今，

台灣要進行前途公投，中國必定會宣稱台灣沒有資格對此議題進行公投，從而無所不用其極地採取各種手段來阻止，例如檯面上的文攻（運作國際輿論或經濟阻斷等手段）、武嚇（進行軍事演習或表示不排除武力攻台等），甚至檯面下會想辦法藉由我國內親中的團體或個人，來運作反對聲浪，甚至於大規模買斷媒體或直接進行買票等方式，全面性地影響、圍堵阻擋我們台灣人的自由發聲與民主思潮。

因此，我們必須要堅定意志、站穩腳步，勇敢拒絕任何的威脅或利誘，切莫因為畏懼或貪圖小利而斷送我們所有未來子孫的生存權利與發展空間。要杜絕中國各種的文攻、武嚇，除了所有國人要提高警覺心，築起無形的堅強心防，以集體的意志與力量，大聲告訴國際社會，我們是一個獨立自主、民主自由人權立國的國家，我們國家的事務由我們台灣人民自己來決定，不需要中國或其他人來干涉，這是我們的基本權利，也是自由民主與國際法治的具體展現。

當然，我們在進行公投的過程，會邀請國際人士與團體等來台灣參與、觀察並監督，他們也是我們支持的力量，透過近距離的接觸、分享，讓國際友人可以看見我們台灣民主、自由、人權、法治的成果，也藉由他們的傳遞，讓國際社會瞭解台灣人民的心聲。此外，有國際力量的監督、見證，更能告訴中國與全世界，這是台灣人民的集體意志，任何侵犯國際法所保障的人民自決權，或企圖阻擾民主、自由、人權普世價值的行為，都是不被國際社會所允許、所容忍、所接受。所以，我們要結合國內、國外的多元管道及支持力量，排除外力的不當介入與干預，確保整個公投過程的順利圓滿完成。

二、確保公投過程的完全透明化

公民投票的過程，必須公平、公正、公開、透明，符合程序正義的基本要求，才能夠得到更多人的認同及參與，結果也才更具有公信力。簡言之，公投過程中難免會有不同的聲音，對於各種歧見，要彼此傾聽、包容與尊重，因為這是一個多元民主的社會，也因為有百家爭鳴的多樣意見，更能凸顯出我們對自由與人權的維護，這也是台灣國家引以為傲的民主風範。

要落實公民思辨或具體監督的核心精神，前提是要有公開、透明、完整的資訊。所以，有關公民投票的相關資訊，無論是公民投票的論述基礎、世界各國的實施先例、台灣前途公投的程序、宣傳或活動的舉辦訊息、財務來源與使用收支情形、相關推動組織配置、法律與制度規範等，都應該公開透明化，接受各界的監督與查核，避免被有心人士從中介入、操控，影響到整體公投的公正、客觀性。任何阻擾的行動都應詳盡鉅細靡遺的被公布、暴露指責、阻止。

另外，透過國際人士與團體的參與、觀察及監督，可以提供國外在實務上進行的經驗，作為我國執行過程的參酌，像是事前的風險預防機制、事中的妥善管理措施、事後的危機處理智慧等，這些都需要多方瞭解並做好妥善準備，以因應任何可能的情事發生。同時，有國際監督觀察團或其他國際媒體等公正第三者的參與、監督，對於公開、透明的要求，勢必會提高標準，並且降低人情考量等因素，對於資訊的公開傳遞與透明原則會更有助益。

三、建立公投結果的國際公信力

台灣前途公投會影響我們台灣人現在與代代子孫的未來，也會影響到亞太地區的穩定，甚至影響國際的和平，更是國際社會

所關注的重要議題。所以，我們應該主動邀請國際組織、各國政府單位、新聞媒體、非政府組織、公民團體、國際公正人士等代表來參與、監督，一起見證台灣人民的意志展現。換言之，藉由納入「國際監督觀察團」的機制，讓各國媒體或相關組織能參與整個過程，近距離直接面對面的觀察、互動及監督，使其充分瞭解我國自由民主的投票程序。

　　在此要特別說明的是，國際監督觀察團可以實地參與相關活動，觀察、瞭解整個公投過程的進行，必要時也可以參與意見的提供或分享，但是不具有任何投票權。當然，中國的新聞媒體也應與其他國際新聞媒體一視同仁，可以進行相關採訪，尊重其新聞自由，但為避免中國藉此窺探國安秘密，或者不當介入、作弄干預、影響等因素，對其要求可做必要的差別待遇或管制措施，以維護國家安全並確保公投程序的公正性。

　　台灣人民投票出來的結果，不僅因為國際法治所賦予的基本權利，透過人民自決權的行使更堅定確認台灣的國家主權獨立地位，也因為有全球各大媒體、組織、國家、國際人士或團體等的參與、觀察、監督及見證，更具有國際公信力與公正代表性。總結來說，當台灣人民在國際社會的的參與、觀察、監督及見證下做出選擇，國際社會自然會尊重並支持台灣人民選擇的結果，此時，中國也是國際社會的一員，中國沒有任何理由或立場反對，中國必須尊重台灣人民的決定。

第七節　台灣前途公投選擇的命題

　　「台灣是一個主權獨立國家」，這是既成的事實，也就是一般所稱的現狀，不必再經由公民投票來追求。但是，當霸權的中國假借統一之名，透過各種手段企圖侵略或併吞台灣時，我們不但要藉由有形的國防力量或無形的心防意志，全面展現捍衛台灣

的勇氣，而且要透過國際法層次的公民投票直接表達出我們反對被中國統治的全民高度決心。依據國際法理與民主原則，任何有關改變台灣是一個主權獨立國家現狀的安排或決定，必須經過全體台灣人民共同決定，也就是藉由公民投票來具體表達。所以，公民投票是展現台灣全民意志最和平、民主的方式，沒有任何強權、政府、黨派、團體或個人能夠剝奪或限制此一基本權利。經由公民投票將台灣要保持主權、獨立自主的意志向國際社會明確公開表示，台灣人民守護自己國家以及追求民主自由人權的堅定信念與力量，不容許任何人予以剝奪或壓制。

自李前總統推動民主化與本土化，到 2000 年政黨輪替後，陳前總統提出「一邊一國論」，以及推動防禦性公投、入聯公投、落實台灣本土教育等，讓台灣人民對自己國家的認同感逐漸增長。台灣人民從過去猶如人格分裂且角色混亂的大中國認同，覺醒為對自己生活土地情感的認同，進而肯定台灣是主權獨立國家的認同。若以長期被視為主張統一的《聯合報》在 2009 年調查顯示，有高達 69％的台灣民眾自認是「台灣人」，不是中國人；再以 TVBS 在 2013 年調查為例，也有高達 75％的台灣民眾自認是「台灣人」，不是中國人。另外，在太陽花學運期間，許多年輕人更在臉書公開表示：「我是某某某，我主張台灣獨立。」可見新世代對自己的國家認同不再避諱，勇於堅定表達身為台灣人的驕傲。

關於台灣前途公投的題目，是公民投票能否順利通過的關鍵。因此，必須有最大的社會認同與全民共識作為基礎，當然也須合乎國內與國際現實考量，為台灣找出最光明合適的道路，並且尋求國際社會的支持，才能確保台灣的長治久安與亞太區域穩定。對此，本書具體建議，台灣前途公投的命題為：「台灣應繼續作為一個有別於『中華人民共和國』的國家」。

為什麼建議命題為「台灣應繼續作為一個有別於『中華人民共和國』的國家」？以下分點說明：

一、首先，「台灣是一個主權獨立的國家」，這是台灣的現狀、無庸置疑的事實。因此，本公投題目主張台灣應該「繼續」作為一個主權獨立的國家，是強調台灣必須有國家安全、和平穩定、永續發展的「事實延續性」，才能真正落實全體台灣人民的生命、財產、自由、民主、法治、人權、國際參與等的最佳保障與發展。

二、其次，台灣人民對於民主、自由、人權、法治的價值信念，甚至對於「台灣主權獨立且有別於中國（中華人民共和國）」的國家認同，無人懷疑並持續鞏固與深化之中。簡言之，「台灣」與「中國（中華人民共和國）」是二個不同的國家，非常清楚、明確，彼此應該相互尊重、對等交流。同時，在此要特別說明的是，因為「中國」二字容易造成混淆、誤解，甚至被刻意操弄、不當解讀等，所以，命題文字必須強調以「中華人民共和國」完整稱呼，以正視聽。另外，本公投題目主張『有別於「中華人民共和國」』不僅符合事實，也是再次向國際社會正本清源之道。

三、最後，本公投題目主張「台灣應繼續作為一個有別於『中華人民共和國』的國家」，這一個「最合乎現狀、最貼近事實」的論述；同時，本命題也會是最容易被台灣人民所共同接受的「最大公約數」，更是最沒有爭議性的題目，相信也是國際社會所能認同與支持的最合適表述。

第八節　結論：台灣前途由台灣人民共同決定

當代國際法已經確立主權在民、人民自決權的國際法大原則，這已成為國際社會所共同接受與遵守的規範準則。台灣脫離日本殖民統治後，運用聯合國所建立的國際實例，台灣主權屬於台灣人民所有，這是非常清楚的。在國際法上，主權不容許被剝

奪或侵占，同理，台灣人民的主權在國際法上也是神聖、完整且不容許被侵犯的。中國在國際社會當然不能無視於當代國際法的規範準則，不能為所欲為地強奪台灣的主權。

現實上，因為中國長期以來的威嚇，台灣一直無法參與聯合國及其他諸多國際組織，難以與世界接軌並提供國際社會更多貢獻；另外，中國也藉由經濟貿易、教育文化等利誘來包裝，以促進交流或利益分享等之名卻行統戰之實。雖然，台灣實質上已進化為一個獨立自主的國家，但諸多因素導致台灣還不是一個正常化的國家。台灣要真正成為一個「正常化的國家」，應透過人民自決的「公民投票」來決定、肯定台灣的將來。

台灣前途的公民投票，對台灣的國家安全有非常正面的功能。台灣人民以公民投票展現台灣的主體性，決定台灣人民的命運，是天經地義的基本人權，神聖不可侵犯。過去我們常說台灣要爭取國際社會的支持，但是，台灣到底要用什麼方式來爭取國際社會的支持？其實，「台灣前途公投」就是一個難得的契機，透過公民投票向國際社會宣告台灣國民的主權，進而讓台灣邁向一個正常化的國家，就能夠與世界各國多方交流、平等互動，貢獻人類。台灣前途公投對於台灣國家主體性在國際法治社會的確立、深化、鞏固意義非凡，同時也會讓中國清楚瞭解到台灣人民要做自己國家主人的集體心聲與堅定意志。

所以，台灣要進行前途公投，在於要向國際社會明白宣示我們台灣人民的高度意志與豐沛力量，不僅可以表明我們「台灣應繼續作為一個有別於『中華人民共和國』的國家」堅定立場及決心，還可以強化台灣本來就是一個主權獨立國家的事實。此外，藉由國際社會的參與、監督及見證，提高台灣前途公投的國際公信力與說服力。如此一來，必定能獲得更多國際社會的認同與支

持，具有最大的民主正當性，作為無形但巨大的國家安全防線，促進台灣走向世界大舞台，積極發揮我們的才能、智慧與貢獻。

　　無論是政府、公民社會、新聞媒體或所有人民，大家共同做伙來集思廣益，讓台灣前途公投成為一種全民運動。每一個人、每一個單位、每一個團體都是一個重要的「點」，當「點連成線」，就會有許多的線，當「線構成面」，就會有廣大的全面。輸人不輸陣，只要我們先將本身的點做好，接著與身邊的點互動，就會拉起一條線，再與其他點、其他線交流，漸漸地就會構築成一個全面性的網絡，這正是我們所有台灣人能夠打拚、而要持續努力的。全民一起來努力構築出台灣人民的總體意志，成為台灣最堅強的國家防護。

　　相信只要我們有信心與決心，發揮智慧、勇氣與毅力，堅定意志、整合共識、凝聚認同，透過國際社會輿論、民主自由正義之聲來作為後盾，在國際社會的參與、監督、見證及支持之下，確保公投過程符合民主的機制、和平的保障，勇敢說出我們的心聲，相信這才是對台灣的國家安全、亞太地區的和平穩定、世界的民主發展，最直接、最有價值的具體貢獻。

　　總之，懇請全體台灣人民務必同心協力來促成「台灣前途的公民投票」，對內、對外展現所有台灣人熱愛家園、崇尚自由、追求和平、守護民主、實踐人權、遵循法治的集體意志與堅定力量。讓我們珍惜這美好的民主時刻，一起攜手為我們這一代、也為代代子孫的平安幸福投下神聖的公投票，深化並鞏固台灣的民主，落實主權在民的真諦，確保國家的長治久安，促進台灣的永續發展。台灣前途公投，不僅是要讓台灣人民決定自己的未來，生存在充滿人性尊嚴與人類安全的台灣與世界，永續發展，同時也要讓國際社會看見台灣、認同台灣、支持台灣、擁抱台灣。

　　天佑台灣！

第拾伍章　鴻展大洋精神，建設正常化的台灣國

　　台灣是我們的國家，是一個主權獨立的國家。台灣是世界的一部分，不是中國的一部分。台灣是台灣，中國是中國，台灣與中國是二個互不隸屬的國家。

　　自 1895 年到 2023 年，這一百二十八年，可講是台灣的現代史。這一部台灣現代史非常獨特，是每一個台灣人應記憶、應珍惜的歷史。（在此要再提醒大家，凡是認同台灣是自己國家的人，就是台灣人。）台灣現代史充滿著喜怒哀樂、可歌可泣、血汗交織、受苦受難、同甘共苦、覺醒奮發、勇敢行動──由悽慘黑暗到快樂光明、充滿信心與希望的台灣人打拚奮鬥史。這一部奮鬥史包括：日本殖民統治、二次大戰後盟軍軍事占領台灣（盟軍授權由蔣介石政府代表）、蔣介石父子中國國民黨流亡政權的非法戒嚴壓迫統治、以及蔣氏流亡政權結束後，台灣民主化、本土化的政治轉型、台灣人民有效自決的落實，開創了台灣民主自由人權立國的新紀元。

　　由國際法與國際政治來看，這一百二十八年來，台灣持續的演進過程可分為下列四個階段：

　　第一階段是 1895 年到 1945 年：自 1895 年清日簽訂《馬關條約》之後，台灣被無條件永久割讓給日本，台灣成為日本的領土，日本統治五十年的殖民地。

　　第二階段是 1945 年到 1952 年：台灣是第二次大戰後盟軍占領下的日本領土，盟軍統帥麥克阿瑟將軍下令蔣介石為首的中華

民國軍隊代表盟軍接受日本投降並軍事占領台灣，但是並沒有取得台灣的主權或所有權。

　　第三階段是 1952 年到 1987 年：在此時期的台灣國際法律地位未定。1952 年《舊金山對日和約》生效，日本放棄對台灣（包括澎湖）的主權與一切權利，並無提及日本放棄後台灣的歸屬國，台灣的國際法律地位因此懸而未決。這就是台灣國際法律地位未定論的由來。在此同時，中國國民黨流亡政權繼續在台灣進行軍事戒嚴的威權高壓統治，既沒有合法性，也沒有正當性，其戒嚴高壓統治並沒有得到台灣人民的同意；台灣人民則被剝奪了基本自由與人權，直到 1987 年 7 月解除戒嚴，情況才有所改變。

　　第四階段是 1988 年到現在：1988 年 1 月蔣經國過世、蔣氏父子流亡政權統治台灣結束之後，台灣人李登輝繼任為總統，開啟了台灣民主化與本土化的政治轉型。從 1991 年終止動員戡亂時期開始，廢除中國逃亡來台灣的「萬年國代」、進行國會全面改選、台灣人民直選總統，達成政黨輪替、政權和平轉移等改革過程，實踐有效的人民自決。台灣人民表現集體意志，共同打拚努力，獲得政治、經濟、社會、文化與人權各方面獨特的發展成果，使台灣由被軍事占領地進化為國際社會一個主權獨立的國家，台灣的國際法律定位也由未定變為已定，進化為一個實質上的國家，但還不是一個正常化的國家。

　　如何將台灣一個實質上的國家轉化為一個正常化的國家，是台灣人民（當然包括政府在內）今日所面臨的巨大挑戰。這個挑戰包括 2024 年 1 月即將到來、關係台灣前途的總統與立法委員的合併選舉。這個巨大挑戰是台灣人的危機或轉機？這正是對台灣人明顯且迫切的考驗！對台灣人的智慧、勇氣、堅持、寬容與團結的考驗！

　　一個國家是不是「偉大」，並不是看領土面積的大小、人口的多少、軍事武力的強弱、外匯存底的多少或者是基礎建設的好壞來決定，而是由優質進步的基礎教育、多元開放的公民意識、純潔誠實的公民品性以及開闊廣大的心胸氣度，一點一滴累積凝聚而成。這些現代文明國家所特有的一流素養氣度，具體表現在促進民主、自由的普世價值與人權立國的目標以及落實人民自決原則的堅持。進一步，對人性尊嚴的尊重、人類安全的關切，以及對世界和平的盡力。以下分四方面來探討闡述：（一）台灣人民的價值選擇；（二）自助、人助、天助；（三）堅持堅持再堅持，直到成功；及（四）發揚大洋精神，建立正常化的台灣國。

第一節　台灣人民的價值選擇

　　由多個角度去觀察萬事萬物，已經是現代多元社會的發展潮流。因此，培養多元思維的國際觀，換一個角度來看台灣，重新詮釋台灣的面貌，有助於我們以更開闊的心胸，找到台灣未來的立足點。居住在台灣的人民，要走向世界，培養多元思維的國際觀確實必要。

　　台灣是接鄰歐亞大陸板塊的一個海洋島國，四面是海，無論將台灣當作中國大陸旁邊的一個島嶼，或是將台灣放在中心位置，被其他國家與海洋所圍繞，台灣在這兩種觀點中所代表的實體根本沒變，唯一改變的是看待台灣的觀念。長久以來，在中國國民黨流亡政權超過半世紀大中國黨化教育之下，真多台灣人的思考模式，都是以中國為主體來看待台灣，似乎認為一個偉大的國家應該具備悠久歷史、地大物博、山川壯麗、資源豐富等條件，才能在國際舞台與其他強權競逐領導權，而台灣是一個小國，只能聽從大國的安排。事實上，這種思維落伍已經跟不上國際發展的潮流，軍事武力強弱、國土面積大小不再是衡量國力的唯一指

標。換句話來講，現代國際發展的新趨勢，乃著重在國家總體全面性的均衡發展，尤其是如何落實民主、自由與人權，以提升人民的福祉。在現實上，台灣不可能假裝自己是一個大國，也不必要為了分享大國的政經利益，將自己矮化為大國的一部分。實際上，台灣是一個不大不小的國家，我們要與其他國家比素質，而不是比大小，要比民主自由人權與幸福，而不是比專制獨裁或窮兵黷武。

　　什麼是我們應該追求的價值？我們希望什麼事物可以作為台灣在國際社會的「外在形象」？以「人權之國」的名在國際社會享有美名的挪威，值得我們學習效法。「人權之國」是挪威長期以來自我樹立起來的國際形象，他們年年發表諾貝爾和平獎，彰顯人權國家的光環，同時，也積極落實對外金援跨越聯合國所定已開發國家官方對外援助（ODA）為國內生產毛額（GDP）0.7％的門檻，展現挪威對全世界的人道關懷。同樣的道理，讓世界知道台灣、看見台灣、甚至愛上台灣是一件真美好的代誌。確確實實，台灣人應該團結起來為台灣做對的代誌。不敢尋求自我突破的國家，絕對不會贏得世人的尊重。在今日的世界，台灣不應該再忍受政治歪理的差別待遇，要得到國際社會的公平對待，根本的對策是台灣國家正常化。

　　台灣是一個主權獨立的國家，但還不是一個正常化的國家，推動台灣國家正常化的運動有五個關鍵的要點：

　　（一）落實台灣正名：「台灣正名」是國家正常化運動首要的目標，其目的在於排除、改變長期以來縱容國家認同混亂及國格曖昧不明的現象。同時，公開明確聲明台灣是一個主權獨立的國家，凸顯台灣與中國的不同——台灣是台灣，中國是中國；台灣與中國是二個互不隸屬、互不管轄的國家。台灣是民主自由的國家，中國是一黨專制的獨裁國家。今日正是以民主方式去掉「中

華民國」過時的假招牌或其他類似不清不楚的招牌，正名國號為台灣或台灣國的良好時機。四十年前美國制定的《台灣關係法》以「台灣」與「台灣人民」為主體、為中心——不再提起「中華民國」——的明智果斷作法就是最好的例證，值得我們台灣的官員、民意代表與人民模仿。這雖是遲來的正義，但總比拖延的不正義好。

（二）以公民投票催生台灣憲法：台灣在演進為一個國家的過程中，還沒有產生一部真正自己的憲法。由於沒有《台灣憲法》，導致國家認同的混淆，台灣是不是一個國家的爭論，仍然持續不斷。在國內無法形成應有的人民共識與國家團結，在國際上也無法享有一個國家應有的地位。對此，我們需要透過公民投票催生一部適合台灣的國格國情、人民真正需要的《台灣憲法》，落實主權在民。台灣正名也可以憲法化。

（三）以台灣之名加入聯合國為一個新會員國：由政府採取主動，以台灣國家的名份申請加入為聯合國的新會員國，一而再、再而三，強力宣示凸顯台灣是國際社會一個愛好和平、自由民主的主權獨立國家，有能力與意願履行《聯合國憲章》的義務。配合政府的主動積極作為，國內外台灣人要認真打拚展開台灣加入聯合國的運動，年年持續不斷，直到台灣成為聯合國的新會員國。

（四）落實轉型正義：「過去不過去，未來就不來」。轉型正義是台灣朝向正常化發展的關鍵，台灣要走出歷史悲情，建立以人權公義為基礎的社會，奠定民主深化的基石，順應聯合國與國際社會落實「轉型正義」的大潮流。有嚴肅的歷史反省、堅定果斷的處理態度，才能激發更大的改革能量，大步向正常化國家的目標邁進，早日成為一個以人權與公義、民主與法治為基礎的正常化國家，進一步促成人性尊嚴與人類安全的維護。

　　（五）培養正常化國家國民的意識、涵養與氣度：每一個台灣人的積極作為是促成國家正常化發展的根本動力。如何凝聚台灣國的國民意識、展現台灣國國民的恢弘氣度，人人有份，人人能做。我們要以尊重自己、也尊重別人為基礎的人性尊嚴作為國家社會發展的依歸，以共同的歷史記憶強化台灣命運共同體的國家認同；透過民主自由人權的普世價值，強化與周邊國家的睦鄰關係；進一步結合與整合本土在地化與世界全球化的力量，作為台灣人自我肯定、自我實現的動力，以世界為舞台，積極參與國際事務，成為全球公民社會重要的一份子，貢獻人類，促進人類安全、世界和平。

　　在台灣國家演進過程中，人民集體意志的展現及共同努力所造成政治、經濟、社會、文化、人權各方面的成果，正是主權在民、人民自決的真諦。不可否認，台灣國家的正常化是歷史性的覺醒，更是台灣人空前的大事。偉大的考驗需要偉大的精神；新精神的發掘與琢磨是培植新氣質、新魄力的根本，也是一種正確價值的選擇。

第二節　自助、人助、天助

　　「自助人助天助」是台灣人為求永續發展努力打拚的最佳保證。台灣是一個海島國家，位在亞太區域的航運與戰略要地，幾世紀以來，台灣始終是地緣政治衝突的一個焦點。外來殖民勢力雖然一個接著一個將台灣視為牟取最大戰略利益的墊腳石，但是，韌命的台灣人一次又一次克服惡劣的歷史環境，為爭取民主自由的普世價值、人權立國的理念與人民自決的目標打拚奮鬥。

　　二次大戰後，中國國民黨政權在國共內戰敗逃台灣，中國共產黨軍隊隨時都可能對台灣發動渡海攻擊；當時，美國本來袖手旁觀，任憑搖搖欲墜的蔣介石政權自生自滅。沒想到，韓戰的爆

發扭轉整個東亞大局，美國杜魯門總統宣布台灣海峽中立化，中國國民黨政權得到一個喘息的機會。二二八事件與隨後的白色恐怖雖然消滅台灣一整個世代的社會菁英，以蔣介石、蔣經國父子為首的流亡政權繼續從事非法的戒嚴軍事占領，但是台灣知識青年無論是走入地下，或者是在國外的僑居地——特別是在美國、加拿大、日本、歐洲、澳大利亞、巴西以及南非等地——不斷投入台灣人民自決與獨立建國運動。1978 年底卡特總統為求「聯中制蘇」的戰略目的，宣布不再承認在台灣的中華民國，台灣失去美國的力挺，陷入隨波逐流的失控狀況。隔（1979）年美國國會為了維護美國與台灣人民的共同利益，採取果斷的行動通過《台灣關係法》，繼續軍售防禦性武器給台灣，確保台灣的安全與維持台海的和平穩定。1988 年 1 月蔣經國過身，李登輝繼任為總統，「民主先生」開啟台灣民主化與台灣化的轉型契機。2000 年代表民主進步黨的陳水扁贏得總統大選，促成台灣首次的政黨輪替，終結中國國民黨一黨長期統治台灣的局面。在陳水扁總統主政期間，持續推動強化民主轉型的過程，凸顯台灣是一個自由、民主的國家，有別於中華人民共和國。同時，也提出「台灣、中國，一邊一國」、人權立國的主張，並致力於推動台灣加入聯合國的馬拉松運動，帶領台灣走上國家正常化之路。

在陳水扁總統執政八年之後，台灣發生第二次政黨輪替。代表中國國民黨的馬英九取得總統大位，台灣國家正常化運動路線被攔腰斬斷，取而代之的是全面向中國傾斜的路線。馬氏政府執政八年期間，以完全執政的獨斷，不但沒有履行選前的政治承諾，而且一面倒、倒向中國，造成台灣經濟愈來愈壞、外交休克、國家主權漸漸流失、公平正義淪喪前所未見。馬氏政府堅持「九二共識」的神話，也接受中國的「一個中國原則」，與前二任的李、陳總統形成強烈的差別。對此，有些人指責馬氏政府啟動「芬

蘭化」的謀略，2010 年通過《海峽兩岸經濟合作架構協議》，意圖將美國及其他國家排除在外，使台灣與中國密切連結。2014年為了營造與中國終極統一的氣氛，馬氏政府更以不透明的「黑箱」作業橫渡關山要通過《海峽兩岸服務貿易協議》，給台灣人民帶來警訊。好佳哉，天佑台灣！馬英九政府的倒行逆施，引起台灣人民的憤怒與反彈，以青年學子為主體所發動的「三一八太陽花運動」，掀起台灣史上前所未有的公民反抗運動，他們提出「我們是台灣人，不是中國人」、「台灣是我們的國家」以及「自己的國家自己救」等政治訴求，不但成功阻擋黑箱《服貿協議》的過關，而且改變台灣社會的政治氣氛，真多人因此投入公共事務與關心台灣政治的發展。假使當時台灣人民沒有及時採取行動干預、反制，真不知道馬氏政府會走到多遠？這股社會良心良知的巨大力量，在 2014 年九合一選舉中嚴重打擊執政的中國國民黨，幫助蔡英文與其領導的民主進步黨在 2016 年 1 月取得總統與國會大選的雙重勝利，並促成第三次政黨輪替。

　　2016 年蔡英文總統就任以來，始終堅持「善意不變、承諾不變、不會走回對抗的老路、但也不會在壓力下屈服」的原則，以穩健、不挑釁的態度，處理台海雙邊的問題。中國對於蔡英文總統拒絕接受「九二共識」的回應，就是增強打壓的力道，從封閉台海兩岸的協商與對話管道，到透過軍機軍艦繞台、進行遏止台獨的軍演，對台施以壓力，甚至要挖光台灣的邦交國。值得注意的是，台灣已成為中國銳實力的實驗場，從 2018 年底的九合一選舉中清楚可見中國對台灣的威脅已經從傳統的軍事威嚇、政治打壓與經濟淘空，擴大蔓延到利用中國代理人與中國白蟻在台灣各角落進行無孔不入的滲透，製造社會矛盾、對立與衝突的手段愈來愈細緻、範圍甚至延伸到台灣部分的媒體，操控並配合北京散播不實的消息，傷害台灣的民主發展。面對如此惡劣的情

景，當務之急，台灣人民必須記取教訓，強化敵我意識，從被動的資訊接受者，轉化為積極主動的監督者、挑戰者，透過公民社會力量的集結，形成健全社會輿論的穩定力量，反制中國對台灣民主運作的干預擾亂。

台灣進化為一個主權獨立的國家，雖然是一般公認的事實，但是因為台灣內部種種政治氣氛與嚴重的族群對立，以致於無法凝聚整體的國家意識。影響所及，我們習慣性忽略台灣國家的實質存在與漠視應自我認定的國家存在，使得台灣還無法成為一個正常化的國家。長期以來，「中國的打壓」是政府官員習慣用來解釋為什麼不敢明確主張台灣是一個有別於中國的主權獨立國家的理由。假使台灣面對外力的打壓或逆境的阻撓始終採取乖乖牌的作法，而不敢有所抵抗，不敢挺身而出，那麼三十年前台灣製造的經濟奇蹟、成為國際經貿體系中不可或缺的一員從何而來？二十年前推動的政治民主化與本土化改革轉型，成就不流血的民主「寧靜革命」，又如何受到舉世矚目？顯然，我們一再用「中國的打壓」作為台灣遲遲無法走出困境的藉口，卻不願意正視過去受到外來政權神話與分化統治遺毒的影響，在自己身上存在國家認同混淆與國家正常化共識未能凝聚的發展缺陷；如此，台灣人就無法度成熟起來、無法度培育真正堅固的台灣主體性，更談不上成為一個正常化的國家。

事在人為！面對這個風起雲湧的世界、瞬息萬變的台海兩岸局勢，民主自由的台灣必須增強自我的能量，無論是國防武力與經濟競爭力都不能再持續弱化下去。不錯，持續深化台美正常化的良好關係，有助於穩定台海局勢、促進區域安全。但是，更重要的是，台灣的命運必須由台灣人自己來決定，展現台灣全體人民的意志，這是「人民自決原則」的真諦，自助人助天助、自己

的國家自己救的根本道理。台灣國家正常化的重任在我們自己身上，除了自助自救以外，別無他途。

第三節　堅持堅持、再堅持，直到成功

台灣自 1988 年開啟台灣民主化與本土化的改革路程，終止動員戡亂時期、國會全面改選、總統直選、政黨輪替等階段，達成有效的人民自決。順應聯合國與國際法「人民自決」的大潮流，台灣人民自由發展獨特的政治、經濟、社會與文化制度；雖然由被軍事占領地進化為國際社會一個主權獨立的國家，台灣的國際法律地位也由未定變為已定，但是還不是一個正常化的國家。

台灣國家正常化的運動，是台灣人民在國際社會得到應有的尊嚴與平等地位的關鍵，政府要拚、人民也要拚。無論是制憲正名、加入聯合國、推動轉型正義或是培養正常化國民的素養氣度，雖然困難多多，但是意義偉大崇高。正確的偉大目標既定，就要經之營之，全力以赴。

民主化的台灣，順應「全球治理」的大潮流，要站起來及走出去，展現台灣日益強壯的公民社會力量，使國際社會清楚認識並肯定民主自由、人權立國的台灣。自由、民主的普世價值與人權立國的理念是我們與世界民主社群接軌與對話的共同語言。無獨有偶，香港人民於 2019 年 6 月 9 日發起反送中運動，百萬人週週上街表達訴求，百工百業也配合發動罷工、罷市與罷課的行動，向全世界傳達香港人民維護民主、自由的堅定意志與決心。香港反送中運動讓全世界看到香港人民的堅毅、智慧與勇氣，值得台灣人民效法。

建設台灣成為一個名符其實的正常化國家是我們正確的大目標。對的代誌，就要繼續推動，不分世代，老中青少同心協力，堅持再堅持，直到成功，美夢成真！

第四節　發揚大洋精神，建立正常化的台灣國

1996 年彭明敏教授代表民主進步黨參與台灣有史以來第一次的總統由人民直選，提出「海洋國家」作為競選主張，強調台灣要展現作為一個海洋國家而非島嶼國家的氣魄，往海洋發展國家才有前途，台灣才能壯大富強。2000 年陳水扁總統則提出「海洋立國」的建設願景，強調台灣的優勢在四面環海，海洋既是我們領土的延伸，也是我們與世界接軌的坦道，海洋立國的精神，就是讓台灣走出去，讓世界走進台灣。等到 2008 年馬英九為了爭取總統大位也拿香跟拜喊出《藍色革命，海洋興國》的發展目標，凸顯台灣的發展脈絡與海洋密切不可分。

1971 年，在《台灣的獨立與建國》一書，我在結論中提到「大洋精神」，強調台灣是一個海洋國家，我們要以大洋精神的包容、廣大、寬宏、博愛，融合各族群，建立所有人民共同的國家意識。什麼是「大洋精神」？「大洋精神是無所不包、無所不容的寬廣深厚的精神，也是能忍能動、能屈能伸的精神。…水連天，天連水，一望無際是大海大洋的偉大所在。大洋大海使人有無限寬廣的視界」。要之，「我們要以無所不包、無所不容的精神促成台灣人的大團結；以能忍能動、能屈能伸的精神破除悲觀的宿命感」。台灣要在國際上發光發亮，必須肯定台灣的價值與精神，培養無限視界的眼光，以開闊的胸襟取代僵化落伍的傳統思維，以島為點、以海為面，擺脫眼光視野的短淺，開拓更宏大的格局。大海大洋遼闊無際，無人能強加占有，為台灣人提供無限發展的機會與舞台，為海洋國家的台灣提供了新挑戰。

如今接近半世紀的歲月過去了，大洋精神仍是我們的追求，仍是我們要發揮的。歷經歲月的淬鍊，海內外台灣人的打拚奮鬥，台灣已演變進化為一個主權獨立的國家，但還不是一個正常

化的國家，我們要以大洋精神推展國家正常化的全民運動。無論是追求台灣正名、制訂台灣憲法、以台灣之名加入聯合國為會員國、推動轉型正義以及培養正常化國家國民的素養與氣度，都需要台灣人以崇高偉大的大洋精神來推進，永遠向前。

就地理位置來看，台灣得天獨厚，一邊是地球上最大的陸地，一邊則是地球上最大的海洋。就地理條件來看，台灣應是一個海洋國家，但是受制於外來殖民政權的壓榨，不容許台灣人民以海洋國家自居，導致我們的先人冒險犯難「篳路藍縷，以啟山林」的開拓精神被壓抑，受海洋經年累月的薰陶、代代相傳的大洋性格一再被消磨。我們被迫選擇背向海洋，以保守安定的大陸性格，經營一個海洋國家。

我們明明身處在大洋大海的環境，卻看不清台灣人最可貴的「大洋精神」。假使我們只面向陸地，就會忘記自己背後廣大無邊的海洋──世界最廣大的太平洋連接歐亞大陸與美洲大陸。我們身處在豐饒的大洋之中，卻不知好好去開採與利用；忽略建設獨立康富國家的偉大氣質，一再徘徊於個人狹窄的氣度，既不夠寬容，也不能團結。台灣人要找回自己，確立台灣的主體性，就要認清台灣所處的環境，尤其要擺脫「中國化的框架」對台灣人的束縛壓迫。

我們要認清台灣的四周是海洋，認識海洋文化的價值，接受海洋才是我們的生命基因。我們要學習前人發揮大洋精神，勇敢面對與過去不同的環境，勇敢在險境中開創全新的未來；以克服海洋、開發海洋、利用海洋的精神，建設充滿生機活力、自由民主、尊重人權、繁榮幸福的國家。爭取命運的自主是我們共同的信心與決心。建立正常化的台灣國，需要氣質、性格、智慧、勇氣與毅力。大洋精神是台灣人追求國家正常化的精神武器。我們

要激發大洋精神，鴻展大洋精神。如此，台灣才能超越嚴峻的挑戰，並在最短的時間內得到永續發展的生命。

建設台灣成為一個名實合一的正常化國家，是台灣人共同的願望與期待。台灣國家正常化運動是馬拉松式的長跑運動，需要結合海內外台灣人集體的意志，加上政府與人民的同心協力，眾人持之以恒，相信，台灣國家正常化的美夢必定成真。

國際及區域政經複雜多變的情勢，帶動台灣命運的翻轉。今日的台灣，已經是世界的台灣，台灣的戰略地位與國際能見度，有了空前的大進展。國際社會關注台灣政府與人民群策群力的表現，無論是印太戰略、地緣政治、全世界半導體晶片供應或全球民主自由同盟對抗專制獨裁政權擴張等面向，凸顯台灣是最穩定可靠、最有效率與最值得信任的合作夥伴。台灣落實民主自由、人權法治的傑出表現，已獲得國際民主陣營的肯定與支持，並認清台灣問題不是中國的內政問題，台海安全更是全世界關切的重要問題。

確確實實，台灣有事就是世界有事，從當前國際重視台灣安全與關切台海和平大潮流來看，台灣國家正常化的年代已經來到！懇請我們台灣人，輸人不輸陣，人人踴躍加入推動台灣國家正常化及台灣入聯、台灣前途公投的偉大行列。在此容我援引一段猶太經典的名言：

If I am not for myself, who will be for me?

（假使我不為自己，誰會為我？）

If I am for myself only, what am I?

（假使我只為我自己，我到底是什麼？）

If not now – when?

（不是現在，等待何時？）

我們要鴻展大洋精神，建立世界第一流民主自由人權、正常化的台灣國家，同時，促成尊重每一個人的人性尊嚴以及保障全體人類安全的和平世界。

　　台灣加油！天佑台灣！

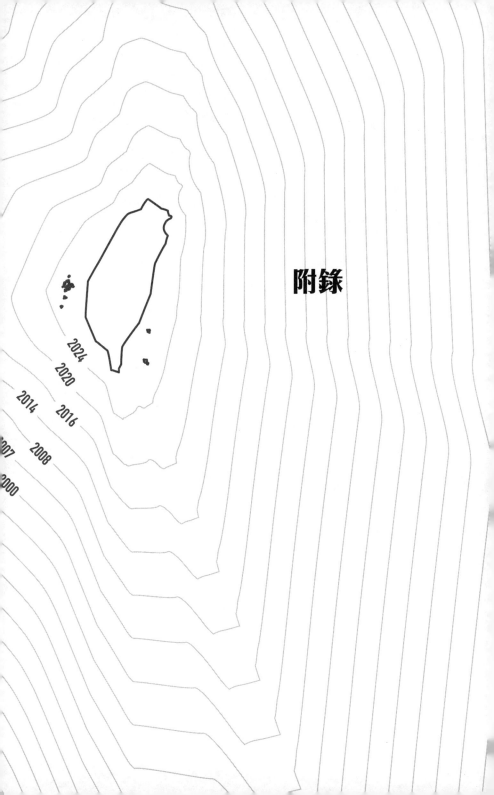

附錄

陳教授隆志博士著作目錄

一、英文部分

（一）BOOKS

Formosa, China and the United Nations: Formosa in the World Community. St. Martin's Press, 1967 (with H.D. Lasswell).

Human Rights and World Public Order: The Basic Policies of an International Law of Human Dignity. Yale University Press, 1980 (with M.S. McDougal & H.D. Lasswell).

An Introduction to Contemporary International Law: A Policy-Oriented Perspective. Yale University Press, 1989.

An Introduction to Contemporary International Law: A Policy-Oriented Perspective. 2nd Edition, Yale University Press, 2000.

Membership for Taiwan in the United Nations: Achieving Justice and Universality (Editor). New Century Institute Press, 2007.

An Introduction to Contemporary International Law: A Policy-Oriented Perspective. 3rd Edition, Oxford University Press, 2015.

The U.S.-Taiwan-China Relationship in International Law and Policy. Oxford University Press, 2016.

Human Rights and World Public Order. (New Edition) Oxford University Press, 2019 (with M. S. McDougal & H. D. Lasswell).

（二）CHAPTERS IN BOOKS

"One Taiwan, One China: Self-Determination for Taiwan," in *Hearings on United States Relations with the People's Republic of China Before the Senate Committee on Foreign Relations,* 92nd Congress, 1st Session, at 347-61(1971).

"Self-Determination as A Human Right," in *Toward World Order and Human Dignity: Essays in Honor of Myres Smith McDougal,* at 198-261, edited by W.M. Reisman & B. Weston, the Free Press, 1976.

"Human Rights and World Public Order," in *International Institute of Human Rights, Tenth Study Session, Summary of Lectures* (Strasbourg, France, July 1979).

"Self-Determination: An Important Dimension of the Demand for Freedom," In *Order, Freedom, Justice, Power: The Challenges for International Law,* at 88-94. American Society of International Law, Proceedings of the 75th Anniversary Convocation, 1981.

"Human Rights and the Free Flow of Information," In *Power and Policy in Quest of Law: Essays in Honor of Eugene Victor Rostow,* at 247-290, edited by M.S. McDougal & W. Reisman. 1985.

"Proposal for Adding an Inclusive Clause to the Draft Convention on the Rights of the Child," In *Independent Commentary: United Nations Convention on the Rights of the Child,* at 1, edited by C. Cohen. 1988.

"Prospects for Taiwan's Membership in the United Nations," In *DPP's International Conference on Taiwan's Expanding Role in the International Arena: Entering into the United Nations.* Taipei, 1993.

"Taiwan, China, and the United Nations," Chapter in *The International Status of Taiwan in the New World Order: Legal and Political Considerations,* at 189-206, edited by J. Henckaerts. Kluwer Law International, 1996.

"Taiwan and the United Nations: Historical and Policy Perspectives," Essay in *International Conference on the United Nations and Taiwan* (New Century Institute, September 2003).

"Democracy and Human Rights in International Relations, with Special Reference to Taiwan," Chapter in *International Symposium on Human Rights in Taiwan* at 165-186 (Taiwan New Century Foundation, October 2002).

"Taiwan's New Constitution: Why, What, and How," Chapter in *International Conference on a New Constitution for Taiwan* at 85-91 (New Century Institute, January 2005).

（三）LAW REVIEWS AND RELATED PUBLICATIONS

"Formosa for the Formosans," *New York Times*, November 16, 1970, p.37.

"Solution for Taiwan: Hold a Plebiscite," *Washington Post*, May 23, 1971, p.B6.

"A UN Plebiscite?: Let Taiwan Decide," *The New Republic*, May 29, 1971.

"A U.N. Plebiscite for Taiwan," *Vista*, October 1971.

"The Nation of Taiwan," *Washington Post*, December 24, 1993, p.A15.

"Human Rights and World Public Order: A Framework for Policy-Oriented Inquiry," 63 *American Journal of International Law* 237-269 (1969) (with M.S. McDougal & H.D. Lasswell).

"Panel: Chinese Participation in the United Nations," 65 *American Journal of International Law* 1 (1971)　(with D. Rusk, J.A. Cohen, R.M. Goodman, W.P. Bundy & S.H. Tan).

"Who Owns Taiwan : A Search for International Title," 81 *Yale Law Journal* 599-671 (1972) (with W.M. Reisman).

"Expulsion and Expatriation in International Law: The Right to Leave, to Stay and to Return: A Panel," 67 *Proceedings of the American Society of International Law* 122-140 (1973) (with R. Higgins, Y.P. Ghai, V. Chalidze, H.A. Hassouna & S. Liskofsky).

"Nationality and Human Rights: The Protection of the Individual in External Arenas," 83 *Yale Law Journal* 900-998 (1974) (with M.S. McDougal & H.D. Lasswell).

"Protection and Respect of Human Rights: Freedom of Choice and World Public Order," 24 *American University Law Review* 919－1086 (1975) (with M.S. McDougal & H.D. Lasswell).

"Human Rights for Women and World Public Order: The Outlawing of Sex-Based Discrimination," 69 *American Journal of International Law* 497-533 (1975) (with M.S. McDougal & H.D. Lasswell).

"The Equal Protection of Women in Reference to Nationality and Freedom of Movement," 1975 *Proceedings of the American Society of International Law* 18-25 (1975).

"International Women's Year: Law and Women," in *Proceedings and Committee Reports of the American Branch of the International Law Association, 1975-1976*, at 72-82 (1976).

"Non-Conforming Political Opinion and Human Rights: Transnational Protection against Discrimination," 2 *Yale Studies of World Public Order* 1-31 (1975) (with M.S. McDougal and H.D. Lasswell).

"The Right to Religious Freedom and World Public Order: The Emerging Norms of Nondiscrimination," 74 *Michigan Law Review* 865-898 (1976) (with M.S. McDougal & H.D. Lasswell).

"Protection of Aliens from Discrimination and World Public Order: Responsibilities of States Conjoined with Human Rights," 70 *American Journal of International Law* 432-469 (1976) (with M.S. McDougal & H.D. Lasswell).

"Human Rights of the Aged: An Application of the General Norm of Nondiscrimination," 28 *University of Florida Law Review* 639-654 (1976) (with M.S. McDougal & H.D. Lasswell).

"Freedom from Discrimination in Choice of Language and International Human Rights," 1976 *Southern Illinois University Law Journal* 151-174 (with M.S. McDougal & H.D. Lasswell).

"Social Setting of Human Rights: The Process of Deprivation and Non-Fulfillment of Values," 46 *Revista Juridica de la Universidad de Puerto Rico* 477-523 (1977) (with M.S. McDougal & H.D. Lasswell).

"Human Rights and World Public Order: Human Rights in Comprehensive Context," 72 *Northwestern University Law Review* 227-307 (1977) (with M.S. McDougal & H.D. Lasswell).

"Aggregate Interest in Shared Respect and Human Rights: The Harmonization of Public Order and Civic Order," 23 *New York Law School Law Review* 183-251 (1977) (with M.S. McDougal & H.D. Lasswell).

"The Meek Shall Inherit A Global Bill of Rights," 7(3) *Human Rights* 16-19 (Fall 1978).

"Human Rights and World Public Order," 1 *Loyola of Los Angeles International and Comparative Law Annual* 109-116 (1978).

"Introduction: Human Rights and Jurisprudence (Symposium: The Future of Human Rights in the World Legal Order)," 9 *Hofstra Law Review* 337-346 (1981) (with M.S. McDougal).

"Human Rights and the Free Flow of Information," 4 *New York Law School Journal of International and Comparative Law* 37-49 (1982).

"Institutions Specialized to the Protection of Human Rights in the United States,." 1 *New York Law School Human Rights Annual* 3-31 (1983).

"Aging: A New Human Rights Concern—A Policy-Oriented Perspective," 81 *Proceedings of the American Society of International Law* 169-175 (1987).

"Toward Adoption of the United Nations Convention on the Rights of the Child," 83 *Proceedings of the American Society of International Law* 157-162 (1989).

"The United Nations Convention on the Rights of the Child: A Policy-Oriented Overview," 7 *New York Law School Journal of Human Rights* 16-29 (1989).

Review Essay, "The Restatement (Third) of the Foreign Relations Law of the United States—Protection of Persons (Natural and Juridical)," 14 *Yale Journal of International Law* 542-564 (1989).

"Self-determination and World Public Order (Symposium: The Rights of Ethnic Minorities)," 66 *Notre Dame Law Review* 1287-1297 (1991).

"The United States Supreme Court and the Protection of Refugees (Symposium: Human Rights Before Domestic Courts)," 67 *St. John's Law Review* 469-489 (1993).

"Teaching International Relations and International Organizations in International Law Courses: Constructing the State-of-the-Art International Law Course—Perspectives from the New Haven School," 87 *Proceedings of the American Society of International Law* 407-411 (1993).

"Constitutional Law and International Law in the United States of America," 42 *American Journal of Comparative Law Supplement* 453-516 (1994).

Moderator, Panel II: "Comparative Analysis of International and National Tribunals (Symposium: 1945-1995: Critical Perspectives on the Nuremberg Trials and State Accountability)," 12 *New York Law School Journal of Human Rights* 545-630 (1995).

Book Review of *Problems and Process: International Law and How We Use It*, by Rosalyn Higgins, 16 *New York Law School Journal of International and Comparative Law* 151-158 (1996).

"Taiwan's Current International Legal Status (Symposium: Bridging the Taiwan Strait—Problems and Prospects for China's Reunification or Taiwan's Independence)," 32 *New England Law Review* 675-683 (1998).

"In Affectionate Memory of Professor Myres McDougal: Champion for an International Law of Human Dignity (Tribute)," 108 *Yale Law Journal* 953-956 (1999).

二、漢文部分

（一）專書

《台灣的獨立與建國》（美國：耶魯法學院，1971 年）。

《台灣國際法律地位的進化與退化：舊金山和約四十年後》（公民
　　投票出版社，1991 年）。

《台灣的獨立與建國》（月旦出版公司，1993 年）。

《台灣憲法文化的建立與發展》（主編）（前衛出版社，1996 年）。

《當代國際法文獻選集》（總策畫）（前衛出版社，1998 年）。

《當代國際法引論》（元照出版公司，1999 年）。

《公民投票與台灣前途》（主編）（前衛出版社，1999 年）。

《新世紀、新憲政：憲政研討會論文集》（主編）（元照出版公司，
　　2002 年）。

《台灣非政府組織國際參與策略之研究》（研究主持人）（行政院
　　研究發展考核委員會委託研究報告，2002 年）。

《國際人權公約國內法化之方法與策略》（研究主持人）（行政院
　　研究發展考核委員會委託研究報告，2003 年）。

《新世紀的台灣國：1998～2001《民視評論》、《自由時報》新世
　　紀智庫評論集》（遠流出版公司，2003 年）。

《國際人權法文獻選集與解說》（主編）（前衛出版社，2006 年）。

《以台灣之名：2002～2005 民視及自由時報評論集》（允晨文化
　　出版社，2007 年）。

《台灣在世界永續發展：2006～2012 民視、自由時報評論集》（台
　　灣新世紀文教基金會聯合國研究中心，新學林出版公司總經
　　銷，2012 年）。

《美國、台灣、中國的關係：國際法與政策觀點》（台灣新世紀文教
　　基金會聯合國研究中心，新學林出版公司總經銷，2018 年）。

《當代國際法引論：政策導向的闡述》（台灣新世紀文教基金會聯合
　國研究中心，新學林出版公司總經銷，2022 年 7 月）。

（二）專書文章

〈美利堅合眾國憲法及獨立宣言（翻譯及解說）〉，許世楷編，《世
　界各國憲法選集》（前衛出版社，1994 年），頁 9-52。
〈台灣的國際法律地位〉，《台灣法制一百年論文集》（台灣法學
　會，1996 年），頁 13-14。
〈戰後台灣國際法律地位的演變〉，《台灣主權論述論文集（上）》
　（國史館，2001 年），頁 13-24。
〈國際法對人權的保護〉，黃昭堂主編，《國際人權研究》（財團法
　人現代文化基金會，2002 年），頁 41-54。
〈台灣人民的自由與獨立〉，何義麟、許維德、藍適齊主編，《思
　鄉懷國：海外台灣人運動文獻選輯》（財團法人現代文化基金
　會，2002 年），頁 134-138。

（三）台灣聯合國研究書庫總策畫

《聯合國體制功能與發展》（2008 年）。
《世界衛生組織體制功能與發展》（2008 年）。
《聯合國專門機構體制功能與發展》（2009 年）。
《國際重要公民投票案例解析》（2010 年）。
《國際社會公民投票的類型與實踐》（2011 年）。
《台灣與聯合國組織》（2012 年）。
《聯合國與人權保障》（2013 年）。
《聯合國人權兩公約：公民與政治權利國際公約、經濟社會文化
　權利國際公約》（2014 年）。
《消除對婦女一切形式歧視公約》（2015 年）。
《兒童權利公約》（2016 年）。

《身心障礙者權利公約》（2017 年）。

《國家人權機構之國際比較分析》（2018 年）。

《被外交孤立的台灣：聯合國「中國」代表權 22 年爭議始末》（2019 年）。

（四）自由時報《星期專論》

〈合法合情合理的三二〇公投〉，《自由時報》，版 3，2004 年 3 月 14 日。

〈積極推動台灣加入聯合國的全民運動〉，《自由時報》，版 3，2004 年 9 月 12 日。

〈在台灣紀念聯合國日〉，《自由時報》，版 3，2004 年 10 月 24 日。

〈台灣當然是一個主權獨立的國家〉，《自由時報》，版 3，2004 年 10 月 31 日。

〈由國際法論中國的「反分裂國家法」〉，《自由時報》，版 3，2005 年 1 月 9 日。

〈制止中國的「侵略併吞台灣法」—由國際法評判中國的「反分裂國家法」〉，《自由時報》，版 6，2005 年 3 月 15 日。

〈台灣憲改之路〉，《自由時報》，版 3，2005 年 7 月 3 日。

〈台灣制憲之路〉，《自由時報》，版 3，2005 年 7 月 10 日。

〈台灣國家正常化之道〉，《自由時報》，版 3，2005 年 10 月 30 日。

〈台灣應申請為 WHO 會員國 不是 WHA 觀察員〉，《自由時報》，版 4，2006 年 5 月 7 日。

〈以台灣的名義身份，申請加入聯合國為會員國〉，《自由時報》，版 4，2006 年 9 月 10 日。

〈台灣國家正常化是要持續打拚的大工事〉，《自由時報》，版 4，2007 年 4 月 1 日。

〈台灣的聯合國路：個人四十年的心路歷程〉，《自由時報》，版 4，
　　2007 年 4 月 22 日。

〈台灣國家進行曲〉，《自由時報》，版 4，2007 年 7 月 29 日。

〈剖析台灣國家進化異言堂〉，《自由時報》，版 4，2007 年 8 月 5 日。

〈公投護台灣，加入聯合國〉，《自由時報》，版 3，2007 年 9 月 16 日。

〈台灣入聯進行曲〉，《自由時報》，版 4，2007 年 11 月 4 日。

〈貫徹台灣入聯公投的意志〉，《自由時報》，版 4，2008 年 3 月 2 日。

〈台灣入聯運動　不應淪為外交休兵的祭品〉，《自由時報》，版 4，
　　2008 年 9 月 14 日。

〈向 2012 年民進黨總統候選人的政策建言〉，《自由時報》，版 4，
　　2011 年 6 月 19 日。

〈檢視聯大第二七五八號決議與台灣主權〉，《自由時報》，版 8，
　　2011 年 10 月 23 日。

〈台灣入聯與 WHA 模式〉，《自由時報》，版 6，2012 年 9 月 30。

〈台灣要正名入聯〉，《自由時報》，版 4，2013 年 2 月 3 日。

〈由馬氏政府「WHA 模式」談台灣入聯〉，《自由時報》，版 6，
　　2013 年 10 月 27 日。

〈馬關條約、開羅宣言、舊金山對日和約〉，《自由時報》，版 10，
　　2013 年 12 月 22 日。

（五）《新世紀智庫論壇》及其他特選文章

〈台灣加入聯合國的展望〉，《新世紀智庫論壇》，創刊號，1998
　　年 2 月 20 日，頁 10-11。

〈五十年來的國際人權〉，《新世紀智庫論壇》，第 2 期，1998
　　年 5 月 20 日，頁 100-106。

〈懷念恩師麥克杜格教授—政策科學派開山祖師〉，《新世紀智
　　庫論壇》，第 4 期，1998 年 11 月 20 日，頁 106-109。

〈台灣的國際法地位〉,《全國律師》,第 3 卷第 12 期,1999 年 12 月,頁 6-14。

〈台灣加入聯合國—台、中關係正常化的途徑〉,《中國事務》,第 5 期,2001 年 7 月,頁 107-109。

〈台灣與聯合國〉,《新世紀智庫論壇》,第 19 期,2002 年 9 月 30 日,頁 4-10。(總統府國父紀念月會,2002 年 7 月 22 日)。

〈台灣的獨立與建國—發行三十一年後的回顧與展望〉,《新世紀智庫論壇》,第 19 期,2002 年 9 月 30 日,頁 52-74。

〈國際人權公約與國內法化之探討〉,《國家政策季刊》,第 1 卷第 2 期,2002 年 12 月,頁 33-56。

〈聯合國的人民自決原則—台灣的個案〉,《新世紀智庫論壇》,第 22 期,2003 年 6 月 30 日,頁 4-6。

〈海外台灣人推動台灣加入聯合國的回顧與展望(1950-1991)〉,《新世紀智庫論壇》,第 25 期,2004 年 3 月 30 日,頁 88-96。

〈台灣國際法季刊發刊辭〉,《台灣國際法季刊》,第 1 卷第 1 期,2004 年 1 月,頁 5-7。

〈理事長的話—由聯合國看台灣參與國際組織〉,《台灣國際法季刊》,第 2 卷第 1 期,2005 年 3 月,頁 9-14。

〈由國際法評判中國的「反分裂國家法」〉,《律師雜誌》,2005 年 6 月號,第 309 期,2005 年 7 月,頁 1-4。

〈紀念聯合國六十週年,展望台灣加入聯合國〉,《新世紀智庫論壇》,第 32 期,2005 年 12 月 30 日,頁 8-13。

〈《新世紀 WTO 國際經貿法菁英訓練團》致詞〉,《新世紀智庫論壇》,第 33 期,2006 年 3 月 30 日,頁 68-69。

〈致陳水扁總統函:以台灣名義申請成為聯合國會員國〉,《新世紀智庫論壇》,第 36 期,2006 年 12 月 30 日,頁 4。

〈「台灣加入聯合國大聯盟」成立宣言〉，《新世紀智庫論壇》，
　　第 39 期，2007 年 9 月 30 日，頁 148-149。

〈舊金山對日和約、聯大第 2758 號決議與台灣地位〉，《新世紀
　　智庫論壇》，第 56 期，2011 年 12 月 30 日，頁 29-41。

〈《外交官》專訪-美、台關係的過去與未來：與陳隆志教授的對
　　話檢驗美、台關係的法律基礎與二十一世紀所需要的改變〉，
　　《新世紀智庫論壇》，第 76 期，2016 年 12 月 30 日，頁 11-17。

〈二十年的感言與無限的感謝：基金會二十年〉，《新世紀智庫
　　論壇》，第 77-78 期，2017 年 6 月 30 日，頁 6-10。

〈美、中進入新的競爭時代與台灣的未來走向〉，《新世紀智庫
　　論壇》，第 80 期，2017 年 12 月 30 日，頁 4-10。

〈台灣國家地位的進化〉，《新世紀智庫論壇》，第 85 期，2019
　　年 3 月 30 日，頁 8-23。

〈台灣與美國的關係〉，《新世紀智庫論壇》，第 87/88 期，2019
　　年 12 月 30 日，頁 42-69。

〈發展中的美、中競爭對抗〉，《新世紀智庫論壇》，第 91 期，
　　2020 年 9 月 30 日，頁 17-39。

〈台灣未來可能的發展〉，《新世紀智庫論壇》，第 93 期，2021
　　年 3 月 30 日，頁 7-24。

〈肯定台灣的價值與信心〉，《新世紀智庫論壇》，第 93 期，2021
　　年 3 月 30 日，頁 4-6。

〈台灣與聯大第 2758 號決議─現在、過去與未來〉，《新世紀智
　　庫論壇》，第 96 期，2021 年 12 月 30 日，頁 4-12。

〈《舊金山和約》與台灣國際法律地位的演進〉，《新世紀智庫論
　　壇》，第 98 期，2022 年 6 月 30 日，頁 4-11。

〈鴻展大洋精神與台灣國家正常化〉，《新世紀智庫論壇》，第
　　99/100 期，2022 年 10 月 30 日，頁 43-48。

〈美國與中國的關係〉，《新世紀智庫論壇》，第 101 期，2023
　　年 3 月 30 日，頁 47-65。

〈台美關係的新進展──從《臺灣關係法》談起〉，《新世紀智
　　庫論壇》，第 101 期，2023 年 3 月 30 日，頁 4-10。

參考書目

一、英文部分

Alexandrea Stevenson, "Five State-Run Chinese Giants to Delist From U.S. Stock Exchange," *The New York Times*, Aug. 15, 2022, <https://cn.nytimes.com/business/20220815/china-us-de listing-stock-exchange/zh-hant/dual/>.

Caitlin Campbell, "Taiwan: Defense and Military Issues," IN FOCUS, *Congressional Research Service*, Aug. 24, 2023, <https://crsreports.congress.gov/product/pdf/IF/IF12481/1>.

Gideon Rachman, "Why Taiwan matters to the World ?" *Financial Times*, Apr. 10, 2023, <https://www.ft.com/content/11b82a88-57ae-44b1-8368-864f42ffac7f>.

Larry Diamond & Orville Schell, eds., "China's Influence & American Interests: Promoting Constructive Vigilance," *Hoover Institution Press*, Nov.29, 2018, <https://www.hoover.org/research/chinas-influence-american-interests-promoting-constructive-vigilance>.

Office of the Spokesperson, "Secretary Blinken Outlines the Power and Purpose of American Diplomacy in a New Era in Speech at Johns Hopkins SAIS," Fact Sheet, *U.S. Department of State*, Sep. 13, 2023, <https://www.state.gov/secretary-blinken-outlines-the-pwer-and-purpose-of-american-diplomacy-in-a-new-era-in-speech-at-johns-hopkins-sais/>.

U.S.-China Economic and Security Review Commission, "PRC

Representation in International Organizations," *U.S.-China Economic and Security Review Commission*, 2022, <https://www.uscc.gov/sites/default/files/2022-12/PRC_Representation_in_International_Organizations_December2022.pdf>.

二、漢文部分

（一）專書

中華民國國防部，《中華民國 112 年國防報告書》（國防部戰略規劃司，2023 年 9 月）。

太田泰彥著，卓惠娟譯，《半導體地緣政治學》（野人出版，2022 年 9 月）。

王立、沈伯洋著，《阿共打來怎麼辦：你以為知道但實際一無所知台海軍事常識》（大塊文化，2021 年 12 月）。

王百祿，《台積電為什麼神？揭露台灣護國神山與晶圓科技產業崛起的秘密》（時報文化，2021 年 9 月）。

朱敬一、羅昌發、李伯青、林建志等著，許瑞宋翻譯，2023/7。《價值戰爭：極權中國與民主陣營的終極經濟衝突》（衛城出版，2023 年 7 月）。

李明譯，Rory Medcalf 著，《印太競逐：美中衝突的前線，全球戰略競爭新熱點》（Contest for the Indo-Pacific: Why China Won't Map the Future）（商業周刊，2020 年 9 月）。

李雅明，《從半導體看世界》（台北：天下文化，2012 年 9）。

李寧怡譯，Rush Doshi 著，《長期博弈》（The Long Game: China's Grand Strategy to Displace American Order）（八旗文化，2022 年 8 月）。

沈旭輝主編，《世界自由的前哨：2022 年烏克蘭戰爭》（1841 出版有限公司，2022 年）。

卓惠娟譯，太田泰彥著，《半導體地緣政治學》（野人出版，2022

年 8 月）。

林宏文，《晶片島上的光芒：台積電、半導體與晶片戰，我的 30 年採訪筆記》（早安財經，2023 年 7 月）。

林添貴譯，Kishore Mahbubani 著，《中國贏了嗎？挑戰美國的全權領導》（Has China Won? The Chinese Challenge to American Primacy）（天下文化，2020 年 10 月）。

林詠純譯，野島剛著，《中國的執念：日本資深媒體人野島剛解讀習近平強權體制下的台灣及香港》（今週刊，2023 年 9 月）。

洪慧芳譯，Chris Miller 著，《晶片戰爭》（CHIP WAR: The Fight for the World's Most Critical Technology）（天下雜誌，2023 年 3 月）。

范疇，《被迫一戰，台灣準備好了嗎？台海戰爭的政治分析》（八旗文化，2021 年 7 月）。

郝明義，《台灣的未來在海洋：探索新時代的挑戰與希望》（網路與書出版，2023 年 10 月）。

陳榮彬、徐嘉煜等譯，Chris Patten 著，《香港日記》（The Hong Kong Diaries）（黑體文化，2023 年 5 月）。

黃欽勇，《東方之盾：地緣政治與科技產業的前沿》。（大椽出版，2021 年 10 月）。

端傳媒，《烏克蘭危機：從矛盾到戰爭，和平如何在一夜間消散》（端傳媒，2021 年 9 月）。

端傳媒，《習近平秩序》（端傳媒，2019 年 7 月）。

蕭素菁、陳柏蓁譯，金榮雨著，《半導體投資大戰：為什麼美、中、台、韓都錢進半導體？瞭解全球半導體商機的第一本書》（商業週刊，2022 年 5 月）。

謝宇程，《我們如何守住台灣：保護家人、事業、財產，需要評估的情勢，必須採取的行動》（商周出版，2023 年 8 月）。

謝金河，《變調的中國夢》（今週刊，2022 年 11 月）。

鍾友綸譯，Peter Navarro 著，《美、中開戰的起點：既有的強權，
　　應該如何面對崛起中的強權？川普時代的美國，應該對中國
　　採取什麼樣的態度？中國與美國，是否終需一戰？》
　　（Crouching Tiger: What China's Militarism Means for the
　　World）（光現出版，2018 年 12 月）。

（二）期刊論文

吳宗翰，〈烏俄戰爭爆發前烏克蘭面臨的「認知戰」攻勢〉，《國防
　　安全雙週報》，第 48 期，2022 年 2 月 25 日，頁 53-56。
高英茂，〈俄國兼併克里米亞的國際政治及意涵〉，《台灣國際研究
　　季刊》，第 11 卷第 2 期，2015 年夏季號，頁 177-184。
梁文韜，〈生吞活剝：香港淪陷二十年之悲歌〉，《新世紀智庫論
　　壇》，第 79 期，2017 年 9 月 30 日，頁 38-49。
賴怡忠，〈在中國軍事威脅下的台美關係新發展〉，《新世紀智庫論
　　壇》，第 101 期，2023 年 3 月 30 日，頁 11-21。
鍾志東，〈評析台海安全國際化的對中國嚇阻效果〉，《國防情勢特
　　刊》，第 28 期，2023 年 6 月 15 日，頁 26-36。

（三）報紙與網路新聞

U 讀小編，〈反抗的共同體：香港反送中運動〉，《聯合新聞網》，
　　2020 年 12 月 13 日，<https://udn.com/umedia/story/12906/
　　5020991>。
大紀元《役情最前線》製作組，〈【12.22 役情最前線】與魔鬼交易
　　必須小心　香港台灣　唇亡齒寒〉，《大紀元時報》，2021 年 12
　　月 22 日，<https://hk.epochtimes.com/news/2021-12-22/3170
　　1824>。
中央社，〈自由之家：台灣自由度亞洲第 2　中國仍是嚴重侵害
　　國〉，《中央社》，2023 年 3 月 9 日，<https://www.cna.com.tw/
　　news/aopl/ 202303090330.aspx>。

中央社,〈福建對台 21 條記者會 大陸又喊坐高鐵跨台灣海峽〉,《中央社官網》,2023 年 9 月 14 日,<https://www.rti.org.tw/news/view/id/2179857>。

中共中央台灣工作辦公室、國務院台灣事務辦公室,〈台灣問題與新時代中國統一事業〉,《中共中央台辦、國務院台辦官網》,2022 年 8 月 10 日,<http://www.gwytb.gov.cn/zt/zylszl/baipishu/202208/t20220810_12459866.htm>。

中國國務院,〈國務院關於印發《中國製造 2025》的通知〉,《中國國務院官網》,2015 年 5 月 8 日,<http://big5.www.gov.cn/gate/big5/www.gov.cn/gongbao/content/2015/content_2873744.htm>。

江金葉,〈台北法生效 美國將協助台灣鞏固友邦關係〉,《中央社》,2023 年 3 月 27 日,<https://www.cna.com.tw/news/firstnews/202003270027.aspx>。

何瑞恩（Ryan Hass）,〈淺談美國的疑美論〉,《自由時報》,2023 年 9 月 17 日,頁 A5。

呂伊萱,〈川普簽屬台灣保證法 學者:確保對台政策不會逆轉〉,《自由時報》,2020 年 12 月 29 日,<https://news.ltn.com.tw/news/politics/paper/1422051>。

周鉅原,〈供應鏈雙元化之下 台灣的戰略地位〉,《自由時報》,2023 年 8 月 6 日,頁 A15。

杭子牙,〈內地五大央企從美退市 中美金融「脫鉤」經歷歷史性一天〉,《香港 01》,2022 年 8 月 13 日,<https://www.hk01.com/國際分析/803418/內地五大央企從美退市-中美金融-脫鉤-經歷歷史性一天 utm_source=01articlecopy&utm_medium=referral>。

林惠琴、陳永吉報導,〈高端疫苗成就大突破 全球首例 高端技術轉 WHO〉,《自由時報》,2023 年 8 月 30 日,頁 A1。

姚中原,〈德國戰略轉向印太 劍指中國〉,《自由時報》,2023 年 7

月 25 日，<https:// talk.ltn.com.tw/article/paper/1595671>。

張沛元，〈香港大砍區議會民選席次 452 席剩 88 席〉，《自由時報》，
2023 年 7 月 7 日，頁 A6。

莉雅、劉恩民，〈VOA 專訪立陶宛台灣代表處代表黃鈞耀：台立
關係基於共同的利念　不是短期經濟利益〉，《美國之音》，2023
年 7 月 30 日，<https://www.voacantonese.com/a/taiwan-china
-lithuania-20230728/7203284.html>。

陳威良，〈美國會評估報告：抗中侵略　台擁軍事能力　也面臨挑
戰〉，《自由時報》，2023 年 8 月 30 日，頁 A4。

陳鈺馥，〈中國操作疑美論　專家：為侵台做準備〉，《自由時報》，
2023 年 3 月 13 日，<https://news.ltn.com.tw/news/politics/
paper/1571699>。

陳鈺馥、吳書緯，〈中共推兩岸融合　官員：想讓金門克里米亞化〉，
《自由時報》，2023 年 9 月 20 日，<https://news.ltn.com.tw/
news/politics/paper/1605768>。

斯影，〈911 事件 20 週年：美國全球反恐為中國打開了「機遇之
門」？〉，《BBC NEWS 中文》，2021 年 9 月 9 日，<https://www.
bbc.com/zhongwen/trad/world-58382524>。

曾盈瑜，〈中國發布福建對台 21 條文件　陸委會籲摒棄單邊政治操
作〉，《鏡新聞》，2023 年 9 月 14 日，<https://www.mirrormedia.
mg/story/20230914inv016/>。

游知澔，〈疑美論和它們的產地〉，《台灣資訊環境研究中心 IORG》，
2023 年 8 月 8 日，<https://iorg.tw/a/us-skepticism-238>。

雲昇，〈五大訴求之「雙普選」：香港與北京難以彌合的鴻溝〉，《BBC
NEWS 中文》，2019 年 917 日，<https://www.bbc.com/
zhongwen/trad/chinese-news-49644948>。

黃致榮，〈美國解密對台「六項保證」是公開挑戰「一中原則」〉，
FAPA，2020 年 12 月 15 日，<https://fapa.org/美國解密對台

「六項保證」是公開挑戰「一中原則」〉。

新唐人亞太台,〈外企問責法劍指中概股　美中金融脫鉤進行式〉,《新唐人電視台》,2022 年 8 月 16 日,<https://www.ntdtv.com.tw/b5/20220816/video/338527.html?外企問責法劍指中概股美中金融脫鉤進行式>。

楊芙宜,2020/12/20。〈川普簽外國公司問責法　可迫中企在美下市〉,《自由時報》,2020 年 12 月 20 日,<https://ec.ltn.com.tw/article/paper/1420202>。

葉素萍,〈感謝美國堅定支持　台灣盼為世界貢獻心力〉,《中央社》,2021 年 10 月 27 日,<https://www.cna.com.tw/news/aipl/202110270121.aspx>。

綜合報導,〈川普簽署國防授權法　支持強化台灣軍力〉,《自由時報》,2018 年 8 月 14 日,<https://news.ltn.com.tw/news/politics/breakingnews/2518467>。

蔡娪嫣,〈台灣抵禦中國入侵,將面臨哪些內憂外患?美國國會研究處發表研究報告〉,《風傳媒官網》,2023 年 8 月 27 日,<https://www.storm.mg/article/4859759>。

鍾麗華、陳昀,〈歷史性突破　台美 21 世紀貿易倡議首批協定簽署〉,《自由時報》,2023 年 6 月 2 日,<https://news.ltn.com.tw/news/politics/paper/1586188>。

蘇永耀,〈焦點評論　台美軌跡愈加清晰〉,《自由時報》,2020 年 11 月 15 日,<https://news.ltn.com.tw/news/politics/paper/1412770>。

蘇永耀、吳書緯,〈中國發布福建對台示範區文件　立委:挖坑給台灣人跳〉,《自由時報》,2023 年 9 月 10 日,<https://news.ltn.com.tw/news/politics/paper/1604592>。

國家圖書館出版品預行編目（CIP）資料

台灣國家的進化與正常化／陳隆志著. -- 第二版. --
台北市：財團法人台灣新世紀文教基金會，2023.12
　　面；公分. -- （新世紀智庫叢書；15）
　　ISBN 978-986-93498-9-5（平裝）

1.CST: 臺灣政治　2.CST: 公民投票　3.CST: 國際法
4.CST: 聯合國

573.07　　　　　　　　　　　　　　　　112019323

新世紀智庫叢書 15

台灣國家的進化與正常化

作　　　者：陳隆志
美術設計：陳文恬
出　　　版：財團法人台灣新世紀文教基金會
地　　　址：105 台北市松山區南京東路四段 186 號 12 樓之 3
網　　　址：http://www.taiwanncf.org.tw
E - m a i l：taiwan.ncf@msa.hinet.net
第 二 版：2023 年 12 月
總 經 銷：新學林出版股份有限公司
地　　　址：106 台北市大安區和平東路三段 38 號 4 樓
電　　　話：02-2700-1808
傳　　　真：02-2377-9080
印　　　刷：昶然實業股份有限公司

版權所有　翻印必究
定價：新台幣 350 元